合作研究

"一带一路"协同发展研究丛书

一带一路
产业与空间协同发展

THE BELT AND ROAD
Industrial and Spatial
Coordinated Development

刘伟　张辉／主编
北京大学中国金融研究中心

图书在版编目(CIP)数据

一带一路：产业与空间协同发展/刘伟，张辉主编. —北京：北京大学出版社，2017.1
（"一带一路"协同发展研究丛书）
ISBN 978-7-301-28041-6

Ⅰ.①一⋯ Ⅱ.①刘⋯ ②张⋯ Ⅲ.①区域经济合作—国际合作—研究—中国 Ⅳ.①F125.5

中国版本图书馆CIP数据核字(2017)第024643号

书　　　名	一带一路：产业与空间协同发展 Yidai Yilu：Chanye yu Kongjian Xietong Fazhan
著作责任者	刘　伟　张　辉　主编
责 任 编 辑	赵学秀
标 准 书 号	ISBN 978-7-301-28041-6
出 版 发 行	北京大学出版社
地　　　址	北京市海淀区成府路205号　100871
网　　　址	http://www.pup.cn
电 子 信 箱	em@pup.cn　　QQ:552063295
新 浪 微 博	@北京大学出版社　@北京大学出版社经管图书
电　　　话	邮购部 62752015　发行部 62750672　编辑部 62752926
印 刷 者	北京中科印刷有限公司
经 销 者	新华书店 730毫米×1020毫米　16开本　19.75印张　387千字 2017年1月第1版　2017年1月第1次印刷
定　　　价	65.00元

未经许可，不得以任何方式复制或抄袭本书之部分或全部内容。
版权所有，侵权必究
举报电话：010-62752024　电子信箱：fd@pup.pku.edu.cn
图书如有印装质量问题，请与出版部联系，电话：010-62756370

主要作者简介

刘　伟　　中国人民大学校长、教授
张　辉　　北京大学经济学院副院长、教授
Stefan Dercon　牛津大学布拉瓦尼克政治学院经济政策教授、英国国际发展部首席经济学家
刘卫东　　中国科学院地理科学与资源研究所所长助理、研究员
洪俊杰　　对外经贸大学国际经济贸易学院院长、教授
李　锦　　中国企业改革与发展研究会副会长，新华社高级记者
夏　蜀　　富滇银行董事长、中国金融四十人论坛理事
段　钢　　云南民族大学副校长、教授
王跃生　　北京大学经济学院国际经济与贸易系主任、教授
李连发　　北京大学经济学院金融系副主任、教授
苏　剑　　北京大学经济研究所常务副所长、教授
蔡志洲　　北京大学国民经济核算与增长研究中心研究员
蓝庆新　　对外经济贸易大学国际经济研究院教授
韩　晶　　北京师范大学经济与资源管理研究院教授
郑继承　　云南民族大学南亚东南亚辐射中心研究院特约研究员
徐　辉　　中国城市规划设计研究院绿色城市研究所副所长、高级城市规划师
张亚光　　北京大学经济学院经济学系副主任、副教授
许传坤　　云南民族大学南亚东南亚辐射中心研究院执行副院长
董美玉　　云南民族大学南亚东南亚辐射中心研究院专题研究组成员
秦建国　　交通运输部规划研究院高级工程师
唐毓璇　　北京大学经济学院博士后
张　洋　　交通运输部规划研究院工程师
胡慧敏　　北京大学经济研究所助理研究员
黄　昊　　北京大学经济学院博士研究生
易　天　　北京大学经济学院博士研究生
闫强明　　北京大学经济学院博士研究生
潘水洋　　北京大学经济学院博士研究生
辛　星　　北京大学光华管理学院博士研究生
韩　萌　　对外经济贸易大学国际经济研究院博士研究生

序　言

两千多年前,古老的丝绸之路把中国和世界联系在一起,在广袤的亚欧大陆上影响着不同文明与国度的兴衰。在21世纪的今天,中国提出的"一带一路"倡议吸引着全世界的目光。过去的三年,是"一带一路"走下蓝图、完成规划的动员期,如今开始向深耕细作、全面推进的新阶段迈进。

《易经》说"三年有赏于大国",三年时间能够为国家做出较大贡献,也是总结收获的时节。第一,政策沟通获得广泛共识。自"一带一路"倡议提出以来,我国已与沿线国家建立了不同层次的政策沟通机制,如上合组织框架、新亚欧大陆桥国际协调机制、"欧亚经济论坛"等对话形式;与沿线各国达成了广泛共识,构成了推进"丝绸之路经济带"建设的主要基础。第二,设施联通打下坚实基础。基础设施在"一带一路"建设和发展中发挥着先导性作用。中老铁路、印尼雅万高铁,使地理上的障碍不断被打破;高速公路、高铁列车、港口轮船、跨境光缆,使互联互通在一步步成为现实。第三,贸易畅通取得显著成就。贸易畅通是打开彼此市场的"金钥匙",三年来,我国与沿线国家共同致力于推动贸易与投资便利化,加强双边投资保护协定和避免双重征税协定的磋商,逐步消除各项贸易和投资壁垒,为区域内各国构建良好的营商环境。第四,资金融通形成合作网络。金融支撑机制开始发挥作用,为"一带一路"金融合作"注活水"。亚洲基础设施投资银行于2016年年初开业运营,丝路基金首批投资项目正式启动。金融合作正在迅速展开,人民币国际化进程稳步推进,为重点项目建设提供了强有力的支持。第五,民心相通实现稳步推进。"国之交在于民相亲",三年来,我国积极传承和弘扬丝绸之路友好合作精神,同"一带一路"沿线国家和地区广泛开展人文交流合作,多样文明的对话与交融,构成了别具特色的"丝路精神",形成了五色交辉、八音合奏的当代文明交流盛况,为"一带一路"建设奠定了坚实的民意基础。

"一带一路"建设是一项长期的、系统性的工程,最重要的是让各方理解,得到各方的支持,达成真正的共识,进行认真的投入。三年来,"一带一路"建设取得了预期成效,但也面临诸多挑战与风险。

第一,讲好"一带一路"故事,凝聚共商共建力量。要积极宣传"一带一路"建设实实在在的成果,加强"一带一路"的学术研究、理论支撑、话语体系的构建,充分阐释"一带一路"的内涵和外延,打造与沿线国家政治互信、经济融合、文化包容的利益共同体、命运共同体和责任共同体。

第二，建立统筹协调机制，实现高效一体推进。要坚持统筹协调，加强"一带一路"建设同京津冀协同发展、长江经济带发展等国家战略的对接，带动形成全方位开放、东中西部联动发展的局面。

第三，坚持长期推进原则，鼓励机制平台创新。以基础设施互联互通、产能合作、经贸产业合作区为抓手，实施好一批示范性项目，推动取得更多早期成果，增强各国人民的获得感。

第四，利用全球华人网络，深耕国际人才储备。海外华侨华人熟知海外文化，具备双语、多语能力，掌握着资金、技术、信息和关系等大量资源。要充分利用现有的世界华商大会、世界华人华侨社团等全球华人网络，形成服务于中国"一带一路"建设的人才储备库。

第五，完善商务支撑体系，实现全面有效支持。目前，我国在商务服务业领域对"走出去"企业的支撑能力还不强，特别是在投行、信托、企业管理、法律、审计、咨询与调查等领域对外依赖严重，增加了企业"走出去"的风险。要在商务服务业领域加强对我国企业的支持，形成企业"走出去"建设"一带一路"的强大支撑。

从更深的层次上来认识，"一带一路"是我国扩大和深化对外开放、构建开放发展新格局、践行合作共赢理念的大战略。高等学府理应在其中担负应有的责任，提供更多有价值的研究成果，为国家战略的顺利实施提供有力的智库保证。

充分发挥专业研究能力及对政府和公众的影响力，促进各国政策沟通、民心相通，为共建"一带一路"奠定坚实的民意基础；为政商学界搭建交流研讨的平台，加强"一带一路"沿线各国政策对话和协商，增进互信，促进共识。

基于国家开发银行和北京大学第二期课题"全球治理格局变动下的国际竞争与合作研究"（2011—2012）和目前在研的第三期合作研究"全球价值双环流下中国与亚非拉协同机制研究"的若干已有合作成果及 2015 年 3 月 28 日正式公布的《推动共建丝绸之路经济带和 21 世纪海上丝绸之路的愿景与行动》，本书以"一带一路"为主题，从产业和空间的角度深度剖析"一带一路"愿景在实现发展中国家产业与空间协同上的积极作用，本书汇聚了专家学者们在该领域研究的最新成果，对于充分了解倡议内涵、深度挖掘战略价值、广泛拓展战略视野有着重要的借鉴意义。笔者衷心期待"一带一路"愿景能给我国的社会经济以及地区国际关系带来深刻变革，也希望本书能够对每一位读者有所裨益。感谢北京大学博士后唐毓璇、博士研究生易天、闫强明、辛星，硕士研究生罗昶等对于书稿的修订和校正工作。

最后，由于时间、精力和水平有限，书中难免存在不少缺陷甚至错误，敬请读者批评指正。

2016 年 12 月

目 录
CONTENTS

比较分析篇
邦音殊邈国谊长　同沐春风各有香

"一带一路"沿线经济比较分析 / 3

产业协同篇
百代犹怀管仲法　既厚农工不薄商

"一带一路"产业转移的考察及政策建议
　　——基于国际产能合作的视角 / 57
我国经济增长中的产业结构升级与"一带一路" / 65
北京融入"一带一路"倡议 / 108
青海特色优势产业融入"丝绸之路经济带"建设的促进机制和政策建议 / 131
"一带一路"框架下的国际产能合作
　　——泰达海外模式助推"一带一路"框架下的中埃国际产能合作 / 140
央企产能走出去是增强世界经济活力的新途径
　　——以"亚吉模式"为例 / 159

空间协同篇

江南塞北扬鞭过　天下法式縠中藏

"一带一路"背景下的国家中心城市崛起路线图 / 165

"一带一路"经济走廊分析报告
　　——中国—中南半岛和孟中印缅专题 / 184

提升物流体系服务能力,推进"一带一路"倡议 / 227

"一带一路"背景下的交通物流发展:以东北地区为例 / 231

"一带一路"背景下的中国企业战略联盟信任机制设计
　　——基于演化博弈论的视角 / 241

沿边城商行在"一带一路"倡议中的地缘化发展路径 / 248

理论历史篇

一举明纲张万目　两阵清风阅千年

"一带一路"建设、全球结构重建与世界经济增长新引擎 / 257

经济发展中的流动性
　　——"一带一路"背景下的讨论 / 266

中国货币国际化的历史经验
　　——丝绸之路的启示 / 274

抱着旧梦沉睡
　　——地理和历史视角下的英国脱欧 / 288

对于贫困国家的灾难的回应
　　——当前反思和未来展望 / 294

"一带一路":开启包容性全球化新时代 / 301

Content

Chapter of Comparison Analysis

Economic Comparison Analysis of Area along "The Belt and Road" / 3

Chapter of Industrial Synergy

Investigation of "The Belt and Road" Industrial Transferring and Policy Implication:
  On the Perspective of International Cooperation of Production Capacity / 57
The Upgrading of Industrial Structure in China's Economic Growth and "The Belt
  and Road"/ 65
Beijing's Strategy of Involving in "The Belt and Road" / 108
The Promotion Mechanism of Building Qinghai's Featured Industries into the Silk
  Road Economic Zone and Policy Implication / 131
International Cooperation of Production Capacity under Framework of "The Belt and
  Road": The Overseas Mode of TaiDa Group Promoting the Production Capacity
  Cooperation Between China and Egypt / 140
"Going Global" on Production Capacity of Central Controlled SOE is a New Way to
  Promote the Productivity of Global Economy:Case of "Connection of Ethiopia and
  Djibouti" Mode / 159

Chapter of Spatial Synergy

Roadmap on the Rise of National Central Cities under the Background of "The Belt and Road" / 165

Special Report of Economic Corridors: Cases of China-IndoChina Peninsula Corridor and Bangladesh-China-India-Myanmar Economic (BCIM) Corridor / 184

Improving the Logistics Service System and Promoting "The Belt and Road Initiative / 227

The Development of Transport and Logistics on the Background of "The Belt and Road": Case of Northeast area of China / 231

The Design of Trust Mechanism of Chinese Enterprises Strategic Alliances on the Background of Belt and Road Initiative: Based on Evolutionary Game Theory / 241

Geopolitical Development Path of City Commercial Bankunder "The Belt and Road" Initiative / 248

Chapter of Theories and History

Construction of "The Belt and Road", Reconstruction of Global Structure and New Engine of World Economic Growth / 257

The Flow of Economic Development: Discussion under "The Belt and Road" Background / 266

The Historical Experience of China's Currency Internationalization: The Revelation of the Silk Road / 274

"Sleeping" by Holding the "Old Dreams": Discussion of Brexit from the Perspective of Geography and History / 288

Responding to Disasters in Poor Countries: Recent Lessons and the Way Forward / 294

"The Belt and Road": Opening a New Era of Inclusive Globalization / 301

比较分析篇

邦音殊邈国谊长
同沐春风各有香

  "一带一路"沿途涉及诸多国家,跨越了多样的民族、文化、经济、政治综合体,对于"一带一路"沿线国家的了解程度一定意义上决定了与其合作的深度和广度。本篇从横向的国别角度对于"一带一路"沿线其他国家和地区的社会经济状况进行了仔细的研究和具体的分析,为"一带一路"战略提供了一幅广阔丰富的经济文化地图,以期对"一带一路"战略的顺利推进提供一定的参考和帮助。

Chapter of Comparison Analysis

Along the route of "The Belt and Road", many countries involving across the diversities of ethnics, cultural, economics, politics. The understanding of the areas along "The Belt and Road" determines the depth and width of the cooperation. From horizontal perspectives, this chapter analyses the social and economic situationof the involving countries along the route of "The Belt and Road". The study brings a comprehensive map of economics and cultural in order to provides some analytical assistance on promoting "The Belt and Road" Initiative.

"一带一路"沿线经济比较分析[*]

"一带一路"愿景是在中国经济"新常态"下提出的,整体战略思路形成于2013年,完善于2014年,实施于2015年。"一带一路"愿景是中国在全球价值双环流(循环)结构中,构建以中国为主导的亚欧非大区域治理平台,平衡经济治理与社会治理,从而促进本国产业结构升级,以实现和平崛起的一套全球治理机制。这也是在20世纪七八十年代新自由主义全球化浪潮下,全球经济发展两极分化越来越严重、发展中经济体越来越边缘化、发达经济体国内两极分化加剧之后,中国在新的时代节点倡导在"团结互信、平等互利、包容互鉴、合作共赢,不同种族、不同信仰、不同文化背景的国家可以共享和平、共同发展"的丝路精神指引下,依托"五通"(政策沟通、设施联通、贸易畅通、资金融通、民心相通)和"三同"(利益共同体、命运共同体、责任共同体)构建一个更加公正、和平和互惠共赢的全球化新格局。

"一带一路"倡议提出四年以来,得到了越来越多国家和地区的积极响应。中国广泛地参与到"一带一路"沿线各国的经济建设当中,并逐步搭建更加公正、和平、互惠共赢的国际合作平台。将传承自两千多年前开辟的"丝绸之路"与海上枢纽相结合,涉及沿线数十个国家和地区,活跃了欧亚非大陆上多个经济圈,为世界经济发展创造了更加广阔的空间。

"一带一路"目前所覆盖的六十多个国家和地区各具禀赋,其地理历史背景与经济发展情况既各不相同,又相互关联。中国与沿线各国合作的实质是要实现共同发展、共同繁荣的共赢目标,这需要合作区内各方密切的产业协同来维系。"一带一路"使中国通过中亚、东欧与欧洲发达国家紧密联系起来,巩固了中国在全球价值双环流结构中的第一循环地位。同时,第二个循环中的沿线各发展中国家(除新加坡),经济结构尤其是产业结构和贸易结构的互补性较强,都有着寻找新的经济增长点的迫切需求。

---

[*] 作者张辉,北京大学经济学院副院长、教授;唐毓璇,北京大学经济学院博士后;易天,北京大学经济学院博士研究生;闫强明,北京大学经济学院博士研究生。

国际经济合作也讲究"知己知彼",本研究通过对沿线国家的深入研究,衡量产业等各重要经济指标,充分了解各国在"一带一路"倡议下的发展诉求,以期为中国与"一带一路"沿线国家及更广阔辐射区域的产业协同做出有益探索。

中国作为"一带一路"倡议国,其自身发展的经验也对大多数发展中国家具有十分重要的借鉴意义。发展中国家目前都面临发展经济、提高人民生活的紧迫任务。根据世界银行对国家收入的分类,1987年,共有49个低收入国家,其中26个国家在2015年仍是低收入国家。而中国、赤道几内亚、圭亚那、马尔代夫四个国家成为上中等收入国家;19个国家(孟加拉国、不丹、柬埔寨、加纳、印度、印度尼西亚、肯尼亚、老挝、莱索托、毛里塔尼亚、缅甸、尼日利亚、巴基斯坦、圣多美与普林西比共和国、所罗门群岛、斯里兰卡、苏丹、越南、赞比亚)在2015年成为下中等收入国家。这些国家大多与中国相毗邻,属于亚非交界处的国家。2015年,低收入国家仍然主要位于非洲和亚洲南部。中国作为一个发展中的人口大国,在改革开放后的短短三十多年的时间内从低收入序列提升到上中等收入行列,且目前正在向高收入发展中国家行列迈进,为世界范围内的脱贫做出了巨大的贡献。

1978—2015年,我国经济取得了举世瞩目的成就,创造了年均GDP增速9.71%、人均GDP增速约9%的增长"奇迹",在2010年超过日本之后一直稳居仅次于美国的世界第二大经济体(见表1和表2)。在此期间更是创造了两个连续五年年均增长率超过10%的高速增长周期(第一次为1992—1996年,年均增长12.4%;第二次为2003—2007年,年均增长10.8%)。2015年我国经济总量分别是全球第一大经济体美国的60.6%和第二大经济体日本的263.5%,人均GDP也从改革开放之初占全球平均水平的8%迅速提升至2015年的80%。

亚洲特别是东亚在第一次工业革命以来,随着欧洲和北美的逐次崛起,逐渐与世界经济中心渐行渐远。第二次世界大战之后,随着日本的快速崛起,特别是日本经过20世纪50—70年代二十多年的高速增长(包括三次持续时间较长的景气,即1954年12月至1957年6月的"神武景气"、自1958年7月至1961年12月的"岩户景气"和1965年11月至1970年7月的"伊奘诺景气";两次短期景气,即1962年10月至1964年10月的"奥林匹克景气"、1971年12月至1973年11月的"列岛改造热"),又把亚洲带回了全球经济中心,按2005年不变价格计算,亚洲1970年占全球GDP的16.53%。随着中国改革开放的不断深入,特别是2001年加入世界贸易组织以来,中国经济实现了持续三十多年年的高速增长,中国在全球经济地位的快速提升,也将亚洲重新推升到了世界经济第一的位置,截至2013年亚洲占全球GDP的30.69%,超过欧洲成为全球经济第一大洲。从图1可以看出,从1970年起亚洲经济在全球所占比重持续升高。可以说,随着日本20世纪60、70年代通过与亚洲"四小龙"(中国台湾、中国香港、新加坡和韩国)进行产能合作,20世纪70—90年代将该产能合作进一步扩散到亚洲"五小虎"(泰国、马来西亚、印度尼西亚、菲律宾和越南)等东南亚国家和中国内地,由此将亚洲特别是东亚重新带回了世界经济舞台中央,而新世纪以来随着中国的持续高速增长,则将亚洲推升到了世界经济舞台的巅峰位置。

表1　1978—2015年中国GDP指数

年份	GDP指数 上年=100	年份	GDP指数 上年=100	年份	GDP指数 上年=100
1978	100.0	1991	109.3	2004	110.1
1979	107.6	1992	114.2	2005	111.4
1980	107.8	1993	113.9	2006	112.7
1981	105.1	1994	113.0	2007	114.2
1982	109.0	1995	111.0	2008	109.7
1983	110.8	1996	109.9	2009	109.4
1984	115.2	1997	109.2	2010	110.6
1985	113.4	1998	107.8	2011	109.5
1986	108.9	1999	107.7	2012	107.9
1987	111.7	2000	108.5	2013	107.8
1988	111.2	2001	108.3	2014	107.3
1989	104.2	2002	109.1	2015	106.9
1990	103.9	2003	110.0		
2015年为1978年的倍数					30.27
年均经济增长率(%)					9.71

资料来源:根据《中国统计年鉴》历年数据整理而成。

表2　1990—2015年世界主要国家GDP对比情况

国家	GDP(亿美元)			各国GDP 占世界GDP 比重(%)			中国GDP 与各国GDP 比率(%)			各国GDP 增长率 (%)	各国通货 膨胀率 (%)
	1990年	2000年	2015年	1990年	2000年	2015年	1990年	2000年	2015年	2015年	2015年
中国	3 569	11 985	108 664.40	1.6	3.7	14.80	—	—	—	6.90	1.44
美国	57 572	97 648	179 470.00	26.4	30.5	24.44	6.2	12.3	60.55	2.43	0.12
日本	30 183	46 674	41 232.58	13.8	14.6	5.61	11.8	25.7	263.54	0.47	0.79
德国	17 145	19 002	33 557.72	7.9	5.9	4.57	20.8	63.1	323.81	1.69	0.23
法国	12 445	13 280	24 216.82	5.7	4.1	3.30	28.7	90.2	448.71	1.16	0.04
英国	9 959	14 509	28 487.55	4.6	4.5	3.88	35.8	82.6	381.45	2.33	0.05
意大利	11 334	10 973	18 147.63	5.2	3.4	2.47	31.5	109.2	598.78	0.76	0.04
巴西	4 620	6 447	17 747.25	2.1	2.0	2.42	77.3	185.9	612.29	−3.85	9.03
俄罗斯	5 168	2 597	13 260.15	2.4	0.8	1.81	69.1	461.5	819.48	−3.73	15.53
印度	3 175	4 602	20 735.43	1.5	1.4	2.82	112.4	260.4	524.05	7.57	5.87
世界	218 133	320 019	734 336.40	—	—	—	—	—	—	2.47	1.44

资料来源:1990年、2000年数据来自《国际统计年鉴2010》,2015年数据来自世界银行。

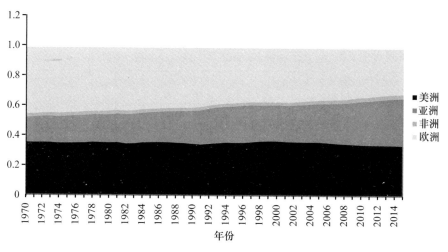

图1　1970—2015年各大洲经济发展状况

资料来源：UNTCD。

从全球欧盟、北美和东亚三大经济体的贸易角度来看，2002年中国对欧盟进出口总额为1 185.473亿美元，第一次超过日本对欧盟进出口总额（1 107.711亿美元）。之后，中国、日本与欧盟的贸易差距进一步拉大，截至2014年中国对欧盟进出口贸易总额是日本的4.3倍（2013年是3.9倍）。2003年中国对北美（美国和加拿大）进出口总额为2 083.917亿美元，第一次超过日本对北美（美国和加拿大）进出口总额（1 890.308亿美元）。之后，中国、日本与北美的贸易差距进一步拉大，截至2014年对北美进出口贸易总额是日本的3.2倍（2014年是3.0倍）。2007年中国对东南亚七国（越南、柬埔寨、菲律宾、泰国、马来西亚、新加坡、印度尼西亚）进出口总额为1 721.821亿美元，第一次超过日本对东南亚七国进出口总额（1 721.179亿美元）。之后，中国、日本与东南亚七国的贸易差距进一步拉大，截至2014年中国对东南亚七国进出口贸易总额是日本的1.6倍（2013年是1.4倍）。

从经济结构演进看，我国新型工业化、农业现代化、城镇化和信息化均获得了实质性进展。与当代标准工业化国家相比，我国从1978年的工业化初期进入到现阶段的工业化中后期，已实现了近70%，距离基本实现工业化目标已为期不远；农业现代化水平已从低收入穷国水平提升至当代上中等收入国水平，农业劳动力就业比重从1978年的70.5%（当代低收入国平均为72%）降至36%（当代上中等收入国平均为30%）；城镇化水平从1978年的17.9%提高到2015的56.1%。而且随着我国市场化程度和宏观调控水平的提高，中国经济在保持高增长的前提下，稳定性也大大改善了。

根据联合国工发组织发布的《世界制造业发展报告》，我国为全球制造业增加值的增长提供了重要动力，按照2000年不变价计算，我国制造业增加值占全球比重已从

1995年的5.1%上升到2014年的20.8%,第一次超过占比19.30%的美国,成为全球制造业第一大国。在制造业产品产量方面,2014年,按照国际标准工业分类,在22个大类中,我国制造业占世界比重在7个大类中名列第一,其中,烟草类占比49.8%,纺织品类占比29.2%,衣服、皮毛类占比24.7%,皮革、皮革制品、鞋类占比33.4%,碱性金属占比23.8%,电力装备占比28.2%,其他交通工具占比34.1%;有15个大类名列前三;除机动车、拖车、半拖车一个大类外,其他21个大类所占份额均名列世界前六位。全球近一半的水泥、平板玻璃和建筑陶瓷,一半左右的手机、PC机、彩电、显示器、程控交换机、数码相机都在中国生产。在上述劳动、资本和技术密集型产业之外,在近年兴起的知识密集型互联网经济领域,中国阿里巴巴、腾讯、百度和京东更是占据了全球互联网经济十强的四席,成为全球互联网经济领域仅次于美国的第二大经济体。

一、"一带一路"产业协同形成背景

(一)世界经济中心转移

工业革命的发生伴随着数次世界经济中心的转移。19世纪上半叶,英国首先完成工业革命,成为世界经济的中心。1830年,英国占世界贸易总额的21.5%,1870年上升到25%,但在1900年下降到19%,1938年进一步下降为14%。上述年份中,美国占世界贸易总额的比例分别为5.4%、7.5%、10.4%、10.7%,远在英国之下。但美国抓住了第二次工业革命主导部门的发展机会,在1894年实现工业产值占世界第一。此后经过半个多世纪的发展,1953年美国占世界贸易总额比例上升至16%,而此时英国只占10%,美国在世界贸易领域也超过了英国。20世纪50年代到70年代,日本大力推动出口政策,加上当时日本年轻劳动力资源丰富(1953年,日本人口为8750万,韩国人口为2100万,中国台湾为880万,泰国为2120万),成为美国进口的主要来源国之一。美国国内市场的可观规模,推动了日本劳动生产率的快速提高。日本出口贸易从1948年占全球总额的0.44%,快速增加到1993年的9.9%。但在20世纪90年代中期,日本青年劳动力数量逐步减少,经济增长趋势放缓。此时,作为人口第一大国的中国,凭借大量的劳动力储备源源不断地吸引着外商直接投资。中国出口占世界出口总额从1980年的0.91%,上升至2015年的13.72%。中日在贸易、GDP、投资、人口等方面的数据如表3和表4所示,可以看出从21世纪初开始,中国在各领域逐步超过日本,货物和服务进口在2005年为日本的1.08倍,GDP在2010年为日本的1.1倍,外商直接投资已上升为日本的几十倍,同时工业增加值也保持着远远高于日本的快速增长速度,与世界经济的联系越来越紧密,接替了日本带动亚洲经济发展。在国内改革和外资、出口的带动下,中国实现了长期的高速增长。

表 3 中日主要经济数据对比

年份	货物和服务进口		
	中国(BoP,亿美元)	日本(BoP,亿美元)	中国/日本(%)
1996	1 541.27	4 421.39	34.86
2005	6 487.12	6 030.31	107.58
2010	13 809.20	7 917.93	174.40
2015	20 446.52	8 035.74	254.44

年份	GDP		
	中国(亿美元)	日本(亿美元)	中国/日本(%)
1982	2 035.50	11 168.41	18.23
1996	8 608.44	47 061.87	18.29
2005	22 685.99	45 718.67	49.62
2010	60 396.59	54 987.18	109.84
2015	108 664.44	41 232.58	263.54

年份	外国直接投资净流入		
	中国(BoP,亿美元)	日本(BoP,亿美元)	中国/日本(倍)
1982	4.30	4.40	0.98
1996	401.80	2.08	193.51
2005	1 041.09	54.60	19.07
2010	2 437.03	74.41	32.75
2015	2 498.59	−0.42	−5 965.23

资料来源:世界银行。

表 4 1982—2014 年中国和日本工业增加值年对比   单位:%

年份	中国	日本
1982	5.51	0.54
1996	12.11	2.75
2005	12.07	1.80
2008	9.80	−0.46
2014	7.30	1.49

资料来源:世界银行。

图 2 是 1700—2012 年世界 GDP 占比情况。可以看出,19 世纪上半期作为世界经济中心的英国,带领着欧洲经济从占世界 30% 左右的水平发展至 1913 年占世界总量的 47%。其后,美国带动了美洲经济从大约占世界 20% 的水平发展至 1950 年的约

40%。亚洲经济在日本的带动下从20%左右的水平发展到了1990年的30%左右。此后,中国快速发展的时间中,亚洲经济增长到了40%左右。

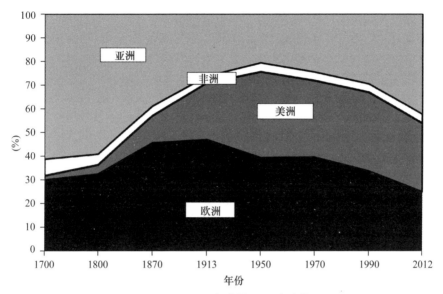

图2 1700—2012年世界GDP占比情况

资料来源:Piketty, T. Capital in the Twenty-First Century[M]. The Belknap Press,2004. 由于数据来源不同,此处结果与前部分使用世界银行数据得出的结论有所差异。

表5是历次全球产业转移主要引领国家的人均GDP水平。可以看出,1850—1900年英国人均GDP占美国比重持续上升,此后开始下降,这表明这个阶段英国人均GDP增长速度较快,引领着欧洲经济发展。而美国人均GDP相较于日本,从1960年开始逐步下降。日本人均GDP与中国相比,从2000年开始下降。这再次验证了前文全球经济中心转移的历史事实。

表5 主要国家人均GDP历史数据

年份	英国		美国		日本		中国
	人均GDP(1990年国际元)	占美国人均GDP比重(%)	人均GDP(1990年国际元)	占日本人均GDP比重(%)	人均GDP(1990年国际元)	占中国人均GDP比重(%)	人均GDP(1990年国际元)
1850	2 330	1.29	1 806	2.66	679	1.13	600
1870	3 190	1.31	2 445	3.32	737	1.39	530
1900	4 492	1.10	4 091	3.47	1 180	2.16	545
1913	4 921	0.93	5 301	3.82	1 387	2.51	552

(续表)

年份	英国 人均GDP（1990年国际元）	英国 占美国人均GDP比重（%）	美国 人均GDP（1990年国际元）	美国 占日本人均GDP比重（%）	日本 人均GDP（1990年国际元）	日本 占中国人均GDP比重（%）	中国 人均GDP（1990年国际元）
1930	5 441	0.88	6 213	3.36	1 850	3.26	568
1938	6 266	1.02	6 126	2.50	2 449	4.36	562
1950	6 939	0.73	9 561	4.98	1 921	4.29	448
1960	8 645	0.76	11 328	2.84	3 986	6.02	662
1970	10 767	0.72	15 030	1.55	9 714	12.48	778
1980	12 931	0.70	18 577	1.38	13 428	12.66	1 061
1990	16 430	0.71	23 201	1.23	18 789	10.04	1 871
2000	20 353	0.71	28 467	1.37	20 738	6.06	3 421
2008	23 742	0.76	31 178	1.37	22 816	3.39	6 725

资料来源：Maddison经济历史数据库。

自20世纪50年代以来，欧美经济占世界份额逐年下降，亚洲经济总量快速增长，这与世界各大洲人口的发展表现出相似的发展规律。图3是1700—2012年世界人口分布，可以看到欧美占世界人口比重2012年已降至10%。经济的发展离不开劳动力的支撑，欧美经济体中虽然大多数都是发达国家，但未来由于人口增长乏力，劳动力会越来越稀缺，不利于其长期发展。亚洲虽然一直是人口最多的大洲，但其占世界人口的比重仍在缓慢上升。作为人口第一大国的中国，虽然人口红利逐步减少，但在世界范围内来看，仍是劳动力资源相对丰富的国家。与人口第二大国印度相比，中国劳动力素质更高。2015年，印度成人识字率仅为72.22%，而中国则已达到96.36%。同时，中国国内潜在的巨大市场需求、持续改革带来不断的经济增长新红利，都将为中国带动亚洲经济发展提供持续的动力。

自1978年改革开放以来，中国依靠对外开放政策以及廉价的劳动力成本，承接了大量的国际生产外包订单，充当了"世界工厂"的角色，获得了贸易和经济的快速增长，也从一个工业化部门完备的国家发展成为一个制造业大国。根据联合国工发组织的《世界制造业发展报告》测算（见表6），2015年全球制造业增加值的增长速度在1%，而我国尽管增长速度有所放缓，但预计仍能达到7.4%的增长率，仍然为全球制造业增长的重要动力。同时按照2010年不变价计算，我国制造业增加值占世界比重已从2005年的11.75%上升到2015年的23.84%，在世界上排名第一。

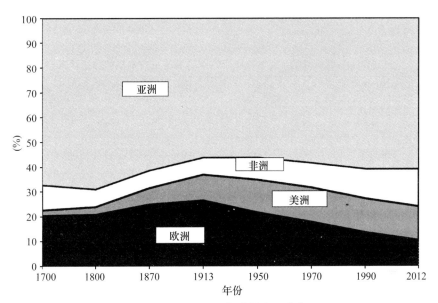

图3 1700—2012年世界人口分布

资料来源:Piketty, T. Capital in the Twenty-First Century[M]. The Belknap Press,2004.

表6 2005年、2010年与2015年制造业增加值占世界比重 单位:%

国家	2005年	2010年	2015年
中国	11.75	18.69	23.84
美国	20.43	17.77	16.54
日本	11.14	10.43	8.93
德国	7.29	6.55	6.37
韩国	2.54	2.95	3.09
印度	1.74	2.36	2.45
意大利	3.7	2.94	2.42
法国	3.13	2.61	2.34
巴西	3.08	2.89	2.26
印度尼西亚	1.65	1.7	1.93
英国	2.66	2.15	1.93
俄罗斯	2.15	1.9	1.77
墨西哥	1.91	1.69	1.7
加拿大	2.2	1.57	1.45
西班牙	2.18	1.69	1.44

资料来源:联合国工发组织《世界制造业发展报告》。

表7列出了我国与上中等收入国家及世界平均水平在制造业相关指标上的变化

情况。可以看出我国制造业增加值的增长速度趋于平稳,且人均制造业增加值已接近世界平均水平,并达到上中等收入国家水平。

表7 中国制造业与上中等收入国家及世界平均水平的对比情况

指标	时期	中国	上中等收入国家	世界
制造业增加值年均增长率（%）	2005—2010年	11.10	5.85	2.03
	2010—2014年	7.89	4.43	2.24
人均制造业增加值(美元)	2005年	914.36	884.80	1 201.63
	2014年	1 218.99	1 066.46	1 276.66

资料来源:联合国工发组织《世界制造业发展报告》。

此外,在制造业产品产量方面(见表8),与1978年相比,我国主要工业产品在产量和世界排名都有显著提升。2014年我国产钢量达到82 231万吨,产量排名世界第一,较1978年产量增长了24.9倍。煤、水泥、化肥、布、电视机产量都达到了世界第一的水平,而原油和发电量则分列世界第四和第二。

表8 1949—2014年我国主要工业产品产量居世界位次

工业产品	1978年		2014年	
	产量	位次	产量	位次
钢(万吨)	3 178	5	82 231	1
煤(万吨)	61 800	3	387 400	1
原油(万吨)	10 405	8	21 143	4
发电量(亿千瓦小时)	2 566	7	56 496	2
水泥(万吨)	6 524	4	249 207	1
化肥(万吨)	869	3	6 877	1
布(亿千瓦小时)	110	1	894	1
电视机(亿千瓦小时)	0.4	8	14 129	1

资料来源:Wind数据库。

在目前知识密集型产业领域,美国在世界市值最高的20家互联网公司中有11家,亚洲国家有9家,其中仅中国就占6席。阿里巴巴、腾讯、百度与京东四家公司的总市值将达到4 260亿美元,具体排名及产值如表9所示。我国知识密集型产业也呈现出了良好的发展状态。

表9 2015年9月世界互联网公司市值前10强

公司名	市值(10亿美元)
谷歌	390.5
Facebook	193.9
阿里巴巴	165.0
亚马逊	149.6
腾讯	147.6
百度	73.9
eBay	63.3
普利斯林公司	60.5
雅虎	42.3
京东	39.5

资料来源:根据网络资料整理得到。

在交通运输设施网络里程方面(见表10),1978年,全国运输线路总里程只有123.5万公里,到2014年,运输线路总里程增加至955.68万公里(含村道),是1978年的7.74倍。其中公路里程为446.39万公里,是1949年的55.34倍;铁路里程11.18万公里,是1949年的5.2倍;管道输油气里程从1958年的0.02万公里增加到2014年的10.57万公里,增加了527.5倍;定期航班航线里程从1949年的1.13万公里增加到2014年的463.72万公里,民用机场2014年达到200个,比1950年增加164个。在高速公路方面,1988年全长147公里的沪嘉公路建成通车,我国高速公路实现了零的突破,1999年突破1万公里,2002年突破2万公里,到2014年年底,全国高速公路里程已达到11.19万公里,实现了全国省际及大部分中心城市之间的高速公路连接。我国用短短十多年的时间走完了发达国家三四十年的发展历程,目前我国公路总里程、高速公路里程均居世界第二位。

表10 1949—2014年铁路、高速公路和民用航空营业里程   单位:万公里

年 份	铁 路	高速公路	民用航空
1978	5.17		14.9
1985	5.52		27.7
1990	5.79	0.05	50.7
1995	6.24	0.21	112.9
2000	6.87	1.63	150.3
2005	7.54	4.10	199.9
2008	7.97	6.03	246.2
2013	10.31	10.44	260.29
2014	11.18	11.19	287.00

资料来源:《中国统计年鉴》。

(二) 发展引领

根据世界银行对国家收入的分类,1987年,共有49个低收入国家,其中26个国

家在 2015 年仍是低收入国家。而中国、赤道几内亚、圭亚那、马尔代夫四个国家成为上中等收入国家。19 个国家(孟加拉国、不丹、柬埔寨、加纳、印度、印度尼西亚、肯尼亚、老挝、莱索托、毛里塔尼亚、缅甸、尼日利亚、巴基斯坦、圣多美与普林西比共和国、所罗门群岛、斯里兰卡、苏丹、越南、赞比亚)在 2015 年成为下中等收入国家。这些国家大多与中国相毗邻,属于亚非交界处的国家。2015 年,低收入国家仍是主要位于非洲和亚洲南部。三类国家的空间分布如图 4 所示。接下来对实现晋升国家或地区与 26 个低收入国家的贸易情况进行对比,主要关注两类国家与中国贸易情况。

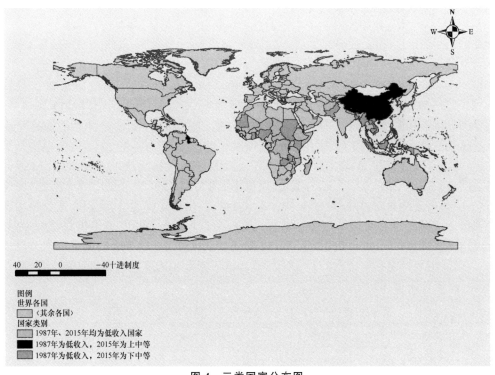

图 4　三类国家分布图

图 5 和图 6 是根据 UN COMTRADE 收集的各国进出口贸易数据整理得来,由于 2013 年数据包含国家最多,更具有代表性,因此选取 2013 年数据作图。图 5 显示了从低收入国家(地区)升为下中等收入国家(地区)对中国进出口贸易总额占该国家(地区)整体贸易总额的比重。2013 年可获得数据国家(地区)与中国进出口贸易平均占比为 15.12%,2014 年为 15.97%。2015 年可获得数据国家较少,这些国家与中国进出口贸易平均占比达到 24.91%。与中国贸易占比最高的苏丹(由于 2013 年苏丹数据缺失,因此图中没有包含苏丹)2015 年这个比重达到 36.20%。对比始终处于低收入水平的国家(地区)贸易情况,平均来看,2015 年这个类别的国家(地区)与中国进

出口贸易平均占比为 12%，占比最高的埃塞俄比亚这一比值为 24.46%，而最低的中非共和国比重仅为 6.67%，总体来看低于实现从低收入国家（地区）升至下中等收入国家（地区）的比重。由此可见，跟中国贸易关系紧密的国家（地区），在我国经济高速发展的带动下，也实现了收入的不断提升。相对而言，贸易往来较少的国家（地区）则经济相对低迷，仍处于低收入水平。

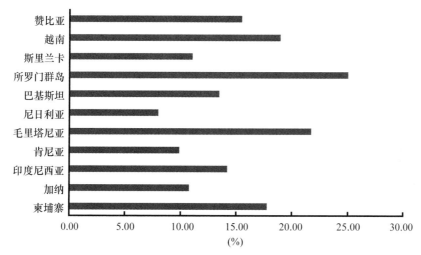

图 5　2013 年升至下中等收入国家（地区）对中国贸易情况

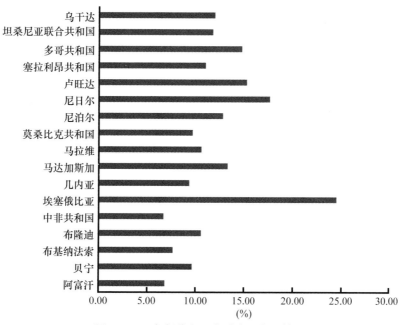

图 6　2013 年低收入国家对中国贸易情况

图 7 则列出了成为上中等收入国家的马尔代夫和圭亚那的贸易情况。从 1999 年起,两国与中国的贸易占比逐年提升。马尔代夫在 2010 年实现了上中等收入国家的晋升,自 2011 年后与中国贸易占比有所下降。圭亚那则是在 2015 年实现跨入上中等收入阶段,2015 年与中国贸易占比下降。在两国实现从低收入向下中等收入晋升过程中,与中国贸易占比逐步提升,可以看出在这一过程中,与中国的贸易活动给两国国内经济发展持续注入了活力,带领贸易合作国家经济持续健康高速发展。当这些国家跨入上中等收入阶段时,中国的带动作用就有所减弱。

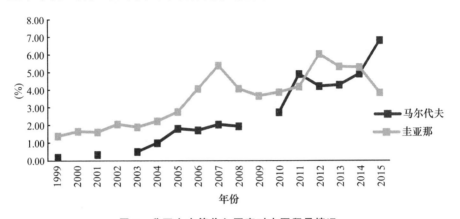

图 7 升至上中等收入国家对中国贸易情况

(三)公平与可持续的发展

现阶段,中国虽然已经取得了颇多经济发展成果,也带动了周边贸易合作伙伴的经济发展,但这一发展模式还存在一些问题,对下一阶段的长期可持续发展造成障碍。接下来将从进口贸易和出口贸易两方面分别分析这一问题。

1. 进口贸易

从表 11 可以看出,我国商品贸易中,机械及运输设备(对应于 sitc7)占进口比重最大,2015 年占比达 40.93%。其次是粗材料等(对应于 sitc2)、矿物燃料等(对应于 sitc3)和化学品等(对应于 sitc5)。2015 年,这四大类商品进口额占我国总进口的 75.46%。

表 11 中国 2010 年和 2015 年按照 sitc 标准分类的各类商品进口比重数据　　单位:%

年份	sitc0	sitc1	sitc2	sitc3	sitc4	sitc5	sitc6	sitc7	sitc8	sitc9
2010	1.55	0.17	15.18	13.54	0.65	10.70	9.40	39.38	8.11	1.32
2015	3.00	0.34	12.56	11.81	0.48	10.16	8.03	40.93	7.89	4.79

资料来源:联合国商品贸易数据库。

下文选取我国主要进口商品,分析我国进口贸易的发展情况。从表 12 可以看出,我国进口卡车金额从2001年至2010年增长了7.34倍,但进口数量仅仅增长了3.25倍;同样时间段内,我国自卸车进口金额增长了2.2倍,但进口数量仅仅增长了62.83%。截至2013年,飞机进口金额增长了4.72倍,但进口数量仅仅增长了2.18倍;汽车底盘的进口也呈现出进口金额涨幅远远高于进口数量的现象。可以看出,近年来在进口贸易领域我国在世界范围内表现出越来越重要的地位,然而这一过程中进口产品的数量并未与我国迅速增长的进口额保持相近的增长速度,始终远远低于进口额的增长速度,这也说明随着我国经济发展,我国进口商品单位价格也有越来越高的趋势。

表12 主要进口商品贸易变化情况　　　　　　　　　　　　　　　　　单位:%

	进口额增长率	进口量增长率
卡车(2001—2010年)	734.08	325.43
装有引擎的汽车底盘(2001—2014年)	587.88	144.13
自卸车(2001—2010年)	219.62	62.83
飞机(2001—2013年)	471.72	218.03

资料来源:中国经济与社会发展统计数据库。

2. 出口贸易

从表13可以看出,我国出口商品中,机械及运输设备(对应于sitc7)占出口比重最大,2015年占比达46.76%。其次是杂项制品(对应于sitc8)和以材料分类的制成品(对应于sitc6)。2015年,这三大类商品出口额占我国总出口的89.67%。

表13 中国2010年和2015年按照sitc标准分类的各类商品出口比重数据　　单位:%

年份	sitc0	sitc1	sitc2	sitc3	sitc4	sitc5	sitc6	sitc7	sitc8	sitc9
2010	2.61	0.12	0.74	1.69	0.02	5.55	15.79	49.51	23.89	0.09
2015	2.55	0.15	0.61	1.22	0.03	5.68	17.24	46.76	25.66	0.09

资料来源:联合国商品贸易数据库。

2004—2011年,我国出口贸易额由5 933亿美元增长到18 984亿美元,增长了2.2倍,在这一快速增长背后,有些现象值得关注。同样是这一期间,国际铁矿石每吨价格由26美元上涨到89美元,增长了242%,但我国钢材出口价格仅仅上涨了67%。我国是世界上稀土资源出口最多的国家,2009年稀土产品出口价仅为8.59美元,与30年前相比仅增长了不到2美元。然而无论是钢材还是稀土产品的生产开采过程,都会破坏植被和农田,污染空气、地表水,对人类的生命健康和自然生态环境带来巨大的危害。虽然我国出口贸易额高速增长,成为世界第一大出口国,但是这一过程中付出了很高的成本,同时,出口额的增长是由出口产品量的增加带来的,而不是通过向产业链上游发展提供产品附加值实现的。

因而，无论是从进口贸易还是从出口贸易来看，我国取得巨大发展的同时，征地矛盾频繁发生，人口红利逐渐耗尽，各种资源快速消耗，国内生态环境持续遭到破坏。这些都是取得现阶段发展成果所付出的不可再生的成本，这样的发展路径无论是对于中国还是其他发展中国家而言，都是不可持续的。因而，通过"一带一路"建设，形成全球价值双循环，打破仅由发达国家主导的贸易体系，实现更大范围的产能合作，打通发展中国家之间的经济交流与帮助，从而为发展中国家带来更加公平与可持续的发展机会。

二、全球价值双循环架构下的新模式

（一）"一带一路"运行机制

中国作为世界特别是东亚地区最大的发展中国家，其产业结构既是国际分工体系中的组成部分，又保持着相对的独立性和完整性。中国各地自然资源和人力资源条件不尽相同，因此各区域的生产力发展存在不平衡性，而生产的不平衡性又决定了中国的产业结构的多样化。与此同时，中国在参与国际分工的过程中，全方位吸纳来自全世界的技术资本，进而全面地提升自身的产业结构，正发展成为东亚地区产业结构最齐全的国家。

齐全的产业结构使得中国不但拥有处于垂直分工体系下的劳动密集型和资本密集型的产业，也拥有处于水平分工体系下的现代技术产业，因此，在发展的过程中，国家既可以发展垂直分工关系，也可以发展水平分工关系。

中国的产业结构和发展打破了雁阵模式[①]从"劳动密集型到资本密集型再到技术密集型"的梯度产业转移，整个过程跨越了从日本向亚洲"四小龙"再向东盟各国最后转移到中国内地的阶段顺序。随着中国逐渐融入国际市场，发达国家开始对中国进行直接投资和技术转移，中国短时间内在知识密集型领域已经具备一定优势，直接从雁阵梯度以外获得的资金和先进技术成为中国跨越雁阵转移产业的方式。

雁阵模式的核心是产业转移。传统的雁阵运行机制随着各国经济发展，已经难以维持。从 20 世纪 60 年代到 80 年代，东亚国家和地区通过产业的依次梯度转移，大力发展外向型经济，实现了整个地区的经济腾飞，形成"雁阵模式"。20 世纪 80 年代，亚洲形成以日本为核心的雁阵模式，其中日本以其先进的工业结构占据了雁阵分工体系的顶层，新兴工业化经济体处于第二梯度，中国内地及东盟诸国为第三梯度。三个梯

[①] 雁阵模式即雁形理论，1935 年由日本学者赤松要提出的，阐述了第二次世界大战后日本通过贸易和替代性生产而获得经济巨大成功的进程，即某一产业在不同国家伴随着国际分工和产业转移先后兴盛衰退的过程，以及在其中一国中不同产业结构变迁的过程。东亚国家是雁形理论的经济发展形态：以日本为雁头，其次为亚洲"四小龙"，其后雁尾是中国内地与"五小虎"等。

度分别以技术密集与高附加值产业、资本技术密集型产业、劳动密集型产业为特征。

随着我国产业结构升级以及日本经济持续衰退,过去以日本为雁首的亚洲产业分工和产业转移模式逐渐被打破。根据劳动力成本和各国的自然资源禀赋相对比较优势,我国劳动力密集型行业和资本密集型行业可与"一带一路"周边及沿线国家对接,带动沿线国家产业升级和工业化水平提升,通过我国的中间产品生产环节,构筑以我国为轴心的新全球产业链模式。这需要充分挖掘"一带一路"区域国家经济互补性,建立和健全发展中国家供应链、产业链和价值链,促进泛亚和亚欧经济一体化。

(二) 发生的历史契机

1. 雁阵解体

自从20世纪60年代直至90年代初期,东亚经济中形成了一个比较完整的产业链条,即所谓的雁阵模式。在雁阵模式中,日本扮演了技术来源和投资来源的作用,日本的产业结构不断升级换代,并将进入成熟期和大规模制造期的产业转移到更有成本优势的亚洲"四小龙",亚洲"四小龙"的产业升级之后,这些行业进一步转移到劳动力低廉的东南亚各国和中国沿海地区。雁阵模式的维持需要满足以下条件:(1)雁阵中所有成员的出口品均有充足的市场需求;(2)雁阵中处于追随地位的成员能够不断得到处于领先地位的成员在资金和技术上的支持;(3)雁头的速度不能太慢,下一梯度国家的追赶速度也不能太快。进入20世纪90年代之后,伴随着泡沫经济的崩溃,日本经济进入了长期衰退。整个90年代的年均经济增长率只有1%左右。进入21世纪之后,日本经济更是陷入了负经济增长。在20世纪90年代,日本在和美国的电脑、电信和互联网等主流消费品产业竞争中失利。这使得日本无法再保有雁头的优势,失去了雁阵维持的条件。

同时,在计算机互联网等新兴领域,美国和亚洲"四小龙"、中国内地等东亚经济之间形成了新型的直接分工格局。这种新型分工格局的特点是不再依托发达国家的产业外移,而是以发展中国家的模仿与发达国家间的创新竞争为主要特点。发展中国家的模仿刺激了发达国家进一步开发新一代产品,从而展开在研究与开发方面的赶超赛跑。这也意味着封闭的东亚产业链条的断裂。1995年的"雁阵解体",标志着亚洲经济过去那种封闭的、只以产业结构自我完善为最终目的的雁头所牵头的雁阵模式已经事实上破产。

2. 两债危机

西方发达国家在经历两债危机后,由于金融体系出现"裂缝",对实体经济的贷款大幅减少,导致实体经济陷入危机,经济疲软,对外资本供给力度下降。西方国家经济下行通过国际贸易、国际投资、跨国公司等波及全球,导致全球陷入经济衰退。

曾经在"中心—外围"结构下,为西方国家提供原材料的发展中国家,也由于工业体系和技术落后而无法直接供应发达国家生产,使得西方国家对其产品吸收能力下降,继而转向中国的巨大市场。中国在工业制成品的强大制造能力和其他中间产品生产的技术提高,成为对接发达国家与发展中国家的重要枢纽。

3. 双循环的形成

全球价值双循环架构下,"一带一路"国家产业梯度各不相同,需要中国充分去挖掘与"一带一路"沿线国家经济的互补性,建立双赢、合理的国际分工体系,打造欧亚区域经济一体化新格局,而这也正是"一带一路"倡议提出的主旨。

工业化进程实际上就是现代化进程,在这个现代化进程当中,工业起到了核心的作用,特别是产业结构不断转化,从劳动密集型、资源密集型,到资本密集型、技术密集型和知识密集型,整个转换过程推动了经济的发展。

在雁阵模式解体之后,各国均在思考如何整合本地区的资源,通过双边或多边区域合作建构新的分工模式。随着中国的对外开放,在原来的雁阵中突然挤入了一个拥有14亿人口的经济增长势头迅猛的发展中大国,加之日本20世纪90年代以来经济发展的持续失速,使得原本的雁阵无以为继。失去了雁阵模式的亚洲经济处在歧路彷徨的重要转折点。中国依靠在国际分工中的独特地位,成为全世界最重要的制造业生产基地,全面而直接地融入全球化进程中,这时中国的发展状况早已经在整个亚洲乃至世界产业分工体系中脱离原来的雁阵模式。中国的出口增长首先是由于其出口结构向机电产品升级,尤其是电脑、电信和辅助产品的出口大幅度增加。2001年上半年中国出口最多的产品是显示器和手机,超过了传统的出口强项如玩具和鞋子。中国国内的家电企业在激烈的竞争中质量不断提高,而价格大幅度下调,基本上打垮了原本在东南亚组装的日本家用电器,并在1998年之后开始大量出口。作为发展中国家中引进外资最多的国家,中国的崛起对东亚其他发展中国家吸引外资带来了巨大的竞争压力。这些新的变化都冲击了原有的雁阵模式。

"一带一路"倡议的核心是整体经济生产网络的形成,需要根据各国的发展阶段进行产业整合。"一带一路"沿线国家处于不同的工业化阶段,有着不同的经济发展水平,并形成了不同的优势产业类型。而这些产业也形成了三种不同的梯度,即技术密集与高附加值产业(工业化后期国家)、资本密集型产业(工业化中期国家)、劳动密集型产业(工业化初期国家)。

随着中国廉价劳动力时代的终结,劳动密集型产业(如纺织品、玩具等)有望向以东南亚部分国家为代表的工业化初期国家转移,资源密集型产业(如能源产品、化工产品、金属制品)可以向以中东欧部分国家为代表的油气丰裕国家及以中亚部分国家为代表的矿产资源丰裕国家转移,而中国可以扩大对这些国家资本、技术及高附加值产品的出口。

部分技术密集和高附加值产业(如机电产品、部分装备制造产品)则向以中东欧部分国家为代表的工业化后期国家转移,实现技术的互通有无。

如此一来,第一产业梯度国家的产业升级会带动第二产业梯度国家的相应升级,第二产业梯度国家的产业升级也势必会带动第三产业梯度国家的相应升级,进而实现"一带一路"国家产业链的有效转移和分工明确的生产网络的构建,形成下循环分工和合作模式。表14对传统雁阵模式与全球双循环模式进行了全面的对比。

表14 雁阵模式与全球双循环架构运行机制对比

	雁阵模式	全球价值双循环
理论基础	基于生命周期理论	基于全球价值链
运行机制	产业梯度由上至下	梯度承上启下
主导国	领头雁位置的国家必须始终保持高速增长	衔接国家自身经济发展平稳,市场空间大
表象	雁阵	8字形(上下两个循环圈)
参与国	各国产业梯度差的存在	各国产业结构差异大,互补性强
动力来源	雁头经济的持续增长	衔接国产业结构全面
影响范围	封闭空间,东亚及东南亚地区发展中国家	开放体系,全球尤其是发展中国家或地区
核心	产业转移	基础设施、文化、产业、空间、贸易、资本等全面协同发展

(三)历史发展经验

1. 经济发展经验

全球化的规则并不都是公正和有利于发展中国家的,发展中国家在世界经济中受到颇多限制。中国是一个正在崛起的发展中大国,其工业化进程经验和产品更加适合发展中国家。这使得中国成为下循环中的潜在领导者。通过发挥倡导者和协调人的角色,中国将在这一区域发挥更重要的作用。所以,在战术上,"一带一路"一方面将有助于实施中国的全球化战略,另一方面将整体提高发展中国家在产业链生产上的话语权。

中国的劳动力密集型行业和资本密集型行业可以在"一带一路"周边国家形成垂直分工。印度、蒙古等国家由于劳动力成本偏低且劳动力丰富,更适合承接纺织品行业;中东七国拥有大量的石油等资源,更适合承接石油加工及炼焦业、化学及化学制品、橡胶及塑料制品行业;中亚五国中矿产资源丰富,地域宽广,更适合发展金属及金属制品、运输工具及设备;高加索地区具有一定的工业基础且工资水平较高,适合承接电气电子和光学设备、机械设备行业。同时,中国成熟的高铁技术将为内陆国家的发展弥补经济地理上的不足。

2. 国际环境经验

"一带一路"通过构建经济合作平台从而营造和平稳定的周边环境。当今世界,地缘政治格局正在经历着深刻变革,亚太地区日益成为全球政治经济博弈的重点和热点地区,我国和平崛起面临的外部环境不容乐观。"一带一路"沿线国家多为发展中国家或转型经济体,国情相似,发展阶段相近,经济互补性强,利益交集点多面广,加快经济社会发展、实现国家富强的愿望都十分迫切。因此,通过"一带一路"战略合作,能够有效推动区域经济合作,在交流合作中构建命运共同体,促进国际问题上的相互理解和信任,形成和平、稳定、和谐的周边环境。

如表15所示,从对中国《南海声明》立场的支持来看,与中国日渐交往密切的国家通过长期经济的互通合作,建立了战略互信,在中国外交立场上均表示支持。中国在崛起的过程中,注重与周边等发展中国家的合作,这同样也与未来发展中国家在国家政治环境中的诉求相契合。

表 15 《南海声明》支持国

区域	国家		区域	国家		区域	国家	
东南亚	越南		中东欧	波兰	√	西亚北非	土耳其	
	马来西亚			乌克兰			沙特阿拉伯	√
	新加坡			俄罗斯联邦	√		科威特	√
	泰国	√		拉脱维亚			约旦	
	柬埔寨	√		摩尔多瓦			叙利亚共和国	
	缅甸			捷克共和国			埃及共和国	
	老挝	√		斯洛伐克共和国			阿曼	
	印度尼西亚			波黑			巴林	
	东帝汶			爱沙尼亚			黎巴嫩	√
	文莱	√		白俄罗斯	√		也门共和国	√
南亚	不丹			立陶宛			阿联酋	
	尼泊尔		南欧	希腊			伊拉克	
	阿富汗	√		塞浦路斯			伊朗	
	印度	√		罗马尼亚			卡塔尔	
	巴基斯坦	√		塞尔维亚	√		以色列	
	马尔代夫	√		斯洛文尼亚	√		阿盟21国	√
	斯里兰卡			保加利亚		高加索地区	格鲁吉亚	
	孟加拉国	√		克罗地亚			亚美尼亚	
中亚	乌兹别克斯坦	√		匈牙利			阿塞拜疆	
	土库曼斯坦	√		阿尔巴尼亚			蒙古	
	塔吉克斯坦	√		黑山				
	吉尔吉斯斯坦	√						
	哈萨克斯坦	√						

资料来源:根据新闻资料整理。

三、中国与沿线国家产业协同的必要性

(一) 沿线国家经济发展概述

从 2014 年 GDP 总量排序来看,除中国、俄罗斯和印度外,沿线各国经济体量都相对较小(见表 16),受经济全球增长乏力的影响较大,各国经济增长率均出现放缓下滑(见表 17)。全球经济复苏依然缓慢而脆弱,国际市场需求疲软、信心不振的局面在过去的几年里没有明显改善。目前全球经济已陷入低需求、低增长、低就业之间的恶性循环,短期内难以摆脱这一困境。尤其是部分新兴经济体和发展中国家由于产业结构单一,财政金融状况脆弱,要实现经济结构性调整任务艰巨,转型升级既需要自身大力推进结构性改革,还有赖于外部环境的改善。当前,中国自身经济发展也面临着挑战与产业升级的瓶颈。

表 16 "一带一路"沿线国家 2014 年 GDP 总量排名　　　　单位:亿美元

国家	GDP 总量 >1 000	国家	GDP 总量 >100	国家	GDP 总量 <100
中国	82 301.21	斯洛伐克	969.04	老挝	97.75
印度	22 006.17	斯里兰卡	727.81	塔吉克斯坦	74.65
俄罗斯	16 787.09	阿曼	664.07	摩尔多瓦	70.41
印度尼西亚	9 423.39	白俄罗斯	609.60	吉尔吉斯斯坦	58.56
土耳其	8 718.43	阿塞拜疆	583.83	黑山	43.81
沙特阿拉伯	6 495.73	克罗地亚	573.84	马尔代夫	28.86
波兰	5 345.58	乌兹别克斯坦	538.10	不丹	19.36
伊朗	4 639.03	保加利亚	523.01	东帝汶	11.79
泰国	3 816.79	斯洛文尼亚	479.35		
阿联酋	3 509.31	立陶宛	436.21		
马来西亚	3 143.35	黎巴嫩	407.05		
新加坡	2 813.67	塞尔维亚	398.82		
以色列	2 684.32	利比亚	380.97		
菲律宾	2 507.87	土库曼斯坦	349.80		
埃及	2 377.35	巴林	299.52		
捷克共和国	2 121.98	约旦	294.94		
巴基斯坦	2 062.46	拉脱维亚	276.58		
哈萨克斯坦	1 828.37	爱沙尼亚	230.57		
罗马尼亚	1 821.29	阿富汗	199.90		
伊拉克	1 770.54	尼泊尔	190.29		
卡塔尔	1 621.06	波黑	177.58		
孟加拉国	1 469.97	柬埔寨	148.58		

（续表）

国家	GDP总量＞1 000	国家	GDP总量＞100	国家	GDP总量＜100
越南	1 448.35	格鲁吉亚	143.55		
匈牙利	1 374.73	阿尔巴尼亚	127.93		
乌克兰	1 343.09	蒙古	114.09		
科威特	1 342.53	亚美尼亚	111.12		

资料来源：世界银行。

表17 "一带一路"沿线国家2015年经济增长率比较　　单位：%

排名	国家	GDP增长率	排名	国家	GDP增长率	排名	国家	GDP增长率
1	乌兹别克斯坦	8.00	21	马其顿	3.67	41	以色列	2.49
2	印度	7.57	22	波兰	3.65	42	约旦	2.38
3	柬埔寨	7.04	23	斯洛伐克	3.60	43	蒙古	2.30
4	老挝	7.00	24	卡塔尔	3.58	44	伊拉克	2.10
5	缅甸	6.99	25	阿曼	3.50	45	新加坡	2.01
6	中国	6.90	26	沙特阿拉伯	3.49	46	拉脱维亚	1.89
7	越南	6.68	27	吉尔吉斯斯坦	3.47	47	克罗地亚	1.64
8	孟加拉国	6.55	28	黑山	3.37	48	立陶宛	1.59
9	土库曼斯坦	6.50	29	尼泊尔	3.36	49	阿富汗	1.52
10	菲律宾	5.81	30	不丹	3.25	50	马尔代夫	1.51
11	巴基斯坦	5.54	31	阿联酋	3.18	51	黎巴嫩	1.51
12	马来西亚	4.95	32	波黑	3.16	52	哈萨克斯坦	1.20
13	印度尼西亚	4.79	33	亚美尼亚	3.00	53	阿塞拜疆	1.10
14	斯里兰卡	4.79	34	保加利亚	2.97	54	爱沙尼亚	1.07
15	东帝汶	4.25	35	匈牙利	2.94	55	塞尔维亚	0.73
16	埃及	4.20	36	巴林	2.93	56	科威特	−0.40
17	塔吉克斯坦	4.20	37	斯洛文尼亚	2.88	57	摩尔多瓦	−0.50
18	捷克共和国	4.20	38	泰国	2.82	58	俄罗斯	−3.73
19	土耳其	3.98	39	格鲁吉亚	2.77	59	白俄罗斯	−3.89
20	罗马尼亚	3.74	40	阿尔巴尼亚	2.56	60	乌克兰	−9.90

资料来源：世界银行。

　　国际贸易环境严峻，也导致世界经济的增长动力不足。自2011年以来，全球范围内的产业转移放缓、投资和贸易不振、汇率震荡扭曲贸易成本等因素致使全球贸易增长大幅减速，各国出于自身利益的需要，转而更多地寻求双边和区域合作。表16和表17显示经济增长效率相对较高的国家集中在中亚部分国家、东南亚及南亚等劳动力密集型地区。这些地区大多是与中国经济交往密切的毗邻之国。这就意味着由地区之间的合作与相互作用产生的整体响应会形成一定的系统内驱力。因此,产业协同将地区与地区之间的产业配套对接,有助于"一带一路"沿线国家充分发挥其产业潜在优势,进而提升整个环流经济体系的效率。

(二)沿线国家与中国进出口贸易情况分析

在国际市场不景气、世界贸易深度下滑的背景下,截至2015年中国仍是世界第一大货物贸易进出口国。中国与"一带一路"沿线国家贸易总额占中国贸易总额比例从2001年的16.5%增长到2015年的25.1%。沿线国家与中国的贸易联系已经变得越来越紧密。中国的产业齐全与出口商品的多样性,满足了大多数国家的消费和生产需求(见表18)。

表18 "一带一路"沿线国家国际贸易收支变化   单位:亿美元

地区	国家	年份	与中国	与世界	地区	国家	年份	与中国	与世界
东南亚	印度尼西亚	2005	8.19	279.59	中东欧	波兰	2005	−49.06	−121.61
		2010	−47.32	221.16			2010	−148.87	−170.63
		2014	−130.18	−21.43			2015	−203.63	47.65
	泰国	2005	−20.24	−80.54		罗马尼亚	2005	−14.26	−127.33
		2010	−27.66	129.18			2010	−29.71	−125.93
		2015	−176.08	88.64			2015	−26.23	−92.53
	马来西亚	2005	−38.89	273.34		捷克共和国	2005	−36.26	16.81
		2010	43.77	342.04			2010	−141.17	64.50
		2015	−71.80	240.36			2015	−165.89	181.92
	新加坡	2005	−7.59	296.02		斯洛伐克	2005	−9.87	−23.74
		2010	26.85	410.76			2010	−27.15	−3.83
		2015	55.73	498.93			2015	−50.89	21.10
	菲律宾	2005	9.43	−82.33		匈牙利	2005	−31.86	−36.48
		2010	7.70	−69.70			2010	−46.44	73.17
		2015	−50.85	−115.05			2015	−34.06	97.92
	柬埔寨	2005	−4.10	4.67		拉脱维亚	2005	−1.20	−34.68
		2010	−11.21	6.88			2010	−2.53	−22.92
		2015	−35.21	−21.26			2015	−3.41	−23.88
南亚	印度	2005	−29.83	−405.09		立陶宛	2005	−3.67	−36.34
		2010	−238.09	−1296.21			2010	−5.33	−25.64
		2015	−520.28	−1263.54			2015	−6.93	−26.74
	巴基斯坦	2005	−19.14	−90.46		爱沙尼亚	2005	−5.79	−27.70
		2010	−38.12	−161.24			2010	−7.66	−3.85
		2015	−90.84	−219.01			2015	−10.89	−17.53
	斯里兰卡	2005	−6.02	−21.47		克罗地亚	2005	−8.64	−97.88
		2010	−11.52	−40.50			2010	−14.03	−82.56
		2015	−34.23	−85.28			2015	−5.01	−77.37

(续表)

地区	国家	年份	与中国	与世界	地区	国家	年份	与中国	与世界
南亚	马尔代夫	2005	−0.16	−5.91	中东欧	乌克兰	2005	−10.99	−18.94
		2010	−0.31	−10.21			2010	−33.84	−93.07
		2015	−1.40	−17.70			2015	−13.72	6.11
	阿富汗	2005	−4.27	−24.80		白俄罗斯	2005	1.47	−7.22
		2010	−6.92	−47.66			2010	−12.08	−96.01
		2015	−10.34	−71.51			2015	−12.82	−31.83
中亚	哈萨克斯坦	2005	11.71	105.13		摩尔多瓦	2005	−0.73	−12.01
		2010	61.58	332.20			2010	−3.18	−23.14
		2015	4.01	224.14			2015	−3.58	−20.20
	吉尔吉斯斯坦	2005	−0.76	−4.36		俄罗斯	2005	57.83	1427.44
		2010	−6.38	−17.34			2010	−191.78	1681.56
		2015	−9.93	−26.27			2015	−68.64	1611.26
西亚北非	沙特阿拉伯	2005	64.06	1212.27	南欧	阿尔巴尼亚	2005	−1.70	−19.56
		2010	−124.25	1442.80			2010	−2.06	−30.53
		2015	−183.61	376.71			2015	−3.17	−23.91
	阿联酋	2005	−65.87	346.39		塞尔维亚	2005	−5.06	−59.80
		2010	−129.70	176.36			2010	−11.95	−69.40
		2014	−421.23	817.28			2015	−15.20	−48.51
	阿曼	2005	48.56	97.22		马其顿	2005	−1.05	−11.87
		2010	83.94	168.25			2010	−2.00	−21.23
		2015	126.14	29.19			2015	−2.48	−19.10
	土耳其	2005	−63.36	−432.98		波黑	2005	−2.40	−46.65
		2010	−149.21	−715.62			2010	−4.39	−44.20
		2015	−224.59	−633.56			2015	−6.03	−38.95
	以色列	2005	−11.40	−22.62		黑山	2006	−0.72	−12.85
		2010	−26.90	−7.81			2010	−1.17	−17.45
		2015	−25.17	19.94			2015	−2.02	−16.97
	埃及	2005	−8.05	−91.66		斯洛文尼亚	2005	−5.43	−17.30
		2010	−44.70	−266.72			2010	−13.56	−21.57
		2014	−77.28	−445.26			2015	−15.03	8.52
	卡塔尔	2005	−1.43	157.02		保加利亚	2005	−6.32	−64.23
		2010	1.21	517.25			2010	−4.03	−47.52
		2015	14.73	453.61			2015	−4.60	−34.86
	约旦	2006	−11.58	−62.80		希腊	2005	−20.20	−374.59
		2010	−15.43	−82.39			2010	−33.77	−388.67
		2015	−24.25	−126.42			2015	−25.78	−189.75

(续表)

地区	国家	年份	与中国	与世界	地区	国家	年份	与中国	与世界
西亚北非	黎巴嫩	2005	−7.08	−74.48	南欧	塞浦路斯	2005	−2.29	−48.36
		2010	−15.88	−137.16			2010	−4.34	−71.38
		2014	−24.71	−171.75			2015	−2.24	−37.35
	巴林	2005	−3.41	8.99					
		2010	−10.05	0.58					
		2015	−15.28	−25.32					
	也门共和国	2005	16.41	2.08					
		2010	6.98	−28.18					
		2014	−5.06	−96.25					
高加索地区	格鲁吉亚	2005	−0.41	−16.24					
		2010	−3.09	−35.12					
		2015	−4.61	−55.23					
	阿塞拜疆	2005	−0.75	1.36					
		2010	−2.49	146.82					
		2014	−6.33	125.73					
	亚美尼亚	2005	−0.17	−7.55					
		2010	−3.71	−27.70					
		2015	−1.50	−17.74					

资料来源：联合国商品贸易数据库。

除新加坡外，"一带一路"沿线国家对中国的进出口贸易基本处于逆差，对中国工业产品出口依赖较大。中国市场巨大的生产能力，保证了大部分发展中国家工业发展所需的产品。而由于逆差过大造成的贸易国净出口缺口，则可以通过"一带一路"未来的产业转移和产能合作，将其需要大量进口的产品生产线转移到该国，从而大大提高效率（见表19）。

表19 "一带一路"沿线国家对中国进出口占全国比重 单位：%

地区	国家	年份	进口比率	出口比率	地区	国家	年份	进口比率	出口比率
东南亚	印尼	2005	10.13	7.78	高加索地区	格鲁吉亚	2005	1.86	0.65
		2010	15.06	9.95			2010	6.55	1.53
		2014	17.19	10.00			2015	7.60	5.71
	泰国	2005	9.44	8.30		阿塞拜疆	2005	4.13	2.28
		2010	13.29	10.99			2010	8.91	1.59
		2015	20.26	11.05			2014	7.59	0.29
	马来西亚	2005	11.53	6.56		亚美尼亚	2005	1.55	0.99
		2010	12.56	12.60			2010	10.63	3.05
		2015	18.87	13.02			2015	9.69	11.14
	越南	2005	16.05	8.83	中东欧	波兰	2005	5.41	0.66
		2010	23.81	9.13			2010	9.48	1.04
		2014	29.52	10.10			2015	11.80	1.04

(续表)

地区	国家	年份	进口比率	出口比率	地区	国家	年份	进口比率	出口比率
东南亚	新加坡	2005	10.26	8.60	中东欧	罗马尼亚	2005	4.04	0.75
		2010	10.83	10.33			2010	5.45	0.83
		2015	14.20	13.76			2015	4.59	0.96
	菲律宾	2005	6.33	9.88		捷克	2005	5.13	0.38
		2010	8.47	11.12			2010	12.20	0.92
		2015	16.36	10.90			2015	13.40	1.18
	柬埔寨	2005	16.62	0.47		斯洛伐克	2005	3.26	0.40
		2010	24.20	1.16			2010	6.22	2.01
		2015	36.80	4.75			2015	8.50	1.50
	文莱	2006	7.86	2.32		匈牙利	2005	5.44	0.65
		2012	11.38	2.68			2010	7.06	1.61
		2015	10.43	1.52			2015	5.76	1.79
南亚	印度	2005	7.22	7.16		拉脱维亚	2005	1.51	0.24
		2010	11.78	7.91			2010	2.57	0.37
		2015	15.77	3.62			2015	3.32	1.04
	巴基斯坦	2005	9.36	2.71		立陶宛	2005	2.43	0.13
		2010	13.98	6.71			2010	2.44	0.18
		2015	25.05	8.76			2015	2.86	0.44
	孟加拉国	2005	15.85	0.70		爱沙尼亚	2005	5.65	0.53
		2011	8.76	1.57			2010	6.99	1.21
	斯里兰卡	2005	7.59	0.46			2015	8.02	1.23
		2010	10.05	1.07		乌克兰	2005	5.01	2.08
		2015	19.65	2.92			2010	7.74	2.56
	阿富汗	2008	14.21	0.36			2015	10.05	6.29
		2010	13.66	3.01		白俄罗斯	2005	1.70	2.70
		2015	13.52	1.78			2010	4.83	1.88
	尼泊尔	2003	8.38	3.44			2015	6.91	2.94
		2010	10.97	1.56		俄罗斯	2005	7.36	5.40
		2015	13.91	1.74			2010	17.02	4.98
	马尔代夫	2005	2.15	0.09			2015	19.26	8.24
		2010	2.88	0.40		摩尔多瓦	2005	3.22	0.06
		2015	7.33	0.03			2010	8.31	0.15
	不丹	2005	1.07	0.00			2015	9.19	0.43
		2008	3.60	0.06	南欧	保加利亚	2005	3.87	0.61
		2012	2.51	0.01			2010	2.57	1.21
西亚北非	沙特阿拉伯	2005	7.41	5.98			2015	3.66	2.37
		2010	11.63	—		斯洛文尼亚	2005	3.00	0.25
		2015	14.63	2.78			2010	5.55	0.49

(续表)

地区	国家	年份	进口比率	出口比率	地区	国家	年份	进口比率	出口比率
西亚北非	阿联酋	2005	8.53	0.26	南欧	斯洛文尼亚	2015	6.47	0.62
		2010	7.52	0.31		克罗地亚	2005	4.71	0.10
		2014	15.07	0.76			2010	7.18	0.32
	阿曼	2005	2.37	27.12			2015	2.81	0.60
		2010	4.84	25.55		阿尔巴尼亚	2005	6.61	0.49
		2015	5.02	44.07			2010	6.32	5.50
	伊朗	2005	6.11	0.82			2015	8.55	2.70
		2011	10.31	4.05		塞尔维亚	2005	4.86	0.05
	土耳其	2005	5.90	0.75			2010	7.19	0.07
		2010	9.26	1.98			2015	8.46	0.15
		2015	12.00	1.68		马其顿	2005	3.56	0.49
	以色列	2005	4.19	1.75			2010	5.28	2.66
		2010	8.00	3.50			2015	6.10	3.18
		2015	9.29	5.08		波黑	2005	3.41	0.05
	埃及	2005	4.62	1.03			2010	4.81	0.10
		2010	9.25	1.64			2015	6.89	0.31
		2014	11.30	1.23		黑山	2007	4.85	0.01
	科威特	2006	9.25	0.21			2010	5.36	0.05
		2013	13.53	0.91			2015	10.30	2.49
		2015	15.97	1.46		希腊	2005	3.86	0.58
	卡塔尔	2005	5.17	1.46			2010	5.71	1.52
		2010	9.05	2.97			2015	5.99	0.89
		2015	11.55	6.72		塞浦路斯	2005	3.82	0.97
	约旦	2004	8.40	1.00			2010	5.26	1.38
		2010	10.85	1.61			2015	4.71	2.23
		2015	12.90	2.75	中亚	哈萨克斯坦	2005	7.22	8.70
	黎巴嫩	2005	7.87	1.39			2010	16.50	17.68
		2010	9.12	1.17			2015	26.15	13.10
		2014	12.12	0.37		吉尔吉斯斯坦	2005	9.29	3.95
	巴林	2005	4.06	0.37			2010	20.68	1.90
		2010	7.36	1.08			2015	25.30	2.49
		2015	9.59	0.32		蒙古	2005	24.95	48.14
	也门	2005	6.20	35.24			2010	28.09	86.68
		2010	7.91	22.21			2015	35.84	83.47
		2014	11.35	35.62					
	叙利亚	2005	8.05	0.25					
		2010	8.80	0.72					
	巴勒斯坦	2007	4.58	0.02					
		2010	4.58	0.00					
		2014	4.96	0.00					

资料来源：联合国商品贸易数据库。

通过近十年对中国进出口占该国总进出口比率的数据来看，东南亚地区对中国进出口结构较为相似，由于地缘邻近和贸易历史悠久等原因，双边贸易互补性较大。南亚地区主要以进口中国产品为主,但进口比重较东南亚地区偏低。值得注意的是,也门和阿曼两个中东国家对中国出口占该国出口比重三分之一以上,中国对其石油等资源的进口随着中国经济持续发展而增加。

尼泊尔出口商品以原料类产品为主,出口比例最大的是劳动密集型的纺织品及原料。

工业化初期的越南和印度,除了机电产品和运输设备外,其所涉及的主要贸易商品也基本为原料类产品。乌克兰有着丰富的矿产等自然资源,矿产品对中国出口的比例为最高。

埃及是21世纪海上丝绸之路经济带通向欧洲的中转站,其进口商品以资源和资本密集型为主,其中技术含量较高的机电产品进口很大比重来自中国。埃及石油、天然气等储备丰富,其出口商品以资源和劳动密集型产品为主,其中矿产品出口占总出口的24.87%,化工产品出口占11.66%。

随着中国经济的持续发展,对矿产品资源和油气资源的需求量大幅增加,而中乌、中哈矿产品贸易,中哈、中埃油气资源合作所体现出的强大互补性,为相互之间经贸关系的增强奠定了坚实的基础。同时,能源领域的合作牵涉面广,还包括基础设施建设、环境等,中国与这些国家重点加强能源基础设施建设方面的合作,共同维护油气运输通道安全,推进输电设施建设等,以实现各个能源领域的互联互通。

四、中国与沿线各国产业协同分析

在产业结构比较部分,根据数据的可用性,在"一带一路"沿线各经济圈分别选取代表性的国家进行比较分析。

(一)产业互补性分析

就三次产业而言,"一带一路"各经济圈在产业分工上存在一定的竞争关系。表20显示了2014年中国与部分沿线国家产业结构的对比。从东南亚区域内部来看,印尼、马来西亚和泰国在制造业工业方面与中国存在相对竞争关系,尽管中国已成为世界最大的制造业中心,但就第二产业来看,这些东南亚国家的第二产业比重与中国最为接近。新加坡为"一带一路"沿线上的最发达的国家,由于地缘因素,其第一、第二产业比重较低,第三产业比重则高达75%。南亚与中亚地区,除马尔代夫外,三次产业分布结构相似,在第二产业比重上略低于中国,第一产业比重偏高,与中国形成较好的互补性。西亚北非属于石油等矿产资源丰富国家,由于开采业的盛行,其第二产业相对比重较高,在资源方面与中国形成良好互补性。高加索地区、中东欧以及独联体国家在第一产业上各具自然禀赋,但比重很低,与中国存在一定的互补性,而第二产业发展比重较低,与中国形成很好的产业互补。与欧洲发达国家接壤,旅游资源丰富,其第三产业较为发达。

表20　2014年中国与部分"一带一路"沿线国家产业结构对比　　　　　单位：%

	国家	第一产业	第二产业	第三产业
	中国	9.17	42.74	48.09
东南亚	印度尼西亚	13.34	41.90	52.60
	泰国	10.50	36.89	52.73
	老挝	27.67	31.43	40.09
	柬埔寨	30.43	26.99	35.32
	新加坡	0.03	24.94	75.02
	越南	17.70	33.21	39.04
	马来西亚	8.87	39.96	51.17
	菲律宾	11.30	31.39	57.31
南亚	阿富汗	23.46	22.33	54.21
	孟加拉国	16.11	27.61	56.28
	印度	17.39	30.01	52.43
	不丹	17.74	42.89	59.34
	巴林	0.28	46.95	52.77
	马尔代夫	3.53	19.35	77.13
	巴基斯坦	25.03	20.90	54.07
	尼泊尔	33.69	15.63	50.68
中亚	哈萨克斯坦	4.69	35.95	55.13
	吉尔吉斯斯坦	17.11	27.76	42.58
	乌兹别克斯坦	18.77	34.10	47.14
西亚北非	埃及	11.09	39.01	68.45
	伊朗	9.34	38.23	52.43
	约旦	3.78	29.79	59.36
	科威特	0.41	64.27	40.90
	黎巴嫩	7.23	30.64	60.80
	阿曼	1.29	65.33	40.75
	卡塔尔	0.10	67.92	31.98
	土耳其	8.01	27.10	64.89
	沙特阿拉伯	1.90	57.37	40.73

(续表)

	国家	第一产业	第二产业	第三产业
高加索	阿塞拜疆	5.69	58.30	36.00
	亚美尼亚	20.81	28.60	50.59
	格鲁吉亚	9.28	23.97	69.41
中东欧	阿尔巴尼亚	22.90	25.09	52.01
	保加利亚	5.27	27.17	67.57
	波黑	7.24	26.84	65.92
	捷克共和国	2.70	37.96	49.90
	爱沙尼亚	3.44	28.11	66.75
	克罗地亚	4.33	26.26	64.36
	匈牙利	4.46	31.17	42.27
	立陶宛	3.44	30.54	66.02
	拉脱维亚	3.27	23.36	73.37
	马其顿	11.61	25.24	63.15
	黑山	10.01	17.67	72.33
	罗马尼亚	5.33	28.15	66.52
	塞尔维亚	9.28	30.22	60.50
	斯洛伐克	4.40	33.62	61.98
	斯洛文尼亚	2.20	33.12	64.68
	波兰	2.94	32.45	64.61
独联体	摩尔多瓦	15.47	17.24	67.29
	俄罗斯	4.21	32.10	63.69
	乌克兰	11.79	25.40	62.81
	白俄罗斯	8.63	41.35	50.02
	蒙古	14.71	34.74	50.55

资料来源：联合国商品贸易数据库。

从沿线地区整个产业的分布来看，东南亚、西北亚以及南亚大部分地区是制造业的集中地，同时也是初级产品的提供地。而独联体国家和中东欧地区则第二、第三产业相对发达，整个地区各国产业结构较为相似。中国的产业结构与东南亚、南亚在第一、第二产业上同时具有竞争性与互补性，而与其他沿线地区在各产业的互补性较强，产业协同具有潜在发展空间。

（二）贸易互补性分析

产业的互补性以贸易的互补性来体现。这部分将对中国与沿线部分国家的贸易互补性做出分析。数据采用联合国商品贸易数据库，受数据可得性影响，分析样本根据需要有缩减。

1. 贸易竞争力指数分析

贸易竞争力是对国际竞争力进行分析时的测度指标之一,该指标剔除了经济膨胀、通货膨胀等宏观因素的波动影响,衡量贸易总额的相对值。其值在−1与1之间,越接近1表示贸易竞争力越强,越接近−1则表示竞争力越弱。通过此指标可以分析一国的产业在世界范围内的竞争力。"一带一路"沿线国家总体贸易竞争力比较分析如表21所示。

表21　总体贸易竞争力比较

地区	国家	年份	贸易竞争力指数	地区	国家	年份	贸易竞争力指数
发起国	中国	2005	0.072	高加索地区	格鲁吉亚	2005	−0.484
		2010	0.061			2010	−0.526
		2015	0.151			2015	−0.556
东南亚	印度尼西亚*	2005	0.195		阿塞拜疆*	2005	0.016
		2010	0.075			2010	0.527
		2014	−0.006			2014	0.406
	泰国	2005	−0.035		亚美尼亚	2005	−0.287
		2010	0.034			2010	−0.578
		2015	0.021			2015	−0.374
	马来西亚	2005	0.107	中东欧	波兰	2005	−0.064
		2010	0.094			2010	−0.052
		2015	0.064			2015	0.012
	新加坡	2005	0.069		罗马尼亚	2005	−0.187
		2010	0.062			2010	−0.113
		2015	0.078			2015	−0.071
	菲律宾	2005	−0.091		捷克共和国	2005	0.011
		2010	−0.063			2010	0.025
		2015	−0.089			2015	0.062
	柬埔寨	2005	0.084		斯洛伐克	2005	−0.036
		2010	0.066			2010	−0.003
		2015	−0.111			2015	0.014

(续表)

地区	国家	年份	贸易竞争力指数	地区	国家	年份	贸易竞争力指数
南亚	印度	2005	−0.168	中东欧	保加利亚	2005	−0.215
		2010	−0.227			2010	−0.103
		2015	−0.193			2015	−0.063
	巴基斯坦	2005	−0.220		匈牙利	2005	−0.028
		2010	−0.274			2010	0.040
		2015	−0.331			2015	0.051
	斯里兰卡	2005	−0.148		拉脱维亚	2005	−0.246
		2010	−0.196			2010	−0.115
		2015	−0.290			2015	−0.094
	马尔代夫	2005	−0.657		立陶宛	2005	−0.131
		2010	−0.873			2010	−0.058
		2015	−0.860			2015	−0.050
	阿富汗	2005	−0.697		斯洛文尼亚	2005	−0.046
		2010	−0.860			2010	−0.042
		2015	−0.862			2015	0.016
中亚	哈萨克斯坦	2005	0.233		爱沙尼亚	2005	−0.144
		2010	0.409			2010	−0.015
		2015	0.366			2015	−0.059
	吉尔吉斯斯坦	2005	−0.245		克罗地亚	2005	−0.358
		2010	−0.368			2010	−0.259
		2015	−0.477			2015	−0.231
西亚北非	沙特阿拉伯	2005	0.505		阿尔巴尼亚	2005	−0.598
		2010	0.403			2010	−0.496
		2015	0.103			2015	−0.382
	阿联酋*	2005	0.176		塞尔维亚	2005	−0.400
		2010	0.047			2010	−0.262
		2014	0.120			2015	−0.154
	阿曼	2005	0.351		马其顿	2005	−0.225
		2010	0.298			2010	−0.241
		2015	0.048			2015	−0.175

(续表)

地区	国家	年份	贸易竞争力指数	地区	国家	年份	贸易竞争力指数
西亚北非	土耳其	2005	-0.228	中东欧	波黑	2005	-0.494
		2010	-0.239			2010	-0.315
		2015	-0.180			2015	-0.276
	以色列	2005	-0.026		黑山*	2006	-0.536
		2010	-0.007			2010	-0.667
		2015	0.016			2015	-0.706
	埃及*	2005	-0.301	独联体	乌克兰	2005	-0.027
		2010	-0.336			2010	-0.083
		2014	-0.454			2015	0.008
	卡塔尔	2005	0.438		白俄罗斯	2005	-0.022
		2010	0.527			2010	-0.160
		2015	0.410			2015	-0.056
	约旦*	2006	-0.378		摩尔多瓦	2005	-0.355
		2010	-0.370			2010	-0.429
		2015	-0.447			2015	-0.339
	黎巴嫩*	2005	-0.665		俄罗斯	2005	0.420
		2010	-0.617			2010	0.269
		2014	-0.722			2015	0.306
	巴林*	2005	0.046				
		2010	0.002				
		2015	-0.084				
	也门共和国*	2005	0.019				
		2010	-0.180				
		2014	-0.666				

注：*由于该国在比较数据选取年份缺失，选择接近年份可用数据。资料来源：联合国商品贸易数据库。

从产业层面细分各产业贸易竞争力，根据联合国商品贸易分类，0类至4类贸易产品属于初级生产产业，分别为0类食物和动物，1类烟草和饮料，2类非燃料和非食用原材料，3类矿物原材料、润滑剂等相关产品以及4类动植物油等。产业结构依赖农业、畜牧业国家或资源出口型国家，初级产品应具备相对较高的竞争力。在工业制成品方面，5类至9类产品分别统计为5类化学及相关产品，6类根据生产材料分类的工业成品，7类机械及运输设备，8类混合制品以及9类涵盖所有其他未分类的产品。第二产业占产业结构比重较大的国家在工业制成品贸易方面应具备较高竞争力。

表22显示在初级产品贸易竞争力方面，中国除在0类农业产品上竞争力较低，其

他类初级产品具有竞争优势。东南亚、南亚等沿线国家与中国类似。西亚、中亚以及中东欧等国依赖本国某一独特的资源禀赋在相应的初级产品上大都具备较强的贸易竞争力,而其余产品的竞争力指数构成却相去长远。例如,沙特阿拉伯、哈萨克斯坦、俄罗斯、卡塔尔等石油产品生产国表现最为明显。

表22 中国与"一带一路"沿线国家初级产品贸易竞争力指数比较

国家	0类		1类		2类		3类		4类	
	2010年	2015年	2010年	2015年	2010年	2015年	2010年	2015年	2010年	2015年
中国	0.31	0.07	−0.12	−0.27	−0.90	−0.88	−0.75	−0.75	−0.92	−0.84
阿富汗	−0.58	−0.61	−1.00	−1.00	0.88	0.91	−1.00	−0.98	−1.00	−1.00
阿尔巴尼亚	−0.81	−0.65	−0.94	−0.93	0.13	0.29	−0.39	−0.42	−0.96	−1.00
巴林	−0.56	−0.68	−0.77	−0.32	−0.31	−0.42	0.31	0.10	−0.99	−0.96
亚美尼亚	−0.85	−0.65	−0.06	0.36	0.64	0.66	−0.88	−0.76	−1.00	−1.00
波黑	−0.64	−0.58	−0.79	−0.74	0.31	0.36	−0.42	−0.55	−0.23	−0.13
保加利亚	0.06	0.10	0.16	0.07	−0.09	−0.19	−0.34	−0.25	0.07	0.45
白俄罗斯	0.16	0.00	−0.73	−0.29	−0.34	−0.14	−0.26	−0.08	−0.50	−0.09
柬埔寨	−0.52	−0.10	−0.83	−0.86	0.13	−0.15	−1.00	−1.00	0.35	0.03
斯里兰卡	0.11	0.05	0.14	−0.10	0.20	−0.28	−0.99	−0.87	−0.81	−0.19
克罗地亚	−0.28	−0.27	0.16	−0.11	0.40	0.45	−0.44	−0.38	−0.47	−0.54
捷克	−0.19	−0.09	0.08	0.18	0.09	0.06	−0.42	−0.33	0.02	0.16
爱沙尼亚	−0.08	−0.04	−0.23	−0.27	0.46	0.35	−0.04	−0.15	0.37	0.28
格鲁吉亚	−0.63	−0.43	0.04	0.19	0.34	−0.02	−0.86	−0.80	−0.95	−0.74
匈牙利	0.26	0.26	−0.11	−0.13	0.12	0.12	−0.57	−0.57	0.09	0.47
以色列	−0.33	−0.43	−0.84	−0.82	−0.08	−0.20	−0.91	−0.87	−0.76	−0.65
哈萨克斯坦	−0.03	0.11	−0.58	−0.22	0.81	0.53	0.89	0.97	−0.45	0.12
约旦	−0.37	−0.41	−0.22	−0.29	0.28	0.27	−0.96	−0.99	−0.82	−0.91
吉尔吉斯斯坦	−0.44	−0.58	−0.48	−0.53	−0.02	−0.01	−0.76	−0.82	−1.00	−0.99
拉脱维亚	−0.11	0.01	0.20	0.06	0.57	0.50	−0.56	−0.38	−0.49	−0.49
立陶宛	0.13	0.13	0.01	0.06	0.09	0.07	−0.21	−0.16	−0.54	−0.25
马来西亚	−0.25	−0.25	0.09	0.01	−0.01	−0.03	0.32	0.20	0.77	0.73
摩尔多瓦	−0.03	0.06	0.20	0.26	0.25	0.37	−0.98	−0.96	0.69	0.78
黑山	−0.86	−0.87	−0.50	−0.43	−0.22	0.17	−0.73	−0.62	−0.81	−0.91

(续表)

国家	0 类		1 类		2 类		3 类		4 类	
	2010 年	2015 年	2010 年	2015 年	2010 年	2015 年	2010 年	2015 年	2010 年	2015 年
阿曼	−0.47	−0.44	−0.34	−0.38	−0.40	−0.27	0.89	0.71	−0.05	−0.04
尼泊尔	−0.47	−0.69	−0.27	−0.57	−0.63	−0.85	−1.00	−1.00	−0.97	−0.99
巴基斯坦	0.17	0.22	0.18	−0.23	−0.63	−0.70	−0.81	−0.95	−0.91	−0.93
菲律宾	−0.47	−0.42	0.25	0.13	−0.21	0.45	−0.81	−0.83	0.74	0.31
波兰	0.12	0.21	0.31	0.39	−0.19	−0.17	−0.49	−0.38	−0.32	−0.14
卡塔尔	−1.00	−0.90	−1.00	−0.99	−0.61	−0.50	0.99	0.99	−0.98	−0.96
罗马尼亚	−0.22	−0.12	0.23	0.12	0.26	0.12	−0.41	−0.24	−0.21	0.08
俄罗斯	−0.62	−0.22	−0.70	0.27	0.43	0.27	0.98	0.97	−0.45	0.24
沙特阿拉伯	−0.69	−0.72	−0.62	−0.50	−0.80	−0.50	1.00	0.98	−0.59	−0.51
塞尔维亚	0.39	0.32	0.33	−0.23	−0.16	−0.23	−0.71	−0.69	0.56	0.52
印度	0.48	0.48	0.68	−0.40	−0.04	−0.40	−0.49	−0.54	−0.79	−0.82
新加坡	−0.26	−0.15	0.03	0.03	−0.03	0.03	−0.18	−0.19	−0.19	−0.62
斯洛伐克	−0.18	−0.16	−0.66	−0.09	−0.15	−0.09	−0.45	−0.36	−0.33	−0.16
斯洛文尼亚	−0.37	−0.32	−0.39	−0.19	−0.26	−0.19	−0.54	−0.31	−0.70	−0.50
泰国	0.54	0.43	0.29	0.48	0.33	0.24	−0.53	−0.57	0.20	0.02
马其顿	−0.26	−0.29	0.56	0.02	−0.05	0.02	−0.58	−0.86	−0.64	−0.47
土耳其	0.40	0.38	0.33	−0.54	−0.64	−0.54	−0.72	−0.54	−0.50	−0.38
乌克兰	0.13	0.59	−0.08	0.60	0.41	0.60	−0.69	−0.91	0.73	0.90

资料来源:联合国商品贸易数据库。

表 23 显示在工业制成品贸易竞争力方面,中国总体而言具有竞争优势。沿线上资源型国家以及特色农牧产品生产国的贸易产业结构,都与中国具有较强互补性。其他部分各国在工业制成品上依赖某个传统生产工艺而具备一定竞争力,但总体较弱,这与中国在工业产品方面仍然有合作共赢的空间。

表 23　中国与"一带一路"沿线国家工业制成品产品贸易竞争力指数比较

国家	5 类		6 类		7 类		8 类		9 类	
	2010 年	2015 年	2010 年	2015 年	2010 年	2015 年	2010 年	2015 年	2010 年	2015 年
中国	−0.26	−0.14	0.31	0.49	0.17	0.22	0.54	0.63	−0.85	−0.95
阿富汗	−1.00	−1.00	−0.70	−0.74	−1.00	−1.00	−1.00	−1.00	−0.91	−0.94
阿尔巴尼亚	−0.97	−0.95	−0.53	−0.50	−0.86	−0.87	0.05	0.15	0.24	−0.17

(续表)

国家	5类 2010年	5类 2015年	6类 2010年	6类 2015年	7类 2010年	7类 2015年	8类 2010年	8类 2015年	9类 2010年	9类 2015年
阿塞拜疆	-0.64	-0.63	-0.79	-0.86	-0.85	-0.97	-0.89	-0.91	-0.55	-0.43
巴林	-0.72	-0.36	0.23	0.29	-0.74	-0.38	-0.54	0.11	0.60	-0.52
亚美尼亚	-0.93	-0.89	-0.26	-0.30	-0.93	-0.91	-0.80	-0.35	-0.61	0.65
波黑	-0.64	-0.53	-0.21	-0.27	-0.51	-0.43	0.07	0.20	0.88	0.88
保加利亚	-0.29	-0.23	0.06	0.09	-0.24	-0.16	0.25	0.25	-0.13	-0.16
白俄罗斯	0.02	0.18	-0.17	-0.05	-0.22	-0.28	0.07	-0.06	-0.28	-0.11
柬埔寨	-0.91	-0.82	-0.97	-0.87	-0.58	-0.56	0.87	0.77	-0.96	-0.89
斯里兰卡	-0.87	-0.86	-0.49	-0.58	-0.71	-0.77	0.76	0.68	0.20	-1.00
克罗地亚	-0.36	-0.31	-0.37	-0.30	-0.16	-0.23	-0.21	-0.15	0.20	0.84
捷克	-0.21	-0.25	0.02	0.02	0.14	0.16	0.07	0.11	-0.11	0.11
爱沙尼亚	-0.33	-0.36	-0.05	-0.05	-0.03	-0.08	0.19	0.20	-0.10	-0.19
格鲁吉亚	-0.61	-0.60	-0.40	-0.56	-0.57	-0.73	-0.83	-0.69	0.66	0.23
巴勒斯坦	-0.75	-0.83	-0.57	-0.49	-0.89	-0.92	-0.30	-0.17	-0.29	-1.00
匈牙利	-0.03	0.00	-0.10	-0.09	0.15	0.14	0.17	0.12	-0.23	-0.28
以色列	0.40	0.34	0.16	0.22	-0.07	-0.05	-0.04	-0.10	-0.42	0.13
哈萨克斯坦	-0.07	-0.04	0.26	0.23	-0.93	-0.90	-0.95	-0.91	0.96	0.03
约旦	0.16	0.02	-0.54	-0.64	-0.65	-0.73	0.08	0.12	-0.10	-0.91
吉尔吉斯斯坦	-0.95	-0.93	-0.80	-0.84	-0.78	-0.62	-0.32	-0.65	0.95	0.72
拉脱维亚	-0.33	-0.29	0.07	0.02	-0.20	-0.21	-0.08	-0.10	-0.48	-0.22
立陶宛	-0.08	-0.06	-0.12	-0.13	-0.10	-0.19	0.33	0.28	-0.25	-0.31
马来西亚	-0.08	-0.10	-0.08	-0.09	0.03	0.05	0.31	0.25	-0.37	-0.56
蒙古		-0.98		-0.73		-0.88		-0.78		1.00
摩尔多瓦	-0.74	-0.65	-0.73	-0.71	-0.61	-0.45	0.00	0.08	-0.70	-1.00
黑山	-0.85	-0.88	-0.26	-0.49	-0.85	-0.86	-0.92	-0.90		-1.00
阿曼	0.18	-0.05	-0.46	-0.39	-0.83	-0.79	-0.57	-0.84	0.87	-0.05
尼泊尔	-0.87	-0.92	-0.41	-0.66	-0.97	-0.99	-0.39	-0.54	-1.00	-1.00
巴基斯坦	-0.76	-0.79	0.40	0.23	-0.86	-0.94	0.66	0.59	-0.98	-0.86
菲律宾	-0.56	-0.62	-0.17	-0.20	-0.09	0.05	0.09	0.24	0.94	0.33
波兰	-0.30	-0.21	0.01	0.06	0.04	0.04	0.06	0.13	-0.95	-0.79
卡塔尔	-0.12	-0.45	-0.98	-0.76	-1.00	-0.76	-0.98	-0.88	0.83	0.94
罗马尼亚	-0.48	-0.53	-0.22	-0.18	-0.02	0.03	0.18	0.16	-0.29	-0.12

(续表)

国家	5类		6类		7类		8类		9类	
	2010年	2015年	2010年	2015年	2010年	2015年	2010年	2015年	2010年	2015年
俄罗斯	−0.29	−0.16	−0.24	0.32	−0.78	−0.61	−0.83	−0.58	0.39	0.85
沙特阿拉伯	0.34	0.29	−0.64	−0.66	−0.81	−0.82	−0.76	−0.87	−0.74	−0.87
塞尔维亚	−0.41	−0.41	−0.03	−0.07	−0.31	−0.13	0.00	0.14	−0.90	−0.76
印度	−0.19	−0.13	0.07	0.10	−0.33	−0.30	0.45	0.45	−0.82	−0.71
新加坡	0.31	0.36	−0.17	−0.18	0.11	0.11	0.06	0.08	0.40	0.47
斯洛伐克	−0.29	−0.30	0.11	0.07	0.12	0.13	−0.03	−0.12	−0.17	−0.11
斯洛文尼亚	0.05	0.09	0.03	0.07	0.08	0.10	0.00	0.06	−0.40	0.06
泰国	−0.08	−0.03	−0.16	−0.13	0.12	0.11	0.24	0.13	−0.09	−0.31
马其顿	−0.27	0.15	−0.17	−0.48	−0.70	−0.80	0.30	0.29	−0.52	−0.60
土耳其	−0.61	−0.55	0.02	0.01	−0.26	−0.25	0.26	0.32	−0.61	−0.50
乌克兰	−0.43	−0.56	0.37	0.36	−0.14	−0.27	−0.34	−0.13	−0.24	−0.23
埃及	−0.28	−0.50	−0.33	−0.51	−0.84	−0.08	−0.09	−0.23	0.91	0.54

资料来源:联合国商品贸易数据库。

2. 基于显性比较优势指数的贸易互补性研究

显性比较优势指数(Revealed Comparative Advantage Index,简称RCA指数)由美国经济学家巴拉萨提出,是衡量一国产品或产业在国际市场竞争力的指标。它旨在定量地描述一个国家内各个产业(产品组)相对出口的表现。RCA指数可以判定一国的哪些产业更具出口竞争力,从而揭示一国在国际贸易中的比较优势。通过测算一个国家某种商品出口额占其出口总值的份额与世界出口总额中该类商品出口额所占份额的比率,RCA指数用公式可以表示为:

$$\text{RCA}_{xik} = \left(\frac{X_{ik}}{X_i}\right) \bigg/ \left(\frac{W_k}{W}\right)$$

式中,X_{ik}表示国家i出口产品k的出口值,X_i表示国家i的总出口值;W_k表示世界出口产品k的出口值,W表示世界总出口值。RCA是一国平均水平和世界平均水平的比较。RCA接近1表示该国在这种商品生产出口上无相对优势或劣势;当指数大于1时,该国在这类商品出口的比重高于世界平均水平,其生产和消费具备相对国际竞争力,反之亦然。

根据前述章节的内容,中国仅在0类产品的贸易竞争力指数大于0,0类产品的净出口国具有竞争优势。典型的能源资源型国家以及农业大国在这部分指数表示出较大的优势。表24的计算结果显示在初级产品方面,中亚、中东欧等均在1类或2类产品上显性比较优势指数大于 1。在 3 类矿产及矿物资源产品上,西亚国家具有较大的比较优势。马来西亚、菲律宾、乌克兰等国在 4 类动植物资源产品上表现出较大优势。

表 24 中国与"一带一路"沿线部分国家初级产品的显示性比较优势指数

国家	0 类		1 类		2 类		3 类		4 类	
	2010 年	2015 年	2010 年	2015 年	2010 年	2015 年	2010 年	2015 年	2010 年	2015 年
中国	0.459	0.405	0.157	0.171	0.182	0.177	0.118	0.125	0.047	0.073
阿富汗	5.936	6.934	0.000	0.049	4.294	5.980	0.000	0.352	0.000	0.000
阿尔巴尼亚	0.715	0.867	0.495	0.214	3.370	2.418	1.251	0.898	0.127	0.001
巴林	0.311	0.335	0.183	1.300	1.906	0.956	4.999	3.795	0.002	0.016
亚美尼亚	0.684	1.074	15.088	22.179	6.472	7.596	0.281	0.635	0.005	0.006
波黑	1.028	1.042	0.946	0.806	3.105	3.186	1.051	0.715	1.402	3.025
保加利亚	1.833	1.658	2.879	2.154	2.132	1.884	0.926	1.082	1.238	2.519
白俄罗斯	2.142	2.281	0.258	0.676	0.619	0.698	1.933	2.971	0.407	0.945
柬埔寨	0.165	0.677	0.365	0.398	0.605	0.645	0.000	0.000	0.338	0.377
斯里兰卡	4.563	3.618	0.940	1.251	1.114	0.814	0.011	0.180	0.275	2.898
克罗地亚	1.508	1.675	2.751	1.794	1.667	2.259	0.868	1.112	0.446	0.598
捷克	0.515	0.578	0.833	1.014	0.716	0.640	0.256	0.303	0.321	0.771
爱沙尼亚	1.352	1.312	1.931	1.538	1.971	2.070	1.098	1.126	0.853	0.786
格鲁吉亚	1.839	2.358	11.572	14.470	4.148	4.352	0.307	0.628	0.154	0.874
匈牙利	1.116	1.050	0.413	0.417	0.498	0.479	0.185	0.237	0.589	1.257
以色列	0.521	0.419	0.070	0.088	0.456	0.374	0.060	0.081	0.082	0.139
哈萨克斯坦	0.553	0.786	0.145	0.299	1.333	0.720	4.993	7.297	0.135	0.231
约旦	2.527	2.878	1.665	1.698	1.734	2.391	0.066	0.013	0.339	0.235
吉尔吉斯斯坦	1.902	1.220	2.640	2.492	0.884	1.301	0.550	0.532	0.001	0.048
拉脱维亚	2.089	1.956	4.862	4.712	4.150	3.900	0.370	0.630	0.533	0.527
立陶宛	2.527	2.278	2.618	3.081	1.086	1.405	1.627	1.663	0.326	1.025
马来西亚	0.501	0.557	0.574	0.695	0.739	0.792	1.104	1.679	16.139	16.234
摩尔多瓦	4.426	3.945	17.337	10.020	2.322	3.242	0.035	0.052	5.825	8.850
黑山	1.276	1.320	8.326	9.960	3.343	5.821	0.702	1.510	0.733	0.467
阿曼	0.353	0.570	0.373	0.634	0.155	0.514	4.716	6.321	0.729	1.541
尼泊尔	2.953	3.941	3.945	2.205	1.298	0.937	0.000	0.000	0.703	0.310
巴基斯坦	2.794	3.048	0.197	0.071	0.814	0.888	0.390	0.122	0.752	0.691

(续表)

国家	0 类		1 类		2 类		3 类		4 类	
	2010 年	2015 年	2010 年	2015 年	2010 年	2015 年	2010 年	2015 年	2010 年	2015 年
菲律宾	0.739	0.792	0.799	0.798	0.642	1.326	0.143	0.135	4.711	4.976
波兰	1.613	1.699	1.724	1.942	0.557	0.631	0.289	0.337	0.389	0.668
卡塔尔	0.001	0.032	0.000	0.003	0.067	0.207	6.275	8.439	0.002	0.006
罗马尼亚	0.875	1.063	1.564	4.693	1.577	1.158	0.369	0.455	0.706	0.838
俄罗斯	0.276	0.587	0.199	4.170	0.775	1.029	4.573	6.407	0.279	1.216
沙特阿拉伯	0.190	0.256	0.103	0.632	0.033	0.156	5.970	7.739	0.138	0.299
塞尔维亚	3.179	2.475	3.084	3.944	1.172	0.974	0.356	0.290	2.817	2.880
印度	1.238	1.580	0.594	4.131	1.731	1.020	1.200	1.210	0.673	0.971
新加坡	0.200	0.274	0.886	0.880	0.144	0.217	1.123	1.284	0.252	0.140
斯洛伐克	0.630	0.518	0.197	2.117	0.678	0.522	0.336	0.380	0.300	0.481
斯洛文尼亚	0.570	0.593	0.516	4.356	0.980	1.075	0.295	0.542	0.111	0.223
泰国	2.158	2.008	0.446	0.831	1.411	1.239	0.344	0.401	0.364	0.389
马其顿	1.727	1.197	7.874	5.675	1.916	1.401	0.535	0.119	0.641	1.130
土耳其	1.623	1.582	1.027	3.040	0.735	0.750	0.269	0.305	0.571	1.435
乌克兰	1.936	3.837	1.613	17.192	2.564	4.243	0.496	0.131	9.344	20.777

资料来源：联合国商品贸易数据库。

工业制成品方面，表 25 显示在提及的国家中仅东南亚和东欧部分国家表现出与中国较为相似的结构，有超过两项工业制成品显示出比较优势，中国与此类国家的产业内贸易也相对较多。中国在 6 类和 8 类各项制成品，以及 7 类生产设备上都具有明显比较优势。能源资源型国家及农业国在工业制成品的贸易中没有明显比较优势，这类产业刚好与中国等国形成互补。

表 25　中国与"一带一路"沿线部分国家工业制成品的显性比较优势指数

国家	5 类		6 类		7 类		8 类		9 类	
	2010 年	2015 年	2010 年	2015 年	2010 年	2015 年	2010 年	2015 年	2010 年	2015 年
中国	0.501	0.495	1.218	1.363	1.440	1.243	2.172	2.032	0.018	0.019
阿富汗	0.000	0.001	1.514	1.248	0.000	0.000	0.001	0.005	5.631	3.421
阿尔巴尼亚	0.043	0.049	1.698	1.178	0.120	0.073	3.362	2.848	0.057	4.815
阿塞拜疆	0.055	0.146	0.062	0.125	0.030	0.012	0.009	0.018	0.011	0.394
巴林	0.062	3.326	1.016	1.769	0.098	0.410	0.122	0.935	0.010	0.152
亚美尼亚	0.111	0.131	3.227	1.754	0.094	0.047	0.295	0.706	0.917	1.590

(续表)

国家	5类		6类		7类		8类		9类	
	2010年	2015年	2010年	2015年	2010年	2015年	2010年	2015年	2010年	2015年
波黑	0.457	0.613	1.913	1.802	0.340	0.388	1.895	2.055	0.505	0.649
保加利亚	0.706	0.845	1.771	1.731	0.479	0.543	1.311	1.077	0.604	0.826
白俄罗斯	1.333	1.562	1.152	1.023	0.498	0.329	0.571	0.448	0.782	0.812
柬埔寨	0.024	0.074	0.054	0.323	0.140	0.206	8.211	6.329	0.013	0.080
斯里兰卡	0.106	0.140	1.122	0.999	0.154	0.170	4.175	3.937	0.307	0.000
克罗地亚	1.025	1.026	1.090	1.242	0.923	0.643	1.144	1.276	0.015	0.245
捷克	0.563	0.522	1.298	1.259	1.553	1.480	0.972	0.960	0.483	0.054
爱沙尼亚	0.487	0.448	1.168	1.072	0.805	0.834	1.324	1.200	0.750	1.393
格鲁吉亚	0.725	1.252	1.672	1.149	0.613	0.356	0.270	0.469	1.084	0.646
巴勒斯坦	0.722	0.461	2.548	2.671	0.160	0.090	1.790	1.842	0.076	0.000
匈牙利	0.776	0.938	0.719	0.816	1.672	1.495	0.725	0.696	0.961	0.500
以色列	2.433	2.085	2.615	2.605	0.730	0.764	0.734	0.667	0.046	0.217
哈萨克斯坦	0.397	0.488	1.001	1.083	0.018	0.028	0.009	0.020	0.293	0.012
约旦	3.049	2.524	0.848	0.698	0.304	0.252	1.639	1.893	0.576	0.155
吉尔吉斯斯坦	0.051	0.095	0.265	0.408	0.169	0.345	0.864	0.471	10.843	11.556
拉脱维亚	0.747	0.680	1.723	1.441	0.535	0.611	0.873	0.774	0.655	1.055
立陶宛	1.162	1.279	0.771	0.844	0.515	0.482	1.237	1.248	0.300	0.443
马来西亚	0.576	0.627	0.680	0.761	1.278	1.113	0.863	0.852	0.131	0.108
摩尔多瓦	0.465	0.579	0.588	0.552	0.363	0.424	2.117	1.717	0.003	0.006
黑山	0.353	0.353	3.669	2.405	0.238	0.249	0.246	0.342	0.000	0.000
阿曼	0.619	0.732	0.252	0.549	0.064	0.060	0.076	0.051	3.048	2.762
尼泊尔	0.427	0.456	4.139	3.733	0.054	0.023	1.305	1.312	0.000	0.007
巴基斯坦	0.336	0.348	3.312	3.395	0.077	0.040	2.309	2.194	0.001	0.005
菲律宾	0.273	0.245	0.503	0.672	1.288	1.716	0.410	0.770	5.714	0.161
波兰	0.773	0.770	1.548	1.483	1.210	1.038	1.144	1.190	0.013	0.037
卡塔尔	0.172	0.107	0.005	0.074	0.001	0.069	0.003	0.028	1.465	2.341
罗马尼亚	0.517	0.403	1.303	1.280	1.219	1.163	1.394	1.165	0.366	0.689
俄罗斯	0.366	0.505	0.528	0.999	0.080	0.143	0.053	0.132	2.069	0.748
沙特阿拉伯	0.786	1.287	0.133	0.208	0.055	0.095	0.043	0.043	0.029	0.036
塞尔维亚	0.807	0.734	2.238	1.695	0.473	0.774	1.143	1.042	0.280	0.319
印度	0.966	1.184	2.185	2.055	0.421	0.435	1.121	1.184	0.399	0.603
新加坡	1.020	1.184	0.294	0.323	1.485	1.361	0.635	0.691	1.579	1.277

(续表)

国家	5类		6类		7类		8类		9类	
	2010年	2015年	2010年	2015年	2010年	2015年	2010年	2015年	2010年	2015年
斯洛伐克	0.422	0.405	1.471	1.318	1.589	1.585	0.899	0.760	0.052	0.060
斯洛文尼亚	1.483	1.508	1.699	1.659	1.126	0.995	0.978	0.834	0.038	0.086
泰国	0.783	0.844	0.940	0.995	1.227	1.192	0.925	0.740	0.641	0.375
马其顿	1.029	1.981	2.281	1.406	0.173	1.182	1.947	1.358	0.014	0.006
土耳其	0.484	0.500	2.248	1.952	0.812	0.725	1.565	1.479	0.620	1.378
乌克兰	0.601	0.431	2.866	2.243	0.503	0.320	0.317	0.324	0.137	0.094
埃及	1.211	1.267	1.590	1.598	0.125	0.134	0.697	0.814	0.806	0.803

资料来源：联合国商品贸易数据库。

在显性比较优势指数基础上，将分子和分母的出口数据替换为进口数据，得到产品k的显性比较劣势指数[①]为：

$$\text{RCA}_{xjk} = \left(\frac{M_{jk}}{M_j}\right) \Big/ \left(\frac{W_k}{W}\right)$$

式中，M_{jk}表示国家j出口产品k的进口值，M_j表示国家j的总出口值，W表示世界进口额。与该产品国际进口水平相比，指数越大，该国对某产品的生产劣势越明显，该国对此类产品的消费依赖于对外部世界的进口，对此类产品生产较弱。

从表26可以看出，中国在2类原材料及3类燃料、润滑剂等矿产初级产品指数上显示出比较劣势。而西亚、中亚等国家则在0类和1类农业生产初级产品方面比较劣势指数较大。中东欧地区则由于地缘限制，在农业初级产品生产上多样性不足，处于比较劣势。

表26 中国与"一带一路"沿线部分国家初级产品的显性比较劣势指数

国家	0类		1类		2类		3类		4类	
	2010年	2015年	2010年	2015年	2010年	2015年	2010年	2015年	2010年	2015年
阿富汗	1.716	2.172	2.300	1.664	0.018	0.018	1.355	1.851	4.479	8.705
阿尔巴尼亚	2.262	1.877	5.361	2.523	0.786	0.515	0.897	0.837	2.245	1.631
巴林	1.126	1.544	1.403	2.172	3.304	1.743	2.469	2.234	0.359	0.554
亚美尼亚	2.292	2.376	4.575	4.869	0.341	0.619	1.137	1.805	1.859	1.715
波黑	2.436	2.267	4.231	3.136	0.773	0.738	1.254	1.180	1.212	1.780
保加利亚	1.340	1.214	1.715	1.669	1.864	2.136	1.440	1.359	0.894	0.674
白俄罗斯	1.137	2.062	1.214	1.089	0.811	0.685	2.246	2.654	0.920	0.805
柬埔寨	0.609	0.683	4.644	4.329	0.480	0.612	0.459	0.069	0.189	0.228
斯里兰卡	2.476	1.848	0.478	0.862	0.453	0.692	1.086	1.221	1.837	1.865
中国	0.276	0.489	0.228	0.411	3.379	3.171	0.879	1.031	1.250	0.927

---

① 于津平.中国与东亚主要国家和地区间的比较优势与贸易互补性[J].世界经济,2003(05).

(续表)

国家	0类 2010年	0类 2015年	1类 2010年	1类 2015年	2类 2010年	2类 2015年	3类 2010年	3类 2015年	4类 2010年	4类 2015年
克罗地亚	1.600	1.858	1.188	1.410	0.375	0.461	1.224	1.326	0.747	1.006
捷克	0.811	0.810	0.754	0.815	0.569	0.556	0.619	0.580	0.337	0.507
爱沙尼亚	1.563	1.306	2.984	2.403	0.634	0.779	1.079	1.151	0.392	0.315
格鲁吉亚	2.586	1.728	3.353	2.860	0.578	1.125	1.186	1.404	2.034	1.341
匈牙利	0.726	0.699	0.560	0.612	0.381	0.459	0.691	0.717	0.548	0.407
以色列	1.042	1.115	0.802	0.928	0.481	0.504	1.146	1.039	0.607	0.546
哈萨克斯坦	1.422	1.398	1.316	1.028	0.294	0.418	0.644	0.212	0.873	0.311
约旦	2.535	2.729	1.215	1.198	0.404	0.454	1.433	1.506	1.617	1.548
吉尔吉斯斯坦	2.261	1.650	3.499	2.924	0.386	0.412	1.722	1.669	2.901	2.600
拉脱维亚	2.098	1.634	2.602	3.483	0.818	0.928	0.958	0.994	1.268	1.032
立陶宛	1.772	1.647	2.285	2.519	0.723	0.954	2.082	1.758	0.997	1.244
马来西亚	1.021	1.079	0.583	0.794	0.818	0.830	0.647	1.078	2.638	2.338
摩尔多瓦	1.897	1.758	4.626	2.981	0.499	0.633	1.333	1.003	0.440	0.437
黑山	3.483	3.358	5.044	4.333	0.945	0.617	0.823	0.944	1.472	1.431
阿曼	1.824	1.653	1.413	1.578	0.597	0.852	0.478	1.010	1.529	1.472
尼泊尔	1.410	2.210	1.187	0.817	0.890	1.003	1.139	1.163	7.377	5.135
巴基斯坦	1.156	1.010	0.079	0.058	1.850	2.177	1.973	1.990	9.636	8.268
菲律宾	1.816	1.661	0.428	0.527	0.776	0.366	1.101	1.032	0.647	1.774
波兰	1.163	1.178	0.819	0.897	0.666	0.789	0.708	0.656	0.701	0.734
卡塔尔	1.298	1.444	1.199	1.036	0.801	1.296	0.058	0.102	0.551	0.545
罗马尼亚	1.110	1.192	0.780	1.054	0.660	0.689	0.651	0.556	0.882	0.493
俄罗斯	2.073	1.788	1.966	1.897	0.485	0.958	0.079	0.143	1.328	1.119
沙特阿拉伯	2.484	1.965	1.046	1.039	0.617	0.497	0.015	0.065	1.298	0.911
塞尔维亚	0.825	1.021	0.911	1.479	0.861	1.036	1.157	1.005	0.473	0.579
印度	0.277	0.384	0.071	0.138	1.074	1.401	2.057	2.337	3.672	5.303
新加坡	0.391	0.444	0.948	1.280	0.156	0.208	1.696	1.899	0.432	0.568
斯洛伐克	0.913	0.753	0.954	0.815	0.819	0.560	0.826	0.704	0.611	0.548
斯洛文尼亚	1.154	1.212	1.090	1.030	1.390	1.400	0.837	0.929	0.602	0.549
泰国	0.694	0.855	0.264	0.313	0.689	0.691	1.128	1.304	0.265	0.314
马其顿	1.821	1.554	1.376	1.244	1.176	0.823	1.147	0.949	1.833	1.770
土耳其	0.433	0.511	0.317	0.439	1.846	1.536	0.935	0.607	1.092	1.778
乌克兰	1.269	1.038	1.596	2.036	0.812	0.939	2.097	2.531	1.271	0.882

资料来源：联合国商品贸易数据库。

在工业制成品比较劣势方面（见表27），中国除制造设备外，指数都较低，并且呈下降趋势，充分说明中国作为制造业大国，其工业制成品进口量远远低于国际上进口同类产品的平均水平。由于中国已近进入工业化进程后期,制造业升级,对工艺复杂的生产设备需求增加,中国在7类产品的比较劣势指标较高,说明对高端设备的进口量加大。其他沿线国家在6类中各种材料的制造业产品上均处于劣势,较为依赖对外部市场的进口。

表27 中国与"一带一路"沿线部分国家工业制成品的显性比较劣势指数

国家	5类		6类		7类		8类		9类	
	2010年	2015年	2010年	2015年	2010年	2015年	2010年	2015年	2010年	2015年
中国	0.935	0.862	0.747	0.676	1.147	1.095	0.753	0.657	0.325	1.189
阿富汗	0.140	0.105	0.668	0.666	0.192	0.074	0.250	0.399	11.334	10.624
阿尔巴尼亚	0.881	0.828	1.924	1.675	0.553	0.475	1.053	0.988	0.015	3.624
巴林	0.373	0.583	0.664	0.874	0.654	0.769	0.415	0.664	0.003	0.479
亚美尼亚	0.816	0.965	1.528	1.574	0.645	0.484	0.710	0.699	1.295	0.184
波黑	1.052	1.111	1.557	1.901	0.541	0.550	0.873	0.811	0.022	0.029
保加利亚	0.998	1.149	1.308	1.367	0.642	0.669	0.646	0.595	0.809	1.200
白俄罗斯	0.901	0.930	1.201	1.069	0.563	0.519	0.370	0.465	1.286	1.052
柬埔寨	0.549	0.571	3.650	3.909	0.604	0.591	0.682	0.682	0.836	1.345
斯里兰卡	0.977	0.981	2.261	2.190	0.624	0.726	0.396	0.438	0.176	0.062
克罗地亚	1.230	1.194	1.429	1.524	0.747	0.643	1.062	1.132	0.008	0.015
捷克	0.884	0.960	1.356	1.457	1.234	1.214	0.906	0.916	0.811	0.057
爱沙尼亚	0.904	0.823	1.292	1.128	0.827	0.876	0.900	0.755	1.128	2.139
格鲁吉亚	0.912	1.410	1.257	1.248	0.705	0.656	0.947	0.770	0.087	0.138
匈牙利	0.859	1.009	0.986	1.146	1.339	1.260	0.564	0.636	2.107	1.172
以色列	0.998	1.035	1.941	1.846	0.824	0.871	0.807	0.890	0.141	0.204
哈萨克斯坦	1.041	1.103	1.436	1.556	1.172	1.153	0.836	0.967	0.017	0.029
约旦	0.986	0.898	1.363	1.305	0.670	0.615	0.651	0.600	0.416	1.519
吉尔吉斯斯坦	0.873	0.933	1.129	1.810	0.628	0.524	0.785	0.833	0.170	0.800
拉脱维亚	1.148	0.989	1.236	1.212	0.635	0.775	0.834	0.824	1.888	1.624
立陶宛	1.170	1.265	0.891	1.049	0.566	0.645	0.570	0.672	0.569	0.909
马来西亚	0.795	0.849	0.986	1.101	1.442	1.160	0.559	0.611	0.440	0.518
摩尔多瓦	1.179	1.332	1.521	1.707	0.610	0.554	0.855	0.761	0.009	1.656
黑山	0.860	0.891	1.276	1.294	0.600	0.594	1.154	1.138	#N/A	0.000
阿曼	0.770	0.862	1.311	1.454	1.305	0.572	0.529	0.663	0.501	3.985
尼泊尔	0.983	1.097	1.741	1.919	0.686	0.598	0.514	0.465	0.876	0.528
巴基斯坦	1.345	1.432	0.839	1.140	0.597	0.639	0.277	0.299	0.084	0.037
菲律宾	0.834	0.860	0.636	0.903	1.371	1.310	0.306	0.418	0.197	0.080
波兰	1.240	1.180	1.400	1.447	1.004	0.979	0.936	0.982	0.543	0.372

(续表)

国家	5类 2010年	5类 2015年	6类 2010年	6类 2015年	7类 2010年	7类 2015年	8类 2010年	8类 2015年	9类 2010年	9类 2015年
卡塔尔	0.679	0.652	1.554	1.401	1.380	1.217	0.933	1.087	0.556	0.203
罗马尼亚	1.126	1.119	1.681	1.712	1.003	0.962	0.788	0.772	0.677	0.912
俄罗斯	1.116	1.273	0.944	1.034	1.135	1.118	1.022	0.981	2.005	0.140
沙特阿拉伯	0.883	0.845	1.466	1.320	1.236	1.224	0.768	0.779	0.570	0.773
塞尔维亚	1.089	1.270	1.441	1.524	0.521	0.747	0.676	0.607	4.172	2.059
印度	0.859	1.016	1.234	1.207	0.530	0.551	0.274	0.320	3.312	2.913
新加坡	0.582	0.641	0.486	0.580	1.349	1.272	0.650	0.728	0.972	0.640
斯洛伐克	0.739	0.749	1.209	1.262	1.251	1.266	0.968	1.052	0.094	0.091
斯洛文尼亚	1.193	1.273	1.525	1.588	0.878	0.838	0.911	0.803	0.102	0.093
泰国	0.953	0.910	1.444	1.442	1.027	1.010	0.619	0.622	1.058	0.885
马其顿	1.057	1.008	2.011	2.992	0.589	0.542	0.657	0.551	0.033	0.020
土耳其	1.180	1.174	1.362	1.406	0.846	0.845	0.575	0.556	2.014	3.413
乌克兰	1.241	1.507	1.142	1.137	0.569	0.571	0.555	0.450	0.244	0.181

显性比较劣势用于结合显性比较优势，进一步测算贸易双方的贸易互补性，衡量"一带一路"沿线国家通过贸易实现产业协同，改变产业结构单一造成的经济增长率下滑的局面的可能。具体而言，若 i 国在产品 k 上比较优势明显，而 j 国在产品 k 上依赖进口，则可推断产品 k 的贸易在 i 国和 j 国呈互补性，互补性大小可用 i 国比较优势指数和 j 国比较劣势指数相乘来衡量。其计算公式为：

$$C_{ijk} = \text{RCA}_{xik} \times \text{RCA}_{mjk}$$

其中，RCA_{xik} 表示具有比较优势的 i 国，RCA_{mjk} 表示处于比较劣势的 j 国。

如前文中比较优势和比较劣势指数显示，中国在初级产品的比较优势相对较弱，选取中国为相对于沿线国家的初级产品进口国。表28的指数反映了所选取的"一带一路"沿线国家对中国出口初级产品的互补性。除东南亚地区国家外，互补性指数均偏高。中国对南亚、中亚、西亚以及中东欧国家的初级产品进口贸易显示出较强的互补性。这些地区中分为两类国家，一类是资源型国家，如阿曼、俄罗斯、沙特等国在3类产品上与中国互补性很强；另一类是特定农业（动植物材料）国家，如中东欧则在2类与4类商品上与中国形成互补。

表 28 "一带一路"沿线部分国家初级产品对中国出口的互补性

国家	0 类		1 类		2 类		3 类		4 类	
	2010 年	2015 年	2010 年	2015 年	2010 年	2015 年	2010 年	2015 年	2010 年	2015 年
阿富汗	1.636	3.389	0.000	0.020	14.499	18.985	0.000	0.363	0.000	0.000
阿尔巴尼亚	0.197	0.424	0.113	0.088	11.380	7.676	1.100	0.926	0.159	0.001
巴林	0.086	0.164		0.534	6.435	3.036	4.396	3.913	0.002	0.015
亚美尼亚	0.189	0.525	3.434	9.113	21.855	24.118	0.247	0.655	0.007	0.006
波黑	0.283	0.510	0.215	0.331	10.487	10.117	0.924	0.737	1.752	2.804
保加利亚	0.505	0.810	0.655	0.885	7.199	5.983	0.814	1.116	1.547	2.335
白俄罗斯	0.590	1.115	0.059	0.278	2.089	2.217	1.700	3.063	0.509	0.876
柬埔寨	0.046	0.331	0.083	0.164	2.044	2.048	0.000	0.000	0.422	0.349
斯里兰卡	1.258	1.769	0.214	0.514	3.763	2.586	0.010	0.186	0.344	2.685
克罗地亚	0.416	0.819	0.626	0.737	5.630	7.172	0.764	1.146	0.558	0.554
捷克	0.142	0.282	0.190	0.417	2.417	2.033	0.225	0.312	0.402	0.714
爱沙尼亚	0.373	0.641	0.439	0.632	6.655	6.574	0.965	1.161	1.066	0.729
格鲁吉亚	0.507	1.152	2.634	5.946	14.008	13.817	0.270	0.648	0.192	0.810
匈牙利	0.307	0.513	0.094	0.171	1.681	1.520	0.163	0.244	0.737	1.165
以色列	0.143	0.205	0.016	0.036	1.540	1.188	0.053	0.083	0.102	0.129
哈萨克斯坦	0.152	0.384	0.033	0.123	4.502	2.285	4.391	7.524	0.168	0.214
约旦	0.697	1.407	0.379	0.698	5.854	7.592	0.058	0.014	0.424	0.218
吉尔吉斯斯坦	0.524	0.596	0.601	1.024	2.984	4.131	0.483	0.549	0.002	0.045
拉脱维亚	0.576	0.956	1.107	1.936	14.013	12.384	0.325	0.650	0.666	0.488
立陶宛	0.696	1.114	0.596	1.266	3.668	4.461	1.430	1.714	0.407	0.950
马来西亚	0.138	0.272	0.131	0.285	2.495	2.514	0.971	1.731	20.172	15.045
摩尔多瓦	1.220	1.928	3.945	4.117	7.842	10.293	0.031	0.054	7.281	8.202
黑山	0.352	0.645	1.895	4.093	11.290	18.482	0.617	1.557	0.916	0.432
阿曼	0.097	0.279	0.085	0.261	0.523	1.633	4.147	6.517	0.911	1.429
尼泊尔	0.814	1.926	0.898	0.906	4.382	2.974	0.000	0.000	0.879	0.287
巴基斯坦	0.770	1.490	0.045	0.029	2.749	2.820	0.343	0.126	0.940	0.640
菲律宾	0.204	0.387	0.182	0.328	2.166	4.210	0.126	0.139	5.888	4.611
波兰	0.445	0.831	0.392	0.798	1.881	2.003	0.255	0.348	0.486	0.620
卡塔尔	0.000	0.016	0.000	0.001	0.228	0.656	5.518	8.701	0.002	0.006
罗马尼亚	0.241	0.520	0.356	1.928	5.326	3.678	0.325	0.469	0.883	0.776
俄罗斯	0.076	0.287	0.045	1.713	2.616	3.268	4.021	6.606	0.349	1.127
沙特阿拉伯	0.052	0.125	0.023	0.259	0.111	0.495	5.250	7.978	0.173	0.278

(续表)

国家	0类 2010年	0类 2015年	1类 2010年	1类 2015年	2类 2010年	2类 2015年	3类 2010年	3类 2015年	4类 2010年	4类 2015年
塞尔维亚	0.876	1.210	0.702	1.621	3.956	3.091	0.313	0.298	3.521	2.669
印度	0.341	0.772	0.135	1.697	5.846	3.237	1.055	1.248	0.841	0.900
新加坡	0.055	0.134	0.202	0.362	0.485	0.690	0.988	1.323	0.315	0.130
斯洛伐克	0.174	0.253	0.045	0.870	2.289	1.659	0.296	0.391	0.375	0.446
斯洛文尼亚	0.157	0.290	0.118	1.790	3.311	3.414	0.259	0.559	0.139	0.207
泰国	0.595	0.982	0.102	0.342	4.765	3.935	0.302	0.413	0.455	0.360
马其顿	0.476	0.585	1.792	2.332	6.470	4.447	0.470	0.123	0.801	1.047
土耳其	0.447	0.773	0.234	1.249	2.482	2.383	0.237	0.314	0.714	1.330
乌克兰	0.534	1.875	0.367	7.064	8.657	13.473	0.436	0.135	11.679	19.255

资料来源：联合国商品贸易数据库。

根据显性比较优劣势判断，中国在工业制成品方面具备较强优势，与沿线向中国进口工业产品的国家更具互补性。其中，沿线国家对6类和8类可直接消费的工业制成品进口较大，数值显著，并且大多呈上升趋势，"一带一路"沿线国家在两类工业产品需求上与中国的互补性较强。在7类设备生产产品方面，西亚等资源大国对中国出口贸易的互补性较强，说明这类国家对资源初级加工的设备需求与中国机械制造形成互补性（见表29）。

表29 "一带一路"沿线部分国家工业制成品对中国进口的互补性

国家	5类 2010年	5类 2015年	6类 2010年	6类 2015年	7类 2010年	7类 2015年	8类 2010年	8类 2015年	9类 2010年	9类 2015年
阿富汗	0.070	0.052	0.813	0.907	0.276	0.092	0.543	0.810	0.203	0.198
阿尔巴尼亚	0.442	0.410	2.344	2.283	0.797	0.590	2.288	2.008	0.000	0.067
巴林	0.187	0.288	0.809	1.191	0.942	0.956	0.901	1.350	0.000	0.009
亚美尼亚	0.409	0.477	1.861	2.145	0.929	0.602	1.543	1.420	0.023	0.003
波黑	0.527	0.550	1.897	2.591	0.778	0.683	1.895	1.647	0.000	0.001
保加利亚	0.500	0.568	1.593	1.863	0.924	0.832	1.404	1.208	0.014	0.022
白俄罗斯	0.452	0.460	1.463	1.456	0.811	0.645	0.804	0.944	0.023	0.020
柬埔寨	0.275	0.282	4.445	5.327	0.870	0.734	1.480	1.386	0.015	0.025
斯里兰卡	0.489	0.485	2.754	2.984	0.898	0.903	0.861	0.890	0.003	0.001
克罗地亚	0.616	0.590	1.741	2.076	1.076	0.799	2.306	2.299	0.000	0.000
捷克	0.443	0.475	1.652	1.986	1.776	1.509	1.968	1.861	0.015	0.001
爱沙尼亚	0.453	0.407	1.573	1.537	1.190	1.089	1.955	1.534	0.020	0.040
格鲁吉亚	0.457	0.697	1.531	1.701	1.015	0.815	2.056	1.564	0.002	0.003
匈牙利	0.431	0.499	1.201	1.562	1.927	1.566	1.225	1.292	0.038	0.022

(续表)

国家	5类		6类		7类		8类		9类	
	2010年	2015年	2010年	2015年	2010年	2015年	2010年	2015年	2010年	2015年
以色列	0.500	0.512	2.365	2.516	1.186	1.082	1.753	1.809	0.003	0.004
哈萨克斯坦	0.522	0.546	1.749	2.120	1.688	1.432	1.816	1.965	0.000	0.001
约旦	0.494	0.444	1.660	1.778	0.964	0.764	1.415	1.218	0.007	0.028
吉尔吉斯斯坦	0.438	0.461	1.375	2.467	0.903	0.651	1.706	1.692	0.003	0.015
拉脱维亚	0.575	0.489	1.506	1.651	0.914	0.963	1.811	1.674	0.034	0.030
立陶宛	0.586	0.625	1.086	1.429	0.815	0.802	1.238	1.365	0.010	0.017
马来西亚	0.398	0.420	1.201	1.500	2.075	1.441	1.213	1.240	0.008	0.010
摩尔多瓦	0.591	0.659	1.852	2.326	0.878	0.688	1.857	1.547	0.000	0.031
黑山	0.431	0.440	1.554	1.763	0.863	0.739	2.506	2.311	—	0.000
阿曼	0.386	0.426	1.597	1.982	1.878	0.711	1.150	1.346	0.009	0.074
尼泊尔	0.492	0.543	2.121	2.616	0.988	0.743	1.116	0.945	0.016	0.010
巴基斯坦	0.674	0.708	1.022	1.554	0.860	0.795	0.601	0.608	0.002	0.001
菲律宾	0.418	0.425	0.775	1.230	1.973	1.628	0.665	0.849	0.004	0.001
波兰	0.621	0.583	1.705	1.972	1.446	1.217	2.034	1.994	0.010	0.007
卡塔尔	0.340	0.322	1.893	1.909	1.986	1.512	2.027	2.209	0.010	0.004
罗马尼亚	0.564	0.553	2.048	2.332	1.443	1.196	1.711	1.569	0.012	0.017
俄罗斯	0.559	0.630	1.149	1.409	1.634	1.389	2.220	1.992	0.036	0.003
沙特阿拉伯	0.442	0.418	1.786	1.799	1.779	1.522	1.669	1.582	0.010	0.014
塞尔维亚	0.546	0.628	1.756	2.076	0.750	0.928	1.467	1.233	0.075	0.038
印度	0.431	0.503	1.503	1.644	0.764	0.684	0.596	0.649	0.059	0.054
新加坡	0.292	0.317	0.591	0.790	1.941	1.581	1.411	1.478	0.017	0.012
斯洛伐克	0.370	0.370	1.472	1.719	1.800	1.573	2.104	2.138	0.002	0.002
斯洛文尼亚	0.598	0.630	1.858	2.163	1.264	1.042	1.979	1.631	0.002	0.002
泰国	0.477	0.450	1.758	1.964	1.478	1.255	1.345	1.264	0.019	0.016
马其顿	0.530	0.499	2.449	4.078	0.847	0.673	1.427	1.119	0.001	0.000
土耳其	0.591	0.581	1.659	1.916	1.217	1.050	1.249	1.129	0.036	0.064
乌克兰	0.622	0.745	1.391	1.550	0.819	0.709	1.205	0.915	0.004	0.003

资料来源：联合国商品贸易数据库。

中国与"一带一路"沿线国家均具有较强的贸易互补性。主要表现在初级产品进口方面的互补性和工业制成品出口方面的互补性。这意味着"一带一路"倡议所提出的产业协同在的贸易为基础的条件下可以实现很好的对接。依托中国全球制造大国的基础，通过贸易互补，充分带动沿线国家三次产业的发展，将该区域与中国的三次产业融为一体。沿线各国在自身经济发展阶段的产业结构不同,中国作为双循环结构下的制造节点和贸易节点,应了解各国间互补性,驱动两国或者多国间产业对接。利用进出口贸易在六十多个国家甚至未来更多加入的国家中建立经济合作平台,发挥各国的产业优势,实现产业协作,为完成沿线各方各自的产业结构转型升级提供条件。

五、沿线国家工业化进程

产业结构高度化是用于衡量一国经济发展取得实质性进展的重要衡量指标,钱纳里等[1]用计量实证方法和投入产出分析方法建构了工业化进程中经济结构变迁的标准模型。以现代工业化为标准,从产业结构高度的视角来看"一带一路"沿线各国的工业化进程。基于刘伟、张辉、黄泽华(2008)[2]的研究,这里的产业结构高度采用比例关系和人均经济总量两个指标表示,前者是产业比例关系的演进,后者是人均GDP的提高。比例关系是产业结构高度化的量的内涵,人均经济总量是产业结构高度化的质的内涵。将工业产业占GDP比例关系和工业化进程人均收入指数的乘积作为产业结构高度的测度指标。通过此乘积关系看出人均收入在整个工业化进程中的增加幅度和工业生产占经济总量的比率关系,由此得出产业高度 H 为:

$$H = \sum v_{it} \times \mathrm{GDP}pc_t$$

其中,v_{it} 是 t 时间内产业 i 的产值在 GDP 中所占的比重,$\mathrm{GDP}pc_t$ 是 t 时间内人均经济量在工业化进程中的增加度。标准化为:

$$\mathrm{GDP}pc_t^n = \frac{\mathrm{GDP}pc_t - \mathrm{GDP}pc_{\mathrm{begin}}}{\mathrm{GDP}pc_{\mathrm{finished}} - \mathrm{GDP}pc_{\mathrm{begin}}}$$

其中,$\mathrm{GDP}pc_t^n$ 是经济体 N 中标准化的 t 时间内人均经济总量阶段变化的指数,$\mathrm{GDP}pc_{\mathrm{begin}}$ 是工业化开始时的人均GDP,$\mathrm{GDP}pc_{\mathrm{finished}}$ 是工业化完成时的人均GDP,$\mathrm{GDP}pc_t$ 是原始的、直接计算的经济体 N 的人均GDP。当 $H=0$ 时,经济体 N 开始进入工业化初步阶段;而当 $H=1$ 时,就表明经济体 N 完成了工业化,也就是说经济体 N 的产业结构高度值越接近1,其距离完成工业化的目标越近。

刘伟等(刘伟、张辉、黄泽华,2008)基于钱纳里(Chenery,1986)的经济阶段划分

---

[1] Chenery H. B., Robinson S., Syrquin M. Industrialization and Growth: A Comparative Study[M]. Oxford University Press, 1986.
Chenery H. B., Syrquin M. Patterns of Development:1955—1975[M]. Oxford University Press, 1997.
Fagerberg Jan. Technological progress, structural change and productivity growth: a comparative study[J]. Structural Change and Economic Dynamics, 2000, 11: 393—411.

[2] 刘伟,张辉,黄泽华.中国产业结构高度与工业化进程和地区差异的考察[J].经济学动态,2008(11).

的标准结构模型,利用2005年数据[①]对产业结构高度的国际比较发现,产业结构高度的演进和经济发展水平的提升呈现明显的相关性,发达经济的产业结构高度显著地大于1,发展中国家的产业结构高度则显著地低于1。

除欧洲部分国家外,"一带一路"沿线多国工业化程度不高,一半以上处于下循环结构中。"一带一路"沿线六十多个国家之间工业化水平差距较大,总体上仍处于工业化进程中,涵盖工业化进程的各个阶段。这充分说明了"一带一路"战略"涵盖面宽"和"包容性强"的重要特征。中国在"一带一路"沿线国家中工业化水平处于上游的位置,同时说明了中国承上启下的作用。

按照收入程度划分(见表30),"一带一路"各国产业结构与经济发展水平也符合这一关系。从时间维度上,对比2010年和2015年两个时间节点,高收入国家中,部分中东欧经济体量较小的国家,其工业产业结构高度均显示出已完成了工业化目标,部分中低和低收入国家还未进入工业化阶段。各国产业结构高度指数排序也基本符合各国在收入水平的排序。能源资源禀赋高的西亚国家,在能源开采等相关工业、加工制造业中处于优势地位,处于该行业全球产业链较高位置,其工业产业结构高度排名靠前,部分欧洲国家也有着较高水平的产业结构指数。俄罗斯在重工业生产处于较高地位,也完成了工业化目标,成为中高收入国家中在两个观测年产业结构高度都大于1的国家。中等收入国家中,大多数已经进入工业化,基于各国自身的优势,完成进程各异。根据高度化指标,这些国家仍然处于全球产业链的中下游以及下游位置,以劳动力和资源依赖型的初级产品生产为主要产业,这些国家主要集中在东南亚、南亚及中亚国家。近5年中国整体产业结构提升则约30个百分点。中国处于工业化加速阶段,产业结构高度的提升不断加快,正处于"一带一路"沿线国家中的中间位置。按照全球价值链双循环体系,中国在"一带一路"国家中也处于"8"的中心位置,在衔接沿线各国经济发展中起着枢纽作用。因此,中国在发挥制造业水平逐步提升的优势,在全球产业分工体系中与产业结构高的国家的差距逐渐缩小,输出更富附加价值的工业加工品;而在下循环中输出自身技术和知识,以及工业化进程的经验,并获取快速发展所需的资源和能源。

[①] 数据以2005年不变价格计量,将钱纳里(Chenery,1986)的标准结构模型中的人均收入1 141—2 822美元作为工业化的起点,而将人均收入5 645—10 584美元作为工业化的终点(原文以1970年美元计算,本文将其折算成2005年美元;本文中所有其他美元数据都以2005年美元计算),在这一时点之后,经济将跨入发达经济阶段(世界银行2005年划分的发达和不发达国家的人均收入标准是10 725美元,与本文10 584美元的差异很小,可以忽略)。

表30 各国产业结构高度(按收入划分)

	国家	2010年	2014年		国家	2010年	2014年
高收入国家	科威特	5.293	6.484	中低收入国家	阿尔巴尼亚	0.186	0.193
	卡塔尔	5.203	6.454		埃及	0.117	0.189
	新加坡	3.078	3.972		斯里兰卡	0.101	0.185
	阿联酋	2.906	2.907		格鲁吉亚	0.085	0.178
	巴林	2.040	2.637		乌克兰	0.125	0.137
	捷克	1.620	1.648		菲律宾	0.061	0.117
	沙特阿拉伯	1.149	1.381		乌兹别克斯坦	0.000	0.056
	斯洛伐克	1.112	1.360		摩尔多瓦	0.009	0.041
	波兰	1.831	2.115		老挝	−0.008	0.020
	爱沙尼亚	0.888	1.270		巴基斯坦	−0.027	−0.005
	匈牙利	0.837	0.941		吉尔吉斯斯坦	−0.036	−0.006
	阿曼	0.915	0.898		叙利亚	−0.133	−0.123
	克罗地亚	0.785	0.760		塔吉克斯坦	−0.074	—
	保加利亚	0.355	0.424	低收入国家	柬埔寨	−0.034	−0.019
中高收入国家	俄罗斯	1.310	1.742		孟加拉国	−0.039	−0.020
	哈萨克斯坦	0.798	1.036		阿富汗	−0.043	−0.040
	立陶宛	0.606	0.851		尼泊尔	−0.122	−0.107
	罗马尼亚	0.576	0.668				
	白俄罗斯	0.450	0.666				
	中国	0.351	0.657				
	拉脱维亚	0.379	0.595				
	土耳其	0.655	0.542				
	黑山	0.471	0.502				
	黎巴嫩	0.525	0.497				
	土库曼斯坦	0.199	0.459				
	塞尔维亚	0.340	0.389				
	马尔代夫	0.290	0.381				
	马来西亚	0.288	0.374				
	伊朗	0.491	0.373				
	亚美尼亚	0.268	0.352				
	蒙古	0.125	0.280				
	约旦	0.197	0.248				
	波黑	0.202	0.223				
	泰国	0.253	n/a				

注:根据2014年计算值排序。
资料来源:根据世界银行数据库计算。

中国与"一带一路"沿线国家的发展有很多内在的一致性,尤其是向下循环的东南亚、南亚及中亚等国(表31)工业产业不发达,产业结构正在继续调整和升级,这种内在的一致性决定了中国和这些国家的发展具有互补和相互拉动的作用。中国在推动沿线各国发挥地缘优势的过程中同时也可以实现自身的产业升级与调整。中国在向上循环的国家提供产品时,通过贸易拉动产业结构较低的国家出口产品,进而推进自身城市化进程与工业化生产。通过梳理各国工业化程度,我们可以发现"一带一路"能够使沿线产业结构高度各不相同的国家相互拉动,彼此互补,实现价值链双循环上的产业协同。

表31 各国产业结构高度(按区域划分)

地区	国家	2010年	2014年	地区	国家	2010年	2014年
	中国	0.351	0.657	高加索地区	亚美尼亚	0.268	0.352
东南亚	新加坡	3.078	3.972		格鲁吉亚	0.085	0.178
	马来西亚	0.288	0.374	中东欧	捷克	1.620	1.648
	泰国	0.253			斯洛伐克	1.112	1.360
	菲律宾	0.061	0.117		波兰	1.831	2.115
	老挝	−0.008	0.020		爱沙尼亚	0.888	1.27
	柬埔寨	−0.034	−0.019		匈牙利	0.837	0.941
	马尔代夫	0.290	0.381		立陶宛	0.606	0.851
南亚	斯里兰卡	0.101	0.185		罗马尼亚	0.576	0.668
	巴基斯坦	−0.027	−0.005		波兰	0.351	0.657
	孟加拉	−0.039	−0.02		拉脱维亚	0.379	0.595
	阿富汗	−0.043	−0.04		俄罗斯	1.310	1.742
	尼泊尔	−0.122	−0.107		白俄罗斯	0.450	0.666
	印度	0.0002	0.0142		摩尔多瓦	0.009	0.041
中亚	哈萨克斯坦	0.798	1.036	南欧	克罗地亚	0.785	0.760
	土库曼斯坦	0.199	0.459		保加利亚	0.355	0.424
	乌兹别克斯坦	0	0.056		黑山	0.471	0.502
	吉尔吉斯斯坦	−0.036	−0.006		塞尔维亚	0.340	0.389
	塔吉克斯坦	−0.074			波黑	0.202	0.223
西亚北非	科威特	5.293	6.484		阿尔巴尼亚	0.186	0.193
	卡塔尔	5.203	6.454		塞浦路斯	1.156	0.651
	阿联酋	2.906	2.907		希腊	0.955	0.760
	巴林	2.040	2.637				
	沙特阿拉伯	1.149	1.381				
	阿曼	0.915	0.898				
	土耳其	0.655	0.542				
	黎巴嫩	0.525	0.497				
	伊朗	0.491	0.373				
	约旦	0.197	0.248				
	埃及	0.117	0.189				

注:根据2014年计算值排序。
资料来源:根据世界银行数据库计算。

若从各大板块来看"一带一路"沿线国家工业化水平的特征,可以发现南亚国家分布处于工业化初期尾部位置,处于工业化后期的则为西亚地区资源密集型国家和部分欧洲国家。东南亚和南亚的国家大部分处于工业化初期。而中东欧和西亚、中东的国家大部分处于工业化后期阶段。

六、结论

"一带一路"倡导的产业和空间协同合作绝不是空穴来风,在世界经济经历几次大的变革和转移后,中国经济迅速崛起,并来到了世界经济发展的中心,制造业生产规模、进出口贸易量以及资本积累都达到近几十年来前所未有的高度。通过对世界经济历史数据的回顾和分析,当前全球经济正处于重大转换的关键节点,站在大国持续发展的角度来深入研究中国在全球价值双环流(循环)中的枢纽功能和世界各国尤其是发展中国家之间的协同发展问题,一方面为中国对外经济关系发展和整体经济的可持续发展提供理论支撑和政策依据,另一方面为世界经济平稳发展、促进发展中国家或地区工业化进程提供了一条更加公正的合作共赢的路径选择。

从区域空间来看,"丝绸之路经济带"覆盖中亚、南亚、中东等地区,"21世纪海上丝绸之路"覆盖东南亚、印度洋、北非和西非地区。这些地区各国发展阶段各异,产业结构各异,资源禀赋也存在差异。然而中国的经济发展潜力、齐全的产业体系以及巨大的消费市场与沿线各个国家都形成了一定的产业贸易互补性。本研究目的也在于通过深入研究对比各国在各项产品生产上的优势与劣势,促进更广域空间经济协同发展的实现。

"一带一路"是中国从区域大国向世界大国转型的第一次主动尝试,试图构建适宜自身发展的同时分享发展成果的更加开放和包容的全球治理机制。不管是从经济发展阶段还是产业结构来看,中国目前都处于发达国家与发展中国家之间的水平,这决定了中国将在这个体系中起到上下承接的作用,承接来自北美、西欧的新技术、新产业,同时与亚非拉等发展中国家进行产能合作,实现全球价值链的双循环。从中国与沿线国家各类产品的贸易互补性也可以看出,在与亚非拉等发展中国家的贸易中,中国在工业制成品方面具有显性比较优势,而沿线国家在初级产品方面具有显性比较优势,且各国最具优势的产品又各不相同,这些都表明了中国与沿线国家具有良好的产能合作基础和无限发展空间。

依托中国全球制造大国的基础,实现区域三次产业特别是第一产业和第三产业现代化的问题,也就是如何将该区域与中国三次产业更好地融为一体,实现以中国为枢纽点的"一带一路"经济、区域一体化,可谓至关重要,这不仅与中国经济在"新常态"下解决经济发展矛盾、实现经济平稳发展息息相关,更与大区域内加速经济循环、将更多国家纳入全球价值链分工体系密不可分。因此,通过"一带一路"战略中的产业与空间协同,中国将带领亚洲经济继续保持全球领先的水平,同时实现更大区域内的经济协作共赢与共同繁荣。

产业协同篇

百代犹怀管仲法
既厚农工不薄商

  产业问题是经济发展的主心骨之一,"一带一路"倡议就产生于特定的国际产业转移和国内产业转型的时代节点。本篇从世界和中国的产业概况入手,深刻梳理全球产业价值链条,分析中国当前产业转型升级概况,并从产业协同的角度审视当前产业发展中存在的问题,以及在"一带一路"的战略契机之下可以推行的产业结构政策。

Chapter of Industrial Synergy

  Industry is one of the core issue of economic development. "The Belt and Road" Initiative derives from the era node of international industrial transferring and domestic industrial transformation. This chapter investigates the industrial situation of both world and China. On the viewpoint of industrial synergy, the study examines the issues of current industrial development and policy suggestion on improving industrial structure under the opportunity of "The Belt and Road" Initiative.

"一带一路"产业转移的考察及政策建议[*]
——基于国际产能合作的视角

一、我国产业转移研究的梳理

通常认为产业结构的调整和升级有利于推动经济增长。产业转移是一个区域进行产业升级的重要途径,从发达国家的经验来看,通过对外投资实施产业国际转移也是促进产业结构调整和升级的一种有效方式。工业化国家的发展历程显示,随着经济活动的增加,一国的经济成长体现出经济总量和人均量的提高、产业结构变动这两种特征事实。产业结构变动与产业转移发生于空间与时间两个维度,涉及各种要素投入、技术与制度环境等的综合变化,而学界对产业转移的关注主要集中于空间变化,也就是核心区是否发生转移,以及其发生转移的动因与机制。

配第-克拉克定理(1940)和库兹涅茨法则(1985)表述了随着人均国民收入的增加,三次产业在国民收入中所占的比重和劳动力在三次产业间的分布所发生的变动。由此,学界研究的关注点投向产业结构的调整和优化与经济增长和发展间的作用机制。之后的学者(Chenery,1989;麦迪森,1997;林毅夫,2003)不断探索了产业结构变化和演进对经济增长的促进作用。Chenery(1989)强调了要素流动形成的产业结构变化对经济增长的贡献(结构红利),当要素投入从低效率生产部门向高效率生产部门流动时会促进经济增长。实证结果也表明,结构变化是经济增长的一个重要的独立源泉(麦迪森,1997)。林毅夫(2003)提出产业结构演进是一个资源配置优化并追求经济总体水平提高的过程,进而,新结构经济学又明确了经济增长的本质是技术、产业、基础设施、制度结构不断变迁的过程,强调要素禀赋结构对不同发展阶段的产业技术结构的决定作用。

---

[*] 作者苏剑,北京大学教授,经济学博士,北京大学经济研究所副所长;胡慧敏,北京大学经济研究所助理研究员。

对于中国产业结构的变迁,也已经有了大量的实证研究。总体而言,产业结构变迁和调整对经济增长存在着短期和长期的影响(郑若谷,2010),并且对中国经济增长的正面效应显著(刘伟、张辉,2008),具有明显促进经济增长的作用(孙皓、石柱鲜,2011)。对于产业结构变迁的动因,现有研究发现,由工业结构改革引致的行业间要素重置,对改革开放期间的中国工业增长起到了推动作用(张军,2009),而刘伟、张辉(2008)表明劳动力在产业之间的流动对中国经济增长具有推动作用,但是这种作用正在减弱。

从国际产业转移的理论梳理来看,比较优势的变化引发了产业转移,而从要素聚集的角度来看,其顺序是资源、劳动密集型产业将优先于资本和技术密集型产业发生转移(Lewis,1954;小岛清,1978)。产业转移的区位路径则是由经济发展水平较高的地区转出,而选择在经济发展水平较低的地区转入,当成本上升比较优势弱化后,再向下一发展水平更低的地区转移,从而形成产业转移的雁阵梯队(赤松要,1962;小岛清,1978;戴宏伟,2006)。盛朝迅(2012)基于比较优势的动态变化理论分析了我国产业升级的方向与路径,明确了我国在新一轮产业结构调整过程中,应该大力培育中间部门,促进资本和技术要素集聚,塑造动态比较优势,从传统比较优势造就的劳动密集型制造业的分工锁定中跨越出来,实现产业结构的优化升级。

当前的中国产业转移的研究发现,地理区位上的变化主要呈现出从东部沿海向中西部承接转移的趋势,从区位转移的梯队来看,与国际产业转移的相关理论相符,但学界的研究也试图解释我国产业转移发生的条件、次序及对区域经济的影响,结果显示劳动密集型产业的转移与先前的理论研究有所背离。吴三忙等(2010)借助重心分析法发现2003年以后我国部分制造业的空间分布及变化呈现出"北上西进"的特征,并指出资源依赖型产业由于跨区转移成本的制约,自然资源、矿产等的资源禀赋的差异导致了资源依赖型制造业重心分布偏西偏北,而在政府积极推动区域协调发展的过程中,东南沿海地区土地、劳动力成本的上升也促使了产业分散的离心力,导致劳动密集型制造业由沿海向内陆转移。冯根福等(2010)指出发生转移的产业大多具有绝对的规模优势,并且优先转移的产业多数为资源依赖型,部分为技术密集型产业,而典型的劳动密集型产业却未发生转移。对于学界研究的另一个热点问题,劳动成本快速上涨是否构成引发产业转移的主要原因,孙久文等(2012)分析了劳动报酬上涨与产业规模变动在地区间分布的相关性关系,指出我国目前发生转移的产业主要是资源依赖型和资本密集型产业,典型的劳动密集型产业并未发生相对转移,劳动报酬上涨尚未成为我国产业转移的主要原因。胡安俊、孙久文(2014)借用产业转移理论模型分析了我国制造业转移的次序与空间模型等的机制,并强调产业转移的基础是产业核心区的向外转移,证实了中国制造业已经出现了由东部地区向中西部地区的大规模转移,而其促进因素来自转入地区经济的增长和通信条件的改善,而交通基础设施的改善反而促使产业向外扩散,进而明确了产业发展而不是基础设施对中西部地区经济增长的促进作用。

另外,中国这样的发展中国家,政府作用及其产业政策对产业转移发挥了非常重要的影响作用。从世界范围内的产业转移来看,改革开放以来正值发达国家劳动密集型产业向发展中国家转移的时期,我国充分利用了后发优势,承接了制造业的转移。理论研究方面,林毅夫的新结构经济学揭示了政府在产业升级过程中的作用,强调在社会政治秩序比较稳定的条件下,"有为政府"推动实现较优速度的试验摸索性市场化改革,弥补其对市场失灵的劣势。从实际情况来看,我国区域产业转移呈现出"北上西进"和区域整合的基本态势,中央政府、地方政府都以产业政策的形式不同程度地介入了产业转移。国内对政府及其产业政策对区域经济发展方面的研究较多,基于规范性的分析,给出的建议多集中在基于地方政府在引导产业集聚的园区建设、基建配套以及政府服务方面。

特别是近年来,面对金融危机和全球范围的产能过剩问题,而中国经济发展也进入了"新常态",传统的凯恩斯主义的需求管理政策(通过刺激投资、拉动内需、增加出口等)效用衰减。除了需求方面的因素,新供给经济学也从供给方面分析了中国经济新常态的根源,即劳动力和原材料、能源等要素成本上升,以及技术进步成本的加大。近年的产业结构调整逐渐被纳入到供给管理和供给侧改革的框架下进行研究(苏剑、刘伟,2010;盛朝迅,2013;胡颖等,2016)。金融危机后,林毅夫指出尽管危机源自金融部门,但真正的挑战来自产能过剩对实体经济的影响(郑东阳,2010)。苏剑、刘伟(2010)进一步分析了产能过剩引发金融危机的机理,明确金融危机的根本原因是产能过剩,并讨论了各国应对全球金融危机的需求管理政策措施将导致经济出现"肥胖症",即巨大的资产价格泡沫、严重的产能过剩和巨额的政府债务,进而提出从清除过剩货币供给和产业结构调整等方面的可行建议,因而倡导中国经济需要全面深化的改革,具体包括财政税收、金融及土地制度改革等。盛朝迅(2013)指出我国除市场下滑带来的产能过剩外,还有一部分是盲目投资造成的产能过剩和资源环境压力倒逼下的落后产能淘汰压力,以产业深化创新和培育产业竞争力为根本途径的同时,应当综合采取供给侧和管理侧的措施化解产能过剩。

二、创新:国际产能合作与"一带一路"产业布局

进入经济新常态以来,我国经济增速下滑,欧美经济下行,重启贸易保护,受制于美国TPP、TTIP重新制定新的贸易规则,我国出口贸易的压力加大。从国内投资需求来看,大规模的基建投资对地方债务形成了巨大压力,并且其对国内经济增长的带动能力弱化。在传统出口和投资带动不可持续的情况下,消费升级也没跟上,又面临着产能过剩问题,这些阻碍了实体经济的转型。另外,经过长期的出口贸易,中国积累

了大量的海外金融资产和外汇储备,对外投资布局已经发生深刻变化。

在此背景下,我国先后提出了"一带一路"的愿景和国际产能合作的构想。国际产能合作是指国家或地区之间进行产能供求跨国或者跨地区配置的联合行动,其实现是产品输出或者产业转移方式进行的产能位移。2014年年底,中央经济工作会议把"一带一路"确定为优化经济发展格局的三大战略之一。2015年5月19日,国务院印发《中国制造2025》,指出我国仍处于工业化进程中,与世界先进水平相比,制造业仍然大而不强,在逐步化解过剩产能的过程中,推进传统产业向中高端迈进,同时推动重点产业国际化布局,积极参与和推动国际产能合作,落实"一带一路"重大战略部署。文件指出高端装备、先进技术和优势产能向境外转移,尤其是向周边国家转移。

我国当前提出国际产能合作的构想,转变传统贸易的导向,商品输出与资本、技术输出兼顾。"十三五"规划纲要明确了未来五年国际产能合作的规划,采用境外投资、工程承包、技术合作、装备出口等方式,开展国际产能和装备制造合作,推动装备、技术、标准、服务走出去。中国的外贸出口策略发生了变化,也进行了提升,不仅出口终端消费品,还将输出资本品,并且提高吸收外资的水平。

按照熊彼特的创新理论,创新就是建立一种新的生产函数,使生产要素重新组合,创造新的经济增长和发展动力。他将创新归纳为产品创新、技术创新、市场创新、资源配置创新和组织(制度)创新五种类型。第一,国际产能合作背景下的产业转移是开辟"一带一路"沿线国家需求的市场创新,"一带一路"连接充满活力的东亚经济圈和发达的欧洲经济圈,涉及65个国家,其总人口和经济总量占全球的份额分别为63%和29%,这些国家处于工业化和城市化发展的重要阶段,有巨大的市场需求和经济增长潜力。第二,"一带一路"沿线国家基础设施投资缺口较大,我国高铁、核电、高端装备等优势产能导入这些国家,将促使新的技术创新与产品创新产生。第三,"一带一路"沿线国家的市场开放和基建投资的发展,也将促进当地自然资源的有效配置利用,实现资源配置的创新。同时,随着国际产能合作在融资和服务方面的探索也将促进我国各项制度的深化改革,从而实现制度创新。

三、产业转移的可能性

第一,从投资需求的角度来讲,产业转移的可能性在于巨大的基建投资需求和进出口贸易的调整增长。"一带一路"在产业布局和转移方面的创新主要是通过经济层面的互利合作来实现,沿线国家连通中亚、东南来、西亚、北非、中东欧甚至欧洲大陆,并且多数国家是新兴市场和发展中国家,后发优势强劲,但交通、电力及信息等基础设施建设严重不足。据亚洲开发银行的预测,估计未来十年的投资需求达8万多亿美元,而亚洲国家中,中日韩三国的GDP总量约为8万亿美元,与投资需求之间存在着巨大缺口。世界银行统计数据显示,中低收入国家的资本形成中仅有20%用于基建投资,约为4 000亿美元,融资也存在缺口。从近年"一带一路"沿线国家的基建投资计划来看,这些国家有着巨大的投资需求。2011年以来,印尼、越南、泰国等东南亚国家分别先后发布了基建投资计划,其中,印尼2011—2014年的中期计划中基建工程投资占比高达40%。2011—2020年,越南政府计划投资4 000亿美元进行基础设施建设,而泰国2013年也批准了长达7年的投资计划。但是从这些国家的财政状况来看,受储蓄严重不足的影响,其投资率整体上呈下滑态势,基建投资严重不足,区域内的资金对基建和基础工业的需求之间的缺口较大,完成大型的战略投资规划难度较大。

第二,中国对"一带一路"沿线国家的贸易投资需求较大。我国对外直接投资连续保持调整增长,2014年中国FDI与ODI流量基本持平,2015年首次实现了资本净输出。并且中国对"一带一路"沿线国家的贸易保持较高增速,2014年在进出口增速下滑至仅2.3%的情况下,对"一带一路"沿线国家的出口增长超过10%,进出口贸易额近7万亿元,占比达到25%左右。随着沿线经济走廊和经济合作区的建设,与沿线国家的贸易投资将持续增长。沿线国家的基建和外贸投资需求巨大,但其投资能力较弱,从而形成了巨大的投资缺口。

第三,我国存在大量的优质过剩产能。单从国内的产业结构调整来看,对应我国目前产能过剩的现状,东北地区在产业转移方面面临着较大的压力,自2014年以来,东北地区的固定资产投资增速持续下滑,特别是2016年进入去产能的实质进程,东北地区的固定资产投资增速严重下滑,特别是1—8月东北地区固定资产投资下降近30%。一直以来,石油和黑色金属开采及加工冶炼等重化工业、设备制造业是东北地区的优势产业,黑龙江的石油、天然气开采位居全国前列,辽宁的石油化工、黑色金属冶炼、通用设备、专用设备和吉林的交通运输设备制造业等曾都是东北地区重要的支柱产业。因此,优质的过剩产能与"一带一路"国家基建投资需求之间能够互补,"一带一路"沿线国家的自然资源与劳动力成本等比较优势,加上我国高铁、轨道交通等项目的丰富经验和成熟技术,以及较低的通商成本,形成了国际产能合作的一个可能性和有利条件。

第四,我国有较强的融资支持能力。随着我国企业的海外产业扩展和投资发展,以及人民币的国际化,为海外投资积累了大量的资金支持能力。从综合的融资能力来讲,我国的海外金融资产总额超过6万亿美元,外汇储备超过3万亿美元。海外金融资产和外汇储备可以调动起来服务"一带一路"沿线国家的投资需求。亚投行、丝路基金、金砖银行、海上丝绸之路银行等目前的资金储备达约4 000亿美元,并且国内政策性银行、商业银行和地方政府也正在协作全力打造地方版丝路基金。另外,民间资本的海外投资逐步成为主力,随着我国PPP模式的推行和发展,将更大发挥民间投资在海外基建投资和贸易投资方面的作用。据《2015年度中国对外直接投资统计公报》,地方企业对外非金融类直接投资流量达936亿美元,实现同比增长71%。

四、"一带一路"沿线产能合作的进展和存在的问题

(一)进展情况

自2013年提出"一带一路"倡议以来,产能合作主要以产业转移的形式展开,两年左右的时间内,我国企业实施"走出去"战略,实现了对外投资合作快速增长。商务部统计数据显示,截至2015年12月底,我国企业共对"一带一路"相关的49个国家进行了非金融类直接投资,投资额合计148.2亿美元,同比增长18.2%,占总额的12.6%,投资主要流向新加坡、哈萨克斯坦、老挝、印尼、俄罗斯和泰国等,对沿线国家的投资增速高于我国对外直接投资的整体增速(14.7%)。从新增工程业务合同来看,近一半的新签合同来自"一带一路"国家,2015年新签对外承包工程项目合同3 987份,新签合同额926.4亿美元,占同期我国对外承包工程新签合同额的44.1%,同比增长7.4%;完成营业额692.6亿美元,占同期总额的45%,同比增长7.6%。

从产业转出的企业行业看来,主要是电力基建行业、国内的优质产能过剩行业以及装备制造业,并且以基建与装备投资带动了国内纺织、服装、轻工、家电等行业产能的转移;在经贸合作区的建设方面,一半以上与加工制造业相关。同时,也通过产能合作带动了相关技术和标准的推广。在走出去的企业中,民营企业参与产能合作的机会增加,投资主体的结构持续优化,但国有企业仍占相对主导地位,其非金融类投资存量的占比有所下降。国企走出去有较强的优势,广泛设立于沿线国家的分支机构为其跨国的产能合作提供了较好的支持服务。

(二)存在问题

虽然"一带一路"的产能合作有诸多好处,例如"一带一路"沿线国家的产业转移能够消化现有优质过剩产能,提高出口档次,并进一步推动人民币的国际化,进一步以市场需求化解经济下行而形成的产能过剩压力,也必将促进中国经济的持续增长,同时也为沿线国家的基建和贸易投资发展产生拉力,促进当地经济的发展。但是不可否认,中国政府和企业的海外业务扩展中存在着诸多问题,更加深刻地反映出我国供给侧结构性改革的重要性,同时由于地缘政治、文化、治安、国际化能力及国际贸易规则等目录,"一带一路"沿线国家的产能合作也存在风险。

从国内方面来看,制度改革的因素对产能合作和转移的制约作用明显。长期的海外投资限制体制虽然已经有所改变和放宽,但走出去之后的政府信息服务、风险监测和监管体制仍未能建立,面临国际竞争的复杂环境,企业海外投资的风险较大。制度环境的国内外差异导致企业的适应能力和应对能力不足,对国际商业习惯和项目经验的缺乏,对于合同技术标准和规范的忽视,常常使企业合同落空甚至遭受经济损失。另外,企业国际化的能力欠缺,主要表现为相关人才队伍的匮乏,以至于企业在产能合作与转移进程中,国际市场能力和国际商务谈判能力的差距导致投资决策的失误。

从产业转移的承接地来看,境外风险复杂,影响国内产能合作企业的交易和通商成本。"一带一路"沿线国家的政治风险较高,例如,地缘政治因素导致中缅铁路搁浅、墨西哥高铁撤票。同时产业转出企业也遭受来自贸易保护主义的经济风险,从关税、技术和设备标准以及本地化生产等方面来制约外来竞争者。由于民族、文化、宗教等的差异,国外政党及媒体对中国的不实报道也会激发产能承接国民众的敌对态度,增加了产能合作的摩擦和交易成本。另外,沿线国家的主权信用等级较差,给投资回报的预期也带来了极大的不确定性,出现赖账的可能性较大。

五、政策建议

针对"一带一路"沿线国家产能合作开展的情况,向外扩展的国际产能合作中,企业走出去面临的多种约束主要来自于国内制度改革环境的影响。

一方面,制度改革和供给不足,导致了企业在国际产能合作中的咨询、法律和专业技术等方面的服务需求得不到满足,而这类服务是优质的需求,也是产业结构向高端服务业升级的方向;另一方面,政府治理的问题与我国的供给侧改革有一定的契合性,主要的表现是政府服务和相关制度等的软性基础设施匮乏,在国际产能合作的过程中,政府服务作为高端服务的一部分,应当系统地建立信息服务和风险监测机制,因此需要结合产业向外转移过程中遇到的服务需求缺口,进行深入的全面改革。

从企业国际竞争和应对能力上看,技术标准与国际的差距应当通过鼓励企业的研究和开发来弥补。由于研发的外部性,政府应当给予税收优惠和补贴,鼓励企业进行研发投入,而基础科研和技术的投入也有利于使产业分工细化,研发服务高端化。此外,企业国际市场分析能力和商务能力的提高,是企业在跨国产能合作中获得生存和发展机会的关键,是市场竞争能力提高的基础。应当大力培养和开发国际化人才,同时建立海外优质人力资源的引进机制,通过学习内化,形成我国的国际化人才、商务人才的供给机制。

最后,对于国际环境的风险,由于"一带一路"沿线国家复杂的政治经济及人文宗教环境多变复杂,应当加强对产业转入国的投资风险综合研究和评估,可以通过鼓励官方及民间智库的发展,使智力资源转变升级为高端的决策服务。

综合以上分析,应当将"一带一路"的产业转移与国内产能过剩和产业结构升级进行系统地看待和解决,在转移优质过剩产能的同时,以供给侧改革的措施促进国内企业和政府在高端服务业方向上的升级,并深化改革,提高政府服务的水平。

参 考 文 献

[1] 〔英〕阿瑟·刘易斯.经济增长理论[M].周师铭等译.商务印书馆,1999.
[2] 〔美〕西蒙·库兹涅茨.各国的经济增长[M].常勋等译.商务印书馆,1999.

［3］林毅夫.后发优势与后发劣势——与杨小凯教授商榷［J］.经济学,2003 (2).

［4］林毅夫.新结构经济学［M］.苏剑译.北京大学出版社,2012.

［5］刘伟,张辉.中国经济增长中的产业结构变迁和技术进步［J］.经济研究,2008(11).

［6］盛朝迅.比较优势动态化与我国产业结构调整——兼论中国产业升级的方向与路径［J］.当代经济研究,2012(9).

［7］盛朝迅.化解产能过剩的国际经验与策略催生［J］.改革. 2013(8).

［8］苏剑,刘斌,林卫斌.论中国目前的货币政策选择——基于中国宏观经济特殊性的思考［J］.经济学动态,2010(5).

［9］苏剑,林卫斌,叶溟尹.金融危机下中美经济形势的差异和货币政策选择［J］.经济学动态,2009(9).

［10］郑东阳.林毅夫:跌宕人生路［M］.浙江人民出版社,2010.

［11］郑磊.对外直接投资与产业结构升级——基于中国对东盟直接投资的行业数据分析［J］.经济问题,2012(2).

［12］郭朝先,邓雪莹,皮思明."一带一路"产能合作现状、问题与对策［J］.中国发展观察,2016(6).

［13］Lewis W. Arthur. Economic Development with Unlimited Supplies of Labor［J］. The Manchester School,1954,22:139—150.

［14］Kojima K. Direct Foreign Investment:A Japanese Model of Multinational Business Operations［M］. New York:Praeger Publition,1978.

我国经济增长中的产业结构升级与"一带一路"[*]

一、改革开放以来经济增长与产业结构升级

（一）中国经济增长、产业结构升级与"一带一路"

改革开放以来，中国经济增长取得了巨大的成就，1978—2015年的年均经济增长率达到了9.6%以上。尤其是在进入21世纪后的第一个10年，随着工业化和城市化进程的推进，2000—2010年年均经济增长率达到了10.47%（见表1），这为我国后来的经济增长打下了坚实的基础。而且随着我国市场化程度和宏观调控水平的提高，中国经济在保持高增长的前提下，稳定性也大大改善了。巨大的经济增长改善了中国的综合国力和人民生活水平，也为我们进行大规模的经济建设（如基础设施建设、城市建设等）、应对突发事件和解决各种发展中的矛盾提供了强大的物质基础。在另一方面我们也要看到，虽然经过改革开放后三十多年的高速经济增长，中国已经进入了上中等收入国家的行列，但是与发达国家相比，经济发展水平上仍然有很大差距，而从国内改善人民生活、增强综合国力的要求看，也仍然需要一个比较长时间的高速或中高速增长，为全面的经济和社会发展提供支持。党的十八大提出，2010—2020年，我国要实现GDP和居民收入再翻一番，全面建成小康社会。也就是说，这一期间的GDP和居民收入的年均增长率要达到7.2%，这实际上又为我国提出了新的增长目标（居民收入的增长事实上也必须建立在GDP的增长上，但必须对原有的宏观收入分配结构有所调整）。由于在2011年、2012年、2013年和2014年，我国的经济增长率分别达到了9.3%、7.7%、7.7%和7.4%，均高于预期的7.2%的年均经济增长率，所以在未来的6年里，如果要实现十八大提出的10年内再将GDP翻一番的目标，只要达到年均6.5%的年均GDP增长就已经足够。随着经济增长基数的扩大和经济结构的变化，我国目前的经济增长率虽然较改革开放以来三十多年来的长期增长率有所回落，但与世

---

[*] 作者蔡志洲，北京大学中国国民经济核算与经济增长研究中心副主任、研究员。

界各国相比,仍然属于较高的经济增长率,这说明中国经济增长和经济发展的基本面是好的,只要我们能够较好地处理发展中的各种矛盾和问题,就完全有能力实现2020年的经济增长目标,全面建成小康社会。

表1　1978—2015年中国GDP指数

年份	GDP指数 上年=100	年份	GDP指数 上年=100	年份	GDP指数 上年=100
1979	107.6	1992	114.2	2005	111.3
1980	107.8	1993	114.0	2006	112.7
1981	105.2	1994	113.1	2007	114.2
1982	109.1	1995	110.9	2008	109.6
1983	110.9	1996	110.0	2009	109.2
1984	115.2	1997	109.3	2010	110.4
1985	113.5	1998	107.8	2011	109.3
1986	108.8	1999	107.6	2012	107.7
1987	111.6	2000	108.4	2013	107.7
1988	111.3	2001	108.3	2014	107.4
1989	104.1	2002	109.1	2015	106.9
1990	103.8	2003	110.0		
1991	109.2	2004	110.1		
2015年为1978年的倍数					30.00
年均经济增长率(%)					9.62
2010年为2000年的倍数					2.71
年均经济增长率(%)					10.48

资料来源:根据《中国统计年鉴》历年数据整理而成。

党的十五大报告中,首先提出了"两个一百年"的奋斗目标,党的十八大报告再次重申:在中国共产党成立一百周年时全面建成小康社会,在新中国成立一百周年时建成富强、民主、文明、和谐的社会主义现代化国家。但在1997年党的十五大召开时,我国离2021年中国共产党成立一百周年还有24年的时间,离2049年中华人民共和国成立一百周年还有52年,因此两个一百年都属于长期发展目标。但是现在情况已经不同,从2016年算起,我们离2020年只有4年时间,离2021年也只有5年时间,第一个一百年全面建成小康社会的目标已经从长期目标转为中近期目标。离2049年虽然还有33年,但也比原来的52年明显缩短。因此,正确地选择经济发展道路和发展战略,对我们能否实现这两个一百年的奋斗目标至关重要。而"一带一路"的愿景从供给和需求两个方面为我国实现可持续的经济增长开辟了新的道路。从供给上看,我们首先可以通过和资源丰富的国家进行合作,有效地改善中国在经济发展中能源和环境等瓶颈制约,同时又可以把中国在生产要素方面的优势与发展中国家、新兴工业化国家甚至是发达国家的优势结合起来,增加有效供给;而从需求上看,则可以增加各国对中国的投资、技术、商品和服务的需求。这就为中国的长期的、可持续的增长创造了条件。

再来看产业结构。一个国家或经济的产业结构(industrial structure)可以被定义为所占用的资源和所产出的产品在各个不同产业间的分布。[1] 产业结构是从产业(industry)的角度去研究的,即从生产领域来考察各个产业(或称为行业、部门)的活动及其分布对于整个国民经济活动的影响。改革开放以来,长达三十多年的高速增长使中国从一个贫穷落后的低收入国家成长为一个经济总量居世界前列、人均国民收入水平达到世界中等收入水平的国家。用具体的指标来测度,经济增长反映为国内生产总值(GDP)的持续扩张。但在增长过程中,各个产业的扩张是非均衡的,并因此形成了产业结构的变化。配第(1691)-克拉克(1940)定理指出:随着经济的发展,第一产业的规模和劳动力所占的比重会逐渐下降;第二产业的规模和劳动力所占的比重会逐渐上升;而随着经济的进一步发展,第三产业的规模和劳动力所占的比重将上升,最后形成以第三产业占最大比例、第二产业次之、第一产业的比重为最小的产业结构。

配第-克拉克定理只是对产业结构进行了高度概括的分类,揭示的是它们变化的长期趋势,如果具体到不同的国家、不同的经济和不同的经济发展阶段,各自的产业结构变化还会有具体的特点;如果再将产业做进一步的细分、对不同定义的各个产业的生产活动以及它们的相互联系做进一步的考察,还会得出更多的分析结论。中国改革开放尤其是进入21世纪以来产业结构的变化即是如此,改革开放以后,作为一个贫穷的发展中家,中国首先发展的是第一产业,以解决10亿人口大国的温饱问题。在此之后,中国用了十多年的时间,进行了由计划经济向市场经济的转型,并在这一转型中实现经济增长并改善在计划经济下扭曲的产业结构。这种改善至少包括两个主要方面,一是各个产业的增长要在不断提高生产效率的条件下满足社会的最终需求而不是计划经济下的长官意志,在资源配置上效率高、发展潜力大的产业将优先得到发展;二是市场逐渐成为配置资源的主要力量,这也意味着各种商品、服务和生产要素的价格变化或者说是供求关系,将成为配置资源的基本和重要的信号。在实现了这样的转变后,各个产业的增加值以及它们占国内生产总值的比重才能客观地、较为真实地反映各个产业部门在国民经济中的地位以及它们的相互联系。通常而言,在国民经济核算中,经济增长以及各个部门的增长是以可比价格度量的,而产业结构的变化则是以现行价格度量的,这说明产业结构的变化不仅受到由于各个产业部门效率的提高而取得

---

[1] Simon Kuznets. National Income and Industrial Structure[J]. Econometrica, Vol. 17, Supplement: Report of the Washington Meeting, 1949, pp. 205—241.

的实际增长的影响,还会受到由于供求关系变化所导致的各个产业一般价格水平变化的影响,而在实现了市场化改革后,用现价反映的各个产业增加值以及它们在国民经济中所占的比重才能够科学地反映这两种因素对产业结构的影响。20世纪90年代中后期,我国明确地提出要把建立社会主义市场经济体系作为经济体制改革的目标,在进入21世纪前后,社会主义市场经济体系的框架基本建立,因此从2003年进入以加速工业化为特征的新一轮经济增长周期后,我国的产业结构变化已经不再是原先的计划经济下对各部门经济活动以及它们的相互关系的扭曲反映,而是比较客观地反映产业结构的现状及其发展变化。从配第-克拉克定理还可以看出,各个产业产出的价值量以及它们相互关系的变化,只是产业结构的一个方面,我们可以把它定义为狭义的产业结构变化。广义的产业结构变化还要包括就业结构的变化,我们将会看到,由于经济活动不断均衡的结果,这两个结构的变化最终将会是收敛的,即就业结构最终会接近价值结构。但是对于发展中国家尤其是加速经济增长中的新兴工业化国家,价值结构的变化会领先于并带动就业结构的变化,并在这一变化过程中实现高劳动生产率的产业部门优先增长。

改革开放以来,我国之所以在经济增长上取得如此大的成就,其重要原因就是产业结构的升级适应了我国经济发展和国际市场的要求,并由此推动了中国的经济增长。通过国际比较我们可以看出,一方面,中国产业结构的变化和升级是符合经济增长和经济发展的一般规律的,我们应该研究和借鉴各国的经验,使我们的结构调整更好地为现代化目标服务;另一方面,中国的经济增长也有其特殊性,应该利用我们的比较优势,如自然资源优势、人力资源优势、生产要素优势等,抓住当前有利时机发展优势产业,使中国的产业发展和结构变化适应我们实现平稳较快的经济增长和经济发展的要求。

在这样的背景下,中国提出了"一带一路"的倡议。这一倡议的提出反映了中国在新的历史发展时期,将致力于发展与亚洲、欧洲、非洲大陆及附近海洋的互联互通,建立和加强沿线各国互联互通伙伴关系,实现中国与沿线国家更加紧密的经贸合作。这一方面体现了中国在国际区域经济合作中将以更加积极主动的精神和高度负责的态度,带动和实现沿线国家的共同发展;另一方面,这也是符合现阶段中国经济发展的要求的。随着经济增长和产业结构升级,中国现在已经进入了工业化的中后期,并成为世界上新的制造业中心,在全球经济发展中发挥着重要的作用。但是在过去,中国外向型经济的发展主要是依靠对外出口,而现在,随着经济实力的提升,中国经济在国际上的优势已经不再仅仅是具有竞争力的产品,而且在资金上、技术上和基础设施建设上都形成了新的优势,这些优势结合起来形成了中国对外经贸合作的整体优势,这就使中国能够在经济全球化的背景下,通过促进沿线各国与中国的经贸合作,实现中国与沿线各国的"双赢"和"多赢"。

（二）改革开放后不同阶段产业结构的变化特征

对于经济发展水平较低的大国，要实现"赶超"先进国家的目标，首先需要加快经济增长，在经济增长率上赶上或超过先进国家，然后通过不断的发展，逐渐在总量上实现赶超，最后是在人均水平上实现赶超。当年的苏联和后来的日本，都经历过这样的努力过程。对落后国家来说，"赶超"过程或者说现代化过程，实际上就是工业化过程，在这一过程中，首先是第二产业尤其是制造业得到较快的发展并带动为之服务的第三产业也得到相应的发展，第一产业的比重会相应下降，而发展到一定阶段之后，服务部门增加值和就业所占的比重会超过第一和第二产业，成为最大的产业部门。到现在为止，世界各国的经济发展以及同时发生的产业结构提升，除了较小的、国民经济门类比较单一的经济体，基本遵循了这一规律，中国的经济发展也证明了这一点。

1. 改革开放后的五个经济增长阶段

和一般市场经济国家不同的是，中国的经济起飞和高速经济增长是在制度转型的背景下发生的，因为传统的计划经济体制束缚了生产者和劳动者的生产积极性和生产效率，所以中国经济改革从一开始，就是以强调提高整个国民经济的效率为特征的，其中包括增长的时间效率（明确提出经济增长目标来实现高增长）、制度效率（激励生产者和劳动者的生产积极性）、技术效率（装备能力和技术进步）、管理效率（提高经营管理水平）和市场效率（优化资源配置等）。在很长一段时间里甚至直到现在，经济增长即GDP的增长都是中国经济和社会发展的基本目标。这虽然也带来了很多问题，但是它确实推进了中国的长期经济增长。因此在中国经济增长中，制度因素发挥了相当重要的作用。

我们把改革开放至今的中国经济增长，根据体制改革的阶段性特征和经济增长的周期性特征，分成五个阶段（见表2）。

表2 1978—2014年国内生产总值及三次产业增加值指数（上年＝100）

年份	GDP	第一产业	第二产业	第三产业
1978—1984年平均指数	109.2	107.3	108.9	111.9
1985—1991年平均指数	109.6	104.7	111.4	111.6
1992—2002年平均指数	110.2	103.8	112.7	110.3
2003—2011年平均指数	110.8	104.5	111.8	111.2
2012—2014年平均指数	107.6	104.2	107.7	108.1
1978—2014年定基指数	2 801.6	494.4	4 405.0	3 829.6
1978—2014年平均指数	109.7	104.5	111.1	110.7

资料来源：根据《中国统计年鉴2014》和国家统计局发布的相关GDP数据推算。

第一阶段为1978—1984年，是经济改革和高速增长的启动阶段，中共十一届三中全会召开,使经济建设成为中国发展的重点,而农村经济体制改革的开展和深入为中国后来的改革和经济建设奠定了基础。在第一阶段即经济增长启动阶段,由于农村的经济体制改革,农业生产首先得到了启动,并且带动了相关产业的发展。虽然第一产业的生产效率尤其是劳动生产率一直是各个产业中较低的,但是在当时的背景下,由于人民公社的体制极大地束缚了农民的生产积极性,体制创新能够把农业劳动生产率迅速提高,这也是在那个阶段农村经济成为中国生产力中最活跃部分的基本原因。1981—1984年,第一产业连续4年保持了7%以上的增长率(见表3),虽然仍然低于第二、第三产业的增长率,但在第一产业中,这种增长率是少见的。第二产业和第三产业也在这一阶段的增长率也不低,由于关注了人民生活,第三产业的年均增长甚至达到了10%以上,但从对改革开放和经济增长的长期贡献来看,第一产业这一时期的增长具有更加深刻和长远的意义。

表3　1979—2014年国内生产总值指数(上年＝100)

年份	国内生产总值指数	第一产业	第二产业	第三产业
1979	107.6	106.1	108.2	107.9
1980	107.8	98.5	113.6	106.0
1981	105.2	107.0	101.9	110.4
1982	109.1	111.5	105.6	113.0
1983	110.9	108.3	110.4	115.2
1984	115.2	112.9	114.5	119.3
1985	113.5	101.8	118.6	118.2
1986	108.8	103.3	110.2	112.0
1987	111.6	104.7	113.7	114.4
1988	111.3	102.5	114.5	113.2
1989	104.1	103.1	103.8	105.4
1990	103.8	107.3	103.2	102.3
1991	109.2	102.4	113.9	108.9
1992	114.2	104.7	121.2	112.4
1993	114.0	104.7	119.9	112.2
1994	113.1	104.0	118.4	111.1
1995	110.9	105.0	113.9	109.8
1996	110.0	105.1	112.1	109.4
1997	109.3	103.5	110.5	110.7
1998	107.8	103.5	108.9	108.4

(续表)

年份	国内生产总值指数	第一产业	第二产业	第三产业
1999	107.6	102.8	108.1	109.3
2000	108.4	102.4	109.4	109.7
2001	108.3	102.8	108.4	110.3
2002	109.1	102.9	109.8	110.4
2003	110.0	102.5	112.7	109.5
2004	110.1	106.3	111.1	110.1
2005	111.3	105.2	112.1	112.2
2006	112.7	105.0	113.4	114.1
2007	114.2	103.7	115.1	116.0
2008	109.6	105.4	109.9	110.4
2009	109.2	104.2	109.9	109.6
2010	110.4	104.3	112.4	109.6
2011	109.3	104.3	110.3	109.4
2012	107.7	104.5	107.9	108.1
2013	107.7	104.0	107.8	108.3
2014	107.4	104.1	107.3	108.1

资料来源：《中国统计年鉴2014》。

第二阶段为1984—1991年，是经济体制改革的探索阶段和产业结构的调整阶段。中共十二届三中全会后，中国经济体制改革的重点从农村转到城市，这带动了中国经济增长进入改革开放后的第二个发展周期。在党的十三大上，邓小平提出的以GDP体现的"三步走"的发展战略则被完整地写进大会的报告中，作为党和国家进行现代化建设的重要指导思想。① 我们对财税体制、价格体制、企业管理体制、收入分配体制、外贸体制甚至计划体制，进行了一系列探索性的改革，核心是要调动各方面的生产积极性，促进经济增长。虽然这一时期改革的目标还不明确，经济发展也出现过很多波折，如出现过两次较高的通货膨胀，经济增长波动的幅度也很大，但是经济增长率确实开始加快。虽然第一产业的增长率有所回落，达到了4%左右，以后长期保持在这一水平，但第二产业、第三产业的增长率上来了。虽然经济体制仍然属于中央计划体制，但产业路线和技术路线有了明显的调整，在产业路线上，和人民生活密切相关的轻工

---

① 1987年4月30日邓小平在会见西班牙外宾时说："第一步在80年代翻一番。以1980年为基数，当时国民生产总值人均只有250美元，翻一番，达到500美元，解决人民的温饱问题；第二步是到20世纪末，再翻一番，人均达到1000美元，进入小康社会；第三步，在下世纪再用30到50年的时间，再翻两番，大体上达到人均4000美元，基本实现现代化，达到中等发达国家的水平。"参见《邓小平文选》第3卷第226页。

业、纺织工业等得到迅速发展,以电视机、洗衣机、电冰箱为代表的新型家电工业的发展,使中国居民的消费结构发生了明显的升级,而以往更受重视的国防工业和重工业的发展则有所调整。从技术路线上,开始强调引进国外先进技术(引进、吸收、消化和再创新)而不是闭门造车,在低水平上进行研发。如果从加速工业化时期产业升级的角度来看,在改革开放后经济增长的第二阶段,中国开始了改革开放以后的第一次产业结构升级,即从农业为主导的经济增长转为以轻纺工业为主导的经济增长。这一时期我国轻纺工业的发展,不但满足了国内的需求,也促进了我国的商品出口,我们今天的很多"白色家电"(如洗衣机、电冰箱、电视机、空调等)的出口,其发展就可以追溯到那个时期,中国的很多这个领域的著名企业和品牌(如"海尔"等),就是从那时候开始起步的。当时中国的轻工产品质量仍然还不行,但是价格有竞争力,所以能够在一定程度上替代进口产品,满足国内市场上不断增长的需求,然后在市场竞争中不断发展,现在的质量已经提高到世界先进水平。这说明制造业需要有一个比较长的发展阶段,才能逐渐走向成熟。所以如果追根溯源的话,中国的制造业走向世界,其实从那里就开始了。

第三阶段为1992—2002年,是深化市场化改革阶段和加速工业化启动阶段。邓小平南方谈话后,中国进入新一轮加速经济增长,同时也加快了经济改革的步伐。在这一时期,党和国家明确提出我国经济体制改革的目标是建立社会主义市场经济,要吸收全世界一切能够促进中国生产力的人类文明,尤其是市场经济体制。在这一发展目标下,中国进行了一系列深刻的市场化改革,包括商品市场化、产权、资本、劳动、技术等生产要素的市场化,虽然这些方面市场化都需要进一步完善,但是社会主义市场经济体系的基本框架已经建立起来,为后来的经济增长和宏观调控建立了良好的体制基础。在这一阶段初期,轻工业仍然是工业化的主流,但具体的主导行业有所变化,消费产品的升级带动了工业产品的升级,科技含量较高的工业产品如电脑、通信产品、电子产品、空调等发展了起来。第三产业的发展也有了新的特点,在传统第三产业发展的同时,现代第三产业(金融、通信、房地产、航空与高速公路运输等)也发展了起来。到这一阶段的后期,也就是在世纪之交前后,由于宏观调控、亚洲金融危机和产业调整等因素,中国的经济增长开始减缓,由10%以上(1996年以前)下降到8%左右,从1992年开始的通货膨胀也在1998年亚洲金融危机前后转为通货紧缩。在这种情况下,国家通过加大基础设施投资的力度和加强国有企业的股份制改造,对经济结构加以调整,推动了新一轮的产业升级或者说是第二次大的产业升级,即主导行业由轻纺工业开始向重化工业转型。新一轮的转型是仍然在新的消费升级的背景下发生的,汽车、住房等更高级的需求,以及国际市场上对中国制造业产品扩大的需求,对中国的重化工业的发展起到了重大的拉动作用,而改革开放后中国长达20年的经济增长造成的综合国力的提高也为这一次产业升级提供了坚实的物质基础。从这一时期开始,第二产业的增长率开始超过第三产业,中国事实上已经开始了加速工业化的过程。

第四阶段为2003—2011年,是市场经济下的加速工业化阶段。在这一时期,在体制上,我们基本上建成了社会主义市场经济的框架,国有、民营和外资企业有了更好的经营环境,建立在新的微观基础上的宏观调控发展了起来。再加上改革开放以后多年高速经济增长所形成的综合实力和有利于我们的外向型经济发展的国际环境,中国的经济增长取得了改革开放后的最大进展。从2002年下半年起,中国经济开始进入了第四个增长周期。不仅增长率在加速,其主导产业也和上一周期开始时完全不同,钢铁、水泥、建材等原材料和技术装备的产量迅速上升,许多产品的产量都跃居世界前列,重化工业获得了前所未有的大发展,中国作为新的国际制造业中心的地位开始确立。如果说在上一个周期的后期,我们已经开始了第二次产业结构的升级,那么到了这一时期,我们则实现了这一升级。这种升级的原因,从需求方面看,在于国内外投资和消费的持续拉动,而从供给方面看,是由于长期增长积累的生产能力和不断提高的技术水平,已经使中国能够在较高的水平上发展自己的工业。在这一时期,我国第二产业增长率虽然和上一个时期相仿,但由于基数高、规模大,对中国的经济和社会的发展产生了重大影响,综合国力、人民生活和国际地位都有重大提升。

第五阶段为2012年到现在,也就是全球金融危机后我国的宏观刺激政策"择机退出"后,我国经济增长进入"新常态"的阶段。在这一阶段中,我国的经济增长率比前几个阶段出现明显的回落,到了8%以下而且持续了多年。这一时期我国在各个产业的发展上,呈现出与以往不同的特点,这就是第一产业的增长速度仍然保持在以往的增长率上,但第二产业和第三产业的增长率出现了比较大的回落,达到2—3个百分点。从第二产业和第三产业的比较上看,第三产业的增长率重新超过了第二产业,这种现象虽然在改革开放初期曾经出现过(分别在第一和第二个阶段),但当时是属于对于改革开放前工业"虚高度"的调整,到产业间关系理顺后,第二产业会重新加速。但现在的情况已经不同,经过长期的工业化进程,从2010年前后开始,中国事实上已经逐渐迈入了后工业化发展阶段。这一阶段有两个特征,一是第三产业代替第二产业,成为国民经济中发展最快的主导产业;二是第三产业在国民经济中所占的比重开始超过第二产业。这种产业关系及其结构的变化,必然在经济增长率上反映出来,所以,这一阶段的经济增长率回落,固然有经济周期等方面的原因,但更重要的是,随着中国经济发展水平的提高、工业化的推进,中国已经进入了一个产业发展的新阶段。

在表3中可以看到,在前四个时期里,我国的经济增长率是不断提高的,分别为9.2%、9.6%、10.2%和10.8%,呈现加速的经济增长。但是在不同的时期,各个产业部门的增长率存在着较大的差别:就第一产业看,加速的增长主要出现在改革开放初期即第一个时期,年均增长率达到7.3%,此后的年均经济增长率回落到4%左右,从第一产业部门本身的性质看,能够长期地保持这一增长率已经是非常难得。第二产业是改革开放以来我国增长得最快的产业部门,长期年均增长率达到了11.4%,分时期看,它的增长是加速的,第三和第四个时期的增长率达到了12%以上,高于第一和第二个时期。第三产业的长期年均增长率为10.9%,低于第二产业0.5%,没有明显的差异,但分时期看,表现正好和第二产业相反。第一和第二个时期年均增长率高于第三和第四个时期,这表明了中国的经济增长仍然处于加速工业化阶段,以制造业和建筑业为主体的第二产业仍然引领着我国的经济增长。如果仅仅考虑实际增长对产业结构的影响,将1978年GDP及各产业部门的增加值与后续年份的以1978年为基期的定基指数相乘,就可以得到各个年份以1978年价格计算的GDP及增加值,并可以以这些数据为基础计算各年的GDP构成(见表4)。如果按可比价格计算,第一产业部门由于增长较慢,至2010年,在整个经济中所占的比重已经下降到5.1%,下降了约23.1%;第二产业部门的比重提高到66.3%,提高了18.4%;而第三产业上升到28.6%,提高了4.7%。从这一分析结果可以看出,改革开放以后,就实际增长对GDP的贡献而言,第二产业部门是最大的,第三产业的实际增长相对缓慢。第一产业也在增长,但由于它的增长率显著地低于其他两个产业,导致了它在国民经济中的比重大幅度降低。这说明了迅速的工业化过程对我国的经济增长做出了积极的贡献。

表4 按可比价格计算的1978—2014年三次产业结构变化

年份	按1978年价格计算的增加值(亿元)				国内生产总值构成(%)			
	国内生产总值	第一产业	第二产业	第三产业	国内生产总值	第一产业	第二产业	第三产业
1978	3 645	1 028	1 745	872	100	28.2	47.9	23.9
1979	3 920	1 090	1 888	941	100	27.8	48.2	24.0
1980	4 216	1 074	2 144	997	100	25.5	50.9	23.7
1981	4 435	1 149	2 185	1 101	100	25.9	49.3	24.8
1982	4 832	1 282	2 306	1 244	100	26.5	47.7	25.8
1983	5 367	1 389	2 545	1 433	100	25.9	47.4	26.7
1984	6 192	1 568	2 914	1 710	100	25.3	47.1	27.6
1985	7 072	1 596	3 455	2 021	100	22.6	48.8	28.6
1986	7 722	1 649	3 808	2 265	100	21.4	49.3	29.3
1987	8 646	1 727	4 329	2 590	100	20.0	50.1	30.0
1988	9 659	1 771	4 958	2 930	100	18.3	51.3	30.3
1989	10 057	1 825	5 144	3 088	100	18.1	51.2	30.7
1990	10 426	1 959	5 307	3 160	100	18.8	50.9	30.3
1991	11 489	2 006	6 043	3 440	100	17.5	52.6	29.9
1992	13 290	2 100	7 321	3 868	100	15.8	55.1	29.1

(续表)

年份	按1978年价格计算的增加值（亿元）				国内生产总值构成（%）			
	国内生产总值	第一产业	第二产业	第三产业	国内生产总值	第一产业	第二产业	第三产业
1993	15 314	2 199	8 775	4 339	100	14.4	57.3	28.3
1994	17 494	2 287	10 387	4 821	100	13.1	59.4	27.6
1995	19 524	2 402	11 828	5 295	100	12.3	60.6	27.1
1996	21 578	2 524	13 260	5 794	100	11.7	61.5	26.9
1997	23 677	2 612	14 649	6 415	100	11.0	61.9	27.1
1998	25 610	2 704	15 955	6 952	100	10.6	62.3	27.1
1999	27 633	2 780	17 253	7 601	100	10.1	62.4	27.5
2000	30 067	2 846	18 879	8 342	100	9.5	62.8	27.7
2001	32 596	2 926	20 473	9 197	100	9.0	62.8	28.2
2002	35 654	3 011	22 485	10 158	100	8.4	63.1	28.5
2003	39 544	3 086	25 335	11 123	100	7.8	64.1	28.1
2004	43 672	3 281	28 150	12 242	100	7.5	64.5	28.0
2005	48 742	3 452	31 551	13 739	100	7.1	64.7	28.2
2006	55 082	3 625	35 776	15 681	100	6.6	65.0	28.5
2007	63 113	3 760	41 165	18 188	100	6.0	65.2	28.8
2008	69 274	3 963	45 231	20 080	100	5.7	65.3	29.0
2009	75 856	4 128	49 727	22 000	100	5.4	65.6	29.0
2010	84 304	4 305	55 897	24 102	100	5.1	66.3	28.6
2011	92 512	4 490	61 654	26 368	100	4.9	66.6	28.5
2012	99 592	4 694	66 535	28 492	100	4.9	66.6	28.5
2013	107 231	4 882	71 755	30 849	100	4.7	66.8	28.6
2014	115 167	5 082	76 993	33 348	100	4.6	66.9	28.8

如果不考虑价格因素，在三次产业中，第二产业的扩张程度是最大的，除了在改革初期那一段时间（1978—1984年），它保持了相对稳定外（其中1980年前后有过一段起伏），以后一直保持着不断扩张的趋势，按不变价格计算的占比是稳步提高的，从1985年的48%左右，上升到2011年的66%左右。与之相对应，第一产业的占比是稳定下降的，即使在改革开放初期农村经济体制改革期间我国农村经济有比较好的发展，由于增长率仍然慢于第二、第三产业，它的比重也是下降的，现在已经从28%下降到4.6%左右，从图形上近似地表现为一条向下的斜线。第三产业的较快增长，主要表现在20世纪90年代以前，在这一时期它的增长率超过了第一产业和第二产业，因此到了1990年前后，它的按不变价格计算的增加值占比达到了30%，为历史最高水平。在此之后，由于第三产业的年均增长率相对地低于第二产业，按照不变价格计算

的占比从发展上看,经过小幅回落又重新回升,从长期看,直到现在也没有达到1990年的水平。这说明在改革开放后的中国经济增长中,第二产业(主要是制造业)始终引领着中国的经济增长,它的效率提升也是最快的。由于中国经济开始逐步进入一个新的增长阶段,由于国内外需求的变化以及产业结构升级本身的要求,第二产业的增长率开始有所放慢,这是合乎经济发展规律的。在这一过程中,第二产业会逐渐出现一些似乎是过剩的产能,也就是在国内外市场条件不变情况下出现的"过剩"产能,但是如果扩大对外经济合作,国际市场上仍然会有很大的需求。所以,我们不仅要用传统的办法扩大市场,还要通过国家带动、企业支持的方法,扩展我们的国际市场。"一带一路"的发展构想,就是这一方面的伟大实践。

2. 价格变化对产业结构的影响

在通常的产业结构分析中,结构变化并不是按照可比价格计算的,而是按照现行价格计算的。因为结构关系,不仅要反映各个产业部门的增长,也要反映它们之间的相互联系,而在现代经济的条件下,各个产业部门之间的联系是通过市场上商品交易建立起来的,而商品(包括货物、服务和生产要素)的价格则是这种交易或者部门联系的基础,产业结构不但要反映各个产业部门增长的结果,也要反映社会供求关系的变化,因此更需要从现行价格的基础上进行研究。如果按现行价格计算,2014年三次产业增加值在GDP中的比重就不是表4中的4.6∶66.9∶28.8,而是9.1∶42.6∶48.2(见表5)。

表5 按现行价格计算的1978—2014年三次产业结构变化

年份	总额(亿元)				构成(%)		
	国内生产总值	第一产业	第二产业	第三产业	第一产业	第二产业	第三产业
1978	3 645	1 028	1 745	872	28.2	47.9	23.9
1979	4 063	1 270	1 914	879	31.3	47.1	21.6
1980	4 546	1 372	2 192	982	30.2	48.2	21.6
1981	4 892	1 559	2 256	1 077	31.9	46.1	22.0
1982	5 323	1 777	2 383	1 163	33.4	44.8	21.8
1983	5 963	1 978	2 646	1 338	33.2	44.4	22.4
1984	7 208	2 316	3 106	1 786	32.1	43.1	24.8
1985	9 016	2 564	3 867	2 585	28.4	42.9	28.7
1986	10 275	2 789	4 493	2 994	27.2	43.7	29.1
1987	12 059	3 233	5 252	3 574	26.8	43.6	29.6
1988	15 043	3 865	6 587	4 590	25.7	43.8	30.5
1989	16 992	4 266	7 278	5 448	25.1	42.8	32.1
1990	18 668	5 062	7 717	5 888	27.1	41.3	31.6

(续表)

年份	总额（亿元）				构成（%）		
	国内生产总值	第一产业	第二产业	第三产业	第一产业	第二产业	第三产业
1991	21 781	5 342	9 102	7 337	24.5	41.8	33.7
1992	26 923	5 867	11 700	9 357	21.8	43.4	34.8
1993	35 334	6 964	16 454	11 916	19.7	46.6	33.7
1994	48 198	9 573	22 445	16 180	19.8	46.6	33.6
1995	60 794	12 136	28 679	19 978	19.9	47.2	32.9
1996	71 177	14 015	33 835	23 326	19.7	47.5	32.8
1997	78 973	14 442	37 543	26 988	18.3	47.5	34.2
1998	84 402	14 818	39 004	30 580	17.6	46.2	36.2
1999	89 677	14 770	41 034	33 873	16.5	45.8	37.7
2000	99 215	14 945	45 556	38 714	15.1	45.9	39.0
2001	109 655	15 781	49 512	44 362	14.4	45.1	40.5
2002	120 333	16 537	53 897	49 899	13.7	44.8	41.5
2003	135 823	17 382	62 436	56 005	12.8	46.0	41.2
2004	159 878	21 413	73 904	64 561	13.4	46.2	40.4
2005	184 937	22 420	87 598	74 919	12.1	47.4	40.5
2006	216 314	24 040	103 720	88 555	11.1	48.0	40.9
2007	265 810	28 627	125 831	111 352	10.8	47.3	41.9
2008	314 045	33 702	149 003	131 340	10.7	47.5	41.8
2009	340 903	35 226	157 639	148 038	10.3	46.3	43.4
2010	401 513	40 534	187 383	173 596	10.1	46.7	43.2
2011	473 104	47 486	220 413	205 205	10.0	46.6	43.4
2012	519 470	52 374	235 162	231 934	10.1	45.3	44.6
2013	568 845	56 957	249 684	262 204	9.4	43.7	46.9
2014	636 463	58 332	271 392	306 739	9.2	42.6	48.2

资料来源：《中国统计年鉴2014》，表中2013年数据是全国经济普查后调整数据，2014年数据为统计公报初步核算数。

从表5的数字结果看，长期增长率最高的第二产业的比重和1978年相比不仅没有提高，反而是下降的，第一产业的占比也是下降的，但是下降的程度低于按可比价格计算的结果，而第三产业所占的比重是上升的，高于按照可比价格计算的结果20%左右。这种与可比价格的计算结果之间的差异，是由于不同产业部门的价格变化所造成的。直观地看，1978—2014年期间，价格因素对各个产业部门所形成的影响（即2014年分别按不变价格和现行价格计算构成之间的差别）分别是4.8%、-24.2%和19.2%，对第二产业构成的影响最大，第三产业次之，第一产业最低。对比表4和表5

的结构可以发现,虽然在高速经济增长过程中,各个产业部门的价格水平一般都是上涨的,年均增长率高的产业部门,其价格水平的上升幅度往往低于增长率低的部门,而各个产业所占的比重是否提高,还要看各个产业的实际增长和价格变动两方面因素的综合作用。

表6列出的是1978—2014年中国GDP及三次产业价格平减指数及CPI的情况,从中可以具体地观察到三次产业价格变动上的差别。

表6 1978—2014年中国GDP及三次产业价格平减指数及CPI(上年＝100)

年份	GDP平减指数	第一产业	第二产业	第三产业	CPI
1979	103.6	116.5	101.3	93.4	102.0
1980	103.8	109.6	100.9	105.4	106.0
1981	102.2	106.3	101.0	99.3	102.4
1982	99.8	102.2	100.1	95.7	101.9
1983	101.0	102.7	100.7	99.9	101.5
1984	105.0	103.7	102.5	111.8	102.8
1985	110.2	108.7	105.0	122.5	109.3
1986	104.8	105.3	105.5	103.4	106.4
1987	105.1	110.7	102.8	104.4	107.3
1988	112.1	116.6	109.6	113.5	118.8
1989	108.5	107.1	106.5	112.7	118.0
1990	105.8	110.6	102.8	105.6	103.1
1991	106.9	103.1	103.6	114.4	103.4
1992	108.2	104.9	106.1	113.4	106.4
1993	115.2	113.4	117.3	113.5	114.7
1994	120.6	132.2	115.3	122.2	124.1
1995	113.7	120.7	112.2	112.4	117.1
1996	106.4	109.9	105.2	106.7	108.3
1997	101.5	99.5	100.4	104.5	102.8
1998	99.1	99.1	95.4	104.6	99.2
1999	98.7	97.0	97.3	101.3	98.6
2000	102.1	98.8	101.5	104.1	100.4
2001	102.0	102.7	100.2	103.9	100.7
2002	100.6	101.8	99.1	101.8	99.2
2003	102.6	102.5	102.8	102.5	101.2
2004	106.9	115.9	106.5	104.7	103.9
2005	103.9	99.5	105.8	103.4	101.8
2006	103.8	102.1	104.4	103.6	101.5

(续表)

年份	GDP 平减指数	第一产业	第二产业	第三产业	CPI
2007	107.7	114.8	105.5	108.4	104.8
2008	107.7	111.7	107.8	106.8	105.9
2009	99.4	100.3	96.2	102.9	99.3
2010	106.6	110.4	105.9	106.7	103.3
2011	107.8	112.4	106.7	108.0	105.4
2012	102.0	105.5	98.9	104.6	102.6
2013	101.7	104.6	98.5	104.4	102.6
2014	100.8	101.3	98.5	102.9	102.0

同样地,我们也把它们分成五个时期,观察各个时期三次产业及整个国民经济的价格总水平变化(见表7)。

表7 1978—2014年分阶段 GDP 价格平减指数(上年＝100)

年份	GDP 平减指数	第一产业	第二产业	第三产业
1978—1984 平均指数	102.6	106.7	101.1	100.7
1985—1991 平均指数	107.6	108.8	105.1	110.7
1992—2002 平均指数	106.0	106.8	104.3	107.9
2003—2011 平均指数	105.1	107.6	104.5	105.2
2012—2014 平均指数	101.6	104.1	98.8	104.0
1978—2014 定基指数	623.2	1 148.3	353.0	918.0
1978—2014 平均指数	105.2	107.0	103.6	106.4

首先看改革开放以来我国价格总水平的长期变化。1978—2014年,用 GDP 平减指数反映的我国价格总水平的年均上涨程度在5.2%,其中第一产业的价格上涨幅度最大,2014年的价格为1978年的11倍以上(年均上涨7.0%);第三产业次之,达到9.18倍(年均上涨6.4%);涨幅最小的是第二产业,为3.53倍(年均上涨仅3.6%)。如果以第二产业部门为基准,第三产业一般价格水平的上涨程度是第二产业的两倍,第一产业则是第二产业的三倍。如果将三次产业部门的价格上涨幅度和它们的增长率相比,这和前面从两种结构差异对比得出的分析结论是一致的:这就是在中国的高速增长过程中,长期年均增长率越高的部门,其价格上涨的相对幅度也就越低;反之,增长率越低的部门,其价格上涨的幅度也就越大。图1直观地反映了改革开放后GDP 和三次产业的平减指数及 CPI 的长期趋势。从图1中可以看到,从长期发展看,GDP 平减指数和 CPI 最为接近,但在20世纪90年代以前,CPI 指数曲线的斜率大于GDP 平减指数,而在进入21世纪后,GDP 平减指数曲线的斜率大于 CPI,在这两个时期之间则是接近的。这说明在改革开放初期,消费者价格的上涨高于整个国民经济价

格总水平的上涨,而到了 21 世纪尤其是 2003 年以后,由于投资拉动,整个国民经济价格总水平的上涨高于 CPI。分产业看,第一产业的整体价格水平不但上涨的幅度大,而且波动较大;第二产业的整体价格水平上涨的幅度小而且平稳;第三产业上涨的幅度大而且平稳。

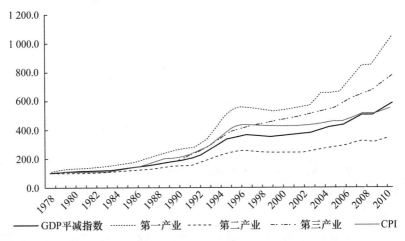

图 1　1978—2011 年中国 GDP 及三次产业价格平减指数及 CPI(1978=100)
资料来源:根据表 6 数据折算成定基指数绘制。

其次看五个不同历史时期价格变化的特点:

在第一个发展阶段(1978—2004 年),以 GDP 平减指数反映的价格总水平的年均上涨幅度很小,仅有 2.6%。这一时期的价格上涨主要表现为第一产业,主要是农产品的价格上涨,由于农村经济体制改革,放松了对农产品的价格管制,农产品的价格有比较大的上涨,年均上涨幅度达到 6.7%,虽然和后来几个时期相比,这一时期农产品价格的年均上涨幅度是最小的,但是和其他产业的价格上涨幅度之间的差异却是最大的。这种改革改变了传统的计划体制下的"工农业产品剪刀差",商品的价格尤其是农产品价格对市场的供求关系已经有所反映,政府也同时调整了一些工业产品和服务的价格,使第二、第三产业的价格有小幅度的上升,年均上涨幅度分别为 1.1% 和 0.7%。虽然幅度很小,但却有很大的意义,它标志着我国商品价格几十年不变的格局已经开始变化。从总体上看,这一时期我国的商品价格还在政府管制之下,商品价格并不能完全反映市场供给和需求两方面因素的影响。

在第二个发展阶段(2005—1991 年),我国开始加快经济体制改革的步伐。这一时期国家推出了很多改革举措,如扩大企业自主权的试点、企业流动资金无偿使用改为银行贷款、企业上缴利润改为向国家纳税,等等。但是最大的改革是价格体制的改革,放开了大多数居民消费品的价格,对生产资料的价格也进行了"双轨制"的试点,希望商品价格能够较好地反映它们的价值,用今天的话来说,就是通过市场供求来实现价格均衡。这种改革对我国的经济增长起到了积极的推动作用,虽然第一产业的增长率出现了回落,但第二产业和第三产业的增长率明显提升。如果按照"三步走"的发展战略,我们希望年均增长率能够达到7.2%以上,但在事实上,通过经济体制改革,这一时期的经济增长远远超过了预定的目标,达到了9.6%,第二产业和第三产业的增长率都在10%以上。在这一时期的商品价格的上涨和波动幅度也是非常大的,整个国民经济价格总水平年均上涨幅度达到7.6%,为改革开放以后平均上涨幅度最大的时期,其中第一产业的年均上涨幅度达到8.8%,第三产业甚至达到了10%以上,第二产业也达到了5%。这种改革所带来的各个产业部门价格水平的变化,一方面改善了计划体制下扭曲的价格体系,通过市场机制的作用带动了第二产业(尤其是轻纺工业)和第三产业的迅速发展;但在另一方面也对国民经济的正常活动造成了冲击。这是中国改革和发展过程中的阵痛,正是经历了这种阵痛,中国经济才有了后来的迅速发展。所以对这一阶段中国的价格体制改革是有深远意义的,它为我们后来建立和发展社会主义市场经济体系做了有益的探索。

在第三个发展阶段(1992—2002年),我国以GDP平减指数反映的价格总水平上涨,比前一阶段有所回落,年均上涨6%,其中第一产业的上涨为6.8%,第二产业为4.3%,第三产业为7.9%,第三产业的年均上涨幅度仍然较大。从具体发展上看,这一阶段的价格总水平先是剧烈上涨,在1994年达到最高点,GDP和三次产业增加值的平减指数分别达到21%、32%、15%和22%,消费价格指数的上涨则达到了24%,然后开始回落,到了1998年,由于国家采取了一系列调控措施,再加上经济周期本身的原因,通货膨胀已经开始转为通货紧缩,除了第三产业平减指数外,其他价格指数都已经转为负增长,这种通货紧缩的情况一直延续到2002年。这一时期我国价格总水平和三次产业的价格变化,是在我国明确地把建立社会主义市场经济作为经济体制改革目标的背景下发生的。在这一目标下,我们不仅推进了商品的市场化改革(全面放开了对消费资料和生产资料的价格管制,由市场定价的商品达到了95%以上),而且还进行了产权、劳动、技术、资本等生产要素的市场化改革,初步完成了由计划体制向市场体制的转轨,价格已经开始成为市场配置资源的基本信号,计划体制下价格扭曲的现象已经得到有效的改变。1998—2002年期间,我国推行了一系列更深层次的经济体制改革,如对国有经济的改革、金融体制的改革,但这些改革都没有引起我国价格体系的剧烈变动。应该说,经过从20世纪80年代初到21世纪初20年左右的改革,我国的各种商品价格已经基本上实现了市场定价,而由此反映的三次产业结构也就能够更加客观地反映三次产业的发展以及它们之间的相互关系。

在第四个发展阶段(2003—2011年),我国价格总水平的上涨程度比前两个时期进一步放缓,GDP平减指数反映的年均涨幅为5.1%,而且波动幅度明显收窄,无论是增加值平减指数还是CPI,在这一时期的任何年份中,都没有像前两个时期那样出现过超过10%的涨幅。如果说在前两个时期里,市场的价格水平变动在相当程度上还受到了体制因素的影响,那么到了这一时期,则更多地是受供求关系的影响。国家管制的一部分能源和服务价格,以及与国家管制的生产要素价格(如土地、矿产资源等)有关的商品,例如,还有待于进一步改善价格形成机制的房地产价格,还是会从不同方面影响整个国民经济价格总水平的变动,但是大多数商品和服务的价格,已经反映了市场的供求关系,不同的商品和服务间的价格传导机制已经形成,这就使大规模的、长期的价格扭曲难以持续。从具体产业看,第一产业的年均上涨幅度为7.6%,第二产业为4.5%,第三产业为5.2%,这些涨幅和我国当前的供求失衡关系是相吻合的。在这一时期,由于20世纪末的市场化改革为国家的宏观调控建立了较好的微观基础,货币政策在国家的宏观调控中发挥了更大的作用,而宏观调控的重要目标就是改善经济增长、通货膨胀和结构升级之间的均衡,保持平稳较快的经济增长。相对而言,国家的宏观调控政策是相对宽松的,这在促进经济增长的同时,也由于货币供应量的相对宽松,价格总水平年均上涨幅度比发达市场经济国家所控制的2%左右要高。

在第五个发展阶段(2012年至今),我国实际上进入新一轮由通货膨胀向通货紧缩的转化,经济增长进入调整时期。从CPI上看,这一时期的年均指数为102.4%,比全球金融危机后实施宏观经济刺激政策后有明显放缓。从平减指数上看,2012—2014年GDP平减指数为101.6%,高于改革初期的第一个发展阶段,低于后来的三个发展阶段,而且明显地低于CPI的上涨水平。分产业看,第一产业仍然为最高,达到104.1%,第三产业略低,为104.0%,而第二产业为最低,仅有98.8%。从价格变动上反映出来的供求关系上看,第一产业和第三产业属于供不应求,而第二产业属于供过于求。这也就说明了为什么在经济增长的"新常态"下农业和第二产业的增长出现回落,而第三产业仍然保持着较高的增长。从长期看,这是经济发展水平提高到一定高度的结果,而从短期看,则是供求关系变化在市场上的反映。

通过对各个产业一般价格水平的分析,可以看出,经过三十多年的改革开放和经济发展,我国各个产业的商品和服务的价格,已经基本实现了市场定价。这种市场定价既有国内因素的影响,也受外部因素的影响,如外国直接投资、能源和自然资源价格、国外同类产品的价格等。由于中国在加入WTO之后,大幅度地减少了贸易保护,积极加入经济全球化的分工和交换,中国市场和世界市场已经连为一体。尤其是制造业产品,它和农业产品和服务产品不一样,农业产品(主要是鲜活产品)和服务产品具有就地消费的特点,而制造业产品是可以远距离跨地销售和使用的,这就使这些产品可以大批地走出国门,在世界各国消费和使用。从前面的分析中可以看出,我国第二产业的一般价格水平在过去的30年中上升的幅度是最小的,这种较小的上升幅度体现了这一产业劳动生产率的迅速提高,同时,又由于我国生产要素上的比较优势,由此形成的价格水平使我们仍然在世界上有比较优势,这也是我们为什么要发展"一带一路",发展和世界各国尤其是发展中国家的经贸合作的重要原因。

3. 小结

改革开放后,中国的产业结构首先经历了一个调整的过程,然后才开始不断地提升,从直接影响因素看,这种结构的升级受产业增长和价格变化两方面的影响,反映了中国在转型过程中效率的提升,经济体制改革和政府主导的宏观调控促进了市场经济在配置资源方面的积极作用,从而促进了经济总量的迅速扩张和产业结构的不断提升。进入21世纪后也有类似的情况。进入21世纪后,随着我国逐渐成为新的全球制造业中心,第二产业的增长重新出现加速,增长率重新超过了第三产业。虽然从表8中看,2002—2011年,第二产业和第三产业占比提高的程度是相同的(均为1.8%),而第三产业份额的提高更多地是借助了价格变化而不是增长率的提高,且第三产业占比的提高程度已经低于改革开放以来的前几个时期,但这并不意味着中国的产业结构高度的提升出现了减缓的趋势,而是由中国在这一时期特定的发展条件和影响因素所决定的,如加速工业化进程、城镇化、全球化战略下的外向型经济发展,都决定了在这一时期,第二产业的发展应该是经济增长的主导。从这个意义上看,发展中国家在现代化进程中,虽然都会经历第一产业占比下降,第二产业提升,然后是第三产业提升和第二产业回落的过程,但是由于起始点不同、具体时期的发展条件不同,有可能在发展过程中出现反复,这种反复如果适应了客观的需要,反而是有利于长期经济增长的。

表8 改革开放后各个关键时期三次产业增加值占GDP的比重   单位:%

年份	第一产业	第二产业	第三产业	GDP
1978	28.2	47.9	23.9	100
1984	32.1	43.1	24.8	100
1991	24.5	41.8	33.7	100
2002	13.7	44.8	41.5	100
2011	10.0	46.6	43.3	100
2014	9.2	42.6	48.2	100

资料来源:根据表5中数据整理。

分时期看:在第一个经济增长周期中,由于中国的农村经济体制改革,第一产业在GDP中所占的比重提高的幅度很大,从28.2%提高到32.1%,提高了近4个百分点。进入第二个经济增长周期后,中国经济体制改革的重点由农村转向了城市,以农业为主的第一产业进入了平稳发展阶段。从第二个周期开始,由于第一产业的年均增长率和价格上涨幅度都出现回落,它在GDP中所占的比重有所下降。第二产业所占的比重经历了逐步下降又重新上升的过程,改革开放初为47.9%,到第二个周期结束时到达最低点41.8%,下降了6%。这是对改革开放以前计划经济体制下片面追求工业发展而不考虑社会需求的一种修正。从第三个周期开始,中国第二产业的增长开始加快,虽然价格上涨低于其他产业,但较高的增长率使其比重仍然在不断提高。这一时期即是我国全面市场化改革的时期,也是第二产业占比重新提高的时期。它说明经过市场化改革,我国的第二产业尤其是制造业已经进行了充分的调整,又重新进入上升时期。在这一时期后期开始的以重化工业的发展为代表的加速"工业化"进程中,由于商品市场化改革的结果,价格信号在资源配置中已经开始发挥主导作用,产业结构的变化和升级已经基本上克服了改革开放以前的"虚高度"。在第四个经济增长周期中,第一产业的比重继续下降,但是下降的程度已经开始放慢,明显低于第二个和第三个周期,而第二产业和第三产业比重提高的程度是接近的。在第五个周期中,中国的工业化进程和产业结构升级都已经进入了一个新的发展阶段,从工业化进程上看,中国现在已经进入了工业化后期;从产业结构上看,出现了现代国家的产业结构特征(即在比例上第三产业最大,第二产业次之,第三产业最小)。从这一点上看,中国的现代化进程已经进入了最后的发展阶段。在这一阶段,中国更需要通过中国在生产要素上的新优势(资金、技术、管理、商品尤其是成套设备、建设队伍等),利用国内国外两种资源、国内国际两个市场,使经济发展迈上一个新的台阶。

二、产业结构变化的国际比较

如前所述,一个经济体的产业结构的分布和变化是与它的经济发展水平相联系的,而这种发展水平的一个重要标志,是第三产业在这个经济中所占的比重。一般而言,经济发展水平越高,第三产业占国民经济的比重也就越大。从目前的情况看,主要发达国家第三产业的比重都达到了70%以上。这首先是因为在分工、专业化和规模经营不断发展的情况下,对自然产品和制成品的加工(即所谓的第二产业)将需要越来越多的服务部门来提供技术和服务方面的支持,以提高企业的效率,第一和第二产业的生产过程及产品交付使用过程,将由于获得这些服务而创造第三产业的增加值。其次是在开放经济的条件下,发达国家可以更多地利用它在国际分工中的优势(包括资金优势、技术优势和管理优势等),将较为低级的产业(如劳动密集型的产业)向发展中国家转移,同时通过发展现代服务业,向全球提供服务,并通过将高增加值的产品和服务与发展中国家的低增加值产品相交换而提高收入水平。最后是发达国家由海外获得的收益,在国内也需要通过各个部门之间相互服务进行再次分配,尤其体现为劳动成本和服务价格的不断上升,由此也会推动服务部门增加值比重的不断上升。

(一) 美国产业结构的变化情况

表9列出的是美国2000年至2010年增加值结构的比较情况,它体现了发达国家产业结构的两大特征:一是第三产业所占的比重相当高,2010年已经到达80%;二是第一产业所占的比重非常低,只在1%左右。中国的产业结构特征是第二产业的比重最大,第一产业的产值占比虽然已经最小,但仍然远远高出美国的第一产业占比;从动态上看,中国的第二产业的比重仍然在提高,第一产业的比重下降得很快,而第三产业的发展则相对较慢。这说明中国和美国的经济发展阶段和产业结构高度存在着显著的差别,美国的产业结构和变化鲜明地体现了发达国家的后工业化时期的特征,而中国的产业结构及其变化则突出地反映了作为处于超越进程中的发展中国家的新兴工业化的特征。两国的产业结构及其变化的比较,一方面说明中国的经济发展水平仍然相对较低,但另一方面也说明中国仍处于经济的迅速增长期,还有很大的发展潜力。

从表9中可以看到,2000年,美国第一产业的占比已经到了1%左右,10年来基本保持稳定。产业结构的变化主要体现在第二产业比重的下降和第三产业的上升,10年来,第二产业下降了3.1%(由21.7%下降至18.6%),而第三产业的比重则从77.2%上升到80.4%,提高了3.2%。这也在一定程度上说明了作为世界上最大的两个经济体,货物进出口的不平衡为什么会逐渐扩大,中国的制造业在迅速地扩张,而美国的制造业却在萎缩,这不仅是双方贸易之间存在着问题,而且是长期的产业结构变化的结果。对于美国来说,第二产业比重的下降和第三产业比重的上升,反而成了它改善就业的一个负面因素。对这些发达国家来说,如何增加制造业和整个第二产业的竞争力,提高其容纳就业的能力,反而是值得研究的问题。

表9 美国2000—2010年增加值结构的变化 单位:%

	2000年	2002年	2004年	2006年	2008年	2010年
国内生产总值	100.0	100.0	100.0	100.0	100.0	100.0
农林渔猎业	1.0	0.9	1.2	0.9	1.1	1.1
第一产业合计	1.0	0.9	1.2	0.9	1.1	1.1
矿业	1.1	1.0	1.3	1.7	2.2	1.6
公用事业	1.7	1.7	1.8	1.8	1.8	1.8
建筑业	4.7	4.6	4.7	4.9	4.3	3.5
制造业	14.2	12.7	12.5	12.3	11.4	11.7
第二产业合计	21.7	20.0	20.3	20.7	19.7	18.6
批发业	6.2	5.8	5.8	5.8	5.8	5.5
零售业	6.9	6.9	6.7	6.5	5.9	6.1
运输和仓储业	3.0	2.8	2.9	2.9	2.9	2.8

(续表)

	2000年	2002年	2004年	2006年	2008年	2010年
信息产业	4.2	4.7	4.7	4.4	4.5	4.3
金融、保险、房地产和租赁业	20.1	20.9	20.3	20.7	20.4	20.7
专业和商业服务业	11.2	11.3	11.4	11.7	12.5	12.3
教育、健康和社会服务	6.8	7.4	7.6	7.6	8.1	8.8
艺术、娱乐和餐饮业	3.8	3.9	3.9	3.8	3.8	3.8
政府以外的其他服务	2.8	2.7	2.5	2.5	2.4	2.5
政府部门服务	12.2	12.7	12.7	12.5	13.0	13.6
第三产业合计	77.2	79.1	78.5	78.4	79.3	80.4

资源来源：根据美国商务部经济分析局NIPA数据汇总整理。

在欧美发达国家中，虽然各国的产业结构有一定的差别，如德国第二产业的比重比其他国家高一些，一些发达国家第一产业的比重甚至比美国还要低（见后文表13），但总体来说，发展趋势是相近的，即第一产业比重大约在5%以下，第二产业的比重为20%—30%，而第三产业的比重在70%左右。

表10列出的是美国近年来就业结构的变化。2000年，美国第一产业就业人口已经下降到133万，所占比重下降到1%，和增加值占比相仿。近10年来，就业人数仍然在继续下降，减少了6万人，但在占比上没有显著变化。出现明显变化的仍然是第二和第三产业。第二产业的就业比重从2000年的18.4%下降到2010年的13.6%，下降了4.8%（高于增加值比重的下降程度），而第三产业的就业比重则相应地提高了4.8%。对美国来说，这种短期内第二产业比重的迅速下降已经对美国的就业开始产生负面影响，2000—2010年，美国的第三产业增加了552万个工作岗位，但第二产业的工作岗位减少了680万个（其中制造业减少了576万个），这导致了美国就业人数的减少。在经济活动人口基本保持不变的情况下，这种结构的变动实际上是美国失业率上升的重要原因。这也在一定程度上说明，美国的这次经济衰退并不仅仅是金融领域出了问题，产业结构发展的失衡对经济增长也产生了重要影响。这一方面说明一个国家的经济发展通常伴随着第三产业比重（包括增加值和就业）的提升；另一方面也说明如果制造业及整个第二产业向外转移过快，也可能对经济增长和就业产业负面影响。

表 10　2000—2010 年美国按产业分类的就业人数及构成

		2000 年	2002 年	2004 年	2006 年	2008 年	2010 年
就业人数（万人）	全部就业	13 769	13 658	13 781	14 224	14 328	13 634
	农林渔猎业	133	128	124	130	125	127
	第一产业合计	133	128	124	130	125	127
	矿业	52	51	52	62	72	65
	公用事业	60	59	56	55	56	55
	建筑业	688	699	728	795	744	577
	制造业	1 729	1 527	1 431	1 417	1 343	1 153
	第二产业合计	2 530	2 336	2 267	2 328	2 214	1 850
	批发业	578	567	569	594	602	552
	零售业	1 548	1 522	1 528	1 561	1 554	1 474
	运输和仓储业	446	429	432	451	456	423
	信息产业	362	336	311	305	300	272
	金融、保险、房地产和租赁业	786	796	814	843	822	774
	专业和商业服务业	1 673	1 611	1 649	1 762	1 796	1 697
	教育、健康和社会服务	1 547	1 637	1 718	1 802	1 905	1 975
	艺术、娱乐和餐饮业	1 183	1 217	1 267	1 322	1 358	1 321
	政府以外的其他服务	673	689	698	697	710	674
	政府部门服务	2 309	2 390	2 405	2 430	2 487	2 497
	第三产业合计	11 106	11 194	11 391	11 767	11 989	11 658
构成（%）	全部就业	100.0	100.0	100.0	100.0	100.0	100.0
	农、林、渔猎业	1.0	0.9	0.9	0.9	0.9	0.9
	第一产业合计	1.0	0.9	0.9	0.9	0.9	0.9
	矿业	0.4	0.4	0.4	0.4	0.5	0.5
	公用事业	0.4	0.4	0.4	0.4	0.4	0.4
	建筑业	5.0	5.1	5.3	5.6	5.2	4.2
	制造业	12.6	11.2	10.4	10.0	9.4	8.5
	第二产业合计	18.4	17.1	16.4	16.4	15.5	13.6
	批发业	4.2	4.1	4.1	4.2	4.2	4.0
	零售业	11.2	11.1	11.1	11.0	10.8	10.8
	运输和仓储业	3.2	3.1	3.1	3.2	3.2	3.1
	信息产业	2.6	2.5	2.3	2.1	2.1	2.0
	金融、保险、房地产和租赁业	5.7	5.8	5.9	5.9	5.7	5.7
	专业和商业服务业	12.1	11.8	12.0	12.4	12.5	12.4
	教育、健康和社会服务	11.2	12.0	12.5	12.7	13.3	14.5

(续表)

		2000 年	2002 年	2004 年	2006 年	2008 年	2010 年
构成(%)	艺术、娱乐和餐饮业	8.6	8.9	9.2	9.3	9.5	9.7
	政府以外的其他服务	4.9	5.0	5.1	4.9	5.0	4.9
	政府部门服务	16.8	17.5	17.5	17.1	17.4	18.3
	第三产业合计	80.7	82.0	82.7	82.7	83.7	85.5

资料来源：同表 9。

（二）日本产业结构的变化情况

日本是第二次世界大战之后最早开始实现高速经济增长的国家，从 20 世纪 50 年代中期至 70 年代中期，日本实现了长达二十多年的高速经济增长，发展成为一个发达国家。尽管日本从 19 世纪的明治维新时期就开始了追赶西方列强的进程，并通过对外侵略扩大了自己的国际影响力，但是直到 20 世纪 50 年代，从产业结构上说，日本仍然不能称为工业化国家。从表 11 中可以看到，1950 年日本三次产业的就业结构为 48.5∶21.8∶29.6，而我国 1998 年三次产业的就业结构为 49.8∶23.5∶26.7，2003 年为 49.1∶21.6∶29.3，也就是说，日本战后经济起步初期的就业结构与我国世纪之交时的就业结构非常接近。再看增加值结构，1955 年，日本三次产业的增加值结构为 19.2∶33.7∶47.0，而 1993 年中国三次产业的增加值结构为 19.7∶46.6∶33.7，1997 年的结构为 18.3∶47.5∶34.2，也就是说，就第一产业增加值在 GDP 中的比重看，日本在 20 世纪 50 年代中期的增加值结构，与我国 20 世纪 90 年代中期比较接近。不过，就第三产业增加值占 GDP 的比重看，我国的发展则是滞后的，2014 年也只达到了 48.2%，只相当于日本 20 世纪五六十年代的水平。这里的一个重要原因就是在我国由计划经济向市场经济转型前，市场机制在整个国民经济发展中发挥的作用是有限的，在日本等市场经济国家的工业化和现代化进程中，工业化必须在市场已经发展起来的基础上实现，或者说，市场化的发展领先于工业化，这种市场化的一个特征，首先是商业和第三产业的发展，而在中国的工业化前期，经济资源主要是政府配置的（到了现在，政府直接参与经济活动的程度也比市场经济国家的程度高得多），在市场化水平较低的情况下，第三产业的发展自然是滞后的。改革开放后，我国重新开始了现代化经济建设并推动市场化进程，第三产业首先发展了起来，但是到了后来，为了追求高增长又把重点放在了工业及整个第二产业上，所以从总体上看，第三产业的发展一直是滞后的。

表 11 日本 1950—2010 年按三次产业划分的就业和增加值结构　　　　单位:%

年份	就业人数构成			增加值构成		
	第一产业	第二产业	第三产业	第一产业	第二产业	第三产业
1950	48.5	21.8	29.6	—	—	—
1955	41.1	23.4	35.5	19.2	33.7	47.0
1960	32.7	29.1	38.2	12.8	40.8	46.4
1965	24.7	31.5	43.7	9.5	40.1	50.3
1970	19.3	34.0	46.6	5.9	43.1	50.9
1975	13.8	34.1	51.8	5.3	38.8	55.9
1980	10.9	33.6	55.4	3.5	36.2	60.3
1985	9.3	33.1	57.3	3.0	34.9	62.0
1990	7.1	33.3	59.0	2.4	35.4	62.2
1995	6.0	31.3	62.7	1.8	30.4	67.8
2000	5.2	29.5	65.3	1.7	28.5	69.8
2005	4.9	26.3	68.6	1.2	25.8	73.0
2010	4.2	25.2	70.6	1.2	25.2	73.6

资料来源:日本内阁统计局,http://www.stat.go.jp/english/data/handbook/c03cont.htm。

从结构上整体比较,尤其是以第一产业在就业结构和增加值结构中的地位进行比较,20 世纪 50 年代中前期日本的产业结构和经济发展,大约和中国 20 世纪 90 年代末期市场化改革前后相仿,按照现在的标准仍属于发展中国家。因此,日本战后的经济发展历史,可以说是从经济发展水平较高的发展中国家向发达国家转变的一个经典实例。在它的发展过程中,产业结构的变化首先体现在增加值结构上,即第二、第三产业依次发展,第一产业的比重逐渐下降,然后带动劳动力结构也发生类似的变化,但劳动力结构的变化滞后于增加值结构的变化,当增加值结构的变化趋于稳定后,就业结构会因为平均利润规律继续变化,即人均收入低的产业部门的劳动力会向收入高的产业部门继续移动,最后在各个产业部门人均收入水平接近的状态下实现各个产业部门就业结构向产业结构的收敛。这是发达国家产业结构演变的共同规律。

日本的高速经济增长也是在市场化改革和外向型经济发展的背景下实现的,这一点中国和日本有类似之处,这说明体制创新对实现经济起飞和保持高速经济增长具有重要的意义。1950—1980 年是日本经济发展的最好时期,在实现高速经济增长的同时,增加值结构和就业结构都发生了巨大的变化,第一产业增加值在 GDP 中所占的比重从 20% 以上下降至 5% 以下,而就业比重则由 1950 年的 48.5% 下降为 1980 年的 10.9%,这进一步说明经济增长并不仅仅是总量上的变化,它必然伴随着产业结构的升级,或者说,产业结构的升级是实现长期经济增长的必要条件。

经过 20 世纪 70 年代前期石油危机的冲击和 80 年代广场协议后日元升值的冲

击,日本的经济增长走出了黄金时代,从 1980 年至今的三十多年里,日本经济进入后工业时代,经济增长率明显回落,尤其是 2000—2010 年期间,日本的年均经济增长只有 0.7%,进入缓慢增长。但是从表 11 中可以看到,日本的产业结构还在继续发生着变化,第一产业的增加值比重下降到 1.2%,接近美国的水平;第二产业的比重下降到 25.2%,已经低于 30%;第三产业的比重上升到 73.6%。而就业结构的变化也是类似的,第一产业的就业比重从 10% 下降到 4.2%,第二产业的比重下降到 25% 左右,第三产业的比重高达 70% 以上,显示出典型的发达国家的产业结构形态。但是,日本的经济增长是以制造业和出口带动的,与美国以金融、高科技、文化产业带动的经济增长存在着很大的差别,因此,日本产业结构的升级更多地体现为制造业产品在服务产业的增加值的提升,或者更简单地说,消费者需要以更高的成本或价格来购买各种服务,而不是通过现代服务业本身的发展和出口来改善结构,因此,日本的产业结构提升的同时也伴随着高劳动成本、高服务成本和高物价,这对日本制造业产品的竞争力产生了明显的影响,这也是它近 30 年来增长缓慢的重要原因。

(三)中国与世界各国的比较

尽管经过了三十多年的高速经济增长,中国的产业结构已经得到了很大的提升(见表 12),但无论从增加值结构看,还是从就业结构看,或者是从增加值结构与就业结构的关系看,与发达国家之间还存在着很大的差距。

表 12　1978—2014 中国增加值和就业结构的变化情况　　　　　　　单位:%

年份	增加值构成(合计为 100%)			就业构成(合计为 100%)		
	第一产业	第二产业	第三产业	第一产业	第二产业	第三产业
1978	28.2	47.9	23.9	70.5	17.3	12.2
1980	30.2	48.2	21.6	68.7	18.2	13.1
1985	28.4	42.9	28.7	62.4	20.8	16.8
1990	27.1	41.3	31.6	60.1	21.4	18.5
1995	19.9	47.2	32.9	52.2	23.0	24.8
2000	15.1	45.9	39.0	50.0	22.5	27.5
2005	12.1	47.4	40.5	44.8	23.8	31.4
2010	10.1	46.8	43.1	36.7	28.7	34.6
2014	9.2	42.6	48.2	—	—	—

首先,从第一产业看,增加值所占的比重已经下降到 10% 左右,但就业比重还在 30% 以上,从这一点上比较,中国的产业结构高度大约相当于日本 1963 年前后的水平,这是一个工业化进程中的国家最有活力的阶段。其次,从第三产业的发展看,虽然第三产业的增加值和就业比重已经高于第二产业,但无论是从增加值上看还是从就业

上看,和发达国家70%以上的占比相比,都还有很大的差距。最后,从第二产业的比较看,中国的增加值占比为42.6%,明显高出日本和美国,高出日本20%,高出美国接近30%。这使得中国第二产业的规模远远大于日本,甚至超过了美国。① 这是中国经济发展的优势,它可以通过商品的规模生产和出口,在包括国内市场在内的全球商品市场竞争中保持比较优势。但是在另一方面,由于中国第二产业的就业总数大大高于日本和美国,就业比重也大(2010年为28.7%),这就使得中国的就业人员的平均增加值或劳动生产率还与发达国家之间存在很大差距。

从日本的经验看,一个国家的高速经济增长时期,也是其产业结构剧烈变化的时期。当然,中国的资源情况、所处的历史和国际环境以及自身的经济发展,和日本都有很大的不同。如日本在现代化进程中利用了世界市场的低价原油资源,但中国则主要是依靠自身的能源生产来支持自己的高速经济增长。这表现在产业结构中,中国可能因为发展矿业而提高了第二产业的占比。但是和其他国家相比,同样作为东方国家的中国和日本,经济增长的情况还是更为接近,只不过日本在现代化进程中先行了一步。因此从中国产业结构的演进看,包括增加值结构和就业结构在内的产业结构的变化与升级,也会经过一个和日本相类似的演变过程。这也是韩国等较大的新兴经济体所走过的道路。而对于较小的、产业结构比较单一的经济体而言,如中国香港和新加坡,它们的经济具有都市经济的特点,外向型经济发达,产业结构是根据世界市场对它们的产品的需求所决定的,所以它们的产业结构的变化和提升不具有典型性。

1. 增加值结构

经过2003年以来的加速工业化发展,中国的第二产业已经经历了最好的发展时期,它仍然有可能保持较快的发展,但是从结构上看,它已经进入了扩张的中后期,就业比重还可能有所上升,但不会上升太多,因为劳动密集型的制造业企业在短期内可能有它的优势,从长期发展看,还是会让位于资本密集、技术密集型的规模经营的企业,吸纳更多的第一产业劳动力的任务,主要应该由第三产业来承担。通过表15中的数据比较,可以看到现在我国第二产业的增加值占比已经高于日本在第二次世界大战后任何一个发展时期,日本在高速经济增长过程中,也有过一个第二产业迅速发展的阶段,但同时也伴随着第三产业的扩张,相比较而言,中国第三产业的发展是相应滞后的,如果在新的经济发展时期,第三产业的发展没有一个明显的改善并以此带动整体的技术进步和经济发展方式的转变,第二产业的发展也有可能放缓。

表13列出的是2010年世界部分国家和地区的增加值结构的情况。从表13中可以看到,由于世界经济的发展,全球的产业结构的一般水平比起过去已经有了比较明

---

① 2011年,按照世界银行提供的各国按美元计算的GDP数据,中国第二产业的增加值约为3.4万亿美元,而美国约为2.7万亿美元。

显的提升。高收入国家第一产业的比重降至2%以下,中等收入国家和中低收入国家在10%左右,中国当年的人均国民总收入(4 940美元)刚刚超过世界银行中等收入国家的标准(4 200美元),第一产业的占比也在10%左右,这是合乎逻辑的。应该看到,中国除了大豆等个别产品之外,粮食和其他食品基本上是靠国内的生产来保障的,再加上农村依存着大量的第一产业劳动力,在这种背景下,中国的第一产业的占比可能还会在10%左右稳定一段时间。

表13 2010年世界部分国家和地区国内生产总值构成　　　　单位:%

	第一产业	第二产业	第三产业
高收入国家	1.5	25.1	73.4
经合组织高收入国家	1.5	24.9	73.6
非经合组织高收入国家	1.4	31.1	67.5
中等收入国家	9.7	34.3	55.9
中等偏上收入国家	7.8	35.3	57.0
中等偏下收入国家	15.5	31.3	52.8
中低收入国家	10.0	34.1	55.8
东亚和太平洋	10.7	44.0	44.9
欧洲和中亚	7.4	30.2	62.4
拉丁美洲和加勒比	6.4	29.8	63.8
中东和北非国家	11.6	40.6	47.9
南亚	17.0	27.9	55.2
撒哈拉以南非洲	13.1	29.6	57.3
低收入国家	25.7	24.4	49.9
最不发达地区:按联合国分类	25.3	27.1	47.6
重债穷国	27.0	25.9	47.1
英国	0.7	21.1	78.2
德国	0.8	26.5	72.7
美国	1.2	21.4	77.4
日本	1.5	28.0	70.5
荷兰	1.7	23.9	74.4
法国	1.8	19.0	79.2
意大利	1.8	25.1	73.1
捷克	2.3	37.2	60.5
澳大利亚	2.5	29.1	68.4
韩国	2.6	36.4	61.0
西班牙	2.6	26.1	71.3

(续表)

	第一产业	第二产业	第三产业
南非	3.0	31.3	65.7
波兰	3.6	30.2	66.2
墨西哥	4.1	34.8	61.1
俄罗斯	4.7	32.8	62.5
哈萨克斯坦	5.4	42.4	52.2
巴西	6.0	26.0	68.0
乌克兰	8.1	29.0	62.8
阿根廷	9.4	30.2	60.4
中国	9.5	44.6	45.9
马来西亚	9.5	44.3	46.2
土耳其	9.8	28.0	62.2
伊朗	10.1	44.9	45.0
埃及	10.1	29.0	60.9
菲律宾	12.3	32.6	55.1
泰国	12.4	44.7	42.9
斯里兰卡	13.6	26.9	59.5
印度尼西亚	15.9	48.8	35.3
印度	16.2	28.4	55.4
蒙古	18.1	36.8	45.1
孟加拉国	18.8	28.5	52.6
越南	19.8	39.6	38.9
巴基斯坦	21.8	23.6	54.6
老挝	31.3	31.8	36.9
柬埔寨	35.3	22.6	42.0

注:其中有部分国家的数据为2009年甚至是2008年的数据(参见《国际统计年鉴2011》中的相关注解,但由于产业结构的相对稳定性,这不影响各国之间产业结构的横向比较)。

资料来源:世界银行WDI数据库,国家统计局《国际统计年鉴2011》。

再看第二产业比重,高收入国家为25%左右,中等收入国家为34.3%,而中国则达到了44.6%[①],在表13中,只有属于中低收入的东亚和太平洋国家的第二产业比重才会达到这么高的水平。这表明虽然中国的人均GNI已经超过了中等收入经济体的平均水平,但是从产业结构上看,仍然是和世界银行公布的中低收入国家的结构类似的。表13中列出的具体国家和地区,属于世界上较大的经济体(新加坡和中国香港等

---

① 这一数据和《中国统计年鉴2012》中的46%略有差距,但在国际比较中,我们仍然使用国际组织公布的统一数据。

较小的经济体没有列入),我们可以看到,其中第二产业比重超过40%的国家有6个,伊朗、印度尼西亚、泰国、哈萨克斯坦、马来西亚和中国。这些国家的共同特点,就是都属于发展中国家,而且经济增长富有活力。

表13按照第一产业增加值占GDP的比重排序。可以看出,这一排序和具体国家经济发展水平的排序是相关的,也就是说,产业结构比较高级(第一产业占比较小)的国家,其发展水平一般也就较高。以俄罗斯为例,苏联解体后,它的经济增长陷入了停滞,经济总量现在已经被中国超过。但应该看到,苏联早在20世纪30年代就开始推动工业化进程,因此在苏联解体时,它的经济发展水平已经到达了一定的高度,就人均收入水平和产业结构而言,它的发展是领先于中国的,第一产业的比重现在已经下降到5%以下,第二产业的比重在35%以下,而第三产业的比重超过了60%,属于工业化后期或完成了工业化进程后的产业结构。墨西哥的情况也是类似的。中国的产业结构高度处于这些国家的中间位置,落后于苏联国家、拉美中等收入国家,但领先于亚非拉发展中国家。从中国经济内部看,由于发展不均衡,不同地区之间的发展与结构存在着很大的差别,其中一些先进地区已经达到了世界上较高的水平,但还有很多地方处于和亚非拉发展中国家相近的阶段。改进经济发展的不平稳,是中国在下一阶段经济发展中的重要任务。

2. 就业结构

过去10年来,由于在加速工业化的进程中取得的巨大进展,我们在推进就业方面也取得了很大的成就。农业人口向非农业人口的转移、农村劳动力向城市的转移,都需要经济增长提供大量的就业岗位,否则,在旧的就业压力还没有得到缓解的同时,我们又会面临巨大的新的就业压力。中国是一个人口大国,农业的现代化又使大量的农业劳动力从土地上解放出来,这使得增加非农就业将越来越成为我国重要的经济发展目标。在这一方面,中国和各发达经济体有很大的不同,在那些国家和地区,产业结构与就业结构已经相对稳定,而要解决就业,是要在存量或相对静态的基础上解决劳动力的就业问题,或者说,关键是要解决失业问题,而中国的城镇登记失业率目前是相对稳定的,更重要的任务是从流量上或者是在动态上解决就业问题。所以就中国目前的情况而言,就业问题的重点是就业而不是失业,这也是中国经济必须保持一定的增长速度的重要原因。从世界各国的发展看,一个国家的经济发展水平越高,对就业的重视程度也就越高,而经济增长应该满足就业增长和就业结构变化的需求。在2010年以前,我们对增长的重视程度远远高于就业。但是在中国经济增长进入"新常态"后,就业越来越成为国家在经济增长中关心的问题。经济增长不追求速度本身,而更加关心经济增长如何满足就业的需要,尤其是持续的农业劳动力向非农产业转移的就业需要。从整体上看,第三产业所能够容纳的非农就业更多,但是第三产业的发展不是孤立的,它是在产业结构提升中与各个产业尤其是第二产业的发展相联系的。这种提升不仅依赖于内需，同时也依赖于我们对于国际市场的开拓。

表14按照就业比重排序列出了世界一部分国家的就业结构，和表13相比较可以看出，大多数国家的第一产业就业比重是低于它的增加值比重的，如前面所列举的俄罗斯和墨西哥，第一产业增加值占比已经降到5%以下，但就业人数占比仍然为9%和13.5%，这说明二元化经济结构在一些经济发展水平已经比较高的国家也是存在的。中国在表14中的33个国家中排名第29位，属于产业结构高度较低的国家。从第三产业来观察结果也是类似的，如果将第三产业的就业占比按降序排列，中国在这些国家中排最后一位。也就是说，尽管中国已经实现了多年的高速增长，经济总量已经达到世界先进水平，但就其第三产业的就业占比来看，产业结构高度仍然在世界上属于较低水平。这是我们必须面对的一个现实。在这种情况下，我们一方面要看到，强大的、在规模上已经在世界上居于领先地位的制造业和从就业结构观察的较低的产业结构实际上是一对矛盾，而解决这种矛盾的途径就是继续发展，不但要通过国内的城镇化进程增加全社会的需求，也要通过对世界市场的继续开拓增加总需要，从而在供给侧产生更多的非农就业需求，从而全面提高包括增加值结构和就业结构在内的产业结构高度。

表14　2008年世界部分国家或地区就业结构　　　　　　　　　　单位：%

	第一产业	第二产业	第三产业
阿根廷	0.8	23.7	75.2
美国	1.4	20.6	78.0
英国	1.4	21.4	76.9
以色列	1.6	21.9	75.6
德国	2.2	29.7	68.0
加拿大	2.5	21.6	75.9
荷兰	2.7	18.2	73.1
法国	3.0	23.1	72.9
捷克	3.3	40.5	56.1
澳大利亚	3.4	21.2	75.1
意大利	3.8	29.7	66.3
日本	4.2	27.9	66.7
西班牙	4.3	27.8	67.9
新西兰	7.2	21.9	70.5
韩国	7.4	25.9	66.6
委内瑞拉	8.7	23.3	67.7
南非	8.8	26.0	64.9

(续表)

	第一产业	第二产业	第三产业
俄罗斯	9.0	29.2	61.8
墨西哥	13.5	25.9	59.9
波兰	14.7	30.7	54.5
马来西亚	14.8	28.5	56.7
乌克兰	16.7	23.9	59.4
巴西	19.3	21.4	59.1
伊朗	22.8	32.0	45.1
土耳其	26.2	25.7	48.1
埃及	31.2	22.0	46.6
斯里兰卡	31.3	26.6	38.7
菲律宾	36.1	15.1	48.8
中国	38.1	27.8	34.1
蒙古	40.6	15.2	44.2
印度尼西亚	41.2	18.8	39.9
泰国	41.7	20.7	37.4
巴基斯坦	43.6	21.0	35.4

资料来源：世界银行数据库；部分国家为 2006 年和 2007 年数据，转引自《中国统计年鉴 2011》。

三、中国国际经济地位的提升与国际经贸合作的新特征

改革开放伊始，我们就把对外开放、引进来和走出去、利用国内国外两种资源、利用国内国外两个市场作为推动我们现代化建设的重要举措。经过三十多年的改革开放和经济发展，中国的经济发展水平与改革开放初期相比已经得到了显著的提高，对外开放仍然是推动我国经济增长和经济发展的最重要因素，但它的内容已经发生了重大的变化，而"一带一路"正是适应形势的变化，在新时期提出的新的对外开放的发展构想。由于长期的高速经济增长，中国在世界经济总量中所占的份额在迅速提高，进入 21 世纪后，这一点表现得更为突出。从表 15 中可以看到，在改革开放初期的 1978 年，中国的 GDP 总量仅为 1 500 亿美元，在世界上的份额仅为 1.8%，排名第 10 位，和一个世界上人口最多的大国的地位极不相称。由于人口众多，人均水平就更低，属于低收入贫穷国家。在此之后的 20 年，中国虽然取得并保持了高速经济增长，但是 GDP 占世界经济的份额仍然只有 3.7%，落后于传统的发达国家如日本、德国、英国、法国等，排名为第 6 位，排名虽然提前了 4 位，但国际影响力仍然是有限的。进入 21 世纪后，这种情况发生了明显的改变，由于发展基数已经大为提高，再加上强劲的经济增长，中国的经济总量先后超过法国、英国、德国、日本，成为仅次于美国的世界第二大

经济体。2010年中国的GDP总额达到了9.4万亿美元,占世界GDP比重的9.4%,成为对世界具有重大影响的经济大国。而到了2013年,这一比重又继续提高到12.2%。在对外贸易的发展上,改革开放初期中国的出口在全球贸易中所占的比重几乎可以忽略不计,到了2000年,中国的出口占全球的份额已经提高到3.9%,在全球排名第7位。加入世贸组织以后,中国出口商品在国际上受到的政策性歧视大为减少,再加上中国商品的竞争优势,外向型经济的发展经历了一个前所未有的黄金时期,2003年以后,连续多年的出口增长率在30%以上,使中国迅速成为新的全球制造业中心,不仅对世界经济格局造成了重要的影响,也极大地拉动了国内第二产业和整个经济的增长。按照世贸组织公布的数据,2009年,中国的出口货物总额超过了德国,位居世界第一;2013年,进出口货物总额(4.16万亿美元)超过美国(3.91万亿美元)位居世界第一,占世界货物贸易总额的比重由2003年的5.5%上升到2013年的11%,翻了一番。

表15 世界20个主要国家过去30年GDP及变化情况

国家	2010年			2000年			1978年		
	排名	GDP(万亿美元)	份额(%)	排名	GDP(万亿美元)	份额(%)	排名	GDP(万亿美元)	份额(%)
美国	1	14.59	23.1	1	9.90	30.7	1	2.28	27.1
中国	2	5.93	9.4	6	1.20	3.7	10	0.15	1.8
日本	3	5.46	8.6	2	4.67	14.5	2	0.98	11.7
德国	4	3.28	5.2	3	1.89	5.9	3	0.72	8.5
法国	5	2.56	4.1	5	1.33	4.1	4	0.50	5.9
英国	6	2.25	3.6	4	1.48	4.6	5	0.33	3.9
巴西	7	2.09	3.3	9	0.64	2.0	8	0.20	2.4
意大利	8	2.05	3.2	7	1.10	3.4	6	0.30	3.6
印度	9	1.73	2.7	13	0.46	1.4	13	0.14	1.6
加拿大	10	1.58	2.5	8	0.72	2.2	7	0.21	2.6
俄罗斯	11	1.48	2.3	19	0.26	0.8	—	—	—
西班牙	12	1.41	2.2	11	0.58	1.8	9	0.16	1.9
墨西哥	13	1.03	1.6	10	0.58	1.8	15	—	1.2
韩国	14	1.01	1.6	12	0.53	1.7	27	0.05	0.6
荷兰	15	0.78	1.2	16	0.39	1.2	11	0.15	1.7
土耳其	16	0.73	1.2	18	0.27	0.8	22	0.07	0.8
印度尼西亚	17	0.71	1.1	28	0.17	0.5	26	0.05	0.6
瑞士	18	0.53	0.8	20	0.25	0.8		0.00	—
波兰	19	0.47	0.7	25	0.17	0.5		0.00	—
比利时	20	0.47	0.7	22	0.23	0.7	16	0.10	1.2
以上合计		50.13	79.4		26.81	83.2		6.48	77.0
世界		63.12	100.0		32.24	100.0		8.42	100.0

资料来源:世界银行数据库(GDP的现价美元计算)。

按照2010年的初步核算结果,中国按汇率法计算的GDP超过了日本,从那时开始,中国作为全球第二大独立国家经济体的国际地位得以确立。而根据后来最终核算的结果,其实在2009年中国的汇率法GDP已经超过日本(见表15),而到了2013年和2014年,由于日本经济衰退和日元贬值而中国经济仍然保持强劲增长等多方面原因,中国按汇率法计算的GDP已经是日本的2倍左右,中国的世界第二大经济体的国际地位已经毋庸置疑。表16中还列出了按世界银行购买力平价方法计算的中国、日本和美国的GDP总量,按照这一算法,中国的GDP在2014年已经超过美国并且是日本3倍以上,这一方法得出的结果在世界各国虽然得到广泛引用,但仍然存在着争议。我们认为用汇率法反映的GDP能够更好地反映一个国家的国际地位,但按照购买力平价方法计算的GDP可以在评价一个国家实际达到的经济规模上起参考作用。[①]

表16 1998—2014年中国、日本和美国GDP总额比较   单位:万亿美元

年份	汇率法GDP			购买力平价法GDP		
	中国	日本	美国	中国	日本	美国
1998	1.05	3.91	9.09	2.98	3.05	9.09
1999	1.10	4.43	9.66	3.25	3.09	9.66
2000	1.19	4.73	10.28	3.61	3.24	10.28
2001	1.32	4.16	10.62	4.00	3.32	10.62
2002	1.46	3.98	10.98	4.43	3.38	10.98
2003	1.65	4.30	11.51	4.97	3.51	11.51
2004	1.94	4.66	12.27	5.62	3.69	12.27
2005	2.29	4.57	13.09	6.46	3.86	13.09
2006	2.79	4.36	13.86	7.50	4.04	13.86
2007	3.50	4.36	14.48	8.79	4.24	14.48
2008	4.55	4.85	14.72	9.83	4.28	14.72
2009	5.11	5.04	14.42	10.81	4.08	14.42
2010	5.95	5.50	14.96	12.09	4.32	14.96
2011	7.31	5.91	15.52	13.48	4.39	15.52
2012	8.39	5.94	16.16	14.77	4.53	16.16
2013	9.47	4.90	16.77	16.15	4.67	16.77
2014	10.36	4.77	17.42	17.63	4.79	17.42

注:表中2014年数据为IMF的预测数据。
资料来源:IMF世界经济展望数据库,http://www.imf.org/external/pubs/ft/weo/2014/02/weodata/index.aspx。

---

① 刘伟,蔡志洲.从国民收入国际比较的新变化看中国现代化进程[J].经济纵横,2015(1).

随着经济规模的提升和国际地位的提高,中国对外开放的方式和内容也在变化,有了新的特点。从经贸合作的对象来看,改革开放初期,中国主要是和较为发达的西方市场经济国家和地区(美国、日本和欧洲)发展经贸关系,通过向这些国家出口初级或低级产品获取外汇,进口先进设备和技术,由此推动中国的现代化建设。随着长期的高速经济增长以及由此带来的经济总量和发展水平的提高,经贸合作的对象和方式都在发生变化。

第一,进出口产品的构成已经发生了很大的变化。从出口看,出口商品的内容、质量和数量都得到了巨大的提升。出口产品已经由初级产品、加工产品为主逐渐发展成为包括由大型成套设备、高科技产品和普通制造业产品在内的门类齐全的出口产品体系,初级产品的比重在不断下降,工业制成品的比重在不断提升。在全部贸易中,加工贸易的比重在不断下降,而一般商品的比重在不断提升。如前所述,中国已经发展成为国际上新的和最大的全球制造业中心。这种国际制造业地位的提升,固然有国内需求不断改善的原因,也有着现阶段中国商品特定的比较优势而在国际市场上份额不断提高的原因。从进口来看,在改革开放初期,我国需要大量地引进国外的先进技术装备来提高制造业技术水平,而到了现在,随着自身制造水平的不断提高和生产规模的不断扩大,国内的资源已经无法保证扩大生产规模的需要,因此能源和其他自然资源的进口的比重在不断提升,这就导致了中国进口商品的主要对象国正在由发达国家向资源富集国家转变。

第二,国际经贸合作的方式在发生变化。在改革开放初期,我国是要通过扩大出口换取外汇,并通过取得的外汇向发达国家购买先进的技术设备来提高我们的生产能力。后来,随着对外开放的发展,我国加大了吸引外商直接投资的步伐,成为世界上外商直接投资规模最大的国家之一。外商直接投资和对外贸易成为我国国际经贸合作的两个轮子。但近几年来,尤其是在全球金融危机之后,中国的对外直接投资开始得到了非常迅速的发展,现在已经成为世界上对外直接投资规模最大的国家之一。这些对外直接投资往往又和投资国的基础设施建设、中国的机器设备和相关商品出口、对外承包工程以及劳务出口等密切联系,形成了全方位的对外经贸合作,在中亚、南亚、东盟、拉美和非洲的广大发展中国家,这种合作发展得非常快,成为中国对外经贸合作的新形式。

第三,随着外向型经济规模的扩大和国际地位的提升,中国正在以全新的姿态参与全球经济治理。

随着国际地位的提高,近些年来,中国开始更加积极地参加国际事务。2010年召开的中共十七届五中全会公报中第一次提出,"积极参与全球经济治理和区域合作",标志着中国将以更加积极的姿态参与国际经济和政治事务。全球经济危机发生后,中国首先是通过积极的财政和货币政策,保持了中国经济的平稳较快发展,坚定了世界各国发展的信心,同时带动了一批和中国经贸关系较密切的国家率先实现了复苏,这本身就是对世界经济发展的重要贡献。在国际舞台上,中国以经济促政治,以政治带经济,在全球经济治理中发挥了越来越大的作用。中国积极参与每一次的亚太经合组织峰会,为亚太地区这一世界上经济最活跃的地区的经济发展发挥了积极的作用。中国支持美国克服金融危机和欧盟应对主权债务危机,在我们力所能及的范围里做出了配合。中国宣布参与国际货币基金组织增资,扩大对中东欧地区的投资合作,有力地支持了欧洲国家应对危机的努力。在上海合作组织、金砖国家中,中国都在发挥着积极的作用。中国还不断深化与广大亚非拉发展中国家的经贸合作,与非洲国家、拉美国家、阿拉伯国家等的各领域合作都在不断推进,在双边和多边关系的发展中促进各国经济的发展。中国已经成为全球经济治理中一支新的重要力量。

因此,中国已经不再像改革开放初期那样,在对外开放和国际经贸合作中力争在由美国、欧洲、日本等国家主导的国际商品市场和资本市场上获得市场和资源,而是要在国际上以美国、德国、日本等为代表的西方发达市场经济国家,以金砖国家为代表的新兴国家,以欧盟、东盟等为代表的国家联盟以及广大发展中国家建立新型的竞争与合作关系,参与主导国际经济和政治秩序,在全球经济治理中担当重要角色。"一带一路"发展愿景就是在这样的新形势下提出来的。"一带一路"建设,既反映了我国外向型经济发展的需要,也体现了中国作为一个发展中大国的博大胸怀。在中国之前,东亚的一些国家和地区(如日本和亚洲"四小龙")的经济已经发展起来了,在它们发展起来后,主要是通过对外贸易和对外投资为自身的发展获得更多的利益,但是在事实上,在国际分工和经济全球化迅速发展的今天,如果没有周边国家和地区的发展,一个国家的自身发展也会受到局限。中国提出的"一带一路"倡议,由于考虑到周边国家共同发展的要求,从一开始就得到了相关国家的积极响应,并且已经取得了积极的成果。和以往的国际经济合作所不同的是,"一带一路"的主要着眼点是区域经济合作,特点是以"通"来带动合作,即"政策沟通、道路联通、贸易畅通、货币流通、民心相通",落实到操作中,就是要通过国内外公路、铁路、机场、港口等基础设施的建设来实现通道的畅通,并带动其他方面的畅通。在改革开放后的长期经济建设中,我们在基础设施的建设上(尤其是交通基础设施上)已经积累了大量的经验,在设计、技术、装备、施工、融资等方面都形成了雄厚的力量,在公路、铁路、机场、港口、通信、互联网等建设上取得了巨大的成就。同时,就制造业的发展水平来说,这些设施建设中使用的主要材料(钢材、水泥、输电线路等)也已经实现了国内保障。金融体系的建设与人民币国际化方面也取得了重大进展。只要和沿线国家通过政策沟通达成共识,建设和发展"一带一路"的条件是充分的。从经贸合作的方式看,建设"一带一路"已经不再是以传统的扩大贸易的方式来扩大经济合作,而是包括了对外投资、对外承包工程、工程所需材料的出口以及在建设过程中与当地政府的合作等多方面的经济合作关系,涉及外交、金融、技术、贸易、建设等多个方面的合作,与沿线国家的经贸往来的数量以及水平将会有一个显著的提升,使沿线国家之间货物、人员、资金、信息的流动更加顺畅,资源配置更有效率,从而显著地促进区域的经济发展。

四、中国优势与"一带一路"

(一)从制造业规模和产业结构看中国的比较优势

改革开放以后,中国通过迅速的工业化带动经济增长,从而逐渐地实现现代化的目标。进入 21 世纪后,中国供给和需求两个方面推动了经济的强劲增长。在供给领域,通过建立和发展社会主义市场经济、深化国有企业的产权制度改革、发展民营经济等,极大地调动了生产者和劳动者的生产积极性,加大了国内的总供给。在需求领域,在国内,中国利用新的消费升级(尤其是家用轿车的普及和住宅商品化改革后居民巨大的住房需求)拉动了经济增长;在国际上,在加入 WTO 后,抓住 21 世纪各国经济增长加速的有利时机,迅速地扩展了国际市场。经过 21 世纪前 10 年的加速工业化,我国现在已经进入了工业化后期①,不但资金总量、技术水平、经营管理水平、装备水平及产出能力显著提高,而且在全球经济中的份额得到了巨大的提升,国际地位空前提高。从规模上看,2010 年中国按汇率计算②GDP 总额只相当于美国的 40.3%,但第二产业增加值就已经超过美国居世界第一(见表 17)③,制造业的规模则高于美国 10%以上。2013 年,美国的 GDP 比 2010 年增加了 2.2 万亿美元,达到了 16.8 万亿美元,而中国则达到了 9.2 万亿美元,相当于美国的 55.1%,占比提高了约 15 个百分点。中国第二产业增加值现在已经达到 4 万亿美元以上,超出美国的幅度已经达到 30%以上,高于除了美国和日本(GDP 为 4.9 万亿美元)以外的世界上所有国家的GDP(德国为 3.7 万亿美元、法国为 2.8 万亿美元、英国为 2.7 万亿美元、巴西为 2.2 万亿美元)。从总的经济规模上看,中国与美国之间的差距,现在已经不在于工业发展落后(农业的规模也超过了美国),而在于第三产业还没有发展起来。这一方面表明我们和世界先进水平之间还存在着差距;但另一方面也体现了中国作为一个由发展中国家向新兴国家过渡中的大国在世界经济中的比较优势。我们的制造业规模比美国大,但成本比美国低,质量在不断提高,和世界其他发达国家相比也有这样的优势。所以我们有可能在新的国际治理结构中发挥更大的作用。

---

① 刘伟,蔡志洲.我国工业化进程中产业结构升级与新常态下的经济增长[J].北京大学学报(哲学社会科学版),2015(3).
② 世界银行进行国际比较时所使用的三年平均汇率。
③ 各国 GDP 数据为世界银行数据,参见 http://data.worldbank.org/indicator/NY.GDP.MKTP.CD。

表17 中国与美国2010年三大产业增加值与结构的比较

	增加值(万亿美元)		中国占美国的百分比(%)	构成(%)	
	中国	美国		中国	美国
国内生产总值	5.9	14.6	40.3	100.0	100.0
第一产业	0.6	0.2	370.0	10.1	1.1
第二产业	2.7	2.7	101.1	46.7	18.6
工业	2.4	2.2	106.9	40.0	15.1
采矿业	0.3	0.2	131.4	5.2	1.6
制造业	1.9	1.7	111.8	32.5	11.7
电力、燃气及水的生产和供应业	0.1	0.3	52.8	2.4	1.8
建筑业	0.4	0.5	76.5	6.6	3.5
第三产业	2.5	11.7	21.7	43.2	80.3
交通运输、仓储和邮政业	0.3	0.4	68.6	4.8	2.8
信息传输、计算机服务和软件业	0.1	0.6	20.7	2.2	4.3
批发、零售业、住宿和餐饮业	0.6	2.1	30.5	10.9	14.4
金融和房地产	0.6	3.0	21.7	10.9	20.7
以上部门小计	1.7	6.2	27.5	28.8	42.2

资料来源:中国的结构数据来自《中国统计年鉴2014》中国内生产总值行业数据,美国结构数据来自美国商务部经济分析局 NIPA 数据官方网站。为便于比较,对两国第三产业中的一些行业进行了归并。两个国家的 GDP 数据为世界银行公布的国际比较官方数据。

(二)从国内区域经济发展看建设"一带一路"

改革开放以后,我国各个地区的发展是非均衡的。这种非均衡发展有多方面的原因,在改革开放初期,国家的财力有限,就要通过给一些地方特殊政策鼓励这些地方的发展,如开始的经济特区建设、后来的沿海开放城市建设等,这些地区在政策优势、地理优势、传统经济发展优势等优势下,经济获得了优先发展,从而拉开了中国地区间经济发展的差异。表18列出了2009—2013年我国各个省、直辖市、自治区人均GDP的变化情况(按照2009年水平排序)。从表18中可以看到,2009年,人均GDP水平最高的上海是水平最低的贵州的6.3倍,上海的人均GDP如果按当年平均汇率(1美元兑6.83元)计算,已经达到了10 000美元以上,按照当年世界银行的分类标准已经接近高收入经济体的标准(12 195美元),但是贵州的人均GDP只有1 600美元,仍然属于下中等收入经济体收入标准中的较低水平(996—3 945美元)。到了2013年,两者的差距已经缩小到了3.93倍。使这种差距缩小的基本途径就是加快欠发达地区的发展,从表18中可以看到,这一时期上海的人均GDP的年均名义增长率为6.83%,而贵州的人均名义增长率则达到20.23%,增长率达到了上海的3倍。对表中各地区2009年的人均GDP水平与2009—2013年的名义增长率之间计算相关系数,所得到的结果为-0.8138,说明两者之间有着较强的负相关关系,也就是说,在这一时期,从整体趋势上看,一个地区的人均 GDP 水平越低,其发展速度也就越快。这一方面是由于国家在政策上对欠发达地区给了更多的发展优惠和鼓励政策(而在改革初期则是鼓励有水快流,对相对发达或发展条件较好的地区给予优惠和鼓励政策);另一方面,这也是因为中国经济的区域间非均衡发展,使得一部分较发达地区的比较优势(如土地使用、资源、劳动力、交通运输等方面的比较优势)正在逐渐丧失,使得欠发达地区具备了更好的发展制造业和招商引资的条件,从而加速了这些地区的发展。

表18 2009—2013 年我国各省份人均 GDP 增长变化情况

省份	人均地区生产总值(元)					年均名义增长率(%)
	2009 年	2010 年	2011 年	2012 年	2013 年	
上海	69 164	76 074	82 560	85 373	90 092	6.83
北京	66 940	73 856	81 658	87 475	93 213	8.63
天津	62 574	72 994	85 213	93 173	99 607	12.32
江苏	44 253	52 840	62 290	68 347	74 607	13.95
浙江	43 842	51 711	59 249	63 374	68 462	11.79
内蒙古	39 735	47 347	57 974	63 886	67 498	14.16
广东	39 436	44 736	50 807	54 095	58 540	10.38
山东	35 894	41 106	47 335	51 768	56 323	11.92
辽宁	35 149	42 355	50 760	56 649	61 686	15.10
福建	33 437	40 025	47 377	52 763	57 856	14.69
吉林	26 595	31 599	38 460	43 415	47 191	15.42
河北	24 581	28 668	33 969	36 584	38 716	12.03
重庆	22 920	27 596	34 500	38 914	42 795	16.89
湖北	22 677	27 906	34 197	38 572	42 613	17.08
黑龙江	22 447	27 076	32 819	35 711	37 509	13.70
陕西	21 947	27 133	33 464	38 564	42 692	18.10
宁夏	21 777	26 860	33 043	36 394	39 420	15.99
山西	21 522	26 283	31 357	33 628	34 813	12.78
河南	20 597	24 446	28 661	31 499	34 174	13.49
湖南	20 428	24 719	29 880	33 480	36 763	15.82
新疆	19 942	25 034	30 087	33 796	37 181	16.85
青海	19 454	24 115	29 522	33 181	36 510	17.04
海南	19 254	23 831	28 898	32 377	35 317	16.38
四川	17 339	21 182	26 133	29 608	32 454	16.97

(续表)

省份	人均地区生产总值(元)					年均名义增长率(%)
	2009年	2010年	2011年	2012年	2013年	
江西	17 335	21 253	26 150	28 800	31 771	16.35
安徽	16 408	20 888	25 659	28 792	31 684	17.88
广西	16 045	20 219	25 326	27 952	30 588	17.50
西藏	15 295	17 319	20 077	22 936	26 068	14.26
云南	13 539	15 752	19 265	22 195	25 083	16.67
甘肃	13 269	16 113	19 595	21 978	24 296	16.33
贵州	10 971	13 119	16 413	19 710	22 922	20.23
上海为贵州的倍数	6.30	5.80	5.03	4.33	3.93	

资料来源:《中国统计年鉴2014》。

虽然在近几年来,中国各个地区经济发展水平之间的差距有所减少。但是从静态比较上看,差距仍然是很大的。按照2013年美元均人民币平均汇率(1美元=6.1932人民币)计算,人均收入(以人均GDP反映)最高的天津、北京与上海分别为16 083美元、15 051美元和14 547美元,已经超过了世界银行高收入经济体的下限标准12 746美元,而人均收入最低的三个省份贵州、甘肃和云南则分别为3 701美元、3 923美元和4 050美元,仍然处于下中等收入的水平(1 045—4 125美元)。对2009年和2013年各地区的人均GDP计算相关系数,结果为0.9831,反映为高度相关。这说明虽然一些发达地区的人均GDP的排序略有变化,如北京、上海与天津这三个发达地区的排序发生了变化,差距有所减少,但总体格局仍然没有发生显著的变化,原来经济发展水平较低的地区仍然较低,而高收入地区的收入仍然较高。这也是我国近些年来劳动力及人口不断向发达地区流动的重要原因。但另一方面,由于欠发达地区的后发优势或者是生产要素上的比较优势,又有一部分生产要素正在流向欠发达地区,如一些资本、技术、设备、企业等正在向欠发达地区或发展水平较低的地区转移,通过梯级转移和资源的重新配置促进不同发展水平的地区的双赢或多赢,从而实现整个国民经济的可持续发展。在这种资源重新配置的过程中,经济发展水平较低的地区的后来者居上是实现整体发展的关键。这些地区的发展落后,本来是我国经济发展不平衡的结果,但现在却成为中国作为一个大国的发展优势。发展水平较低的地区需要解决的问题多,发展的空间也就更大,能够更多地吸引投资和推动制造业的发展,从而实现跳跃式的发展,是我国现阶段经济增长的主要动力。

经济发展水平较低的地区发展缓慢,制约因素往往首先是基础设施尤其是交通运输设施建设的滞后,由于公路、水运、铁路和航空运输的瓶颈,生产成本(尤其是运输成本)较高,减弱了这些地区的生产活动的竞争力,阻碍了它们参与全国乃至世界的生产分工体系。从市场经济本身的作用看,即使没有外力的作用,当发达地区的生产要素成本上升到一定水平时,产业在地区间的梯级转移或迟或早总会发生,但是这种转移有可能是非定向的,如外商投资在中国沿海地区的企业和产业可以向印度、东南亚等地区转移,在国内的转移也可能是非均衡的。在这种情况下,国家加强对于经济资源尤其是生产要素流动方向的引导和干预是非常必要的,而且要创造条件尤其是通过基础设施来鼓励各种经济资源向发展水平较低的中西部地区流动,通过促进这些地区的发展来改善中国经济发展不均衡的格局,同时在这种改善中实现整个国民经济可持续发展。中国古代的丝绸之路,起源于中西部地区,而现在建设的"一带一路"虽然从范围上看涵盖了中国所有的省份,也包括了较发达的地区,如海上丝绸之路的建设涉及的就是我国较发达的沿海地区,但是从建设重点来看,还应该是我国的广大中西部地区。通过改善这些地区的交通运输条件,实现它们之间更好的联通以及与中亚、南亚、欧洲各国加强联系,从而带动这些地区的经济发展,对我国的经济发展具有重要意义。从国际上看,"一带一路"倡议反映了中国与沿线国家共谋发展的愿景,实现这种发展要得到相关国家和地区的呼应;但从国内看,"一带一路"则应该是我国现阶段重要的经济发展战略,只有把国内的相关地区尤其是中西部地区建设好,为"一带一路"建立起坚实的起点,"一带一路"才可能得到很好的延伸并越来越受到世界各国的欢迎。因此,"一带一路"的提出,必然会带动国家对国内沿线地区的基础设施投资,这不仅有利于这些地区的对外开放,同时也会有力地促进这些地区的经济发展。

(三)以改革促开放,推动"一带一路"建设

自全球金融危机发生后,欧美各国的经济始终处于衰退和徘徊状态中,近两年来虽然有一些好转,但仍然没有走出困境,这对中国外向型经济的发展确实产生了一定的影响,进入 21 世纪后,由于加入了 WTO,欧美发达国家对中国关闭或半关闭的闸门一下子打开了,再加上西方发达国家的经济正处于景气阶段,中国对发达国家的贸易激增,使中国外向型经济的发展上了一个新的台阶。但是随着欧美的经济衰退和徘徊,欧美发达国家对中国商品的需求增长得已经比较缓慢,但亚洲、非洲等"一带一路"沿线国家的经济开始变得更加活跃,这些国家和地区的经济和中国的互补性很大,中国具有资金、基础设施建设与制造业上的优势,而这些国家则具有资源、生产要素、市场和发展潜力上的优势。在这种条件下,采取新的发展战略,在国际市场上掌握发展经济的主动权,在积极参加全球经济治理的框架上加强与周边国家尤其是"一带一路"沿线国家的经贸合作,通过与新兴国家、发展中国家的更紧密合作共同实现经济发展,就成为中国外向型经济发展的新思路。如果说在改革开放的前 30 年,我们主要是通过"引进来"发展外向型经济,那么到了现在,"走出去"将在中国的外向型经济发展战略中占据更重要的位置。我们应该看到,和世界大多数国家相比,无论从国内经济发

展来看,还是从外向型经济的发展来看,我们虽然面临着许多挑战和难题,但仍然处于经济发展的上升阶段,具有良好的发展前景。中国改革开放之际,恰逢世界进入新技术革命蓬勃发展时期,而和平与发展又成为这一阶段世界的主题,这为我们的高速经济增长和社会进步提供了较好的外部条件。但是从根本上说,中国经济的起飞和发展的主因不在于外部而是内部。正是由于我们不断地进行与深化经济体制及其他相关领域的改革,调动了全体人民经济建设的积极性,同时发展了中国特色的社会主义制度和社会主义市场体系,才使中国的经济取得了如此伟大的成就。因此,中国的进步主要是建立在自身改革开放的基础上的,而不仅仅是受益于世界的经济繁荣。因此,在外部经济环境出现不利的变化时,要看到中国继续发展的潜力仍然是巨大的。

应该看到,在发达国家的整体经济出现衰退和下滑的情况下,发展中国家和新兴工业化国家的经济正在起步和加速,在那里存在着大量的基础设施建设和发展外向型经济的需求,而中国长期建设中积累的经验、技术和能力可以为他们的发展提供支持,同时又为我们的外向型经济创造新的需求。在国内,十八大以来,我们通过深化经济体制改革与依法治国,从体制上为经济发展与全面建成小康社会提供了新的基础。在对外发展上,我们的比较优势仍然存在,但应该与时俱进,根据形势和市场的变化调整我们的发展战略。首先,目前在国际收支中,中国仅仅是在经常项目下实现了自由兑换,对资金和金融项目下的交易仍然是管制的,因此外部金融环境的变化对我们的负面影响是有限的,仅仅是由其影响的实体经济发生的波动影响了对中国商品的短期需求,在金融领域并没有形成对我们的直接冲击。这说明中国根据自己的国情制定的改革和开放政策,是符合我国经济发展要求的。反而是对我们自身而言,随着金融体系的发展,要高度重视对于体系内金融风险的管控,有了稳定金融环境,才有可能带动我国与周边国家的经济发展。其次,应该看到,进入 21 世纪后中国外向型经济近些年的快速发展,主要原因是中国商品的性能价格比更好地满足了各国的市场需求,因而替代了别的国家的产品占有了更大的市场份额,而不是各国经济增长导致的需求扩大而使对中国商品的需求相应增加。在中国外向型经济发展的过程中,尤其是在外向型经济壮大初期和中期,由于中国的出口商品(主要是轻工产品、加工产品)满足的更多的是中低端市场的需求,因此在发达国家和发展中国家获得了更多的市场份额。但是现在,随着一些发展水平比中国更低的发展中国家的经济增长加速,它们的低端产品的比较优势就体现了出来,在这种情况下,中国就不能继续以中国商品的价格优势扩大市场,而必须提高产品的技术含量和质量,逐渐向能够创造更多附加值的中高端产品发展。全球金融危机带来的世界经济停滞衰退,实际上又给中国提供了一次难得的发展机会。在全球金融危机后,中国的经济增长率也出现了一定的回落,但仍然保持着活力,使中国成为对世界经济增长贡献最大的国家,在未来几年的世界经济增长中,仍然可能保持这种局面。这使得中国作为一个真正的经济大国的地位得以显现和稳固。从总体来看,在中国当前外向型经济的发展中,机会和挑战是并存的,我们应该把挑战变成机会,抓住时机推进我们的全球化战略。而"一带一路"建设与亚洲基础设施投资银行的建立,就是我们这一战略中的重大举措。在"一带一路"建设中,我们不再是以中低端商品的出口来发展和沿线国家的经贸关系,而是要通过投资、建设和贸易等多方面的经贸合作,全方位地发展和相关国家的关系,因此带动整个区域经济的发展。这也说明中国的经济规模和经济发展水平到达今天这种地步,我们的中长期发展就不能仅仅是依赖自身的发展和参与国际市场,而应该在全球经济治理中担任重要角色,通过与各国的共同协作获得共同发展。

北京融入"一带一路"倡议*

一、"一带一路"与区域经济发展

"一带一路"是"丝绸之路经济带"和"21世纪海上丝绸之路经济带"的合称,是习近平主席在出访中亚和东南亚国家时,先后提出的发展构想和倡议。这一发展战略涵盖了国内大部分省份,从陆路和海路两个方向,整合连通着中国与中亚、东北亚、东南亚、西亚等多边经贸关系。其涵盖范围之广,对亚欧大陆区域经济发展影响至深。[①]

(一)"一带一路"愿景的框架思路

面对当前复苏乏力的全球经济形势,加强区域合作已成为推动世界经济发展的重要动力。"一带一路"愿景是中国政府在国际和地区形势深刻变化的经济、政治、社会环境下提出的。体现了中国政府致力于维护全球自由贸易体系和开放型经济体系,表达了中国促进沿线各国加强合作、共克时艰、共谋发展的合作发展理念。

"一带一路"发端于中国,贯通中亚、东南亚、南亚、西亚乃至欧洲部分区域,东牵亚太经济圈,西系欧洲经济圈。它是世界上最具发展潜力的经济带,沿线大多是新兴经济体和发展中国家,总人口约为44亿,约占全球的63%,经济总量约21万亿美元,约占全球的29%。经济带上的国家发展阶段不一样,自然资源禀赋各异,贸易比较优势明显,经济互补性强,开展互利合作的前景广阔。[②]

丝绸之路经济带重点合作方向有三个,北线是中国经中亚、俄罗斯至欧洲(波罗的海),中线是中国经中亚、西亚至波斯湾、地中海,南线是中国至东南亚、南亚、印度洋。21世纪海上丝绸之路重点合作方向有两个,西线是从中国沿海港口过南海到印度洋并延伸至欧洲,东线是从中国沿海港口经南海到南太平洋。

根据"一带一路"走向,陆上依托国际大通道,以沿线中心城市为支撑,以重点经贸

---

* 作者韩晶,北京师范大学经济与资源管理研究院教授、博士生导师。
① 中国社会科学院"一带一路"研究系列·智库报告[J].经济研究,2015(6):194.
② "'一带一路'与经济发展"研讨会公告[J].经济社会体制比较,2015(3):2.

产业园区为合作平台,共同打造新亚欧大陆桥、中蒙俄、中国—中亚—西亚、中国—中南半岛等国际经济合作走廊;海上以重点港口为节点,共同建设通畅安全高效的运输大通道。两个方向最终通向欧洲,形成海上、陆地的闭环。

创新是经济增长最大的动力,实际上,"一带一路"正是中国在地区合作模式和经济增长方式上的探寻和创新。在后金融危机时代,作为世界经济增长火车头的中国,将自身的产能优势、技术与资金优势、经验与模式优势转化为市场与合作优势,实行全方位开放。通过"一带一路"建设,与周边国家共同分享中国改革发展红利、中国发展的经验和教训。"一带一路"创新了地区间经济合作模式,不同于"经济区""经济联盟"等模式[①],"一带一路"提出的经济带和经济走廊概念,以发掘培育经济增长极辐射周边,带动经济发展,更具有灵活性、适用性和可操作性。

"一带一路"的目标是要努力完善区域基础设施建设,尽早建成安全高效的陆海空通道网络,实现区域互联互通,促进投资贸易便利化达到一个新水平,形成高标准的自由贸易区网络,使沿线国家彼此之间经济联系更加紧密,政治互信和人文交流更加深入,形成更大范围、更宽领域、更深层次的区域经济一体化新格局,推动亚洲崛起从而实现全球化再平衡。

(二)"一带一路"建设的重点

"一带一路"建设的内涵可以归纳为"五通三同","五通"就是政策沟通、设施联通、贸易畅通、资金融通、民心相通,"三同"就是利益共同体、命运共同体和责任共同体。这是一个统一体,不可分割,通过实行"五通"全方位推进务实合作,最终才能打造"一带一路"沿线国家政治互信、经济融合、文化互容的利益共同体、责任共同体和命运共同体。因此,实现"五通"便是共建"一带一路"的战略重点。[②]

1. 加强政策沟通是"一带一路"建设的重要保障

"一带一路"是国际多国多边合作建设的,每个国家在相关问题上都可能有不同的政策,甚至技术标准、质量标准等各异。这就需要加强政府间合作沟通,积极构建多层次政府间政策沟通交流机制,深化利益融合,促进政治互信,达成合作新共识。沿线各国可以就经济发展战略和对策进行充分交流对接,共同制定推进区域合作的规划和措施,协商解决合作中的问题。在沟通中,既要利用好积极因素,又要设法化解消极因素,以便形成合作的最大公约数,求同存异,共同为务实合作及大型项目实施提供政策支持。

[①] 经济区是在劳动地域分工基础上形成的不同层次和各具特色的地域经济单元;经济联盟是建立一些超国家调节结构的组织,常见的有东盟、海湾组织、美洲国家组织等。

[②] 本部分表述根据"一带一路"百度百科相关资料整理。

2. 基础设施互联互通是"一带一路"建设的优先领域

"一带一路"沿线国家在基础设施领域普遍欠发达,特别是交通设施,高山、沙漠、河流不时阻隔交通,给货物和人员交流带来不便。沿线国家应该共同推进基础设施网络的建设。交通设施建设方面,应优先打通缺失路段,畅通瓶颈路段,配套完善道路安全防护设施和交通管理设施设备;推动港口基础设施建设,畅通陆水联运通道,加强海上物流信息化合作;拓展建立民航全面合作的平台和机制,加快提升航空基础设施水平。能源电力设施建设方面,加强能源基础设施互联互通合作,共同维护输油、输气管道等运输通道安全。推进跨境电力与输电通道建设,积极开展区域电网升级改造合作。通信设施建设方面,共同推进跨境光缆等通信干线网络建设,规划建设洲际海底光缆项目,完善空中(卫星)信息通道,扩大信息交流与合作,畅通信息丝绸之路。

3. 投资贸易合作是"一带一路"建设的重点内容

近年来,中国与沿线国家之间的贸易有了长足发展,但各种贸易壁垒仍不便于扩大交往,因此,需要使贸易、投资和人员往来便利化,加强信息交换、海关、认证等方面的合作来拓宽贸易和投资。沿线国家应该把投资和贸易有机结合起来,以投资带动贸易发展,在农林牧渔业、农机及农产品生产加工、能源资源勘探开发深加工、信息、生物、新材料等领域进行深度合作。优化贸易结构,挖掘贸易新增长点,发展跨境电子商务等新的商业业态。扩大服务业相互开放,推动区域服务业加快发展。探索投资合作新模式,鼓励合作建设境外经贸合作区、跨境经济合作区等各类产业园区,促进产业集群发展。

4. 资金融通是"一带一路"建设的重要支撑

"一带一路"建设需要上千亿甚至上万亿美元的资金,任何一国都无力承担这样的巨额费用,只能通过市场运作来筹集资金。一方面,筹建亚洲基础设施投资银行(简称亚投行)、金砖国家开发投资银行(简称金砖银行)、丝路基金有限责任公司(简称丝路基金),磋商上合组织融资机构;另一方面,以银团贷款、银行授信等方式开展多边金融合作,支持沿线国家政府和信用等级较高的企业以及金融机构在境内外发行债券。此外,还要充分调动各国民间资本进入的积极性,引导商业股权投资基金和社会资金参与共建"一带一路"。各国可通过本币互换等方式来降低成本。同时加强金融监管合作,构建区域性金融风险预警系统。

5. 民心相通是"一带一路"建设的社会根基

不言而喻,"一带一路"若能获得沿线国家民众的广泛支持,将会顺利得多;反之,则寸步难行。所以,必须通过传承和弘扬古代"丝绸之路"的友好合作精神,开展广泛的文化交流、学术往来、科技合作、人才交流合作、媒体合作、公共卫生管理合作、志愿者服务等多种方式,来增进彼此的合作和理解,以共同推进"一带一路"建设。

(三)"一带一路"对区域经济发展的影响

"一带一路"顺应了时代要求和各国加快发展的愿望,充分兼顾了国际、国内两方面的战略需求,依靠"丝绸之路"经济、人文、商贸的千年传承,依托现有的区域合作平台,在新的历史时期,沿着陆上和海上"丝绸之路"构建经济大走廊,给中国以及沿线国家和地区带来共同的发展机会,拓展更加广阔的发展空间。对于沿线国家的经济建设、地区繁荣乃至世界经济的平衡都具有重大的战略意义,带来的将是世界上最大的欧亚大陆的一体化和全面复兴。[①]

1. 维护开放型经济体系,促进区域内经济要素有序自由流动

加强区域内合作已是世界经济发展大趋势。作为"一带一路"的源头,中国和周边国家签署了诸如亚太贸易协定、中国—东盟自贸区等开放经济合作。但在这些区域合作之间仍存在贸易壁垒等阻碍开放型经济发展的因素。"一带一路"将沿线国家串联在一起,组成一个横跨亚欧大陆的区域经济合作组织,维护了区域内的开放经济发展,促进了沿线国家之间的互通有无,推动了经济要素在区域内的有序自由流动。

从国内角度来讲,改革开放三十多年来,东部地区一直凭借区位优势和经济极化效应在经济发展中独领风骚,国家虽然通过西部大开发、中部崛起战略等政策对中西部地区的经济发展进行扶持,但由于基础设施配套不完备、人才人口吸引力较差、交通物流成本高等原因,各类人才、资源等要素"一江春水向东流"的局面始终没有得到有效改善。不同于这些区域内的发展战略,"一带一路"更强调区域联动,通过经济纽带将各个板块联系在一起,通过市场的力量促进区域之间的互动。"一带一路"国内段覆盖了我国中西部的大部分地区,使广大中西部地区由原先的"内陆腹地"变成现在的"开放前沿",为中西部地区进一步提高对外开放水平、促进经济平稳健康发展提供了契机。

2. 构筑新的雁阵模式[②],实现区域内资源高效配置

随着我国产业结构升级以及日本经济持续衰退,过去以日本为雁首的亚洲产业分工和产业转移模式逐渐被打破。丝绸之路经济带要连接中亚等广大亚洲腹地,基本要求就是"道路相通",这也就意味着沿线国家即将迎来交通基础设施的一次建设高潮。东南亚地区劳动力丰富、出口导向型经济比较优势明显,是各国产业转移的重点区域之一,通过海上丝绸之路可以将部分已不具有比较优势的产业从我国东部地区转移过去。我国现阶段产能相对过剩的钢铁、水泥等产业可能正是中亚、东南亚、南亚、非洲等发展中地区进行基础设施建设的短板所在。而且基础设施建设需要大量的资本投

---

① 孙伟."一带一路"战略构想的基础及策略[J].宏观经济管理,2015(4):41—43.
② 雁阵模式,提法起源于日本经济学家赤松要的"雁形产业发展形态论",大致表述为日本的产业发展经历了进口、进口替代、出口、重新进口四个阶段,在图表上酷似展飞的大雁。

入,中国的外汇储备世界第一,拥有充裕的资本。因此通过"一带一路"战略构想将我国的部分过剩产能转移到这些国家,既可以推动我国经济转型升级,也为"一带一路"沿线国家发展提供了难得机遇。

根据劳动力成本和各国的自然资源禀赋相对比较优势,未来几年内,中国的劳动力密集型行业和资本密集型行业有望依次转移到"一带一路"沿线国家,形成以中国为雁首的新的雁阵模式。同时高铁在内陆国家的发展将弥补经济地理上的不足。印度、东南亚国家由于劳动力成本偏低且劳动力丰富,更适合承接纺织品行业。中东七国拥有大量的石油等资源适合承接石油加工及炼焦业、化学及化学制品、橡胶及塑料制品行业。中亚五国中矿产资源丰富,地域宽广,更适合发展金属及金属制品、运输工具及设备。高加索地区具有一定的工业基础且工资水平较高,适合承接电气电子和光学设备、机械设备行业。

3. 扩大沿线各国间多层次交流,推动区域内市场高度融合

"一带一路"沿线国家合作的领域是广泛的和富有深度的。中国与沿线的其他新兴市场国家和部分发达国家存在着技术上的优势互补和错位竞争。中国在高铁、高速公路、核电、水电、装备制造等领域具备技术优势,可以向新兴市场及部分发达市场进行技术输出和基础设施输出,完全可以和其他新兴市场及部分发达国家形成互补。中东国家的节水农业、印度的信息产业等技术优势明显,合作交流的潜力巨大。中亚地区拥有苏联时期航空航天、精密机械等方面丰富的科技文化遗产,时至今日某些技术装备仍位于世界先进行列,但中亚地区自身工业结构、市场需求等因素使这些技术装备长期处于尘封状态,而"一带一路"将东亚至欧洲的广大地区联系起来,巨大的市场空间和技术合作潜力必将使这些科技遗产重新焕发活力。欧洲城镇化建设经验、生态技术、精密制造等方面对我国经济建设的推动作用巨大,但目前欧洲先进技术、优秀人才进入中国还存在不少障碍,"一带一路"为中欧技术交流合作提供了广阔的中间过渡地带。

二、北京市融入"一带一路"战略的逻辑结构

2014年年底,中央经济工作会议确立"一带一路""京津冀协同发展""长江经济带"为优化经济发展格局的三大战略。① 国家赋予了北京"全国政治中心""文化中心""国际交往中心""科技创新中心"的"四个中心"的明确定位。正因这一定位,原本并不在"一带一路"沿线范围内的北京,能够通过坚持推进"四个中心"建设和京津冀区域协同发展,融入到"一带一路"战略中。

---

① 中央经济工作会议于2014年12月9—11日在北京举行。

（一）北京与"京津冀协同发展"
1. 京津冀区域发展面临的困境

京津冀地区位于环渤海地区的中心位置，是国家经济发展的重要引擎和参与国际竞争合作的先导区域。作为我国三大经济增长极之一，京津冀以占全国2.3%的土地容纳了全国8%的人口，并创造出占全国11%的国内生产总值。京津冀区域经济在中国经济版图中具有举足轻重的作用。

改革开放以来，京津冀区域经济一体化的发展并不缺乏关注，也不缺乏规划。但是，令人感到遗憾的是，经过二十多年的发展，京津冀区域经济一体化仍然处于自然发展阶段，区域内部的行政区经济分散化大于一体化，分割强于依存，排斥多于合作。区域内部特别是城市群体之间形成的一些不合理、不平等因素仍然在发挥作用并不断强化，形成了"双中心、两端化、离散化"的空间形态。

目前，京津冀地区发展面临着亟待解决的困境。其一，与长三角和珠三角相比，京津冀地区交通基础设施建设薄弱，高速公路密度低，高铁、港口、机场的整合刚起步，交通设施网络化程度与加快经济整合矛盾突出。在京津冀地区铁路与公路网络均以核心城市为中心向外辐射的情况下，内外交流（东北、内蒙古与黄河、长江流域以及东南沿海的客货交流）必须要经过北京枢纽或天津枢纽，大量过境运输的存在严重干扰了北京、天津两大核心城市交通体系的顺畅运作。其二，京津冀地区内部发展不平衡。这种不平衡首先表现在经济发展不平衡，两个直辖市未带动起河北省的经济增长，甚至形成了世界上罕见的"环京津贫困带"①，其次表现在资源分布不平衡，北京、天津对周围地区人才、资本、水资源及用地资源等的空吸现象，削弱了河北经济发展的基础。此外，区域内部发展不平衡还表现在行政壁垒严重，长期以来京津冀地区内部由于行政地位的对峙，导致经济"分工—合作—共同发展"的局面无法形成，行政区经济封闭的旧有格局依旧有较强的影响力，加上三地之间缺乏合作的内在动力。行政功能、体制性障碍已成为京津冀一体化进程中所需克服的主要难题。其三，京津冀区域内，城市结构梯度不合理，北京、天津两个大城市处于绝对优势，缺少过渡的中等城市，与周边地区相对独立的小城市群在发展上相互脱节、自我封闭，尚未形成完善的网络体系。由此导致的最直接后果是发达地区所出现的产业聚集、形成的产业规模和产业链因为找不到适宜的生存和发展环境，没有能力向周边落后地区推广和扩散。其四，京津冀地区由于合作观念的缺乏、行政区划的分割，在区域经济发展的过程中，存在着主导产业趋同现象。而且长期以来由于国有企业占主导地位，地区经济自成体系，区域发展各自为政，北京、天津与周边地区产业梯度落差较大，京津"双核"竞争有余、互补动力

---

① 亚洲开发银行调研曾发现，在河北省环绕京津的区域有25个贫困县、200多万贫困人口，集中连片，与西部地区最贫困的"三西地区"相比，处在同一发展水平，据此提出了"环京津贫困带"的概念。

不足,许多产业长期处于低水平竞争的状态,不利于区域经济的协同发展和城市群的可持续发展。其五,京津冀地区的生态环境现状亟须环保联防联控。京津冀地区整体地势呈西北高、东南低的特征,基本由东南平原区、冀西冀北山地区、坝上高原区组成。冀西北是整个京津冀地区的生态腹地,同时也是环京津贫困带的核心区,如何实现脱贫增收和环境保护的双重目标是一大难题。

2. "京津冀协同发展"的战略意义

"京津冀协同发展"战略正是解决上述困境的破题需要。这一战略明确了京津冀地区的建设目标是以首都为核心的世界级都市圈,建成以"一核、双城、三轴、四区、多节点"为骨架,构建以重要城市为支点,以战略性功能区平台为载体,以交通干线、生态廊道为纽带的网络型空间格局。①

随着"珠三角""长三角"经济区的快速发展,外国企业在这两大区域的土地、劳动力、基础设施等的投资成本在逐步提高,外国资本北移以及地区间产业转移的势头正逐渐加快,国家有关部门对于京津冀这一区域发展"第三极"的重视与日俱增,这是符合区域经济发展和产业转移客观规律的必然选择。而京津冀作为北方经济版图的核心区域,在国家区域规划中占有无可替代的重要地位。

"京津冀协同发展"在一定程度上,也是国家在探索建立科学持续、协同发展、互利共赢的区域发展示范区。一方面,是针对京津冀跨省区域合作的体制机制等深层次矛盾和问题,着力探索跨界治理、"抱团"发展、政府与市场调节相结合的新机制;另一方面,是针对京津冀地区经济社会快速发展与资源环境形势严重的突出矛盾,着力探索建设生态友好、环境优美、宜居宜业、社会和谐的新模式。同时,也是针对首都北京面临的雾霾、水资源短缺等"大城市病",着力探索超大城市通过功能疏解、空间优化,实现中心与外围共生互动的新路径。

3. 北京在"京津冀协同发展"战略中的重要地位

北京在这一战略中的重要性不言而喻。在建设区域网络型空间格局架构中,其中的"一核""双城""三轴"都与北京有重要关联。

其一,作为发展核心,北京已步入后工业化社会,在创新、金融、商务、信息、教育文化,以及其他高端服务业等方面具有难以匹敌的优势。以北京为核心,对外可以吸引国际高端要素聚集、提升国际地位和功能,对内可以优化区域资源配置、疏解中心城区与其经济社会发展阶段不相适应的功能,从而引领整个城市群实现全面协调可持续发展。这也要求坚持强化首都全国政治中心、文化中心、国际交往中心、科技创新中心的核心功能,把有序疏解北京非首都功能、优化提升首都核心功能、解决北京"大城市病"问题作为京津冀协同发展的首要任务。

---

① 本部分表述根据2015年4月30日中共中央政治局审议通过的《京津冀发展规划纲要》整理所得。

其二,"双城"之一的北京,是京津冀协同发展的主要引擎。北京与天津的联动效应,关乎全方位拓展合作的广度和深度。天津在京津冀地区城市体系中是发展较为成熟的中心性城市,在港口贸易、生产性科技研发、现代制造、物流等方面具有独特的优势。同时在依托本地优势领域的金融、信息、商务、会展等高端服务业方面也具有培育潜力。在城市体系中,天津既是发挥辐射作用,带动周边沧州、廊坊、唐山等次级城市发展的中心,又是承接北京且发挥港口和经济基础优势、在京津冀城市体系中辅助北京带动整个城市群协调发展的重要核心。两地可以加快实现同城化发展,共同发挥高端引领和辐射带动作用。

其三,北京还扮演着京津、京保石、京唐秦三条产业发展带和城镇聚集轴的轴心的角色,支撑着京津冀协同发展的主体框架。京津发展轴,分布着北京、廊坊、天津等节点,是京津冀地区沟通内外、辐射带动、规模增长的重要支撑。京唐秦发展轴分布着秦皇岛、唐山等节点,依次连接北戴河新区、曹妃甸新区等新兴增长地区,是京津冀地区产业发展的重要支撑。在港口物流发展,集约、节约利用海岸线资源,保护滩涂、湿地、水生生物资源方面具有较大空间和发展潜力。京保石发展轴,沿太行山延伸,分布着北京、保定、石家庄等节点,此经济带的节点城市以重化工业为主导产业,受太行山、燕山阻挡的影响,这些城市重化工产业造成的空气污染无法向外扩散,加剧了京津冀地区空气污染程度,因此是京津冀产业转型升级、环保联防联控的重点区域。

(二)"一带一路""京津冀协同发展"与"四个中心"的互动关系

尽管在"一带一路"战略中,京津冀地区没有被直接圈定为涵盖省份,但"一带一路""京津冀协同发展"与北京"四个中心"的城市发展战略之间明显存在着大三角的互动关系。①

1."一带一路"与"京津冀协同发展"具有经济发展目标的趋同性

"一带一路"与"京津冀协同发展"作为联动区域经济的发展战略,尽管涵盖范围大小不一样,却有着同样的打造区域经济一体化的发展目标。

一方面,为了实现这一目标,率先推动的便是交通为主的基础设施建设。"一带一路"沿线的国家与地区,尤其是欠发达国家与地区,渴望通过"一带一路"建设,改善积弱的基础设施建设,修建通往富庶和繁荣的道路。综观京津冀地区,交通路网布局不合理,由于行政区域限制,当前有长达2 300多公里的"断头路"尚待修建完善,未能形成高效、经济、可靠的运输体系。

另一方面,区域经济一体化追求的是区域内资源高效配置,这一点则需要以产业

---

① 三个不在同一条直线上的"点"互相连线,构成了具备"稳定性"特点的三角形。具体到北京,"一带一路""京津冀协同发展""四个中心"三点之间的连线,阐明了三者的互动关系,同时暗含"稳定性"——经济目标的一致性。

转移为抓手来完成。伴随着中国过剩的产能向外输送,"一带一路"带来的经济效果可能正是以中国为雁首的新雁阵模式的产业转移。而京津冀既是经济发展梯度明显、经济协同发展潜力大的地区,也是产能过剩问题突出、转型升级压力大的地区。京津冀协同发展搞得好,在推进产业梯度转移的同时,能有序化解过剩产能、带动产业转型升级,必将为我国经济内涵式增长提供诸多有益的借鉴。

2. 明确北京的"四个中心"定位是"京津冀协同发展"的核心内容

"四个中心"的城市发展战略明确了北京的功能定位。目前北京的"大城市病"是有目共睹的,承载了过多的功能定位,就像一个浮肿的巨人运动迟缓,已经到了非疏解不可的地步。有序疏解北京的非首都功能,正是京津冀协同发展的重中之重。其中的关键是调整经济结构和空间结构,要控制和疏解与北京首都功能定位不相符合的基础产业,进而控制城市人口规模。因此,需要以产业转移为突破口。从经济发展阶段来看,北京处于京津冀区域经济梯度的最高阶,一些一般性制造业、区域性物流基地和区域性批发市场、部分教育医疗等公共服务功能以及部分行政性、事业性服务机构并不是北京的必需资源,转移到天津及河北,反而会产生更大的经济效应。

3. 北京的"四个中心"是"一带一路"战略的发展驱动

北京作为全国政治中心,制定国内外发展方针政策,是"一带一路"沿线国家加强政策沟通的中方桥头堡。"古丝绸之路"除了经商贸易往来的作用外,在历史上更多地扮演着文化交流传播的角色。古代陆上、海上丝绸之路传递的不仅有中国的丝绸和瓷器、西域的苜蓿和葡萄、南亚和东南亚的奇珍异宝、欧洲的玻璃和雕塑,还有各地的技术、音乐、绘画、舞蹈、宗教等文化交流。北京是一座历史悠久的文明古都,在"丝绸之路"上它见证过马可波罗访问元朝以及西方传教士带来的西洋科技,也是在这里开启了郑和七下西洋的壮举,将古代"海上丝绸之路"推向了极盛。北京的文化中心、国际交流中心和科技创新中心承古启今,将"丝绸之路"延续千年的商贸、文化、科技友好交流的传统继承下来,为"一带一路"沿线国家之间的人文沟通交流创造更好的平台。

(三)北京市与"一带一路"战略的契合处

尽管在"一带一路"战略中未提及北京的定位和作用,但北京作为国家首都与直辖市,其中央与地方的双重属性让其在区域战略中地位一直很特殊。"一带一路"战略作为一项国家间、区域性、以经济合作为主的发展战略,北京若要主动融入其中,必须把握住首都优势、经济优势、区位优势三个契合处。

1. 基于首都优势融入"一带一路"战略

首都通常是一个国家的中央政府所在地,政治和经济活动的中心城市,各类国家级机关集中驻扎地。从世界范围看,不论是如华盛顿这般的单一功能首都城市群,还是像伦敦这样的综合性多功能首都城市群,以首都为发展核心的首都城市群都是区域发展中重要的发展极。作为首都,北京承担着国家政治、文化、科学教育、国际交往等职能,要主动融入"一带一路",首先要搭建好"一带一路"沿线国家之间政治沟通、文化交流的平台。在国际上,北京就是中国的一张名片,是中国向"一带一路"沿线国家全方位开放的门户地区。未来,在与"一带一路"沿线国家之间举行多边经贸洽谈、互派留学生、加强科技合作等方面,北京的参与度必定会很高。

2. 把握经济优势融入"一带一路"战略

北京是中国少数几个已步入后工业化阶段的城市。北京的经济优势不仅体现在经济总量上,更体现在经济结构上,体现在现代产业形态在全国的领先上。第三产业已在北京的经济结构中占据主要地位,高科技产业、现代金融业、现代信息产业、现代文化产业、现代消费产业、互联网产业等在全国处于领先和优势地位。北京充分利用了文化科研资源集中的优势,并将其转化为无形财富。中关村的软件开发、望京的互联网O2O商业、金融街的资本创富、亚奥新村的会议展览经济,以及散布全市的文化创意园区,都是知识经济、脑力经济、智慧经济的集中代表。不仅如此,北京的经济优势还体现在世界优秀企业都聚集于此。不仅有大批国内央企的总部聚集,越来越多的外企在进入中国市场后,不约而同地将其中国总部或东亚总部乃至亚太总部落户于北京。在融入"一带一路"战略的过程中,北京仍会吸引国内外高端优秀要素聚集,并持续向外输出文化科技资本等高端服务产品,以此来参与到"一带一路"沿线区域的产业分工协作中。

3. 利用区位优势融入"一带一路"战略

在已发布的"一带一路"路线图中,北京是以"一带一路"中线和北线 B 的起始点出现的,在北线 B 端北京连接俄罗斯—德国—北欧。在中线北京连接西安—乌鲁木齐—阿富汗—哈萨克斯坦—匈牙利—巴黎,是连接欧亚大陆的重要节点。从地理区域来看,北京东部连接海上丝绸之路北端的天津港,向北连接中、蒙、俄经济走廊,向南经京广铁路与新亚欧大陆桥相通。北京恰好是"一带一路"交通网络中的辐射核心,同时也是东北亚经济圈的中心。因此,北京可以利用这个地理区位上的优势,主动融入"一带一路"战略,通过连接中亚、东欧、北欧和西欧,为北京与亚洲、欧洲的其他国家贸易运输、国际互通交流发挥重要作用,以此实现对东北亚、中亚以及欧洲等的全方位开放,进而带动我国周边发展中国家的经济增长,扩大中国经济的影响范围。

三、北京市融入"一带一路"战略的基本定位

北京的发展目标不仅是"全国的北京"也是"国际的北京"。因而,北京参与"一带一路"建设,需要从国际、国内、京津冀地区和北京地区多个层面,找准自己的合作定位、城市发展定位、产业定位、文化定位和市场定位,如此才能融入"一带一路"沿线区

域内的产业分工协作体系,发挥出最大的作用和价值。[①]

（一）北京融入"一带一路"战略的合作定位

在融入"一带一路"战略的过程中,明确合作定位,充分发掘自身比较优势,是北京当前必须要做的事。

北京发展经济的最大优势和资源,是首都优势或首都资源。首都优势,是北京作为全国政治中心的特殊功能定位而取得的优势,它是北京发展的重要而独特的影响因素。首都优势使北京经济发展得到中央政府的政策支持和资金支持。作为首都,北京成为世界了解中国的名片,更容易获得公众注意,即能够得到"眼球经济"的效果,有利于吸引大量国内外游客,有利于吸引外资和总部经济。除此之外,还要把握好北京的经济优势、文化优势、科技和人才优势。

因此,在国际层面,北京的合作定位要立足于打造国际交流平台,树立开放、友好、文明的城市形象,做好对外宣传的重要窗口,为"一带一路"沿线国家与中国之间的政策沟通、文化交流、科技合作等做好服务工作。在国内层面,北京需要坚持"四个中心"战略的建设,发挥全国政治中心、文化中心、国际交往中心、科技创新中心的重要作用。在京津冀协同发展层面,全力配合有序疏解非首都功能的工作,由此实现区域内经济结构优化升级。就北京而言,应加强城市治理,提升城市竞争力,优化市内行政、产业、教育等的布局,以便为新兴产业和新的经济形态发展提供契机。

（二）北京融入"一带一路"战略的城市发展定位

北京融入"一带一路"战略的城市定位同样是多层次的。在国际层面,北京要以建设世界城市为努力目标,不断提高北京在世界城市体系中的地位和作用。同时弘扬历史文化,保护历史文化名城风貌,形成传统文化与现代文明交相辉映、具有高度包容性、多元化的世界文化名城,提高国际影响力。在国内大局层面,北京要充分发挥首都在国家经济管理、科技创新、信息、交通、旅游等方面的优势,进一步发展首都经济,不断增强城市的综合辐射带动能力。在京津冀区域发展层面,要积极推进环渤海地区的经济合作与协调发展,加强京津冀地区在产业发展、生态建设、环境保护、城镇空间与基础设施布局等方面的协调发展,进一步增强北京作为京津冀地区核心城市的综合辐射带动能力。而在北京市域内,以创造充分的就业和创业机会,建设空气清新、环境优美、生态良好的宜居城市为发展方向。为此要坚持市域战略转移、旧城有机疏散、村镇重新整合的三个发展目标。要逐步改变目前单中心的空间格局,加强外围新城建设,中心城与新城相协调,构筑分工明确的多层次空间结构。加快农村地区城镇化步伐,整合村镇,推进撤乡并镇、迁村进镇,提高城乡人居环境质量,构筑城乡协调发展的空间结构。

[①] 张军.我国西南地区在"一带一路"开放战略中的优势及定位[J].经济纵横,2014(11):93—96.

(三)北京融入"一带一路"战略的产业定位

产业定位与布局是城市发展定位的基础,北京要参与到"一带一路"建设中,务必要在坚持"四个中心"建设基础上,把握找准产业定位。

从区域分工协作角度讲,不论是将北京置于"一带一路"还是京津冀区域,北京的产业结构决定了北京的产业定位在产业链的研发环节和流通环节,即在"微笑曲线"①的两端布局知识密集型和技术密集型产业。

从产业升级转移的角度讲,北京产业结构仍需要继续调整,应优化三次产业结构,发挥科技创新中心作用,突出高端化、服务化、集聚化、融合化、低碳化,大力发展服务经济、知识经济和绿色经济,加快构建高精尖经济结构。

目前北京的制造业除首钢搬迁到河北曹妃甸之外,从高端的航空航天产品制造业、集成电路制造业到中端的机械制造业、低端的建材制造业和服装生产,具有门类比较齐全的工业体系。北京应敢于做"减法",逐步压缩直至放弃一批高耗能、高污染的重化工业和用人多、占地多、附加值低的劳动密集型产业。在中高端制造业领域,应重点发展产品研发与设计、关键零部件制造和产品总成,降低企业零部件自制率,推动一般零部件制造业向河北等地转移,形成专业化、社会化的分工体系。

(四)北京融入"一带一路"战略的文化定位

文化定位是城市发展定位的灵魂。中华文明的一统性和文化面貌的多元性是北京的文化特征。在"四个中心"建设中已将北京定位成中国文化中心,这对北京融入"一带一路"战略的文化定位同样适用。

一方面,北京是少有的延续了千年的文明古城,在这座城市里汇聚了千年的来自全国各地的文化,是全国各地区之间的文化纽带。另一方面,北京是中国多民族、多地区文化的汇聚地,是世界各国文化的汇聚地。从宗教来说,无论是土生土长的道教,还是最早传入汉地的佛教;无论是外来的伊斯兰教,还是从异域凌空而降的基督教,受各种因素的影响,它们的成长都遭遇过不止一次的打击。但总的结果是,它们有惊无险地一路走来,在北京这个极具包容性和多元性的舞台上,分别找到了各自生存的空间。纵观北京,在现代建筑群落之间,随处可见坐北朝南、斗拱挑梁的中国古典建筑,也可以见到绿色穹顶、尖拱装饰的阿拉伯式伊斯兰教建筑,抑或可见高耸挺拔的哥特式建筑和半圆拱形的西洋式基督教建筑。也正是这些风格独特的建筑使得北京的多元文化显得绚丽多姿。北京不仅向人们昭示着城市的开放与包容,也向世界展示着中华文明厚德载物的泱泱大国气度。

(五)北京融入"一带一路"战略的市场定位

一个城市的产业定位决定了它的市场定位。市场地位是为了使特定产业生产或

---

① 微笑曲线中间是制造;左边是研发,属于全球性的竞争;右边是营销,主要是地域性的竞争。

销售的产品获得稳定的销路,从各方面努力培养一定特色的产品,树立良好的市场形象,以求在顾客心目中形成一种特殊的偏爱,其关键是设法在自己的产品上找出比竞争者更具有竞争优势的特性。北京在"一带一路"沿线区域中的市场定位的最大优势是北京总部经济的竞争力。目前坐落在北京的世界 500 强企业总部数量位居世界第一,其中中国基础设施建设行业的龙头企业中国建筑工程总公司、中国铁道建筑总公司、中国交通建设集团有限公司等的总部都在北京。这些企业在当前"一带一路"沿线国家急需的基础设施建设领域都拥有广阔市场。随着亚洲基础设施投资银行总部在北京落户,北京在"一带一路"沿线区域的资本融资市场又有了很大的话语权,实际上成为"一带一路"沿线区域的资金融通中心。此外,北京聚集了中国最顶尖的科研机构、高等院校,聚集了最多的高科技企业,聚集了政治、经济、文化、科技、教育等方面不同层次的人才储备,在"一带一路"沿线区域的科技创新能力位居一流,未来在信息、技术交易市场也将占有很大的份额。

四、北京市融入"一带一路"战略的突破方向

目前,中国丝绸之路倡议已经进入到务实合作阶段,相关的项目设计也已经完成。作为中国的"心脏",北京市在融入"一带一路"过程中,仍会面临一些挑战性的困难需要攻克,包括自身调整问题、区域合作平台、"总部经济"[①]对接等问题。相比中国其他省份,北京市融入"一带一路"战略涉及的对象、目标、内容以及措施等方面具有特殊性;因此,战略的突破方向也有所不同。北京市可以从以下六个方向进行突破,积极融入"一带一路"建设。

(一)成为经济"新常态"时期发挥"总部优势"的强有力平台

为了对"一带一路"提供资金支持,中央及政府部门倡导并建立了亚洲基础设施投资银行和丝路基金,总部都设在北京,这无疑对北京市的发展提供了巨大的"总部优势"。一是税收贡献效应。总部对于北京的税收贡献包括两个方面:一方面是机构的税收贡献,无论采取哪种组织方式,总部如果作为独立的经济实体,都要向总部所在地方上缴一定的税收;另一方面是机构总部员工的个人税收贡献,在总部工作的高级白领,其丰厚的个人收入,必然要通过个人所得税形式为总部所在区域经济做出贡献。二是产业乘数效应。机构总部在中心城市聚集必然带动相关服务业,特别是知识型服务业的发展,形成为机构总部服务的知识型服务业产业链,包括由通信、网络、传媒、咨询等组成的信息服务业,由银行、证券、信托、保险、基金、租赁等组成的金融服务业,由会计、审计、评估、法律服务等组成的中介服务业,由教育培训、会议展览、国际商务、现代物流业等组成的新型服务业,等等。与此同时,总部经济所带动的商务写字楼、房地

---

① 总部经济,是伴随着商务园区、CBD 的出现才被发现的一种经济模式。

产等城市投资对中心城市的增长贡献也是很大的。通过总部经济这种"乘数效应"可以扩大一个区域的经济总量,提升第三产业结构水平和区域经济竞争力。三是消费带动效应。总部对于所在区域的消费带动也包括两个方面:一方面是总部的商务活动、研发活动所带来的各种配套消费;另一方面是总部高级白领的个人生活消费,包括住宅、交通、子女教育、健身、购物等,这种消费对于推动区域经济发展具有重要作用。四是劳动就业效应。总部经济发展会充分利用所在区域的智力人才资源,带来大量高智力就业岗位。同时,通过产业乘数效应,带动第三产业,包括知识型服务业和一般型服务业的发展,提供更多的就业岗位。所以,总部效应应该是北京市在今后要坚持的发展方向。

(二)成为相关国际和区域合作机制的平台和联结点

在"一带一路"所涵盖的主要欧亚地区已有多个中国积极参与的国际和地区合作机制,如 APEC、中国—东盟自贸区、亚欧会议、亚信会议、丝绸之路基金、亚投行等。作为京津冀一体化发展的北京应着力将自身打造成为对接"一带一路"的国际和区域合作机制的平台和联结点,同时也成为国家级战略构想的平台。各相关国家级战略缺乏有效的联结机制,用力分散;而正在打造国际性大都市的北京,已逐渐成为国际和区域机构进驻的集聚地,其国际话语权和"软实力"将有大幅度提升;纵观中国各大区域与城市,北京最有希望在机制建设上形成突破,在解决各个国家战略之间用力分散的问题上有所作为。

具体地讲,北京市要利用好亚投行、丝路基金等类似国际平台。亚投行致力于促进亚洲地区基础设施建设和互联互通,与"一带一路"战略高度契合,如果说"一带一路"是战略目标,那么亚投行就是战略手段。北京作为中国金融机构总部密集地之一,资金调配等方面相比其他省份具有比较优势,北京市各金融机构要提供成熟优质的金融股服务,提高资本使用率,利用亚投行平台,吸引全球资本流向中国、流向亚洲。当前,亚太地区平均每年基础设施投资需求高达 8 000 亿美元,各国包括中国各省份都想分得"这杯羹",北京市各金融机构可以通过发行债券、概念股、公募、保险、援助、信贷等各类资产证券化的金融创新方式获取金融的最大潜力,壮大区域金融实力,积极融入"一带一路"战略。此外,"一带一路"战略的目标是整合沿途各国区域内散乱的产业分工,建立起一套现代高效、综合可持续的分工关系;北京市可以利用金融领域为切入口,建立一个经济合作平台,令有各种不同需求的国家可以通过金融杠杆获得更多外部资源,同时在这个过程中优化本市产业结构。

(三)成为国际交往中心和重要的商贸流通交易中心

北京作为国际交往中心和全国主要的商贸流通交易中心,融入"一带一路"战略必将对构筑新的对外发展优势、加快发展转型产业深远影响。① 2014年,北京与"一带一路"沿线国家进出口贸易总额为1 306.4亿美元,同比增长4.3%,增速比全市平均增速高7.6个百分点,但比全国与"一带一路"沿线国家进出口贸易增速低1.6个百分点,显示出北京与这些国家的贸易往来仍有较大的发展空间。2014年,北京与"一带一路"沿线国家进出口贸易总额占全市的31.4%,但低于全国平均比重6.2个百分点,北京市与全球约220个国家有贸易往来。可见,"一带一路"主要沿线国家对挖掘和提升北京市的对外贸易发展潜力作用较大。②

总的来看,北京进出口贸易特点鲜明,出口商品以机电、音响设备等产品为主,占出口总额的43.8%;进口商品以矿物燃料、石油等产品为主,占进口总额的56.3%。目前北京主要贸易伙伴为美国、欧盟、日本等主要发达国家,矿物燃料、石油等产品主要是通过海路进口,与"一带一路"尤其是"一带"重要资源国家的贸易往来较少。这些国家油气、矿物金属资源丰富,但机电、家电等产品短缺,与北京的贸易形势正好相反,双方在自然资源和产业结构的差异有利于形成互补性强的双赢贸易关系。与这些国家互通有无、开辟新市场是北京加快融入"一带一路"战略的着力点和有效途径。

(四) 成为弘扬中华民族优秀文化的传播中心

作为全国文化中心,北京也面临着文化交流、文化承接的历史机遇。文化的影响力超越时空,跨越国界。文化交流是民心工程、未来工程,潜移默化、润物无声。我们在建设"一带一路"的进程中,要积极发挥北京文化中心的桥梁作用和引领作用,加强各国、各领域、各阶层、各宗教信仰的交流交往,努力实现沿线各国的全方位交流与合作,这无疑也是首都北京必须重视的突破方向。2014年通过了《中阿文化部长论坛北京宣言》③,文化部长蔡武强调,中国同阿拉伯国家因为丝绸之路相知相交,中阿各国共建"一带一路",要充分发挥"文化先行"作用。文化交流与合作在"一带一路"建设中将起到不可替代的桥梁和引领作用;文化交流与合作不仅有助于推动不同文明的互鉴与发展,有助于夯实"建设"的民意基础,而且还有助于提升沿线国家的国际话语权和影响力。

传播文化必然涉及人员往来。作为中国的行政中心,北京市要简化签证手续,满足不断扩大的商贸合作和人员往来。互办旅游年,加强旅游合作,扩大旅游规模。继续实施文化交流计划,扩大互派留学生及青年互访规模,并将其制度化、定期化。促进两国民间组织、妇女、志愿者服务等方面的交流合作,为深化双多边合作打下坚实的民

---

① 周五七."一带一路"沿线直接投资分布与挑战应对[J].改革,2015(8):39—47.
② 韩永辉,罗晓斐,邹建华.中国与西亚地区贸易合作的竞争性和互补性研究——以"一带一路"战略为背景[J].世界经济研究,2015(3):89—98.
③ 苏丽萍.中阿文化部长聚首北京[N].光明日报,2014-09-11.

意基础。积极开展体育交流活动,支持对方申办重大国际体育赛事,从而通过旅游、互访学习、民间交流、体育交流等方式,积极地弘扬中华民族优秀文化,保持中国在"一带一路"平台上的文化竞争力。

(五)成为政府经济管理模式改革的探索者

2012年以来,中国经济发展进入"新常态"时期,"四期叠加"是对我国当前经济社会发展状况的深度表述,具体地讲"四期"为增长速度换挡期、结构调整阵痛期、深化改革深水期、前期政策消化期。"四期叠加"让我们看到了形势严峻的一面,但复杂局势中不乏积极因素和发展亮点,现在要做的就是探寻一条走出"四期"叠加的现实路径。十八届三中全会以来,"深化改革"、"创新"成为政府经营管理模式改革的重要思路。拥有庞大政治资源优势、国际平台优势的北京市,要积极探索政府经营管理模式,参与国际合作,将区域合作作为北京国际合作的重点方向,扩大人才交流、技术引进等。北京市不要停留在作为"首都骄傲"的阶段,要创新政府管理,争做政府经营管理改革的排头兵,为其他省份树立管理、创新理念。另外,在国际和国内两个方向上使北京突破进一步发展的资源约束,包括政策资源、市场资源和自然资源等对北京的约束。

(六)成为科技创意中心

"一带一路"不仅是经济、交通之路,也是科技交流之路,"一带一路"建设需要科技创新引领和驱动。从地图上看,丝绸之路经济带涵盖中亚、南亚、西亚和欧洲的部分地区,连接亚洲和欧洲两大经济圈,该区域包含50多个国家,是世界上最具发展潜力的经济带。与此同时,由于丝路沿途各国国情、自然地理条件、发展阶段和科技水平差异较大,特别是大部分国家地处内陆,干旱荒漠化等生态脆弱问题严重,生产力发展落后,经济总量小,区域性贫困显著等,均需在贸易兴盛的过程中依靠科技创新支撑"丝路"各国发展模式创新和实现可持续发展。北京作为"一带一路"的倡导者与发起者,作为全国的科技中心,有责任、有义务也有能力在这个战略中发挥科技输出的角色,不仅为本地经济提供新的需求,也为沿路国家创造新的机遇。

北京作为全国科技中心,不能只局限于地区经济的技术升级,而且应该充分利用技术优势,为"一带一路"战略提供相关技术支持。作为全国科技创新中心,北京具有许多得天独厚的基础和条件,拥有丰富的科技人才资源,聚集了一大批科研院所、高等院校、创新型企业和科技创新基地,聚集了一大批战略科学家、科技领军人才、企业家和创新创业团队,全社会科技投入快速增长,研发投入强度保持很高水平,科技创新成果大量涌现,参加国际科技竞争的能力不断提高,对首都发展的支撑引领作用显著提升,对全国创新发展的高端辐射作用日益突出,发挥了全国科技创新中心应有的功能和作用。

五、北京市融入"一带一路"战略的机制设计

未来几年,北京的发展目标是成为社会主义现代化国际大都市;同时北京要完成创新驱动发展、经济转型升级的发展战略。当前,北京市城市发展过程中,仍然存在不可持续性问题,这主要来自我国土地制度改革落后的问题,也与顶层设计中的片面追求保增长、GDP考核机制以及地方政府约束机制缺失有关,这需要通过政治、经济、社会等领域的进一步改革,为北京市城市发展创造一个由市场、公众决定资源配置的长效机制。当然,这个长效机制并非易事,尤其当前国际社会关系错综复杂,作为中国"心脏"的北京,更应该处理好以下几对互动关系,积极推动北京融入"一带一路"战略建设。①

(一)国际国内政府间协调机制的互动

"一带一路"的战略内涵是打通中国向西以及向南的开放通道,是国家战略层面上的布局,其辐射的区域包括南亚、东南亚、中亚、西亚,乃至部分的欧洲区域。金砖国家、发展中国家更多地被这一战略构想涵盖进来,获得了发展的平台。鉴于这一开放通道涉及国家的经济发展水平以及经济差异度,有必要加强它们之间初期的互联互通建设。互联互通建设涵盖内容广泛,包括通信、交通、信息化和通关口岸等方面的基础设施建设,涉及政府间多部门的协调。北京市要紧扣"互联互通建设"这个主题,积极地融入国际国内政府间协调议程及合作,通过国际平台发挥重大作用。

此外,"一带一路"倡议也将带动中国相关省份的开放步伐。"一带一路"包含基础设施建设或者体制机制创新,必然涉及各国政府之间,以及国内地区政府之间的协调与互动。北京作为特殊的行政区,要做好政府间协调机制的探索,继续深化政府改革,以创新引领经济社会发展。

(二)政府主导和激发市场主体活动的互动

国家构建"一带一路"的基本方针是"以点带面,统筹协调,先易后难,逐步推进"。这一方针的实施,以及和其他几项国家战略的协同发展,离不开政府的主导,也离不开市场主体的配合。

中共十八届三中全会提出,要使市场在配置资源中发挥决定性作用,政府同样也要发挥应有的作用,要使劳动、资本、管理、技术和知识等各种要素竞相迸发活力,需要深入推进经济体制改革,现实可操作的机制探索至为关键。

京津冀一体化建设、"四个中心"建设和亚投行、丝路基金等国际平台建设,将进一步促进北京总部经济的集约化和创新性,提升其对本土企业的培育力度和金融及制度支持水准。在更广范围、更高水平配置全国、全亚太地区乃至全球的资源。同时也定

---

① 姜睿."十三五"上海参与"一带一路"建设的定位与机制设计[J].上海经济研究,2015(1):81—88.

会牵涉一系列政策变革,这些政策变革将涵盖金融、贸易、通信、税收以及政府管理等方方面面,并且倒逼政府管理部门转变管理模式和管理思路,加快服务型政府建设,构建高效率的政府服务体系,释放出新的政策红利,做到"向市场放权、为企业松绑",进而激发市场活力和经济内生动力。

(三)人才跨国培养和跨境流动的互动

国际化人才需要沿线各国教育机构联合培养,要按照国际规则、市场机制和国家支持相结合的原则创新人才培养模式,发挥地缘优势和比较优势,突出特色,瞄准主干人才,夯实大众教育,探索出一套跨国培养和跨境流动的可持续发展人才培养机制。

北京市作为外国人才、留学生的重要聚集地,需要在人才跨国培养和跨境流动机制理清关系,大胆地做创新尝试。第一,与沿线国家共同推出"一带一路"政府奖学金,优先招收紧缺专业人才。沿线各国需要改革留学签证和外籍人才工作制度,完善相关制度法规,不断优化留学工作环境,提供来去自由的保障。我国要向沿线发展中国家增加政府奖学金名额,同时向自费留学沿线国家并学成回国者给予奖补。第二,与沿线国家共同实施优秀青年人才联合培养计划,培育一批高层次青年俊才。联合沿线国家知名高校,共同完善现有高端学历项目,联合培养研究生,共同开发设计来华留学短期和访学项目,扩大高技能专业技术人才和经营管理人才国际视野,丰富社会资本。第三,与沿线国家共同推进特色领域合作办学。以现有合作办学为基础,优先鼓励国内名校走向沿线国家合作办学,支持西部重点建设高校开拓跨境民族国际合作办学,为这些跨境办学高校提供项目建设资金支持,以职业教育、能源、交通等学科及服务企业"走出去"的本土化人才培养等领域为重点,创新中外合作办学模式。另外,与沿线国家合作共同推动"一带一路"沿线本土汉语普及,增进国际理解。根据"一带一路"相关国家实际情况,建立汉语教育发展基金,着力培养培训本土汉语教师,探索多语种学习经验,带动汉语普及。

(四)地缘经济和地缘政治的互动

"丝绸之路"经济带陆上项目与"21世纪海上丝绸之路"项目,两个丝绸之路项目都表明中国的政策发生了一种历史性的变化,这种变化的重要性可与改革开放政策相提并论。报道称,中国的另一个目标是减少对海上要道进口的能源依赖。2012年,约84%的中国石油进口都要通过马六甲海峡。不过,只从经济角度看待新的丝绸之路是错误的,它的内涵还要多得多。简单地说,这是一次地缘政治的重新定位,其政治内容主要是地缘战略上的。[①] 从这个角度来说,依靠多边接触将是明智的选择。这些机构将使中国的资金输出不那么具有政治敏感性,当中国选择特定的国家投资一个昂贵的项目时,这个决定会立即被理解为是具有政治意义的。而如果该项目由多国共同参与

---

① 金玲."一带一路":中国的马歇尔计划?[J].国际问题研究,2015(1):88—99.

的丝路基金出资的话,就不会有问题了。①

以北京为龙头的"京津冀一体化协同发展"以及北京积极融入"一带一路"战略,不仅将促进地缘经济的互动,而且在地缘政治上也会形成新的格局。"一带一路"是中国经略周边外交战略的重要内容,该战略构想将从中国周边出发,通过互联互通建设、通过国际平台合作建设,把各个国家贯通起来,打造牢固的命运共同体,一起在构建国际经济、政治以及人文新秩序的舞台上发挥合力。从安全的角度来说,"一带一路"不仅将带动沿线国家的基础设施、经贸和金融合作,还将促进区域的安全合作,构建国际安全的新构架。"一带一路"把欧洲和亚洲两个大陆连在一起,还辐射到非洲,必将促进这些区域国家的共同发展,也为促进世界多样化的发展做出贡献。"一带一路"将会成为欧亚非大陆的新的增长发动机,为21世纪该地区带来新的经济和政治带。②

(五)对内对外开放的互动

新形势下,中国政府提出了经略周边的重要战略思想,巩固中国周边战略依托是今后要秉持的国际关系理念。"一带一路"是中国践行新外交理念,寻求实现与周边国家互惠互利、互利共赢宏伟战略构想的有效途径。通过京津冀一体化的发展以及北京积极融入"一带一路"的发展战略,必将开启北京与国际国内新一轮更广阔、更深入、更紧密的合作,欧亚经济体之间的贸易、金融和经济关系也必然得到加强。

"一带一路"是一个致力于经济、金融、贸易、人文与社会合作的平台。这个平台具有开放、包容、可延展的特征,其涵盖的地理范围广泛,包括中亚、西亚、南亚和东南亚,并伸展到了欧洲、非洲腹地。以北京为核心的京津冀一体化发展战略以及北京积极融入"一带一路"的发展战略,将打造中国对内对外开放的全新格局。

六、北京市融入"一带一路"战略的政策保障

北京融入"一带一路"战略的对策,要结合前文有关大三角互动关系、战略的要点、战略的全面定位等方面,统筹好国际国内两个平台,重点从政策协调功能、经济辐射功能、产业梯度转型、金融集聚功能、政府治理模式等角度提出合理的、可行的对策建议。

(一)突出政策协调功能,打造北京"一带一路""总指挥部"

发挥北京政治中心地位优势,使得"一带一路"各国政治协商常态化,积极促进商签自贸区和投资保护协定,建立高水平的自由贸易区网络,消除投资和贸易壁垒;提高北京与沿线国家各个重要城市的相互开放水平,营造更为宽松、透明、公平竞争的商业环境;加强北京与沿线各国海关、检验检疫、标准认证部门和机构之间的合作,推进监管互认、信息共享和标准兼容,降低经贸合作成本;加强北京与沿线国家生态环境保护

---

① 袁新涛."一带一路"建设的国家战略分析[J].理论月刊,2014(11):5—9.
② 杜德斌,马亚华."一带一路":中华民族复兴的地缘大战略[J].地理研究,2015(6):1005—1014.

良好地区的合作,严格执行环境保护标准,主动承担社会责任,树立良好国际形象;北京要充分利用市域内亚太经合组织、亚洲合作对话、亚欧会议等现有机制,积极参与"一带一路"议题,融入"一带一路"战略建设。[①]

（二）发挥北京国际化大都市经济辐射作用,促进自身及周边产业结构升级

2013年北京第三产业产值比重为76.9%,比发达国家国际化大都市的水平略低,北京产业结构调整的任务十分艰巨。同时,北京经济增长和结构调整仍受到商务成本日渐提升、老龄化程度过高、土地资源稀缺、科技成果转化率低等不利因素的影响。北京积极参与"一带一路"建设将给京津冀地区和城市的产业升级和产业转移带来促进作用,相应地也同时实现了北京自身的产业再升级。北京的资源特点与城市功能决定了北京今后的产业发展的走向是产业价值链高端化。在发展"四个中心",推进京津冀一体化建设以及参与"一带一路"的过程中,北京在贸易、金融、投资准入政策等方面将不断在经验积累的过程中改革和成熟,必将对高端要素的集聚产生重要的虹吸效应。[②]

同时,"一带一路"辐射到的相关国家具有的优势并不完全相同,这些优势主要表现在产业、劳动力、资源和市场等各个方面。经济上的互补性带来了巨大的合作潜力。以北京为龙头的京津冀一体化建设与"一带一路"的对接必将使得这种合作潜力不断释放并取得实际的成效,从而加快亚欧大陆经济一体化进程,促进我国中西部地区的产业升级,也会间接地影响到北京的产业再升级。

北京市在积极融入"一带一路"战略过程中,要促进自身产业结构调整与升级。可以从以下四个方面进行探索:第一,站位要高。对于北京市来说,要学会跳出本区域,从"一带一路"整个区域出发,重新对产业的布局做进一步的优化,避免同质竞争,错位发展,凸显当地产业发展的优势。第二,形式要多样。北京市要积极探索投资合作新模式,鼓励合作建设境外经贸合作区、跨境经济合作区等各类产业园区,产业合作形式更加多样,要懂得整合资源,学会借力,在产业园层面上,与上下游合作,与境内外合作。第三,练好基本功。"一带一路"建设,交通运输是基础条件和主要载体,也是优先领域,产业发展、产业合作则是核心和关键。北京在尽享"一带一路"政策优势之前,首先要做的是打好产业基础。根据"一带一路"各区域发展重点,东、中、西的产业梯度,以及现有产业园、产业集聚区的发展现状,重新审视、明确、调整主导产业,打造产业集聚,形成当地产业无可替代的优势,夯实产业根基,从而更好地实现内外产业互补合作效用最大化。第四,市场为先。"一带一路"蓝图中最大的亮点,就是把市场运作放到

---

① 申现杰,肖金成.国际区域经济合作新形势与我国"一带一路"合作战略[J].宏观经济研究,2014(11):30—38.

② 虹吸效应是指城市强大的吸引力会将别的地方的投资吸引过来,从而减缓这些地区的发展。

了前所未有的高位上。无论是强调对外合作的单位是企业、项目、资本,还是明确提出要遵循市场规律和国际通行规则,充分发挥市场在资源配置中的决定性作用和各类企业的主体作用,都在表明,企业将成为"一带一路"的急先锋。

另外,加快京津冀一体化发展,进而提升京津冀区域经济辐射能力,推动丝绸之路经济带各省份产业融合,为"一带一路"各国产业融合起到示范作用。北京周边各省份可以就可能影响"一带一路"经贸人文合作的事项进行研究,做好规划,汇聚各方资源,协调多方力量,确立建设和推进路径,避免内部恶性竞争,确保建设的效率和效益;关于地方或部门层面,在国际和国家规划框架下,就各自区位条件和职能职责进行规划,确立重点项目和重点工作,发挥自身优势。此外,不同层级产业规划要有效衔接,不同部门规划要彼此协调,有必要建立信息分享公共平台;针对沿线地区仍存在的较多不稳定因素,需要建立一套高效的风险规避、预警和处理机制,做到及时发现、及早预警、提前规避、妥善处理。

(三)确定北京投融资中心地位,形成"一带一路"为主题的金融集聚

北京市作为国内重要的金融机构总部所在地,积累了大量的金融管理创新经验,在融入"一带一路"战略中,北京市可以利用首都名片功能,积极牵引"一带一路"涉及的亚投行、丝路基金、金砖国家开发银行的驻入,进而形成本地银行总部与跨国家金融机构的互动与合作。在上述"一带一路"金融机构的集聚下,促进更多沿线国家银行进驻北京,推动以联合体的方式开展银团贷款、授信担保等业务。另外,北京市要创新利用 PPP 等投融资模式,推出海外投资保险产品,对购买相关保险给予一定的补贴,引入和撬动民间资本,发挥市场机制作用。多措并举构建资金来源渠道广、配置效率高、投资收益有保障的投融资平台和机制。[①]

(四)通过北京国际影响力,发挥支撑服务功能

北京市要充分利用国际论坛、展会等,加强对外宣传,加深沿线各国人民对"一带一路"的理解,创造合作机会;发挥北京发达的信息网络系统,汇聚整合各国"一带一路"合作相关信息,加强"一带一路"投资的信息服务,在对外投资国别指南基础上,提供更新、更丰富的国情信息和动态信息,包括政治关系信息、投资项目信息、合作信息、当地企业情况以及各类风险的动态变化信息等,帮助相关企业减少学习成本,大幅降低运营风险;鼓励北京各科研院所加强对"一带一路"相关问题的研究,为企业提供充足的智力支持。多渠道、多方式开发和培育"一带一路"建设所需的人力资源;加强北京高校与沿线国家的高校联合培养和交流合作,加快培养适合双边投资的各方面人才;加大语言、管理类人才引进力度,对参与"一带一路"建设紧缺的信息、咨询、语言等

---

① 王敏,柴青山,王勇,刘瑞娜,周巧云,贾钰哲,张莉莉."一带一路"战略实施与国际金融支持战略构想[J].国际贸易,2015(4):35—44.

人才引进提供优惠条件;依托北京丰富的教育资源,建议国家层面设立"一带一路"建设专门培训机构。

(五)依托北京中国文化中心优势,促进"一带一路"文化交流

北京文化具有典型的代表性,它代表着中国传统文化的精神。北京文化始终保持着重义轻利的倾向,对正义、公平、真理等抽象原则格外感兴趣,对礼仪文明相当重视。从根本上说,北京文化是一种依靠道德维系的、基于人情礼数的文化,包含着人的尊严、人间的温情以及中国人特有的生活方式,代表着中国人传统的理想和希望。北京应充分利用这一优势,打造国际一流、国内首位的旅游文化名城,这不仅将为北京带来巨大的经济效益,也有利于增加北京乃至中国文化在全世界的影响和辐射。北京融入"一带一路"战略,加强与沿线国家文化交流,应注意以下几点:首先,北京应充分利用现有文化资源,重点发展文化旅游,吸引沿线各国或者其他地区人民到京旅游,包容多元文化,吸纳优秀文化。其次,北京应全面整合旅游资源,形成各具特色的旅游文化中心区域。将独具魅力的传统文化与丰富多彩的当代文化相结合,形成北京文化旅游的知名品牌,将品牌依据"一带一路"的某些特点进行冠名,输出北京优秀文化。通过北京文化旅游建设,使得北京成为"一带一路"乃至整个世界了解中国的虹桥。

另外,北京市推进现有教育智库资源,推进"一带一路"沿线国家智库建设。以沿线国家为优先方向,发挥高校现有相关研究机构作用,重点开展综合性战略研究,开展区域和国别教育竞争力研究,关注"一带一路"教育大格局和合作空间,推动跨境民族教育开放,推动"一带一路"人文交流机制建设。

(六)以"一带一路"为发展契机,探索金融机构经营转型新路径

"一带一路"建设中,金融机构是平台发展的重要支撑。积极有效地探索金融创新,可以提高资金配置效率。北京市作为中国重要的金融机构聚集地,在"一带一路"平台建设的过程中,金融机构要积极探索经营转型的新方法、新路径,坚持合规经营,严格内控管理,强化队伍建设,构建和谐文化,创造优异的经营业绩,塑造优质的金融品牌。同时,依托优质金融产品,创新金融服务模式,履行社会责任,实现良好的经济效益和社会效益,持续提升市场份额。①

北京市在融入"一带一路"建设过程中,金融机构的探索转型可以从以下方面做起:第一,要多元融资,支持地方经济建设。紧跟国家重点建设方向,围绕经济发展的支柱行业和重点企业建设项目,以多种方式持续向重大建设工程、重大产业项目、民生工程提供融资支持。第二,开拓创新、服务小微企业发展。北京各金融机构要开展精细化链式营销思路,积极尝试探索商圈类集群客户开发模式,搭建小微企业"信贷工厂"模式和"保理在线"网络融资系统,通过线上融资、电子商务等多方平台在线协同,

---

① 赵忠滨.一带一路与银行国际化[J].中国金融,2015(15):86.

为供应链核心企业及上下游企业提供信息管理、融资、结算等一系列综合性全流程金融服务。第三,心系民生,持续践行普惠金融。北京各金融机构要始终将服务民生作为发展重点,不断推动信贷调控,对接财政扶持政策,积极贯彻落实民生金融服务措施,在信贷投放上向民生领域倾斜,同时完善相关组织机构和制度,加大对民生金融领域的支持力度。第四,坚守底线,实现持续稳健发展。扎紧风险篱笆、筑牢风险防线是银行经营永恒的主题。北京各金融机构要持续推动主动风险管理和全面风险管理,强化风险管理体系建设,加强对重点领域项目的提前预警和严格管控,继续保持案防高压态势。其中,信用业务坚持条线全覆盖、流程全监控、作业集中化的管理体系,构建横向到边、纵向到底的风险管理运营架构体系。同时,坚持从业治行,致力于简单、和谐、公平的企业文化建设。强化对干部员工的考核引导,建立能上能下、能进能出的人才流动机制,不断完善员工职业生涯发展规划机制。

青海特色优势产业融入"丝绸之路经济带"建设的促进机制和政策建议

蓝庆新　韩　萌[*]

"丝绸之路经济带"建设是我国深化向西开放,形成全方位开放新格局的重大战略举措。它不但有利于扩大西部地区对外开放与对内承接水平,并且也有利于西部地区加快自身的改革与发展,从而为其实现跨越式发展提供新的动力。青海省作为西部地理中心,是"丝绸之路经济带"的重要组成部分,其独特的区位、人文、资源、环境以及产业优势使之形成了一批特色优势产业,对青海的经济发展起到了至关重要的作用。因此,抢抓"丝绸之路经济带"这一历史机遇,发挥比较优势促进特色优势产业发展对于青海增强自身发展内生动力,提升区域核心竞争力,促进产业结构转型升级,提高其整体经济发展的质量和效益是具有重要意义的。

一、"丝绸之路经济带"建设为青海特色优势产业的发展提供了新动力

(一)特色优势产业是推动青海经济发展的"新引擎"

特色优势产业是区域要素禀赋优势和规模优势的集中体现,是增强区域经济综合竞争力的根本着力点。[①] 经过多年的培育与发展,青海省已经初步形成了十大特色优势产业,从而进一步构建了具有青海特色的现代产业体系。这十大特色优势产业包括煤化工、新能源、新材料、盐湖化工、有色金属及加工、油气化工、装备制造、特钢、特色纺织以及生物,在推动全省的经济增长中发挥着不可替代的作用。

---

[*] 作者蓝庆新,对外经济贸易大学国际经济研究院教授、博士生导师;韩萌,对外经济贸易大学国际经济研究院博士,主要从事对外投资研究。

[①] 孙发平.青海特色优势产业发展现状及对策[A].赵宗福.青海蓝皮书:2012年青海经济社会形势分析与预测[C].北京:社会科学文献出版社,2012:121—132.

由表1可见,2015年上半年,青海省十大特色优势产业中,除钢铁产业同比有所下降,其他产业均实现增长,且多数增长高于规模以上工业平均增加值,增长势头良好,经济带动作用明显。青海特色优势产业具有扎实的发展基础与突出的产业优势,这为其开展国际产业的输出与对接创造了有利的条件,因此具有较强的国际合作意向,而"丝绸之路经济带"建设正好为开展国际合作提供了强有力的支撑,使其可以在开拓新市场的同时,进一步实现资源优势互补,从而完善产业布局,促进产业转型升级。因此,融入"丝绸之路经济带"将会给青海特色优势产业带来难得的发展机遇,并通过其辐射带动作用,实现青海省经济的整体飞跃。

表1　2015年青海省十大特色优势产业工业增加值增速

行业	工业增加值增速(%)	
	全年	上半年
全省规模以上工业	7.6	7.5
十大优势产业		
一、新能源产业	29.7	22.2
二、新材料产业	34.2	23.7
三、盐湖化工产业	2.7	2.2
四、有色金属产业	11.8	11.9
五、油气化工	4.2	-7.2
六、煤化工	—	—
七、装备制造业	22.0	25.9
八、钢铁产业	-0.5	7.7
九、轻工纺织业	9.7	6.1
十、生物产业	21.9	17.1

资料来源:《青海省2015年国民经济和社会发展统计公报》,http://www.askci.com/news/finance/2015/07/22/9122fb61.shtml。

(二)"丝绸之路经济带"为青海特色优势产业开拓新市场

近年来青海省与"丝绸之路经济带"沿线国贸易额增长明显。如表2所示,2014年对"丝绸之路经济带"沿线国出口达2.5亿美元,比2013年增加13.6%,占当年出口总额的22.1%。且从各国情况来看,2014年青海对多数沿线国出口增幅巨大,平均增幅达到了84%,远高于青海整体出口增幅33.2%。由于"丝绸之路经济带"沿线国对于机械设备、家用电器、特色纺织等产品需求量的不断增加,从而使得青海的特色优势产业与此形成了较强的互补,这在一定程度上为青海特色优势产业开辟了新的市场,同时借助青洽会、藏毯展、清食展等重要文化商贸活动平台以及沿线国青海特色产品展示中心的不断建立,也为青海特色优势产品搭建了平台,使之在"丝绸之路经济带"中得到了更大的推广。因此,在"丝绸之路经济带"的推动下,2014年多数特色优势产业的出口都有不同程度的增加,例如,在装备制造业中,机电产品出口额增加了83.1%,而作为钢铁产业的铁合金出口则增加了50.5%等。

表2 2014年青海省对"丝绸之路经济带"沿线国的出口额及增长率

国家	2014年青海省出口(万美元)	比上年增长(%)
孟加拉国	421	161.50
印度	2 616	57.88
伊朗	1 212	97.39
以色列	477	40.71
约旦	630	48.94
巴基斯坦	9 012	12.62
比利时	741	59.35
丹麦	49	188.20
英国	1 728	-14.50
德国	2 685	20.51
法国	807	144.50
意大利	673	-70.20
荷兰	1 858	617.40
希腊	231	32.76
葡萄牙	113	2.73
西班牙	618	-19.70
奥地利	6	500.00
芬兰	128	80.28
波兰	123	-19.60
罗马尼亚	244	36.31
瑞典	69	-4.17
俄罗斯	651	-38.40
乌克兰	101	-74.30
斯洛文尼亚	204	124.20
捷克	13	116.70

资料来源:《青海统计年鉴2015》。

(三)"丝绸之路经济带"为青海特色优势产业国际投资打通新渠道

加强与沿线国家投资合作,是促进"丝绸之路经济带"深度融合,实现互利共赢的重要途径也是"丝绸之路经济带"建设大有可为的重点领域。由于青海省在资源禀赋、经济发展水平以及产业结构方面与沿线国具有很强的互补性,因此为特色优势产业的国际对接奠定了合作基础。一方面,青海省拥有丰富的矿产以及能源资源优势,这为沿线国外资合作者进入特色优势产业提供了资源的保障,同时,产业链上的差异化优势也在一定程度上提高了沿线国对于青海特色优势产业的投资效率。例如,2012—2014年,青海省电力、煤气及水的生产和供应业以及装备制造业利用合同外资额分别为2.19亿美元和2.14亿美元,高居全行业之首,且占三年合同利用外资总额的67.1%,在弥补了产业资金缺口的同时,也有效提高了特色优势产业的技术水平,促进了产业结构升级。另一方面,青海省特色优势产业由于多年依托资源优势与政策的支持,已经形成了颇具竞争力的现代产业体系,并且具备较为先进的技术和管理经验;而中亚以及南亚的一些沿线国在资源结构方面与青海具有较高的相似度,这为青海特色优势产业"走出去"进行产业对接提供了条件,不但有利于满足青海不断增长的资源需要,并且也符合相应沿线国的发展诉求。例如,土库曼斯坦是重要的羊毛原料生产国,而青海轻工纺织业起步较早,因而拥有较为先进的生产技术与丰富的管理经验。青海绒业集团和土库曼斯坦已达成合作意向,将合资近1.5亿元在土库曼斯坦建设年产1000吨地毯纱和100万件羊毛制品的纺纱厂投资项目。这不但有助于降低青海绒业集团的生产成本,提高企业利润,也有利于其产业链的专业化延伸,从而有力地推动了企业的转型升级。因此,这也成了近年来青海企业"走出去"的典范。

(四)"丝绸之路经济带"为青海特色优势产业国际人才交流搭建新平台

如何有效调配国际人才资源为本国经济发展提供支撑已成为经济实现可持续发展的关键。由于国际人才掌握着领先的新技术或高精尖项目,因此,谁掌握了人才,谁就把握了未来发展的方向,从而抢占更多的发展红利。"丝绸之路经济带"总人口近30亿,占全球总人口的41.7%,为各类人才的培养奠定了庞大的人口基础。随着"丝绸之路经济带"建设的深化,使得我国成为沿线国国际人才关注的焦点,而青海省作为"丝绸之路经济带"的重要节点,其特色优势产业也必然吸引了众多国际人才的目光。一方面,青海省与中亚及南亚部分沿线国家有着相近的民族文化与宗教信仰,这在很大程度上为国际人才的交流与往来创造了包容的空间;另一方面,资源与产业的互补也为青海特色优势产业提供了广阔的发展与合作空间,从而进一步增强了国际人才流动的动力。近年来,青海省特色优势产业国际人才交流成果丰硕,不但有政府的支持项目,如2014年,国家外国专家局共批复青海省6项高端外国专家项目,资助经费110万元,主要涉及藏毯研发、光伏产业等多个特色优势产业,这些专家大部分来自法国、荷兰等丝路沿线国,对相关领域的研发和生产,引入当今国际先进技术和管理理念、使产品的科研含量得到有效提升发挥重大作用。也有企业出于自身战略的需要,如藏羊集团聘请比利时高级织机技术专家约瑟夫·潘德莱尔担任公司生产CEO,在其参与主持下,藏羊集团引进国外图案设计工艺,研发新的机织藏毯品种,从而在很大程度上提高了青海藏毯在国际市场上所占份额。

二、青海特色优势产业与"丝绸之路经济带"国际合作存在的问题

近年来,虽然青海特色产业与丝路沿线国国际合作已经取得了一些成就,但从当前实际情况来看,仍然存在着很多问题,从而阻碍了其融入"丝绸之路经济带"的步伐,影响了青海特色优势产业乃至整体产业结构实现跨越发展的进程。

(一)设施联通落后加大了青海省特色优势产业对接难度

一方面,青海地处西北内陆,既不沿海又不延边,且属于高海拔地区,因此开发运输的成本相对较高,这就造成了青海省与"丝绸之路经济带"的连接仍不够畅通,加之没有专业的物流公司开展进出口货物运输,其丝路枢纽作用没有得到充分的发挥。另一方面,青海省通信等基础设施建设较为滞后,信息网络化水平偏低,这影响了与丝路沿线国整体的信息联通水平,从而也在很大程度上降低了特色优势产业在"丝绸之路经济带"上的贸易与投资合作热情。

(二)政府政策支持体系尚不完善

青海省融入"丝绸之路经济带"的进程虽然已经迈出了实质性的步伐,但出台的相关政策对于特色优势产业的优惠倾斜并不显著。从规划指导来看,青海省并未对特色优势产业融入"丝绸之路经济带"做出具体的战略规划与布局,从而造成了相应的金融、税收等产业优惠政策也相对滞后,因此无法有效地推动特色优势产业在"丝绸之路经济带"上的国际合作。同时,青海省平台建设力度不足,作为西部五省唯一一个没有国家级展会的省份,其政策性的推广与宣传明显落后于兄弟省份,降低了其国际合作的吸引力与竞争力,在很大程度上成为制约青海省特色优势产业融入"丝绸之路经济带"的瓶颈。[1]

(三)青海省特色优势产业初级化现象普遍且缺乏具有影响力的品牌

青海省特色优势产业大多以资源加工类为主,大多处于产业链低端水平,技术含量不高且经济附加值低。因此由于产品结构的相似性造成了在融入"丝绸之路经济带"的过程中无法迅速实现产业链的延伸与对接,反而与丝路沿线国呈现一定的市场竞争格局,不但不利于产业合作水平的进一步深化,并且也阻碍了其特色优势产业自身的转型升级。同时,青海省特色优势产业起步发展较晚,因此缺乏辐射带动力强的龙头企业,并且其传统的传递与贯彻中央政策的发展模式以及长期以国有经济为主体的市场模式使得青海特色优势产业自身也缺乏打造核心品牌的意识与动力,不但影响了其市场竞争水平,而且也不利于相关产业的可持续发展。[2]

---

[1] 孙发平,戴鹏,杨军.青海建设丝绸之路经济带的成效与对策[J].青海社会科学,2016(1):3—8.
[2] 李毅,李正欣.青海省对外贸易发展现状、存在问题及原因解析[J].中国市场,2015(8):143—145.

（四）高端专业人才的引进交流水平相对不足

青海地处西部，经济发展相对落后，因此无法有效地吸引国内外高端专业人才，这不但会影响与"丝绸之路经济带"沿线国优质合作项目的顺利运行，而且也无法有效地吸收与转化外资带来的技术外溢，从而使得国际合作对于其特色优势产业的带动效应得不到有效的发挥。

三、青海省特色优势产业融入"丝绸之路经济带"的促进机制

青海省特色优势产业的发展虽然在近年来取得了很大的进步，但其产业化水平与东部地区发展的绝对差距仍然在不断地扩大，产业结构不合理的状况仍未得到根本改变，产业开放水平也一直在低层次徘徊。而"丝绸之路经济带"的建设将为青海省特色优势产业的发展提供一系列的促进机制来牵引其产业对外开放的广度和深度，极大地释放其创新创造活力，为产业健康、有序的发展指明了实现路径。

（一）合作环境优化机制

一方面，作为"丝绸之路经济带"的十字要冲，青海省的交通网络将进一步趋于完善。通过一大批交通基础设施项目的先后实施，青海将形成集铁路、公路、民航、公交、城轨于一体的综合交通体系，进一步提高其交通衔接水平及转换效率，从而有效地降低青海以工业为核心特色优势产业的运输与人员流动成本，将为其产业转型升级拓宽更大的利润空间。另一方面，随着角色意识的逐步提高，青海省省政府将进一步加强特色优势产业的政策引导，努力破解制约其产业发展的体制环境障碍，在完善国际贸易与投资便利化的同时，财税支持政策也将陆续出台，从而为特色优势产业发展提供有力的政策保障。

（二）中东部产业承接机制

"丝绸之路经济带"向西开放的战略布局将青海摆在了前沿的位置，在空间上赋予了青海对外开放的有利地位，而产业结构的差异也使得青海特色优势产业与相对发达的中东部地区存在着内在的联系，这就为中东部地区产业链向青海省延伸创造了条件，使得青海可以依托中东部地区的资金和技术进一步完善自身特色优势产业体系，进而推动其产业承载能力不断提升，这不但有助于统筹中东西部产业的协调发展，为中东部地区对外开放注入新动力，并且也有利于青海特色优势产业提升技术创新能力、加快转变经济发展方式，从而实现产业结构优化升级，为青海特色优势产业的可持续发展提供更大空间。

（三）国内外技术转移机制

将特色优势产业资源优势转化为经济效益离不开技术的支撑，而产业结构与资源禀赋的互补为青海与"丝绸之路经济带"沿线国奠定了技术投资合作的基础。一方面，部分"丝绸之路经济带"沿线国家拥有丰富的能源与矿产资源储备，但在资源开发利用

技术方面一直较为落后,目前随着"丝绸之路经济带"的深入发展,对于资源的需求巨大,而青海省作为我国西部重要的资源大省,在资源开发利用和能源创新方面具有巨大的优势,且作为青海省特色优势产业,部分技术及产业已处于世界领先地位。因此这一差异将进一步推动青海对沿线国资源与能源的投资合作,不但带动了特色优势产业的技术输出,并且也在很大程度上缓解了青海部分稀缺资源的进口压力。另一方面,青海省得天独厚的资源优势为其特色优势产业的发展创造了良好的条件,但也存在着技术缺口从而制约了其深化发展。例如,近年来,凭借着丰富的光能资源,青海省光伏产业规模发展迅速,但由于技术的限制,光伏电站弃光、并网难等现象普遍,成为制约其转型升级的瓶颈。而"丝绸之路经济带"沿线国德国具有先进的光伏生产装配技术,这一互补不但为德国开辟了更广阔的市场,并且也弥补了青海省光伏产业的技术缺陷,从而全面提高了产业竞争力。因此,引进外国先进技术为青海特色优势产业的发展注入了新的活力,对于提升特色优势产业级次具有重要战略意义。

(四)人文交流深化机制

文化交流是国家交往的重要方式,也是实现民心相通的有效途径。由于青海与中亚以及南亚国家在民族与文化方面具有一定的共通性,因此开展文化交流优势明显。将文化交流作为参与"丝绸之路经济带"的重要抓手,不但可以有效宣传青海省特色优势产业,为其国际经贸合作开拓更广阔的市场空间,并且也可为沿线国人才的交流合作营造良好氛围,从而全方位促进特色优势产业融入"丝绸之路经济带"国际合作的进程。这为其产业发展创造了良好的外部条件。[①]

(五)金融服务支持机制

如果"丝绸之路经济带"是助青海特色优势产业腾飞的翅膀,那么资金就是其血脉经络。无论是亚投行、丝路基金等政策性金融致力于基础设施投融资建设,还是众多的商业性金融机构在丝路布局为企业提供资金支持,都是青海省特色优势产业发展的坚实后盾,为其融入"丝绸之路经济带"注入了新鲜的活力,从而有利于充分发挥其产业优势,使其发展潜力可以得到最大程度的释放。同时,凭借着金融机构在"丝绸之路经济带"建设中积累的丰富经验,可充分发挥其"融智"作用,提供政策咨询和决策建议,帮助青海省政府和企业谋划相关项目,设计融资方案,加强"丝绸之路经济带"的项目跟踪力度[②],从而全方位满足企业多元化金融服务需求,为青海省特色优势产业的发展壮大提供支撑。

[①] 李勇.青海融入丝绸之路经济带建设的战略构想[J].青海社会科学,2014(5):67—70.
[②] 谢文静.开发性金融助推青海融入"一带一路"[N].青海日报,2015-04-01(03).

四、积极融入"丝绸之路经济带"建设,促进特色优势产业跨越发展政策建议

(一)加快交通基础设施建设,打造"丝绸之路经济带"立体交通枢纽

交通基础设施建设是实现区域经济互联互通的根本,而青海目前的交通基础设施仍无法匹配其战略枢纽的地位,因此不能有效发挥其承东启西、连接南北的区位优势,从而影响了特色优势产业对外经贸合作的畅通,限制了其产业的发展进程。因此,进一步完善交通运输网络,加快高速公路、铁路、机场建设,优化各种运输方式的衔接,实现立体交通网络的打造,将在很大程度上提高贸易与投资的通畅水平和通达深度,从而使青海成为"东来西去"和"东联西出"的汇聚点,为其特色优势产业的跨越发展创造条件。①

(二)优化贸易与投资环境,完善政策支持体系

在贸易方面:第一,建立和完善相关部门协调机制。积极协调质检、海关、外汇、税务等部门的沟通与联系,进一步降低物流成本,提升通关效率,从而全面提高贸易便利化水平。第二,加大特色优势产品的宣传推介力度,通过展会以及论坛的平台效应,积极开拓中亚、南亚、中东等"丝绸之路经济带"上的新兴市场,从而实现出口市场多元化,提升贸易合作层次,扩大合作规模。第三,完善财税减免制度,统筹安排,优化支持结构,增加特色优势产品的利润空间,提高其出口水平。在投资方面:第一,完善招商引资的法律法规体系建设,在有法可循、有法可依的条件下,不断营造公平、公正和公开的投资经营环境。第二,积极探索负面清单利用外资管理模式,拓宽特色优势产业领域利用外资,从而进一步加强其国际合作的引导。第三,加大对于外资企业的财税及金融支持力度,降低其生产经营成本,扩大外资投资规模。同时运用多种经济手段进一步支持其出口,从而全面提升外资企业对于青海省对外经贸的促进作用。

(三)努力提高特色优势产业技术水平,着力打造国际知名品牌

科技创新是赢得市场优势、突破产业瓶颈的有效途径。一方面,政府应鼓励特色优势企业加大科技研发投入,加强技术创新、产品创新和机制创新,不断提升企业的自主创新能力和核心竞争力,从而提高企业在"丝绸之路经济带"中的产业对接能力。另一方面,企业也应抓住这一开放机遇,立足自身产业基础及优势,积极结合中东部以及沿线国的资金、技术,从而加快特色优势产业融入产业链条,提高其参与国际国内市场的能力。同时,企业也应进一步加强对品牌的建设,在不断提高产品质量的基础上,增大产品的宣传力度,完善产品的售中、售后服务,从而全方位提升产品的品牌影响力,促进企业的可持续发展。并且,企业也应积极开展与中东部地区以及沿线国的品牌合作,承接其加工贸易业务,从而提升企业的知名度以及市场竞争力。

---

① 李红.青海省融入丝绸之路经济带建设的探析[J].攀登:哲学社会科学版,2014(4):84—87.

（四）加大高层次人才的培养与引进力度

一方面，青海省应针对特色优势产业的特点和需求，积极与高校及职业教育机构联手，对口培养既掌握专业技术知识又熟悉国际惯例的复合型人才，同时在省内有实力的大学增设小语种专业，从而满足"丝绸之路经济带"快速发展的需求，降低特色优势产业的对外交流障碍。[①] 另一方面，加大高层次人才引进力度，采取多种优惠政策，完善引进人才的保障机制，强化激励机制，积极引进一批具有国际经验的高端复合人才。同时，实施柔性引才引智战略，创新引才引智方式，补充急需紧缺的各类人才，从而为青海特色优势产业的发展提供有力的人才支撑。

---

① 孙发平,戴鹏,杨军.青海建设丝绸之路经济带的成效与对策[J].青海社会科学,2016(1):3—8.

"一带一路"框架下的国际产能合作

——泰达海外模式助推"一带一路"框架下的中埃国际产能合作*

一、项目背景

（一）国际产能合作的提出

国际产能合作概念最早是 2014 年年底李克强总理在访问哈萨克斯坦时提出的，继中哈产能合作计划之后，中国国际产能合作硕果累累，在国际范围内有效推进。2015 年 6 月 29 日李克强总理出席中欧领导人会晤，再次提到推动国际产能合作，指出中欧可围绕装备制造在第三方合作上取得突破，双方还决定要建立新的互联互通平台。近期，中非致力于推动双方关系全面转型升级，中非产能合作的机遇也被广泛认知，非洲国家通过承接中国产能转移推动工业化进程，中方也为过剩优质产能找到出口，通过产能合作实现互利共赢。可以说，李克强总理提出的产能合作在国际上得到广泛认可，许多合作项目已在如火如荼地开展。

1. 国际产能合作的内容与特征

国际产能合作是"一带一路"建设中的重中之重，其能否加快中国产业的转型升级与结构调整，并结合区位、资源、文化、产业优势，形成海陆统筹、东西互济、南北贯通的开发新格局，打造对外合作交流的广阔平台，直接关系到"一带一路"建设的成败。因此，弄清国际产能合作的主要内容及其逻辑脉络，对于人们充分认识与理解中国经济增长方式转变、把握由传统产品输出转向产业与能力输出的变化过程具有重要的意义。

国际产能合作的具体内容可以从企业、产业和国家三个层面来解读。

---

* 作者为中非泰达投资股份有限公司。

首先,从企业层面来讲,企业主体在国际产能合作中具有三重身份,既是市场的主体,又是执行者,同时也是现代产业体系的重要组成部分,这些企业主体主要包括国有及非国有的大型企业,也包括民营企业为主的中小型企业。这些企业都是从自身情况出发,按照国内外市场发展的需求进行自主决策。

其次,从产业层面来讲,国际产能合作是针对某个特定的领域,不同国家根据分工协作及技术的复杂程度不同而进行的合作过程。这一过程主要包括产品内、产业内及产业间的分工合作,因而中国必须培养"走出去"的企业在合作中的独特性,从而使其在国际产能合作中提升核心竞争力。

最后,从国家层面来讲,国际产能合作事实上已经超越了国际上单一、传统的合作模式,目前在国际上的技术流动、投资及贸易就是最好的例证。需要特别强调的是,国际产能的跨国合作除了前文所涉及的领域之外,还应包括制度、管理、工艺标准及技术等领域。从某种意义上来讲,这种跨国合作可以提升某个行业在国际事务中的话语权,充实一国的经济"软实力"。"一带一路"所倡导的理念,就是要在国际产能合作中坚持互利共赢和共同发展原则,不仅通过构建国际产能合作机制,解决中国产能过剩与市场疲软问题,同时还要帮助国际产能合作国提高其制造能力,从而为其构建完备的工业体系、实现社会现代化奠定坚实的基础。

2. 国际产能合作的常见路径与模式

2015年5月,国务院印发了《关于推进国际产能和装备制造合作的指导意见》,随着这份推进国际产能合作的指导性文件的正式出炉,国际产能合作的政策框架也基本建立。

国际产能合作是新环境之下国家和政府提出的新思路,无论是企业还是学术界均尚处于探索阶段,并未形成统一的路径与模式。而就国际产能合作的路径和模式讨论情况而言,2015年11月15日在京召开的首届中国国际产能合作论坛中提出,国际产能合作需要"提质增效升级",形成"优进优出新格局",逐步达到"中国经济与世界经济更高层次上深度融合"的新常态。中国产能问题在"一带一路"国际合作中要达成更为普遍和深刻的共识,就必须在宏观需求和微观规制"双格局观"指引下,提升认知和创新性发现有效实施路径。

自"一带一路"倡议提出以来,各地纷纷出台国际产能合作相关的针对性方案,从目前各地推进情况看,境外经贸合作区成为优选的载体。

(二)我国境外经贸合作区发展现状分析

1. 区位分布现状

据统计,截至2015年年底,我国企业正在建设境外经贸合作区75个,已通过确认考核的13个。在建的75个合作区中,53个分布在"一带一路"沿线国家;已通过考核的13个合作区中,10个位于"一带一路"沿线国家。

目前,我国境外经贸合作区主要分布在亚洲、非洲、欧洲和南美洲。具体而言,非洲是当前我国经贸合作区分布最集中的区域,包括赞比亚经贸合作区、尼日利亚广东经贸合作区、毛里求斯晋非经贸合作区、尼日利亚莱基自由贸易区、埃塞俄比亚东方工业园、埃及苏伊士经贸合作区和阿尔及利亚中国江铃经贸合作区 7 个境外经贸合作区。

2. 产业状况

在 2004 年发布的《对外投资国别产业导向目录》中,为更好地引导我国产业对外投资,国家要求企业在境外选择投资领域时,要紧密结合中国自身的产业结构和企业自身的优势,同时也要考虑东道国吸引外商投资的主要领域和市场特点。从总体上来看,我国境外经贸合作区的产业定位都能够在遵循企业自身发展规律和发展战略的基础上,与东道国的经济文化环境契合良好,实现互利共惠、合作双赢。

3. 企业状况

在境外经贸合作区的建设与发展过程中,政府负责搭台,而真正登台唱戏的则是企业。这要求企业必须具有一定的经济实力、管理能力、统筹能力和地区影响力。当前我国境外合作区的牵头企业大多数综合实力强、资金雄厚、管理素质较高、服务设施完备,都是具有一定的国际经营能力的大中型企业。这些大中型企业具有高水平的生产能力和管理能力,企业实力雄厚,在与东道国针对具体问题进行谈判的过程中具有较强的主动权和话语权,可有效地优化经营环境,规避经营风险。

4. 存在问题

当前,我国与"一带一路"沿线国家开展的产能合作还处于起步阶段,不可避免地具有规模小、困难多、风险大等问题,需要在今后实践中逐步解决。目前,制约境外经贸合作区发展的突出问题则是企业主体的盈利模式。

境外经贸合作区的投资盈利有两种基本模式:一种以开发和加工当地资源获得收益;一种以出租开发优良土地、厂房来回收投资,其中后者为多数合作区所青睐。然而从园区的长期规划发展来看,这两种模式产业链短、产业层次低,只能短暂维持园区的运转,不可作为长期经营模式。

在园区开发上,受资金、建设周期以及招商进程的影响,多数园区采用了分阶段开发模式。埃及苏伊士经贸合作区在起步区建设中已经开始探索自己的主要盈利模式。例如,通过增加经营性资产空间,获得酒店收入、厂房、蓝领公寓、白领公寓等租金等,实现园区增收。而在扩展区则开发建设商贸用地和房地产及工业用地,其投资期比较短、资金回收比较快、资金回笼周期短,能够为工业园区的开发建设持续造血。为了园区的长期发展,必须注重短期盈利和长期发展的结合,注重将可持续发展的项目引入园区,实现建设资金的良性循环。

（三）中埃苏伊士经贸合作区的建立背景和推动因素

埃及"苏伊士运河走廊"开发计划与"一带一路"建设保持高度一致。2014年，正值中国提出"一带一路"倡议之际，埃及政府宣布启动"苏伊士运河走廊"开发计划，旨在把绵延190公里的运河沿岸建设成为全球性经济区域，包括新运河项目及港口、物流、贸易区、工业园区等，埃及的优势资源将向此经贸区域倾斜，而中埃苏伊士运河经贸合作区恰好处于该区域起始端。因此，建立中埃苏伊士经贸合作区是两国领导人做出共同战略选择的结果。分别从中国、埃及角度来看待苏伊士经贸合作区的建立，其推动因素有以下几点：

1. 中国层面

从中方角度看，中国设立境外合作区的动因具有多重性。一方面是常规性的经济发展需要，包括合理消化过多的外汇储备、为中国企业"走出去"搭建集群式经济合作平台、尝试借鉴深圳经济特区成功发展经验等。另一方面也有选择埃及作为中国境外经贸合作区的特殊动因。埃及是北非大国，无论是经济地理位置还是战略地理位置均很重要，符合中国在非洲设立经贸合作区的选点布局的需要。埃及具有建立境外经贸合作区得天独厚的基础条件，承办中国埃及苏伊士经贸合作区的运营商拥有在国内建设"经济技术开发区"的丰富经验，可为中国境外经贸合作区的开发建设模式提供开创性的实践经验。

2. 埃及层面

第一，扩大外资投资水平被视为埃及政府发展经济的重要条件之一；

第二，利用经贸合作区的辐射效应和创新产业技术传递效应，进一步提升埃及的产业发展水平；

第三，合作区的建立会为当地增加税收和创造更多的就业机会。

3. 中埃经济关系发展角度

合作区的建立将为中埃经贸合作注入新活力。埃及是第一个与中国建立战略合作关系的发展中国家，双方经贸合作日益密切。为进一步提升双方合作的深度与广度，需不断探索新的合作形式与内容。经贸合作区这一投资合作新模式的出现，恰恰迎合了这一需求。

二、境外经贸合作区在国际产能合作中的意义

（一）境外经贸合作区在产能合作中的定位

国际产能合作是全球经济多边合作的发展趋势。"一带一路"沿线的很多国家缺乏完整的工业体系，而中国在基础设施建设、工业体系建设上已积累了大量的经验，在资金、装备和整体实力上都具有走出去的实力。通过与"一带一路"沿线国家的经济互补，又有共同的利益点的契合，"一带一路"沿线国家与中国的协同发展具有广阔的

前景。

近年来,随着中车承接芝加哥地铁项目、印尼雅万高铁项目、中核电巴基斯坦卡拉奇 2 号机组等项目的顺利开工,中车、中铁、中核电等央企海外业务迅速扩大。与此同时,面对国际产能合作的挑战与机遇,民营企业也逐渐开始规模化"走出去",在国际产能合作的大棋局中寻找自身的机遇。民企尤其是中小企业,相对央企往往力量相对薄弱,这种大规模抱团"走出去"的模式需要产业园区作为平台支撑。园区天然具有先发优势、集群效应和协调能力,通过为集体"走出去"的民企提供规划建议、增值服务等,为民企解决上下产业链搭建、境外公司注册、属地化管理等难题。园区逐渐成为企业"走出去"的桥梁。

在国际产能合作的背景下,境外园区是中国企业在海外集聚式发展的合作平台。境外园区一方面是"一带一路"沿线国家实现国际产能对接的有效途径,同时也是中国及"一带一路"沿线国家深度融入世界经济的有益尝试,更是实现驻在国工业化、城市化、优化生产力布局、促进就业和经济发展的有效手段。

(二)产能合作对于境外经贸合作区的影响

随着国际产能合作的深入发展,对于建设高水平境外经贸合作区的需求也进一步扩大。境外合作区的发展也将受到巨大影响。

基础设施建营一体化需求加大。以往中国企业参与国际基础设施建设的主要业务是施工总承包或 EPC 总承包,不仅没有全面满足国际市场的需求,也使自己居于基础设施和产能合作价值链的低端,利润微薄。产业园区是建营一体化的集大成者,将以工程建设为主体的对外工程承包业务链前伸后延,提升中国企业在国际基础设施产业分工体系中的地位,进而在价值链体系中实现从"汗水建造"向"智慧创造"的转变。

在外部环境上,通过相关国家进一步完善双边或多边合作框架,将税收、金融、产业、科技、人才、技术标准等方面列为政策协调的重点,未来将促成一批含金量高、可操作性强的优惠政策,使高水平海外产业园区成为特殊政策的优先实施平台。

在内部环境上,产能合作的扩大也使得对境外人才的需求进一步加大。中高层管理人员国际化,基层员工及管理人员属地化的人才战略逐渐成为主流。高级人才在产业、运营上的经验与当地基层管理人员的语言和管理经验需要相互结合,推动了跨国产能合作。

产能合作模式将呈现多样化,除了中国直接投资建立产业园区招商运营外,以提供产业园区设计、规划、运营等咨询服务为主的软输出模式也将成为中国与"一带一路"沿线国家产能合作的主要模式。这一模式具有投资风险低、投入低、回报高、周期快的特点。在产能合作迅速扩大、门槛逐渐降低的竞争下,这种软输出模式无疑提供了一种新的合作路径。

(三)境外经贸合作区在国际产能合作中的作用

在全球经济逐渐复苏的大背景下,国际产能合作对于中国和沿线国家都有着重要意义。王国庆在全国政协十二届四次会议新闻发布会上表示:"中国有很多质优价廉的装备和产能'走出去',这是好事,一方面有利于中国顶住经济下行的压力,拓展更大的发展空间;同时,产能'走出去'也有利于相关国家加快发展、扩大就业。"

1. 对中国发展的意义

(1)打造对外开放新格局。政府不断地出台政策支持企业走出去。通过境外经贸合作区的建设,一方面,中国将通过推进国际产能合作,加强合作机制和规则的协调,深化与世界各国的战略互信、经贸合作和人文交流;另一方面,有助于推进双向开放,支持沿海地区打造具有全球影响力的先进制造基地,促进中西部地区开放发展,加快沿边地区边境经济合作区、跨境经济合作区建设。

(2)利于产业结构优化升级。当前,我国正遭遇在很多产业领域产能过剩、高新技术产业领域发展不足的困境,中国政府将基础设施建设、铁路、汽车、通信、航空航天等作为重点行业,开展国际产能和装备制造业合作。境外经贸合作区的建设将破解我国产能过剩的瓶颈,促进国内产业转型升级,提升中国在全球产业体系的国际分工地位,实现价值链跃升。

(3)助推经济发展多元化。长期以来,拉动中国实体经济增长的三大引擎是房地产、出口、基础设施建设,然而随着全球经济的变迁,这些产业逐渐乏力,甚至在基建方面出现严重的产能过剩,阻碍经济的发展。在这种背景下,国家提出国际产能合作,而且在产能合作过程中,我国输出的已不再是以前技术含量低,附加值低的日用品和轻工业品,而是有着高附加值的高端产品及先进技术、人才等,例如参与苏伊士经贸合作区的投资建设与开发,既解决了这种产能过剩,也能为经济发展找到新的增长点,使我国摆脱长期依靠单一模式拉动经济发展的局面,这将会推动我国经济的多元化发展。

(4)提升与相关战略支点国家的利益契合度。中国引领的国际产能合作,是开放包容、互利共赢合作观的体现,不输出贫穷,不剥夺他人的发展机会。因此,在推进国际产能合作过程中,国家注重加强双边、第三方乃至多方企业间的产业合作,从"互利双赢"升级为"互利多赢",在更大空间范围保障了互联互通的实现,有利于提升与相关战略支点国家的利益契合度,强化政策默契,加速利益融合,避免战略风险。

(5)加速我国全球战略伙伴关系网络建设。中国推动国际产能合作,是与世界分享合作机会,带动世界发展。尤其是类似于苏伊士经贸合作区这种典型的海外工业园区的建设,可以发挥示范作用。并且,境外经贸合作区的建设有利于统筹资源,集中用于与相关战略支点国家进行全方位的战略对接,增强战略对接的吸引力,提升全球战略伙伴关系水平,并且"以点带面"盘活整个外交全局。

2. 对驻在国的影响

亚洲开发银行副行长张文才 2015 年 2 月访华时认为,"一带一路"战略为沿线国家描绘了非常宏伟的合作发展蓝图,随着经济贸易合作的增加,必然推动金融合作。境外经贸合作区作为国际产能合作的一种重要模式,必然会对驻在国产生一系列的影响。

(1) 优化产业结构。国际产能合作,不是淘汰落后产能,而是将我国有比较优势的产业转移到有需求的市场。此外,产能国际合作不是排他性的,是以产业加速集群的方式吸引来自东道国和第三方的企业,共同推动相关国家的工业化。

以埃及苏伊士经贸合作区为例,中埃经贸合作有着较强的互补性。中国驻埃及大使宋爱国表示,中埃两国目前处在不同的发展阶段,我国部分优势产业在埃及正好适用,除了一般贸易、工程承包、产能合作外,双方在电力、能源、港口交通、现代农业、卫星科技、科技园区及人文教育培训等领域蕴藏巨大合作潜力,拥有广泛合作前景。随着中埃合作的开展,我国向埃及进行产业转移,融高科技于工业加工制造,优化埃及工业结构,加快了其现代工业发展。

(2) 带动当地经济发展,提升就业。通过境外经贸合作区的建设,为东道国和世界各国企业创造了企业成长的合作环境,为驻在国吸引了国际一流企业的投资,带来了极大的经济效益;同时,也为当地社会及政府引入了先进的生产技术及管理模式、前沿的商业模式,促进了东道国产业水平、税收和就业的增长。

(3) 履行社会责任,促进产能合作。境外经贸合作区契合所在国发展诉求,是我国实现产业结构调整和全球产业布局的重要承接平台,为国内经济结构调整创造空间,有力地推动了装备"走出去"和国际产能合作。一方面,通过合作区建设,我国建立了有效利用境外矿产、油气、森林、农业等各类资源的渠道,有利于保障海外资源的长期、稳定供应。另一方面,合作区定位于加强资源综合开发利用,发展下游生产加工,增加资源产品附加值,推动东道国经济和产业发展,把更多利益留在当地,留给当地人民,履行了社会责任,树立了中国企业负责任形象,巩固和深化了我国与相关国家友好关系。

(4) 有利于实现中国同东道国经贸合作与政治互信的良性互动。建设境外经贸合作区是"一带一路"战略下的一项新举措,它的运作将为中国与沿线国家新型的战略合作伙伴关系贡献积极的力量。经贸合作区作为中国与东道国之间经贸合作的大事,引起两国政府的高度关注和期望;合作区的开发和建设将推动中国与东道国之间的政治互访、外交关系和经贸合作。

3. 对沿线国家的影响

(1) 促进沿线国家经济贸易交流互通。建设境外经贸合作区,可以发挥中国的联盟纽带作用,以更好地契合成员需求为出发点,通过形式多样的经贸活动,推动成员间人员和项目交流、技术创新协同、市场开拓,开展直接投资、建设产业集聚区和经贸合作区,以点见线,以线带面,不断提高沿线国家经贸交流合作的层次和水平。

(2)带动沿线国家经济发展。在世界经济复苏比较缓慢的大背景下,开展国际产能合作,不仅能够实现优势互补,推动两国的经济发展,对世界经济的复苏,也有着催化剂的作用。国际产能合作顺应了世界多极化、经济全球化的潮流,境外经贸合作区的建设是实现国际产能合作路径的积极探索,沿线各国不仅可以实现地域上的互联互通,也可以在经济、金融等方面有更多的合作机会,实现经济进一步增长。

(3)辐射带动作用日趋明显。境外经贸合作区发挥了良好示范引领作用,成为带动产业链企业和中小企业走出去的加速器,也是促进国际产能合作、提升"走出去"层次的良好平台,受到了"走出去"企业和东道国政府的一致认可。

三、泰达海外模式助推产能合作

(一)苏伊士经贸合作区园区发展概况

2008年7月,天津泰达投资控股有限公司、天津开发区苏伊士国际合作有限公司和埃及埃中合营公司合资组建了埃及泰达投资公司,自创办伊始至今,苏伊士经贸合作区已经走过了7个蓬勃发展的春秋。如今,苏伊士经贸合作区已成为两国企业投资合作的良好平台,无论对于埃及当地,还是对于中国"走出去"企业,其经济效益和社会效益成果均非常显著。

1. 高标准现代工业新城区初见端倪

截至2015年年底,苏伊士经贸合作区已累计投资超过1亿美元,起步区1.34平方公里已基本建成;建设了建筑面积近8万平方米,拥有12栋标准厂房、多间仓库及小型服务中心和餐饮供应场所的中国小企业孵化园,有超过20家的中小型企业入驻,成为中国小企业"走出去"发展的孵化器和生长地;建设了总体规划建筑面积达10万平方米的综合配套服务中心,包括一座8层的投资服务中心大楼、一座7层四星级酒店、4栋员工公寓、1栋蓝领公寓,目前已全部投入使用;同时建设了占地2万平方米的泰达乐园,满足埃及民众的休闲娱乐需要;为打造舒适宜业的环境,园区在绿化、软环境、道路景观、园区面貌等领域也进行了不断的改造提升,合作区的发展逐步进入了快车道。

2. 完整产业链基本成型

截至2015年年底,苏伊士合作区起步区共有企业68家,其中生产型企业达到了33家(其中含中资成分投资企业29家),另有生产、生活配套型企业35家。合作区累计吸引协议投资额超过9亿美元,现已初步形成了以宏华钻机和国际钻井材料制造公司为龙头的石油装备产业园区、以西电-Egemac高压设备公司为龙头的高低压电器产业园区、以中纺机无纺布为龙头的纺织服装产业园区、以巨石(埃及)玻璃纤维公司为龙头的新型建材产业园区,以及以牧羊仓储公司为龙头的机械制造类产业园区五大产业布局,并带动上、下游产业入区,以企业"抱团出海"的方式,快速形成产业集群效应,带动中国企业"走出去"的平台作用日益显现。

3. 带动中国企业"走出去"的平台作用日益显现

2009—2015年,合作区运营商对基础设施投入力度持续扩大,从2 654万美元增加到超过1亿美元,由此带动了中国企业到非洲投资创业的浪潮,合作区吸引投资的平台作用逐渐显现出来,尤其是成为中小企业向海外转移的生产基地,有力地配合了中国国内的产业结构调整,成为探索中国对外投资新模式的先头兵。

4. 促进埃及经济与社会民生发展效应显著

合作区在助力埃及经济发展、推动中企融入当地社会、改善当地民生方面做出极大的贡献。首先,帮助埃及政府缓解就业压力,提升当地人员的技能和素质;其次,提高埃及生产技术水平,合作区吸引的大量轻工业、石油等行业企业把中国先进的技术和经营管理模式带到了埃及,促进了埃及当地生产技术水平的整体改善和经济发展模式的优化调整;再次,增加税收与政府财力;最后,通过成立孔子学院开展文化交流,积极参与埃及社会的公益事业。

(二) 泰达海外模式

泰达海外模式是在顺应国家"一带一路"战略需要、境外经贸合作区发展需要的情况下对泰达苏伊士经济贸易合作区8年实践的高度总结。随着"一带一路"倡议的提出,国际产能合作成为企业实施"走出去"战略的主要内容。境外经贸合作区是推进"一带一路"倡议和国际产能与装备制造合作的有效平台,已成为促进中国和东道国经贸合作双赢的重要载体。

中非泰达投资股份有限公司是以在境外从事经济贸易合作区建设和运营为主业的企业集团。其在继承"泰达"精神和理念的基础上借鉴了"泰达"的运作模式,在海外进行深化和创新,总结了自己的一套理论体系,即"泰达海外模式",或"六层21式金字塔模式",从管理哲学、公司战略、管理模式到业务模式、公司盈利模式、社会责任模式、客户模式等领域涵盖了境外园区建设的方方面面。

以国际产能合作为背景,本案例重点涉及对于国际产能合作影响最为深刻的园区研究、可行研究、营销招商、风险管控、盈利模式、文化融合、人力资源和社会责任等方面内容,并有针对性地对其中的重要模块进行深入分析。

1. 园区研究

"一带一路"背景下的海外园区,是在国家层面合作的基础上建立,在国际产能、产业合作中发挥重要作用的产业园区。这一类产业园区的开发对于加强沿线各国资金、基础设施、产能、人才等领域的合作意义重大,对于中国企业"走出去"、对接国际、扩大市场和发展平台至关重要。园区研究秉承帮助中国企业更好"走出去"的宗旨,通过追根溯源、总结当下，旨在探索园区发展的规律，为未来中国境外园区的发展指明方向。

中非泰达园区研究是建立在 8 年实践基础上，以实践需求指导研究方向、研究成果辅助园区发展实践的良性循环研究。园区研究将理论研究与实践研究相结合，以大量高质量的实践研究为基础，通过对过去历史的总结研究、对现在形势的环境研究和对未来趋势的研判，明晰园区概念，细分专项研究，构建出系统的、科学的、理论性强的和实操性广的独有的园区研究体系。

2. 可行性研究

中非泰达在总结 8 年以来实践的基础上，形成了"中非泰达可行研究模式"。以国别研究和区域研究进行"预可研"作为判断依据，一方面分析项目开展过程中影响其不可行的主要因素，以及各个干扰因素的影响比重等，并寻求解决途径，或得出终止建议结论；另一方面以产业研究、园区战略定位和概念性规划进行"可行研究"作为规划定位依据，建立和寻求一切使得项目可行的环境和资源。

"可行研究"与"可行性研究"，一字之差天壤之别。海外园区的建设与规划是以长期利益为基础的，往往具有国家和区域层面的战略意义。"可行研究"是论证如何使项目可行的研究，是带着问题去解决问题的过程。通过争取政策，吸引资源，化不可行为可行，是中非泰达可行研究的专业之处，更是 18 年亦步亦趋的自我总结。

可行研究通过对国别间的经济结构、产业结构、贸易关系的分析，以区域社会文化环境、资源禀赋、劳动力市场等视角明晰国家与国家之间的产能合作发力点；通过对相关可以进行产能合作的产业进行研究，结合区域环境，选择适合园区开展的、有潜力的产业作为招商对象，为整个产业园区的规划设计及未来的产能合作项目打下基础。

3. 开发建设

海外园区工程建设过程中，由于中国与驻在国的政治、经济、文化等背景的差异，两国在施工规范、工程标准等方面差异较大，如何求同存异，推动中国建设标准的国际化是企业面临的最大挑战。泰达海外模式梳理工程建设，旨在实现中国标准的"走出去"，提高企业在国际产能合作中的核心竞争力。

（1）质量方面，提升当地建筑工艺和水平。两国施工标准的差异导致实际工程建设过程中出现诸多摩擦。工程质量是项目得以发展的基础，在园区建设中必须严加把控。考虑到埃及施工标准相较于国内普遍较低的现状，中非泰达在实际项目推行中坚持以中国标准推进工程建设，改善当地的建筑工艺和水平。

例如，在埃及的施工建设中模板工艺均以木条拼凑的工艺制作，中非泰达将国内广泛使用的清水模板引进埃及，同时推广国内脚手架的施工工艺。这样使得混凝土的梁、板、垂直距离等方面都得到改善，提高了整体施工质量。

（2）人员管理方面，立足当地文化。驻在国劳工的特性差异所产生的人员管理问题是海外开发建设面临的又一大难题。苏伊士经贸合作区建设中，中非泰达立足于本土文化，充分了解当地劳工的特性和习俗，制定切实有效的管理办法，在严格管控的同时注重对劳工的精神建设，实现对驻在国劳工的有效管理，保障工程质量。

4. 营销招商

随着中国经济的持续发展，对矿产品和油气等资源的需求量大幅增加，而埃及作为非洲的大门，其矿产资源丰富，在产能开发、基础设施建设、社会治理及生态旅游等方面都对招商引资有着迫切的需求。中埃苏伊士经贸合作区的建立，体现了中埃合作中强大的互补性，不仅使中国企业"走出去"，也带动了埃及当地产业的发展，实现了产能转移与合作，为相互之间经贸关系的增强奠定了坚实的基础。

（1）"四化一体"的招商体系。

苏伊士经贸合作区本着"打造极致产业链"的目标，从开始的"拣到篮子里都是菜"的粗放型招商发展到如今的"招商选资"，不断超越自己，形成了一套集规范化、流程化、模块化、专业化"四化一体"的多渠道全方位立体式营销招商体系。

营销招商体系分为内部招商和外部招商。"内"即中非泰达招商管理团队，包括提供后方支持的中非泰达产业研发部以及战斗在前方的起步区埃及泰达招商部和特区六平方招商部；"外"即招商代理机构，是指将部分招商有关工作委托给代理机构，其在境内主要负责对龙头企业产业链的分析、龙头企业上下游配套企业招商等工作，而境外招商代理机构还负责旅行接待、投资考察、签证代办、语言培训、翻译咨询等增值服务。

整个招商过程由前期调研、中期招商和后期评估三个阶段构成。前期调研旨在通过产业研究、产业规划、产业挖掘等工作，确定招商方向；中期招商则是包括前期准备、出访接待、会议洽谈、后续跟踪、项目落地、招商管理等一系列过程在内的复杂精细化工作，整个招商流程中，各个招商工作的流程附件都必须备注详细、节点清晰、分工明确，每个节点都要记录备案，形成模块化的招商体系；评估阶段包括主导产业评估和入区企业评估，主导产业评估旨在评估主导产业的发展现状以及未来发展趋势，评价产业研究和规划的科学合理性，修改产业研究和规划，入区企业评估则为了确定企业发展潜力和可持续性，为园区有效分流和有针对性地服务提供依据。

（2）产业集群，带动中国企业"走出去"。

合作区开发初期，由于体量不够、知名度小、企业不信任等原因，只能靠宣传推介开展"随机式招商"。但是，随着合作区的发展和品质的不断提升，入区企业的质量也应与之相匹配。合作区对园区内的中小企业推动了"腾笼换鸟"计划，逐步淘汰了那些生存能力不强、有污染、不符合园区发展规划的企业，留下优质的、生命力强的、与合作区产业规划相匹配的企业，增加了园区整体的发展活力。

随着合作区的不断成长和国家"一带一路"形势的不断发展，在招商引资方面，合作区站在实现"中埃产能合作"的战略高度，重点完善了产业研究和产业规划。招商引资注重以项目初期的招商实际成果作为依据,从埃及自身优势和产业结构出发,结合中国淘汰落后产能、国内劳动力紧缺与劳动力成本上涨、能源的关联度、规避反倾销、辐射欧美市场、辐射西亚和非洲腹地市场、中国政府扶持"走出去"的导向、中国近年来跨国投资重点企业的行业特征、近年来投资埃及的外资企业的行业特征等 11 个维度对招商产业进行研究,明确具体的产业规划。合作区依据产业规划对招商项目进行遴选,将招商重点放在产业规划中的龙头企业及其相关配套企业,选择真正适合园区发展的企业入驻。

(3) 成果凸显,促进产能合作。

起步区招商成果凸显。截至 2015 年年底,合作区起步区共有企业 68 家(包含埃及泰达及埃及泰达综合服务公司),制造型企业达到了 33 家,其中含中资成分投资企业 29 家,合作区总计吸引协议投资额近 10 亿美元。实现年销售额 1.8 亿美元,进出口额 2.4 亿美元,已初步形成了以宏华钻机和国际钻井材料制造公司为龙头的石油装备产业园区,以西电-Egemac 高压设备公司为龙头的高低压电器产业园区,以中纺机无纺布为龙头的纺织服装产业园区,以巨石(埃及)玻璃纤维公司为龙头的新型建材产业园区以及以牧羊仓储公司为龙头的机械制造类产业园区,依靠产业集群,形成完整的产业链。

扩展区招商呈现"开门红"。2015 年 12 月投资 3 000 万美元的大运集团签订购地合同,成为扩展区第一家入区企业。2016 年,投资 5 630 万美元的金饰城项目签订土地购买合同。此外,还有多家国际实力企业表示了投资意向。

园区招商进一步加强了中国优势产能企业与埃及投资机构、产业园区、招商引资项目业主的交流与合作,扩大双向投资规模与合作领域,促进优势产能合作与互补,使双方投资合作更加深入,更富实效。

5. 风险管控

2016 年,随着"国际产能合作"概念的提出,越来越多的企业开始走出去建设境外经贸合作区,苏伊士经贸合作区作为中国境外园区的先行者和典范,总结出了一整套泰达海外模式,成为合作区的集大成者。

从最初开发建设时的无知无畏,到风险意识的逐渐觉醒,不断产生的各个重大风险及事件严重影响着苏伊士经贸合作区的开发建设及工作进展,尤其是 2011—2015 年,苏伊士经贸合作经受了埃及革命的洗礼,历经了三次政权更迭及政治局势的跌宕起伏,一系列的刺激不仅没有打垮泰达,反而不断强化泰达的风险意识。

纵观近几年的园区发展历程,泰达也逐步认识到,境外投资风险防范是所有境外投资者关心的问题,能否实施良好的风险防控,在一定程度上决定着境外投资的成败。基于此,公司管理层着手制定了涵盖企业内外部风险的全过程管理境外投资风险的防范体系,全面形成风险意识。

在应对风险方面,泰达不仅注重培育全员风险防范意识,树立正确的风险管理理念,把企业对风险的理解和态度融入企业的战略、决策和各项活动中去,增强员工风险管理意识和风险责任感,建立系统、规范、高效的风险管理机制,还注意与当地文化的融合,让当地的员工真正地融入园区,这样一旦面临波折,就可以得到当地员工的帮助,应对风险。

中非泰达"走出去"的理念是"合作让世界更精彩","抱团出海"是泰达应对海外投资风险的又一举措。园区作为一个整体出现,融入各方力量,在政府中的话语权会增大,协调政府资源的能力也会变强,特别是在面临境外政治环境动荡时刻,园区抵御风险的能力会比单个企业抵御风险的能力更强。

6. 盈利模式

随着全球格局的变迁和中国"国际产能合作"概念的不断深入,境外经贸合作区建设将成为中国企业"走出去"和实施国家"一带一路"战略倡议的重要路径。这种合作模式能在多大程度上发挥投资促进作用,重点在于是否有合理的盈利模式。事实上,国内的经济开发区模式大多都是由政府主导,基本的运营模式和盈利模式是依靠税收返还与土地开发形成资金循环和获利,政府为了吸引投资、改善就业、增加收入,可以给予招商项目最低的优惠价格。然而,在境外纯粹市场化运作的模式下,这种方式是行不通的,需要企业探索与之不同的盈利模式。具体而言,苏伊士合作区盈利模式的成熟也经历了不断摸索的过程。

(1) 基于园区生命周期的盈利模式。园区发展有其自身的生命周期,同时,在不同的生命周期也都有独特的盈利模式。

首先,园区规划阶段。从设计策划到土地开发的前期准备阶段多为研究性工作,从服务运营角度而言,此阶段并没有较为合适的盈利模式,但科学性、创新性的研究和规划能生产出性价比更高的"产品",为后期的运营降低成本,增加收益。

其次,园区起步阶段。园区开始启动开发建设工作,是完成"三通一平"等基本的生产必备条件。招商工作逐步开展,有一定的企业入驻,并能实现生产经营活动的正常运转。这一阶段的盈利模式主要有土地的出租和出售、工业厂房的出租和出售、工程代建等。

再次,园区发展阶段。随着入区企业的示范效应,园区企业聚集效应开始显现,入区企业越来越多,入区企业经营状态良好,呈快速增长与发展态势。园区企业的各类生产、生活需求逐渐增加。为满足更多企业的各类需求,园区开发建设速度加快,生产、生活配套类业态开始聚集。此时第三产业蓬勃发展,盈利模式可以依靠商业地产的出租出售、餐饮、教育、医疗、酒店等生活配套的建设,商贸、物流、展会及住宅地产的开发,物业服务和商业服务的发展建立。园区运营商也可根据自身的实力和战略方向,选择进行一些产业投资或搭建孵化平台。

最后,园区成熟阶段。在此阶段,入区企业基本饱和,入区企业经营稳定;生产、生活类配套服务完善,并与入区企业的需求基本匹配,园区运营呈平稳态势。此阶段园区已发展成熟,可尝试金融、资本方面的运作,或通过总结园区成功经验,开展智力输出、委托经营、BOT园区承建等进行业务拓展。

(2) 基于土地增值的盈利模式。工业园区经营所围绕的核心资源是土地,在园区开发的过程中,可以围绕土地的多次开发形成多次升值,多次盈利。第一,通过土地的"七通一平",实现土地的第一次升值;第二,通过配套基础物业、提供服务,实现土地的二次升值;第三,通过配套公共设施、商贸、仓储物流、娱乐设施等,提升人气,促进土地第三次升值;第四,通过商业地产、房地产的拉动,促进土地的再次升值。

(3) 基于产业链的盈利模式。在整个园区建设的产业链中,前端主要包括园区研究、可行研究、园区规划;中端主要是园区的开发建设,属于构建区域平台阶段;后端包括营销招商、运营服务等。基于产业链的微笑曲线前后两端是最能够提供高额附加值的业务。如图1所示,前端可以开展智力输出业务,后端具有丰富的盈利空间。深入挖掘产业链前后端的附加值可以创造更多的盈利模式。

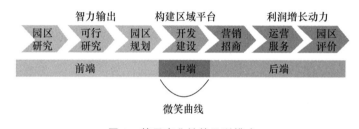

图1 基于产业链的盈利模式

(4) 基于平台型组织的盈利模式。平台型组织是由平台的搭建者、参与者以及两者相互之间的互动关系和互动环节共同组成的具有网络性、进化性的组织形态。在该平台上,分布着与工业新城相关的各类不同企业。每个企业有着自己的上下游和关联企业,它们相互交叉,形成网络状的互利共生的群体。这些群体生长在平台之上,相互合作,相互促进发展。

中非泰达是这个平台的搭建者,也是整个平台的服务者。平台内的企业通过互动,形成盈利点,中非泰达为平台上各个产业链上的各个企业提供各种服务,实现自身价值的同时,获取平台收益。

7. 文化融合

在跨国的投资和经营中,首先遇到的可能就是不同国家文化理念、习惯风俗的差异。由于不同的文化背景、宗教信仰、发展阶段和思维方式,在工作中涉及具体的经营方针,双方都不能互相理解、认同,由此产生了大量的波折、矛盾,一件事情反复未决时有发生。在具体的工作中,由于理念的不同,中埃双方员工也很容易发生冲突,如果处理不好,就会引起矛盾和纠纷,甚至会上升到两国之间的外交冲突。

在与埃及文化融合的过程中,中非泰达经历了文化理念从萌芽到文化培育再到文化聚焦深化的过程。从最初的"兄弟文化"到以"助人"为核心价值观的企业文化,再到如今的"团队、助人和奉献",中非泰达本着求同存异的态度,怀着真心实意帮助驻在国、企业员工发展,在不断汲取前几年工作的经验及教训的基础上,梳理、提炼了公司的文化理念,并结合驻在国当地文化,进行企业文化的宣传和贯彻。

对于海外运营的企业而言,走出国门面临的首要问题是不同国家、不同民族的文化融合,而文化理念的落地生根远远重于其表述形式,只有与当地传统文化、风俗习惯相融合,充分考虑当地民族特性,才能较好地实现文化融合。

8. 人力资源

在海外运营境外园区所面临的市场是动态变化的,其经营环境也是空前复杂和不稳定,在这种情况下,企业要想生存下来并持续发展,就必须不断地提高自身的竞争力,依靠人力资本来推动企业竞争力的提升是海外企业长久稳定发展的不二法门。随着中国企业"走出去"和"一带一路"战略的实施,企业对于国际化人才的需求量逐渐增多,对于企业跨国人力资源管理能力的挑战逐渐加大。

中非泰达通过近十年境外工业园建设实践,经历了基础管理、规范化管理、体系化管理的前期阶段,目前已经进入了战略国际性人力资源管理阶段,在此基础上总结了一整套理念清晰、制度完善、操作性强的跨国人力资源管理体系,打造出了一支战斗力强、企业文化契合度高、综合能力素质过硬的团队。

中非泰达认识到在境外园区建设中的人力资源管理中最重要的是如何吸引与培养全面的跨国经营复合型人才,有效处理归国人员安置问题。

(1) 吸引与培养全面的跨国经营复合型人才。人才是企业参与国际竞争的重要资源,在境外经营,对人员的素质和能力要求极高,需要员工有较高的政治觉悟、有大局观和战略意识,具备先进管理经验、工作经验,了解东道国国内情况,熟悉国际市场变化、海外法律法规,又通晓语言、计算机等技术技能,这样的复合型人才非常稀缺,另外合作区大都位于不发达的地区和国家,这对于高端人才的吸引力更加微弱。所以,一方面需要吸引优秀的人才;另一方面,公司也需要采取一系列科学有效的措施,培养复合型人才,全面提升员工的综合素养。

(2) 有效处理归国人员安置问题。对于境外园区开发建设企业,随着属地化的不断推进,归国人员数量逐渐增多。归国人员的安置问题逐步凸显。外派人员在赴任之初往往怀有增强自身能力和任满迁升的愿望,然而,回国后原有的职位可能会另有安排,如果事先缺乏明确详细的计划,短期内就很难找到适合的岗位。如果回国后的职位看上去与国外工作经历没有什么联系,那么归国者就会对职业的前景感到担忧,甚至选择以跳槽的方式解决问题。

对于外派人员也可以采取以下一些措施,打消其忧虑,让其在海外安心工作:① 企业要保证外派人员对整个外派归国过程有透彻的了解,并为此制定一些成文的制度。这些制度应该包括外派人员归国后,企业对他们业绩认可、职务任用、工资福利等方面的政策。企业这种针对外派人员所做的归国后的安排,既有助于增强外派人员前往海外执行任务以及成功归国的信心,又能够对那些将要被外派、正在执行外派任务和完成外派任务已经归国的员工形成良好的职业预期。② 利用导师制的推行,通过国内导师与外派人员的联系,构建国外人员和国内人员的交流通道,让国外人员对国内公司的情况、信息也能及时掌握,很大程度上避免外派人员在外派后切断了与国内的联系而产生的忧虑。③ 协调解决外派人员的后顾之忧,公司对外派人员的国内家属定期给予探视和关照,对于员工在国外带来的问题或归国后可能产生的问题,及时协助解决,让员工可以安心在海外工作。

9. 社会责任

随着国际产能合作的逐渐深入,中国大批企业走出国门,在扩大企业自身市场、带动当地经济发展的同时,也面临着企业社会责任领域的机遇与挑战。在此背景下,中非泰达通过加强向内发展自身能力的建设,注重在境外社会责任的履行,树立起企业的正面形象。

中非泰达在社会责任建设中,严格遵守埃及当地的劳工法律、环境保护法规、税收法规、法律法规以及同行规范和国际惯例,遵守商业道德,尊重东道国独特的文化传统和风俗习惯,保证埃及当地雇用员工的工资待遇、福利、安全生产和发展提升机会,注重与埃及当地的社区和睦发展,并积极参与了一系列埃及当地及中国国内的社会公益活动和慈善事业。总结了三条主要经验:① 依照驻在国文化履行社会责任;② 境外园区运营企业应注重沟通,加强自身社会责任的宣传;③ 通过承担社会责任贯彻企业文化,引导员工行为。

(三)产能合作中的开发区模式软输出

国际产能合作中,对于海外园区的建设开发合作,归根到底是一种硬输出的过程,把资金和技术带过去,帮助经济开发,解决就业等。而所谓的软输出则表现在经验、技术、建园理念、思路、方案、设计、园区招商及建成后运营管理等领域的向国外输出。相对硬输出,软输出具有诸多特点和优势:降低外国政局发生动荡时带来的投资风险、投入低回报高、周期快。同时,软输出项目的资金需求可采用驻在国合作方土地作价入股、市政基础配套资金合作方投入,园区建筑费用采取预收入园企业资金方式解决。实施软输出企业的盈利模式可采用作价入股或收取咨询费、规划方案费、建筑设计费、入园招商费、园区管理费、培训费等。

组建团队开发运营管理型模式:根据外方需求和国外当地情况,组建团队专门策划、设计、建设、运营管理合作开发区,事先为国外项目量身打造,事后为其长期运营进行管理,尤其为"一带一路"沿线发展中国家提供全方位服务。

适应国别变化的复制项目型模式:根据需求,外方到国内考察选择开发区项目,由中方将其项目复制到国外,建成后由外方运营管理。

智力人才输出参与型模式:根据外方需求选派职业经理人、相关专家,输出人才为国外开发区项目提供经营管理或咨询服务。

(三)苏伊士经贸合作区建设及泰达海外模式对中埃产能合作的支持作用

中非泰达结合十多年海外工业园区的投资与运营管理经验,研发创新了一套针对海外工业园区的产业选择、取舍的成熟系统,可为我国企业"走出去"提供一些借鉴。同时,基于合作区深耕埃及的实践经验以及对埃及产业的专项研究,对中埃两国间产能合作起到一定的支持作用。

1. 以产业分析为指引,推动适宜中埃发展的优势产业转移

中非泰达研发的产业选择法通过对东道国竞争优势、东道国对具体产业的吸引力、具体产业对东道国的价值与效应、以东道国为基地的国际贸易辐射效应或保障能力、中国具体产业跨国迁移的特殊因素、中国具体产业的企业因素等六大层面进行系统、深入的剖析,来确定适合到目标国家进行发展的产业类别和具体细分行业。结合对埃及环境和中埃产业的系统研究,遴选出了建材、玻璃制造、汽车、新能源、石化、电器等适合赴埃发展的产业。

苏伊士经贸合作区发展至今已成为中埃两国政府推动的重点项目,两国领导人互访时多次提出要加强合作区建设。合作区产业布局综合考虑埃及经济发展程度及我国产业结构升级需求,不但填补了整个中东和非洲地区的产业空白,同时也成为我国优势产业和过剩产能海外转移的重要基地。

2. 重点推动能源供应等基础设施建设领域的合作

充足的能源供应和良好的基础设施是进行工业化发展的重要前提条件,因此支持我国有实力的电力等能源企业赴埃投资,加强中埃两国间在能源行业的充分合作,是有效推进我国优势产业和过剩产能向埃及转移的必要条件。

此外,埃及政府也将电力设施建设和新能源产业作为未来发展的重要方向,借助埃及丰富的天然气、日照和风能资源,我国热电、太阳能、风能产业以及配套的输变电和电器设备企业在埃及存在着难得的发展机遇。

3. 加强对埃政策协同,集中配置资源支持产业平台打造

合作区为中国企业"走出去"搭建了海外发展平台,有利于企业相对集中投资,形成产业集群,相比于单体企业境外投资的模式,明显提高了抗风险以及应对东道国突发事件的能力,并增强了在与东道国政府对话中的话语权。

中埃产业转移和产能合作是关系诸多内容的系统性工程,国家应促进在外交、商

务、援外、科教文卫等各领域的联动举措,提高各政府部门之间对埃及政策的协同性,将与埃及相关的优惠政策、经贸合作、对外援助、金融支持、文化交流等方面进行充分整合,将各类资源优先向有助于中埃产业转移和产能合作的方向配置。例如将中埃间教育、医疗等合作或援助项目与中埃产业合作同步开展,集中力量支持中埃产业平台的建设,为赴埃中资企业打造更为完善的发展环境,这将对推动中埃产能合作发挥重要的积极作用。

四、国际产能合作下境外园区发展的建议

(一)对政府部门的建议

境外园区的建设离不开中国政府与东道国政府之间的协作与沟通。对于国家级境外经贸合作区,应建立政府及企业间的三级磋商机制。政府出面沟通,企业跟进落实,从而提高园区开发建设效率。

在现有政策下,加大对走出去建开发区企业的支持力度,加大对境外园区模式的研发力度;同时,建立有效的信息发布机制和渠道,为园区企业提供相关信息咨询和投资分析建议、入园手续办理等服务。

在资金方面,很多境外企业由于缺乏国家资金的投入,因而在较短时间内难以达到国家核准标准,开发进程缓慢。对此应将部分对外援助资金转为定向投入开发区援助资金,作为企业前期投入资金,将外援变输血为造血。

(二)对行业协会的建议

国际产能合作是长期而又艰巨的任务,不仅需要国家层面的引导,更需要社会各界的共同努力。行业协会应发挥桥梁纽带作用,将国际产能合作的相关工作部署和政策消息及时准确地送达企业。

此外,更要立足于行业实际,及时组织力量联合企业开展海外调研,掌握产能合作沿线国家的实际需求和资源禀赋,结合行业特点,为企业"走出去"出谋划策。发挥协调协商的作用,指导企业因地制宜发展,帮助企业与政府、金融机构、外国驻华使馆等方面牵线搭桥,建立多层次产能合作机制。

同时,对于政府方,行业协会深入开展调查研究、数据统计和形势分析,为政府制定国别规划和产业政策提供信息和建议。

(三)对金融机构的建议

金融机构应简化审批程序,提高贷款效率,为"走出去"企业提供更好的融资平台和融资渠道。在政府政策的引导下,增加金融机构在境外合作园区设立的支行或办事处,开辟绿色通道,积极解决园区或园区企业融资难的问题。

促进投融资形式多样化,利用企业的境外资产、股权等多种形式抵押,由境外银行出具保函为境外企业在国内贷款提供担保,与此同时,降低担保要求。加强与企业的

紧密联系,帮助企业设立防范措施,避免境外投资风险。

五、国际产能合作下的境外经贸合作区发展前景与展望

（一）境外合作区模式发展将大有所为

境外经贸合作区的建立和发展是我国创业创新对外投资方式、开展国际产能合作的重要探索。虽然目前境外工业园区大多处于起步阶段,但随着政府的引导和境外投资的日益增多,众多企业有意参与到境外工业园区的开发建设中,伴随着我国"走出去"步伐的加快,国内工业园区经验开始向全球复制,影响力和辐射力不断增强。由于我国在国内建设开发区的成功经验以及近年来在境外建设合作区所产生的积极影响,合作区建设越加受到相关国家重视。

（二）产能合作方式多种多样

境外经贸合作区是推进"一带一路"倡议和国际产能与装备制造合作的有效平台,已成为促进中国和东道国经贸合作双赢的重要载体。中埃苏伊士经贸合作区的建设开辟了新时期国际经济和贸易合作的新模式,为中国与"一带一路"沿线国家尤其是非洲、中东国家推进产能合作、促进双向投资提供了有益范例。

（三）多种优势产业"走出去"

当前中国在"一带一路"沿线开展跨国产能合作的产业,既有以轻工、家电、纺织服装为主的传统优势产业,也有以钢铁、电解铝、水泥、平板玻璃为主的富余产能优势产业,又有以电力设备、工程机械、通信设备、高铁和轨道交通为主的装备制造优势产业。境外经贸合作区的建设,不仅可以实现产能转移与产能合作,还有利于提升中国在全球产业链和价值链中的地位。

央企产能走出去是增强世界经济活力的新途径
——以"亚吉模式"为例[*]

加快央企产能"走出去",推进国际产能合作是中国经济对外开放的一种新模式,也是增强世界经济活力的新途径。在2015年6月,推进中央企业参与"一带一路"建设暨国际产能和装备制造合作工作会议上,国务院总理李克强强调,推动国际产能和装备制造合作,是新阶段下以开放促进发展的必由之路,既有利于顶住经济下行压力,实现中高速增长,迈向中高端水平,也是与全球经济深度融合,在更高层次上嵌入世界产业链条,实现优势互补、合作发展的共赢之举。最近,由中国铁建等中央企业承建的"新时期的坦赞铁路"亚吉铁路建成通车,标志着中非产能合作走稳走实,为中国扩大国际产能合作开垦出一块"试验田",创造中国央企产能"走出去",实施国际经济合作的一种新模式。

在国家"一带一路"、周边国家互联互通、中非"三网一化"等战略部署下,加快央企产能"走出去",推进国际产能合作正在成为一种新趋势。亚吉铁路是中国企业在海外建设的第一条全产业链"走出去"的铁路,即从融资、设计、施工、装备材料,到通车后的运营管理,都由中国企业负责,呈现了全流程"中国化"铁路项目的实力。它完成的不仅仅是非洲经济发展过程中铁路"补位"的简单使命,而且刷新了中国经济对外合作的传统模式,构建起了由"政府援助为主向企业投资和建设合作为主",由"一般贸易向中高端领域合作"迈进的全方位深度融合发展新模式。"亚吉模式"对于中国经济的对外开放有两层含义:一是通过中国标准实施的铁路项目,把包括建设、装备、运营在内的全产业链带出去;二是通过铁路带动沿线经济发展,建设沿线经济带,实现国际产能合作。

全产业链走出去,为中国经济对外开放战略提供新途径。早在2000年,我国就提出了实施"走出去"战略,但彼时更多着眼于经济全球化和中国"入世"的考虑,企业多

---

[*] 作者李锦,中国企业改革与发展研究会副会长,新华社高级记者。

数是自发地、零散地"走出去"。以前,中国经济向外走,主要靠贸易,也就是产品输出。现在,要实现产业能力输出,推进国际产能和装备制造的合作,核心就在于通过这样的合作把产品的贸易、产品的输出推进到产业输出和能力输出上来。全产业链"走出去",改变了通过贸易进行产品输出的单一模式,而侧重于产业能力的输出。而当前提出的国际产能合作是根据国际市场需求和中国经济内在发展阶段提出的构建跨国产业体系的战略,是"走出去"战略的升级版。铁路"走出去"是"一带一路"倡议中促进互联互通的重要抓手。亚吉铁路是中国企业在海外首次采用全套中国标准和中国装备建造的铁路,是经济对外开放战略提供的新的模式。

全产业链走出去,为产能走出去提供新渠道。 当前一些产能出现过剩,并非都是技术上的问题,很多优质产能,受市场周期性变化引发短期需求变动影响而富余。这时,就需要重视生产要素向新供给转移,让企业产能"走出去",在全球范围内配置产能要素、开拓产能市场,为中国经济中高速发展增力减负。在全球价值链上,不同国家和地区处于不同位置,实现产业、资金及技术合作的国际产能合作"多赢"格局,机遇很多。事实上,目前中国参与的许多国际产能合作,除高铁建设外,在核电、电力、通信和装备制造等领域,都代表了中国装备制造业的先进水平,即使在国际上也有着相当的高度。亚吉铁路之所以成为中国与相关国家合作"新典范",一个很重要的原因就是,我国铁路产能质优价廉,综合配套能力强,具有很强国际竞争力。

全产业链走出去,为中央企业"抱团出海"提供新样本。 央企抱团出海,既是全球经济复苏乏力、中国经济增速调整对央企的一种倒逼,也是央企发展成为具有国际竞争力跨国公司的需要。浩浩荡荡的出海大军中,央企是主力军,目前我国非金融类对外直接投资70%以上为央企;我国对外承包工程营业总额60%以上为央企。散兵游勇、各自为战的中国企业在国际上失败的教训很多。中国企业需要在整合资源的基础上抱团出海。我们要营造基础设施相对完善、法律政策配套的具有集聚和辐射效应的良好区域投资环境,引导国内企业抱团出海、集群式"走出去"。"抱团",不应仅仅是企业之间抱团,还要让各种资源抱团,把中国企业的技术、装备和融资结合起来,形成更大的抱团"组合拳"。"亚吉模式",由中国金融投资、铁路建设、机车、经营管理等多家央企合作参与,减少内部恶性竞争,增强抗风险能力,是成功的中央企业"抱团出海"的范例。

全产业链走出去,是开展投资与贸易有效融合的重要抓手。 为推动装备走出去和国际产能合作,金融服务要同步跟进。在金融层面,中国资本需要国际化的拓展空间,而发展中国家财力有限,两相契合。产能走出去,实际上是加快我国企业在世界市场经济体内进行资源的有效配置,我们需要创造性地利用国际国内两个市场,拓宽外汇储备运用渠道。通过定向发行专项债券等方式,对重点合作项目提供更多融资服务。在加强风险防范前提下,更好地发挥优买贷款、援外优惠贷款作用,扩大支持的国别范围和行业领域。

全球视野下的包容性发展,是中国推进"一带一路"和国际产能合作秉持的发展理念。"亚吉模式",以全产业链"走出去",带动铁路沿线经济发展,以多种方式开展物流仓储、工业园、土地开发等合作项目,建设沿线经济带,展示了国际产能合作的前景。

实现国际产能合作,建设沿线经济带。中国的"产业输出",不仅重视产业、资金及技术合作的对外竞争力,还带动建设沿线经济带。埃塞俄比亚是个以农业经济为主的内陆国家,落后的基础设施以及缺少出海口,严重限制了其进出口贸易和工业的发展;吉布提面积仅2.3万平方公里,自然资源缺乏,工农业基础薄弱。亚吉铁路建成后,吉布提至亚的斯亚贝巴的运输时间将从公路运输的7日降至10个小时,这将促使两地的客货运输从完全依赖公路转变为70%依靠铁路。这条铁路投入使用后,将成为埃塞俄比亚出海大通道,开辟埃塞俄比亚乃至东非腹地物资、出口的通道,带动一条经济带,拉动沿线地区的工业化和城市化。通过铁路带动沿线经济发展,以多种方式开展物流仓储、工业园、土地开发等合作项目,建设沿线经济带,以避免铁路建成后因为长期"无货可运"而发生"退化"。

实现国际产能合作,推动了合作各方工业化进程。中国与他国开展产能合作,是要通过对接发展需求,合理转移优势产能,增强这些国家工业能力,提高制造业发展水平,培养实用人才。"亚吉模式"使得中、埃、吉三方合作,发挥了"1+1+1＞3"的国际产能合作的魅力,给各方都带来发展红利。铁路承建方中土集团和中国中铁,签约拿下了亚吉铁路6年运营权,为当地创造了就业,仅在埃塞俄比亚,就有两千多名当地员工接受铁路运营培训,包括乘务员、火车司机、技术人员等。铁路建设累计雇用3万多名当地员工,让非洲兄弟也能具备铁路建设能力。中国企业将利用这段时间,把中国铁路的运营理念传授给埃塞俄比亚和吉布提员工,其中包括如何对铁路系统进行妥善保养等。6年后,中国企业将会把铁路运营管理权交还给两国铁路人才,让非洲人民真正承担起自主运营亚吉铁路的责任。

对于中国企业而言,拓展国际产能合作,是中国积极参与全球市场竞争和价值链重构,使中国企业在国际市场与技术先进、实力雄厚的跨国公司同台竞争,装备"走出去"将倒逼企业不断提高技术、质量和服务水平,提高企业的整体素质和核心竞争力。

实现国际产能合作,为世界经济发展提供新动力。当前,全球经济持续低迷,国际贸易增速大幅下降,国际投资跌宕前行。国际产能合作,将中国制造业的性价比优势同发达经济体的高端技术相结合,向广大发展中国家提供"优质优价"的装备,帮助它们加速工业化、城镇化进程,可以凝聚全球经济稳定增长的新动力。亚吉铁路打通了非洲屋脊与亚丁湾运输新动脉,为埃塞俄比亚乃至东非腹地的物资流动提供出海口,而吉布提港也将变成名副其实的物流中心。亚吉铁路如期通车,也使埃塞俄比亚政府看到了发展工业化、建设非洲制造业大国的希望,提振了投资商到埃塞俄比亚发展工业项目的信心。

在世界经济新格局以及全球新一轮产业转移的大背景下,国际产能合作打开了中国经济对外开放发展的新窗口,已经成为中国构建开放型经济新体制的重要目标。"亚吉模式"显示,中国企业要在国家"一带一路"、周边国家互联互通、中非"三网一化"等战略部署下,从开放中不断扩大增长空间,尤其是要积极参与国际产能合作,加快全产业链"走出去",以提高有效供给催生新需求,有助于中国经济加速转型升级,拓宽国际合作领域和发展空间,增进与相关国家各领域交流和互信,进而提振全球经济增长信心,推动实现全球经济再平衡。这必将给"一带一路"沿线国家带来发展新契机,为促进世界繁荣进步注入正能量。

空间协同篇

江南塞北扬鞭过
天下法式彀中藏

"一带一路"宏伟战略如何落实到基本建设过程中,不仅需要深刻的理论论证,更需要审慎的实践检验。本篇选取不同经济区域、不同经济主体作为研究案例,深入剖析在"一带一路"战略之下,不同区域之间的合作模式和协同策略,从而在横向层面为"一带一路"的落实提供建设性的意见和建议。

Chapter of Spatial Synergy

Implementing "The Belt and Road" Initiative to be the task-specific, not only requires in-depth theoretical argument but also cautious practical test. This chapter applies case studies by choosing entities from different economic areas. It aims at analyzing the synergic strategies and cooperation mode between different regions in order to provides the constructive policy suggestion on implementing "The Belt and Road" Initiative.

"一带一路"背景下的国家中心城市崛起路线图*

一、价值双环流下的全球新贸易格局

（一）价值双环流是我国未来开放发展应坚守的重要格局

《推动共建丝绸之路经济带和21世纪海上丝绸之路的愿景与行动》文件发布是我国对外开放战略的升级版。北京大学经济学院张辉教授指出"一带一路"将产生价值双环流格局下的新贸易格局，一方面是中国与世界经济发达国家之间的经济、文化、科技、政治领域全面交流，另一方面是与经济相对欠发达国家或地区的经贸、产业、基础设施、文化等交流合作。

改革开放近40年时间里，我国是国际贸易大国，但不是国际金融大国，并且受制于人民币国际化进程约束和汇率影响，长期以来我国在国际产业分工和经贸中始终处于价值链的中低端，虽然贸易量巨大，但换回的是大量美债，"真金白银"却不多。我国在全球性金融管控、资源定价、技术服务、文化输出等方面的话语权仍然相当微弱。随着"一带一路"战略实施，价值双环流对国家宏观经济的影响在逐步显现。一方面，我国与发达国家之间的经贸一体化程度在加强，虽然我国与欧美等发达国家的贸易额占进出口的比重在下降，但经济要素流动在加强，主要表现为产业链条的并购整合、创新技术联动、服务外包高端化等方面。尤其是创新方面，如华为已经初步建立了全球的创新网络，与此同时中国企业通过并购能够获得国外大量一流的技术专利。另外国家也在大力推进国内的技术创新升级，因此与发达国家之间的产业整合大势所趋。

另一方面，我国与"一带一路"国家的经贸往来日益加强。在2010年金融危机过后，我国与全球的经贸增长区域主要集中在南亚、东南亚和非洲等区域。2010—2014

---

* 作者徐辉，中国城市规划设计研究院绿色城市研究所副所长、高级城市规划师。

年,中国、印度、新加坡、马来西亚、菲律宾的 GDP 平均增长率分别为 8.6%、7.3%、6.4%、5.8% 和 6.3%。① 与此同时,我国与俄罗斯、哈萨克斯坦、蒙古等中亚国家贸易的增长也显著增加,目前俄罗斯居我国贸易国家的第十位,2013 年我国与俄罗斯进出口总额为 892.1 亿美元。② 同时随着我国通过融资等方式大规模参与其他国家的基础设施建设,参与本地产业投资和供应商体系建设,已经在摆脱单一贸易依赖方面有重大进步(见图 1)。

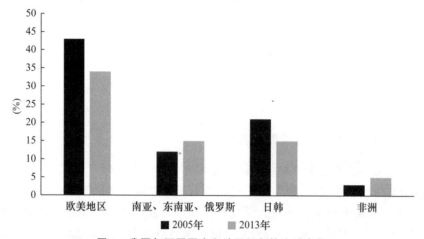

图 1　我国与不同国家和地区经贸的比重变化

2013 年我国对外直接投资分地区分布如图 2 所示。

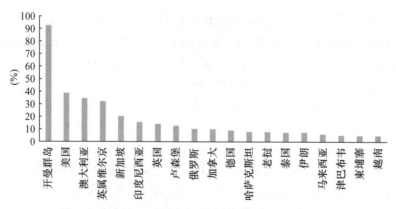

图 2　我国与主要国家和地区之间的经贸比重变化

注:图中不包括中国内地对香港直接投资的 628.24 亿美元。
资料来源:《2013 年度中国对外直接投资统计公报》。

---

① 世界银行数据库。
② 引自凤凰财经,http://finance.ifeng.com/a/20140302/11782846_0.shtml。

(二)中国在全球供应链体系方面将逐步向价值链高端移动

随着在全球经济版图核心地位的进一步提升,中国在传导北美、欧洲、日韩等国家技术产品、技术服务等优势的同时,辐射东南亚、非洲、南美洲的大宗物资交易、产品输出方面的枢纽作用将明显增强。而这种枢纽作用的发挥将伴随着跨境电商的发展、基础设施境外投资和中国装备制造业产能输出。如苹果的全球供应链厂商中来自东亚和南亚地区的占到80%,其中最核心的是中国的珠三角(包括香港)、长三角和环渤海地区。当然从商品的全产业链价值来看,苹果的制造业和配件采购仅是其知识产权保护下的价值环节的一小部分。又如相关研究表明,我国目前参与相关国家的基础设施建设投资仅占到投资对象国家基建投资的1%左右,预计到2030年将提高到5%—8%。

二、开放格局下的国家中心城市布局

国家中心城市的布局需要把握以下几方面:一是全球化深度推进将出现新的国际门户、创新中心;二是国家实施相对均衡的城镇化发展战略有利于培育新的市场中心;三是区域交通、能源设施在全国层面将促使新的网络中心出现。因此,未来我国新的国家中心城市将在新国际门户、创新中心、新市场中心、新网络中心的叠加下产生,而既有的国家中心城市也将在这些职能叠加基础上向全球城市体系的上层位置移动。

(一)新的国际门户

GaWC全球城市体系研究表明,除了纽约、伦敦、东京、巴黎等世界城市外,一批人口规模不大但以上专业化职能突出、战略性经济要素掌控力强的城市位居全球城市体系的前列。随着我国参与全球化进程继续加深,也将出现一批新的专业化强的国际门户(见图3)。

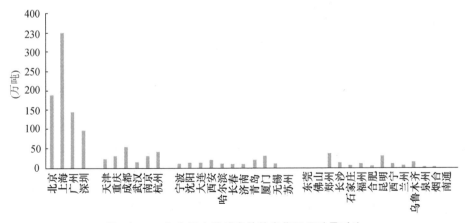

图3　2013年全国主要城市的航空货运吞吐量对比

一是长三角、珠三角和京津冀三个城镇密集地区的核心城市将逐步向全球城市体系的"顶端"移动,在文化、科技、创新服务、高端消费等国际性职能方面有更大突破;二是面向不同国际次区域的边境省份中心城市的国际化门户职能与边界中心枢纽地位将进一步强化;三是中国沿海地区的空港、海港地区和商贸物流节点城市,以及内陆的空港国际门户城市将产生国际性的专业化职能,如浙江的义乌、重庆的江北空港地区等。

特别地,新时期中国联合周边国家积极倡导的"一带一路"战略,对于未来区域开发格局将产生深远影响。"一带一路"战略使我国对外开放格局从过去的沿海一个方向转向沿海与内陆边境两个维度,由此将形成纵深联动的区域开发局面。在这一战略引导下,目前重庆的中新战略性互联互通项目启动,宁夏内陆开放型经济试验区获批,一批中欧集装箱和邮政班列已定期开通。

可以预见到未来 20 年里,一批重大区域性综合交通枢纽设施,重大国家级政策将向中西部地区甚至边境地区倾斜,从而引导产业要素、创新要素和信息要素的集中。未来,中蒙俄、中国—中亚—西亚、中国—中南半岛、新亚欧大陆桥、中巴、孟中印缅等国际经济合作走廊上的区域性中心城市、边境地区门户城市、口岸城镇将迎来发展机遇。

(二)新的创新中心

国际化职能拓展的一项重要指标是城市的综合创新能力。创新能力的体现一方面是新技术成果的孵化与市场交易,另一方面也体现出制度创新带来的产业经济价值链的延伸与市场化。

当前,我国与世界一流创新中心城市有较强竞争力的城市有北京、上海和深圳三个。澳大利亚智库 2thinknow 评出的 2014 年全球最具影响的创新城市前 50 名中,上海、北京位列其中。北京在中关村自主创新示范区政策下,上海在张江自主创新示范区政策下,均提出争取建成具有全球影响力的科技创新中心。当前北京中关村的技术交易合同占全国的 40% 左右。深圳、上海成为新兴的"互联网+"经济重要创新基地。中国正处于产业结构转型的关键时期,在国家全面推进"制造业 2025"战略,推动"大众创业、万众创新"时期,加快形成一批接轨国际产业研发转移,培育本地创新服务中心的城市尤为迫切。

麦肯锡提出,全球科技创新中心的成长有三条路径:一是新加坡、中国台湾新竹为代表的政府主导型创新发展模式;二是首尔、班加罗尔为主的城市综合服务型创新模式;三是硅谷、纽约为主的"基础研发+风投产业化"创新模式。北京、上海、深圳以第三类模式为主,而中国其余科技实力强的城市往往采取第一类模式。如国家布局未来科技城的城市,有天津、武汉、杭州,是明显的政府主导型;此外,广州、南京、成都、西安等城市的科技原创动力较强,未来这些城市都应向第二类创新模式转型。

(三) 新的市场中心

我国人口大国的基本国情决定了健康有序推进城镇化、合理引导农村人口就地就近转移是保障社会经济可持续发展的重要因素。内需导向的工业化、城镇化发展步伐加快,意味着未来人口密度分布将会成为主导城市发展的决定性因素之一。从历史经验来看,当我国是强大的统一国家时期,中心城市的分布是相对均衡的。从中国的人口分布与人口密度来看,未来将有7—8个人口规模超过1亿人、半径尺度在300公里左右的城镇密集地区。这些区域意味着庞大的消费市场,由此可以支撑一个强有力消费型中心城市的发展(见图5)。

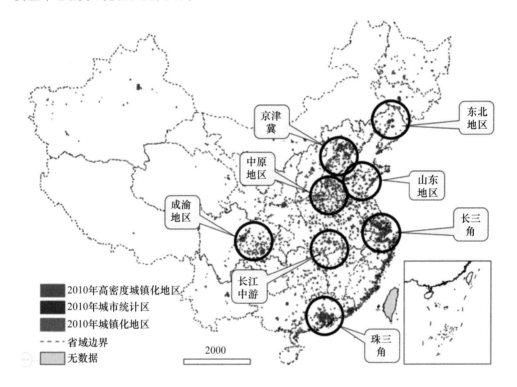

图 4　全国主要人口规模 1 亿左右的城镇密集地区

注:底图由清华大学龙瀛提供。

可以预见,未来人口密集的长江中游地区、黄河中下游地区、成渝地区将成为我国的新兴市场地区,这些区域将成为新的城镇人口快速聚集中心。尤其是,当前我国服务业对国民经济的贡献率已经超过工业,发挥中心城市的现代服务业引领作用、带动消费经济发展是促进大区域产业升级的重要途径。

(四)新的网络中心

区域交通条件对全国城镇体系布局的影响至关重要。自 2000 年以来,我国开始了大规模的高速公路网建设,2004 年左右开始了海港与内河港的建设高潮,2008 年金融危机后,中国的铁路、高速铁路和机场建设步伐明显加快。预计到 2020 年前后,中国将基本建成覆盖 20 万人口以上城市的高速公路网、铁路网和覆盖 50 万人口的航空网络和高速铁路网。这些交通网络的枢纽地区的经济聚集能力将空前提升。主要表现为两方面:

一是各种交通设施网络将在全国层面形成布局相对均衡的客货运的集散中心,根据《全国城镇体系规划(2006—2020 年)》,我国将建成北京—天津、上海、广州—深圳、沈阳、重庆—成都、武汉、西安、郑州、兰州等九个一级综合交通枢纽。

二是这些枢纽城市的直接影响范围将随着高速铁路、机场航线有更大拓展。通过日本新干线建设对高速公路和航空出行的影响分析表明,250 公里左右是高速公路和高铁交通方式出行率的等分距离;800—900 公里是高铁与航空出行的等分距离[①](高津利次,2007)。根据 2 小时商务圈看,中心城市的城市经济区范围将随着高铁、城际轨道扩展到 500—600 公里范围,由此对物流体系的重塑将产生重大影响。同时随着支线机场建设,中心城市的休闲旅游服务辐射腹地将拓展到 600—1 000 公里范围。譬如,当前成都、昆明等城市,航空中转枢纽职能得到明显提升。

三、中心城市的崛起路线图

北、上、广、深等城市目前已经是全球城市中的"塔尖",尤其是北京和上海甚至进入了 GaWc 的前十名。未来随着我国"一带一路"的深入实施,对外开放的纵深推进,我国将有更多的中心城市纳入到全球城市序列之中。这里以杭州、宁波、成都三座典型的中心城市的发展路径,探讨城市与产业的融合发展思路。

(一)沿海中心城市的产业创新路径:杭州

2016 年上半年,杭州以 10.8% 的经济增速位居我国人口 300 万规模以上城市第一名。近年来杭州市在信息经济的强大引擎拉动下,产业结构呈现出快速优化调整态势,在一批同等人口规模城市中脱颖而出。2015 年杭州市全市的第三产业比重达到 58.24%,在人口规模 300 万以上城市中,是仅次于北、上、广、深的第五城;2016 年上半年增速达到了 14%,也遥遥领先于其他城市。位于杭州的中国企业 500 强企业总部(地区总部)数量、独角兽企业数量也遥遥领先。这些指标均显现出杭州十分强劲的增长动力,显示出"杭州模式"的独特性(见表 1)。

---

① 引自《日本铁路与交通》2007 年 8 月,根据图纸换算。

表1　2015年杭州与其他城市的人口、经济与产业指标对比

城市	第三产业比重(%)	中国企业500强	独角兽企业TOP 300
杭州	58.24	16	18
南京	57.32	12	5
武汉	51.02	10	3
苏州	49.50	3	4
厦门	55.77	6	3

借着G20全球峰会的历史机遇,杭州市提出了建设全球影响力的"互联网+"世界科技创新中心目标,这个目标当前仅有北京、上海和深圳三座实力科技之都有底气提及,杭州是第四城。阿里巴巴集团公司首席技术官王坚曾不止一次地讲到"未来浙江和杭州对中国的作用,类似加州和硅谷之于美国"。他坚信世界的创新中心早晚会转移到亚太,而亚太的创新主要看长三角地区,长三角的创新崛起需要杭州这样的城市建设成为中国的硅谷。说此话的人不仅有王坚,著名经济学家吴敬琏也曾说过:"杭州是中国最有可能成为硅谷的城市。"

1. 国家需要杭州的科技创新

新时期国家将创新战略提升到重要高度,其对于推进我国产业结构调整,深度对接全球产业分工具有深远意义。如果说北京代表了知识原创与基础科学研究的堡垒,上海代表了我国"大国重器"建设的产业链基础创新中心,国家还需要若干将基础科学与应用技术相结合的创新排头兵。以深圳为代表的应用型科技创新为深圳建设现代化先锋城市铺垫了道路,杭州的信息经济将推进我国产城融合,为工业4.0发展找到一条新出路。

杭州的科技创新模式在于建立了开放的新经济体系。这种"互联网+"下的新经济体系具有两个特征:一是以信息经济为核心建立起的具有全球产业链整合意义的新型供应链体系,尤其是以阿里巴巴和跨境电商为主;二是依托浙江省的民营经济优势,在发挥区域的制造产能和融资环境优势下,强化了科技产品的生产转化,当前的工业4.0研发显得尤为重要。随着新经济的进一步发展,这两条创新路径有加快融合的趋势,借助于全球供应链体系的建立,跨国融资和境外并购渠道更为畅通,为当前的科技型独角兽企业走出国门,获取更多的专利技术和生产链条提供了极大的便利。正如习近平总书记在G20峰会上提到"在杭州点击鼠标,联通的是整个世界"。所以,杭州的科技创新模式对于我国深度参与全球产业分工,加深知识交流合作,推动国家"一带一路"建设有着重要的意义。

杭州争创世界科技创新中心有着坚实的底气,借G20峰会东风蓄势待发。

第一,信息经济是杭州产业经济转型发展的支柱。2016年上半年信息经济产值

为1200亿元,增速23.8%,占到GDP的24.0%,对GDP贡献超过50%(见表2)。信息经济中信息软件、数字传媒、电子商务(跨境)、移动互联网的主营业务收入增速均超过35%;同时互联网金融、O2O、物联网等智慧产业发展也十分迅猛。信息经济的核心动力来自阿里集团的"蒲公英"创新模式。当前阿里集团在蚂蚁金服、菜鸟网络和阿里云三个新型业务领域发展,已经使得互联网经济从原来的单纯贸易走向了产业链和供应链的整合。这种链条整合机制为新型的互联网服务型中小企业发展带来了大量商机,也正因如此杭州成为信息经济瞪羚企业、独角兽企业发展的重镇。我们称这种模式为"蒲公英"创新模式。一方面每年有大量有创新精神的年轻人从阿里集团"毕业"出来创业,另一方面杭州的互联网服务业为这些创业人群找到了人生的第二次跳板。这些有活力的创业人群不断在杭州这片创业沃土汲取养分并茁壮成长。有数据显示,从阿里出来的创业公司涉足电子商务、旅游服务、金融服务、社交网络、教育、消费生活、文化娱乐、企业生产服务的比重占到了2/3,这些初创企业在不久的将来也有可能成长为阿里一样的巨人。

表2　2016年上半年杭州市信息经济发展

类型	增加值(亿元)	增速(%)	占GDP比重(%)
软件信息	1596.50	29.40	15.88
数字内容	1234.50	35.50	12.28
移动互联网	844.70	37.50	8.40
云计算大数据	829.00	29.60	8.25
电子商务	826.50	34.50	8.22
电子产品制造	557.80	35.00	5.55

第二,杭州的工业创新步伐在加快。这与整个浙江省的产业结构升级有着密切关联,同时与依托高校和大型科研院所的创新成果转化也密不可分。以浙江大学、青山湖省级科研基地等为主的科技创新共同体在助推整个浙江省工业4.0发展方面发挥了积极作用。当前,杭州在高端装备、高新技术、战略性新兴产业发展方面处于长三角地区领先地位,2016年上半年工业增加值均在10%以上,高于全省平均水平;同时机器人、大数据工业服务(云)、新能源汽车与电池(大江东)发展迅速。从《国家高新区瞪羚企业发展报告2016》中看到,杭州高新区(示范区)的瞪羚企业有53处,瞪羚率为2.85%,居全国前五位。由于科技更新,杭州工业"机器人换人"在加速,2015工业的劳动生产率为26万元/人,是全国平均的2倍。

第三,杭州是全国重要的"双创"高地,多元化的孵化平台、众创空间成为创新、创业的"苗圃"。一方面,创业氛围浓厚,尤其是依托浙江大学、杭州师范大学的学生创业人数比重在全国最高。近年来,杭州通过海外人才、高技能人才引进政策,对省外人才的吸引力显著提升。从全国"211"高校学生就业去向分析来看,杭州吸引高校学生数量比重由2013年的2%提高到2015年的3%,其中上海院校的毕业学生在杭州的创业人数在显著提升。另一方面,杭州市积极推进城市大孵化平台工作,在政府与市场共同作用下,为创业人群和瞪羚企业发展提供了各种类型的孵化器、众创空间,极大地降低了创业的成本和产业发展中的交易成本。孵化器大致分为三类,以未来科技城海创园为主的政府主导型大型孵化平台,为海归人群、初创企业、关联性产业发展提供科技、人才、金融服务;以恒生科技园为代表的民营中型孵化平台,为处于发展扩张期的瞪羚企业提供全产业链服务;以梦想小镇、紫金众创小镇为主的孵化器,为扶持初创企业提供股权投资支持。目前杭州有21家国家级孵化器,有240万平方米孵化场所。众创空间为创业者提供必要创业中介服务、社区服务,提供便宜、共享的办公场所和交流空间。截至2016年6月,杭州市级认定的众创空间有45家(其中国家级14家),众创空间总面积为12.03万平方米,众创空间已设立或整合基金98个。

第四,宽松的创新创业环境是持续创新的重要依托。一方面,宏观政策保障了创新的低成本优势。杭州目前获批了国家自主创新示范区、自由贸易区和中国(杭州)跨境电子商务综合试验区,这些国家级荣誉为杭州的科技创新发展营造了更为宽松的政策环境。另一方面,微观层面更便捷、人性化的服务营造了良好的创业生态环境。"一站式"创业服务也极大地便利了创业人群,如西溪街道对小微企业发展提供了"保姆式"服务,为各类企业提供医保、就业、社会保险、地税、国税、职工维权、工商、科技、出入境办证办理的"一站式"审批与咨询服务。

2. 立足世界创新模式的前沿加快产城创新融合

(1)从独立创新走向网络、众包创新。过去的科技研发与成果转化多以独立的实验室、企业研发部门单独完成,然后通过技术成果转让方式逐步进入到生产领域;知识的传播也往往是单通道或"节点—腹地"传播模式。但随着知识产生的多元性,科技成果的技术集成更为复杂,往往需要一种更为开放的创新模式。这就需要多研究团队的密切合作才能完成重大科学发现,需要多个研发部门的通力合作才能在较短时间内完成成果转化工作。如欧洲核子研究组织最初的发起人只有12位,但随着探测宇宙粒子日趋复杂,现在已经扩展到了21个成员,由各地的科学家联合探索。又如为发现引力波,需要处理激光干涉引力波天文台(LIGO)相关数据,在全世界召集了包括MIT在内的90多所高校和上千人的科技研究人员。尤其随着大数据深度挖掘技术的出现,物联网促进硬软件科技的深度融合,创新更需要网络化、众包模式,为搭建一个集成的科技成果共同发力。正如华为的创新模式,每一部新手机和新电子产品的产出,都需要其位于全球的创新研发中心给予技术支持。

随着创新研发与生产环节的逐步剥离,前端的网络、众包创新需要平台式的创新功能支撑。因此,"创新型院校机构+云数据中心、创新产业集群+多样化孵化器+全球众包"将成为新型的创新平台。围绕不同行业、科学实验的云数据中心将形成不同的创新型产业集群,这些创新产业集群内将分布多样化的孵化器。这里的孵化器不仅仅包括创业者、初创企业、瞪羚企业的孵化与培养功能,还包括了公共实验室、联合办公室等设施,将部分原本属于院校、大型企业的硬件设施向社会开放,进一步提高了创新资源的使用效率。这种新型平台创新模式在美国硅谷、波士顿、北卡三角、西雅图等地区已经取得了明显成效。如波士顿大都市区围绕坎布里奇的创新中心成为世界级的创新策源地之一。坎布里奇的核心即是哈佛、麻省理工等知名院校共同构成的创新协同体。该区域每年吸引投资70亿美元,每年平均批准264个专利,授权280个技术商标,围绕麻省理工的相关企业超过1000家,造就了全球销售530多亿美元的总体量,并直接带动12.5万人就业。正因有强大的高校创新策源地,使得波士顿大都市区成为全美人均专利最高的区域(每10万人3.32件),人均创办企业数全美第三。

(2) 从园区创新走向城市创新。中国过去的工业化更多为接收订单式的生产加工模式,如果说有创新的话,也仅仅是园区内少数企业的市场应用研发。但杭州的信息经济和工业4.0发展,彻底将这种被动的加工生产创新模式打破,取而代之的是新型的平台创新模式。创新活动既有创新型院校、创新创业孵化器和高新技术企业之间的紧密联动,也与创新人群和企业依赖的生态文化空间、创新服务社区和科技融资服务机构密不可分。这两个部分分别组成创新动力三角和创新支撑三角,双创新三角的叠加构筑了创新网络,成为创新型城市发展的必要条件。

正如波特兰在7年前为推动其产业创新升级一样,将城市创新摆在重要地位,通过不断吸引高素质人才来引领产业经济的转型。过去20年里,波特兰在计算机、电子硬件、精密仪器制造方面具有一定优势,被誉为"硅林",但在2008年金融风暴冲击后,其传统制造业订单大幅萎缩。政府制定了《波特兰经济发展战略(2009—2015)》,提出了培育清洁能源与信息软件产业、城市绿色创新转型、繁荣的文化社区等发展策略,其目的是培育创新阶层。正是由于通过城市绿色创新策略吸引一批有生态理念追求的年轻人,通过繁荣的文化社区吸引有艺术细胞的人群,使得波特兰在创投公司、科技公司中的地位大为提升,从而使其产业的转型发展顺利完成。也如波士顿大都市区的坎布里奇,依托高校的文化设施场所成为科技人员交流、跨国合作交往的重要空间。其中,哈佛广场和Kandell广场又承载了城市文化生活功能,拥有90万平方英尺商业空间、21家文化书店报亭和大量文化表演场所。这些广场既是城市的市、区级文化中心,又是大都市区的技术交流中心和成果交易场所。[①] 特别是在当今互联网时代,源于生活、来自交往、体现包容的城市创新模式是引领产业发展的重要途径(见图5)。

---

① 参见屠启宇的"波士顿建设创新城市,驱动大都市区转型发展"一文,引自上海市社会科学院的"国际城市观察"公众号。

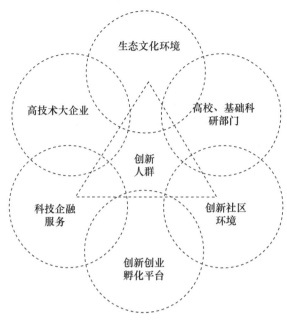

图 5　创新型城市的功能组成与网络结构

（3）创新发展的若干举措。立足杭州大都市区构建创新网络。正是得益于杭州优越的创业环境、宜居生活和多彩的文化活动，使得杭州成为创业者的天堂，科技创新活力持续上升。这里杭州就是一个大的孵化器、超级云平台，同时也是一个国际化的交往中心。杭州的创新活动根植于城市经济的每个环节，壮大于杭州高新区、未来科技城、青山湖科技城等大型园区，又进一步在全市范围内扩散延伸创新链条。创新动力三角和创新支撑三角将城市中的各功能单元紧密联系在一起，形成创新网络。其中生态空间、文化空间、商业空间与各类科技创新空间的交融互动是激发创新链条向价值链条转变的重要纽带。

大力培育国际合作模式的应用型科技机构。当前科技领域、信息经济的创新已不能闭门造车了，需要更为密切地连通全球的科研院所、机构和企业进行交流合作，方可保证科技研发的时效性和领先性。未来杭州应围绕新一代信息技术、人工智能、生命科学、职能制造、新材料等科技领域，加大与国际机构的合作，加大知识专利的跨国并购，积极拓展产业链。这一点可以学习纽约康奈尔科技园区的发展经验，其位于纽约市罗斯福岛（曼哈顿与皇后区之间），定位于应用型的科技研发中心。当前，康奈尔科技园借助高校研发资源、纽约中心区的便利性公共服务设施、风投资金，吸引了谷歌、脸书等互联网科技企业和大规模集成电路企业，建成开放、共享的应用型创新基地。在校老师和学生可以直接与这些大企业研发中心进行交流合作，及时将好的创新发明应用于这些科技型企业。值得注意的是，康奈尔科技园也是跨国合作机构，为康奈尔大学和以色列理工学院共同建设,并在电子计算机、信息工程和生物医学等方面联合培养学生。

立足各类特色小镇,建设花园式、开放型科技园区。无论是美国硅谷,还是日本东京筑波科技城都有着优美的环境,建筑尺度宜人,配套功能相对完善,形成研发活动与日常生活紧密联系的关系。开放型花园式科技园区能够充分满足各类人群的多样化需求,通过配套的酒吧、健身运动场所和文化娱乐场所,为高强度的从业者提供高品质服务,有利于创新思维的迸发,如脸书、苹果、阿里这样的大型企业总部都倾向花园式、开放的园区。因此,对于科技园区的理解不应仅仅是由几栋建筑物所围合起来的传统"工业大院",而是如同硅谷和筑波科学城那样的城市功能区。因此,这里倡导特色小镇模式的花园式、开放型科技园区。整个园区内部具有非常好的开放性,而并非是一个个办公楼所围合成的封闭办公空间。每个园区面积不超过5平方公里,土地功能相对混合,绿色开敞空间比重高。

建设一批国内领先的精品交流空间或众创空间。交流空间是科技、文化原创发展的重要载体。中关村创业大街的成功在于立足各种类型的咖啡馆、联合办公室形成了独特的交流氛围,使得一批具有创业情怀和初创产品的人群相互之间深入交流,也让独具眼光的风投公司能够尽快找到理想的投资对象。杭州也应该立足于优美的城市环境打造同类的精品交流空间。该类空间更适合在高校和创新型企业聚集的区域布局,如以紫金众创小镇、梦想小镇、西溪谷来打造集创新服务和生活服务为一体的精品交流空间。该类空间应包括以下五类功能:一是咖啡交流设施,为创业群体提供联合办公场所;二是各类小微孵化器,为创业人群和初创企业提供必要的政策、资金支持;三是共享实验室,将院校、大型科研机构的科研设备向社会开放,创业人群可以通过申请和租赁模式合理利用;四是城市型公共服务节点,并大力建设口袋公园。通过街边小型绿地、小公园、街心花园、社区小型运动场所等口袋公园建设,营造开放的交流共享场所。

营造国际一流的创新社区。在美国硅谷、东京筑波园区的创新型人群多居住在就业地附近,并且相应的居住社区能够提供日常生活服务、休闲娱乐功能;而基于北京上地高新技术产业基地的居住调研报告,互联网企业与高新企业公司职工更加偏向于在公司附近租房,这样有更多的时间可以进行交流。基于以上对于创新型人群的服务功能需求来看,在杭州城西科创大走廊、杭州高新区等信息产业和高新技术产业密集分布地区,提供创新人群交流空间的创新社区,满足中高级企业领导的高端居住社区尤为重要,也为不同人群提供多样化的交往空间。此外,通过政府引导和市场培育积极推进国际人才公寓建设十分必要。从美国硅谷、波士顿等地区的发展经验来看,国际人才公寓多以出租形式给予从事科技研发、高科技生产的人群;同时可以保障这类人群在不同地区间流动住有所居。杭州可在城西科创大走廊、杭州高新区、各类特色小镇等地配套建设国际人才公寓,在各类新建居住园区中按照一定比例配建,以出租方式提供给青年创业人群和初创企业。

(二) 沿海港口经济强市的转型发展路径：宁波

我国东部沿海城镇带的全面崛起标志着国家强盛时期即将到来。在这个大背景下,长三角地区建设世界级城市群将赋予宁波等城市更多的全球化角色和国际化职能。把握宁波未来的区域定位与发展目标,需要明确门户与中心、转型与创新、贸易与港口这几个主题词,它们是宁波进一步提升全球性综合竞争实力、实现都市品质提升的重要突破口。

1. 为什么国家需要宁波港城的转型发展

门户与中心——寻求"归一"：门户与中心是宁波与生俱来的发展特征,自唐代以来宁波作为国家门户的地位就一直没有动摇过,尤其是在社会稳定繁荣时期宁波一直是我国重要的区域性中心城市。改革开放以来,宁波作为国家门户更多地体现出物资进出口的口岸作用和招商引资的桥头堡地位。未来随着我国经济逐步引领世界经济发展,宁波作为国家门户将被赋予更多的跨国生产组织、资源掌控、文化交流职能。与此同时,宁波的区域性中心城市内涵也将从既有的长三角地域尺度上的经济地理中心向国际化的节点中心提升。因此,服务于长三角的都市生活、科技教育、文化娱乐和休闲旅游等职能将大为扩展,这些职能也将具备国际化特征;宁波的辐射影响力也将覆盖浙江大部分区域,成为带动浙江全省发展的核心城市。

转型与创新——重在"有为"：当前经济中心不再是区域性中心城市追求的唯一目标,而城市的多元价值在新一轮竞争中更加凸显,这是区域性中心城市转型发展的大趋势。未来积极拓展国际化职能,全面提升城市的品质是宁波未来转型发展的重要方向。因此,宁波需要以更加开放的姿态认识自身在全球城市体系中的地位。宁波转型与创新发展的任务是,城市功能体系向都市功能体系的转变,产业体系逐步由工业主导向国际贸易为核心的服务业主导方向转变。因此,围绕国际贸易、新兴产业、设计博览、文化创意、休闲宜居等方面职能的扩展与提升,宁波应大力加强人才要素、高端服务要素的投入,加大人居环境条件改善。值得注意的是,随着后工业化时代的来临,宁波应积极寻求新的空间拓展模式,如以象山港(包括象山沿海地区)为核心的生态都市型新区可成为新的增长空间,这是介于城市空间和生态空间之间的"第三类空间"。

贸易与港口——需要"舍得"：宁波贸易港口的地位千年不动摇,是宁波城市持续发展的长期保障。改革开放后,宁波的贸易、商务、会展职能稳步拓展,这与宁波港口规模持续扩张、港口职能不断升级密不可分。随着宁波建设上海国际航运中心和金融中心重要组成部分战略的全面实施,宁波的贸易职能将发生根本性变化。未来宁波将从传统的进出口通关、保税加工、物资集运等职能向着供应商、销售商、国际进出口营销为一体的综合贸易职能拓展。国际性综合贸易职能将推动集装箱、大宗物资、装备制造业、成套设备进出口运输业务的大发展。而宁波也必将与舟山寻求强强联合,宁波将发挥自身的海铁、海水(运河)联运功能,联合舟山的水水中转职能共同扩展国际贸易业务(甬舟一体将形成南北两大港区,一是北仑—镇海—金塘—舟山北部港区,二是梅山—六横—象山南部港区)。因此,宁波沿海的港口功能将发生重组,部分低附加值的矿石吞吐、大宗物资集运、原料加工制造,以及重污染的临港工业将向浙江沿海其他港区转移,而宁波港的航运、国际贸易和专业性服务职能将大为增强。伴随着宁波港口的转型升级,宁波沿海地区(北仑—梅山)需要建设一座区域性新城,从而带动整个甬舟大都市区的全面整合与空间结构的调整。

2. 新时期宁波转型发展的方向

未来20年宁波的发展定位为中国重要的国际化贸易门户城市、长三角地区重要的区域性中心城市,具体来讲宁波将围绕着"国际门户、商贸之都、文化名城、海湾都会"四个目标实现转型升级与创新发展(见图6)。

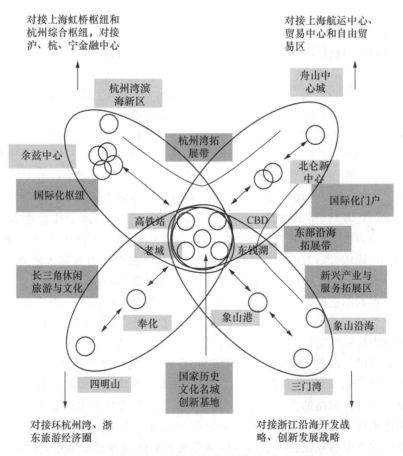

图6 新时期宁波转型发展方向

国际门户：充分发挥宁波在海港、空港等方面的门户交流功能，立足于服务全球的高端生产者服务产业，围绕上海建设上海国际金融中心、国际航运中心等世界级职能，加快提升宁波在浙江省和中国东南沿海地区的门户地位，建设上海国际金融中心、国际航运中心的重要组成部分。

商贸之都：借力于宁波国家门户职能，进一步做大做强宁波在国际贸易、商品流通、博览、物资定价等方面的功能，争取宁波在全球的商贸流通领域和面向国际的新兴产业基地建设方面有跨越式发展。

文化名城：充分挖掘宁波国家历史文化名城内涵，融河姆渡文化、海上丝绸之路文化、宁波藏书文化与商帮文化为一体，建设现代文化名城。

海湾都会：积极开发宁波特色的山、江、海、岛的特色空间及旅游资源，将宁波建设成为国际滨海休闲度假旅游区、中国沿海地区高品质宜居都市。

3. 开放发展、融入区域的几条策略

建设上海航运中心职能的重要组成部分。对接上海国际航运中心和自由贸易区的重要地区，北仑—梅山—镇海是长三角地区的国际航运与贸易门户新城。重大功能载体包括北仑—梅山—镇海、舟山群岛、三门湾地区等。港区空间拓展：整合沿海港口、岸线与岛屿，联合舟山群岛建设大北仑新城（300平方公里），积极构筑长三角南翼自由贸易区。港口高端服务职能拓展，重点发展通关服务、航运信息、航运代理和货运服务等基础产业；努力发展航运交易和航运金融主导产业。建设国际航运与贸易门户新城，北仑（大榭）—梅山联合建设滨海新城，逐步实施退二进三，发展居住、高端港口服务功能、高档休闲娱乐、商务会议功能，使宁波沿海成为长三角地区重要的门户型新城。区域港口联动，统筹舟山群岛、三门湾港口，建设新兴临港产业、大宗物资集运新港区。

建设上海贸易、金融中心重要组成部分。对接上海虹桥枢纽和杭州综合枢纽的重要区域，对接沪、杭、宁金融中心的核心空间。主要空间载体有宁波中心城、余慈副心两个地区。建设四大贸易功能区，打造四大国际贸易功能，分别为商品展示及交易平台、跨国公司聚集平台、商品流通平台、国际服务贸易平台。建设宁波中心城、余慈核心片的区域性金融中心，北仑—梅山港航与离岸金融中心。主动承接上海辐射，积极营造金融发展良好环境，努力构建结构合理、功能完善、竞争有序、高效开放、运行稳健的现代金融服务体系。打造长三角商务会展之都，进一步拓展宁波中心城、整合余慈中心区的商贸博览设施，全面拓展商务会议、专业服务、产品博览、科技创新等功能在长三角地区乃至全国的辐射影响力。

长三角南翼新兴产业聚集区和宜居新区。功能定位：成为推进浙江沿海开发战略，实现宁波创新发展的战略地区。主要空间载体包括：杭州湾滨海地区、三门湾新兴产业基地。产城融合发展策略：推动杭州湾滨海新区与环湾重化产业带错位发展。随着整个环湾地区城镇化进程提速和后工业时代郊区化效应的到来,杭州湾滨海新区作为长三角南翼的滨海宜居新城的潜力也逐步凸显。适时培育三门湾新兴产业基地,成为甬舟港的南部新港区、新兴临港产业、新能源产业聚集区。从港口、滩涂资源以及未来的大区域交通条件来看,三门湾地区的后备发展战略价值十分突出。开发潜山地带服务于甬舟都市区,建设生态宜居新城。象山(沿海、沿湾)、奉化—宁海(沿湾)自然环境优越,未来将有潜力打造成甬舟山都市区的后花园,建设成为高品质的生态宜居新城。

长三角南翼重要的国际休闲旅游目的地与国际化休闲城市。空间载体包括象山港与滨海地带、近海岛屿、西部山区。全域风景一体化发展策略:打造宜游宜居宜乐的象山港生态型都市新区。合理开发象山港和象山东部滨海地带的自然风光旅游资源,挖掘石浦古镇的历史文化价值,建设以休闲度假、宜居养老、商务旅游、开渔文化节为主题的生态象山港和滨海地带。同时在象山预留旅游支线机场选址。联合舟山开发海岛国际休闲旅游项目。适宜结合城市发展休闲旅游、高档娱乐、度假疗养旅游项目。建设服务于甬舟都市区和长三角的郊区休闲旅游带。构筑郊区休闲旅游带。适度开发潜山地带,发展以休闲旅游、娱乐、教育培训、养老等为主的城市郊区综合体。

建设具有浙东文化特质的国家历史文化名城,构筑长三角重要的文化创新基地。空间载体包括宁波老城区与历史文化名镇、传统村落。文化繁荣发展策略包括整合历史文化资源,提升宁波的文化软实力。挖掘河姆渡文化、西晋的阿育寺、上林湖越窑遗址、唐代海上丝绸之路遗址、天一阁等文化价值,进一步扩大在世界的知名度,将宁波的商帮文化和书香文化融入到城市发展建设中。构筑三大创新基地,建设东钱湖国际商务、文化交流中心。建设慈溪文化商务区,突出余慈绿心的滨水城市空间特色。建设鄞洲新产品创新中心,重点发展总部经济、会展会议、大型体育休闲产业、创意产业等高端服务产业。

(三) 内陆中心城市的崛起路径:成都

伴随着 2015 年成都的航空客运吞吐量超过 4 200 万人次,成都始发到达波兰罗兹的"蓉欧+"国际班列常态化,成都的国际化步伐在显著加快。以航空港、蓉欧快铁陆港为主的口岸经济快速发展,对外贸易对于经济的拉动作用得以强化。2015 年成都的对外进出口总额接近 400 亿美元,在中西部地区处于领先地位。其中面向"一带一路"国家的贸易增长显著加快,其中对于东南亚的老挝、泰国贸易增速分别为 30.3%和 111.6%,对于中亚的土库曼斯坦增速为 47.7%。目前,有 268 家世界 500 强企业落户成都,其中境外企业数 199 家。这些成绩使得成都在 2015 年 GDP 超过万亿,进入全国前十行列,人均 GDP 也过万美元大关。

此外,成都的国际交往能力也有了长足进步,目前外国政府获批在成都设立领事机构达 15 个(全国第四位),国际友好城市达 29 个;国际航线 85 条(全国第四),航空口岸的出入境客运量为中西部第一位,货邮吞吐量为中西部第一位;跨国产业园区建设走上正轨,目前中乌农业产业园、中缅粮食产业示范园区、中柬商贸园区等启动。2016年7月G20财长和央行行长会议在成都举行,标志着成都的国际化地位显著提升。成都也入选《财富》评选的"全球最佳新兴商务城市""中国十大创业城市";同时据DT财经统计,成都在吸引归国人才方面紧随北、上、广、深四个一线城市之后,与杭州、南京同属于新兴人才聚集中心。当前,以软件信息、汽车整装、飞机制造、北斗卫星等国家重要的高新技术与尖端产业基地的快速发展也与成都的国际化步伐有着密切关系。

1. 国家在西部需要一个国际门户型中心城市

成都的国际化步伐加快也得益于国家对全国城镇体系的战略性重构。一方面,国家推进新型城镇化战略,在我国中西部地区选择生态承载力较高、人口规模总量大且经济基础较好的城镇密集地区培育城市群,以努力实现中西部地区转移1亿农村人口的城镇化目标。其中以成都、重庆为核心的成渝城市群成为"十三五"时期的重点投资建设区域,它是构建相对均衡的全国城镇体系的重要支撑,也是我国经济增长的新引擎。以国家高铁网、能源电力基础设施为主的投资建设使得成都与我国中东部的中心城市之间联系更为密切和便捷。另一方面,从美国、欧盟等同等尺度和经济体量的国家或地区发展来看,建立相对均衡的对外开放格局是其重要的全球化战略。如美国在20世纪中叶积极开发太平洋沿海地带的口岸城市,强化中部的国际航空枢纽地位,使得美国能够同时应对环大西洋、环太平洋的经贸交流。欧盟在扩展成员国的同时积极向东联动,通过东欧国家的开放建立起与西亚、东亚国家的经贸、文化交流渠道。

在当前国家"一带一路"倡议下,我国西部地区的向西、向南开放显得尤为迫切,建立一批内陆国际门户已经提到了国家的发展战略层面。因此,在以上两大背景基础上,成都拥有向东融合、向西对接、向南联动的重要区位,理应成为国家层面重要的国际门户型中心城市。有两项数据能够深刻说明成都的内外联动作用,"蓉欧+"中欧快铁的货源地重庆是第一位的区域,同时广东省、浙江省两大经济强省也是重要的货源供给地,这几个外部省份的货源比重已经超过了50%;同时随着蓉欧+班列常态化,越来越多的欧洲货物能够抵达成都铁路口岸,使得成都既能够成为国内物资集散中心,又能成为外国对华贸易业务的分拨中心。与此同时,成都开通的欧洲、北美航线数量居于中西部地区第一位,同时从国内外大型物流巨头的布局来看,成都是西部地区最为集中的区域,如普洛斯、顺丰、亚马逊、京东、菜鸟等均把区域物流中心布局在了成都,而非重庆。正因为这样的优势,成都是市场资本认可度很高的国际化城市,所以也有必要建设成为国家西部的国际门户型中心城市。目前根据最新权威机构发布的全球城市体系(GaWc)排名,成都属于高成长性城市(high sufficiency),在我国内陆地区拔得头筹(国内排名紧随北、上、广、深和天津之后)(见图8)。

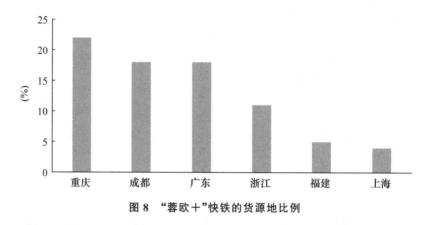

图8 "蓉欧＋"快铁的货源地比例

2. 国际门户的内涵与构成

第一，构筑枢纽型国际空港门户。成都到2020年的航空旅客吞吐量将达到8 000万，国际中转业务将有大幅提升。未来在双流国际机场、简阳国际机场的发力下，成都的枢纽型国际空港门户价值体现在以下三个空间层次。首先，建立起面向北美、欧洲的洲际航空线，实现成都与世界城市及其他全球城市体系顶尖城市的紧密互动，并构建起跨境电商贸易圈。其次，面向3 000公里的航空商务圈，将辐射影响东亚、南亚和东南亚等国家地区，直接服务人群在30亿左右。最后，依托四川省及周边省份的支线航空，将区域中转业务也汇聚到成都。在这三个层面上通过自由贸易区、空港综合保税区等实现全球产业链的重新配置，同时进一步发挥入境旅游72小时免签政策优势，积极扩展国际旅游圈。立足国际空港门户要积极争取航权，现在比较流行的是第五航权，即允许第三方的他国的飞机在本国参与运输。比如说成都有临空经济区，可以允许其他国家的运输段在这个地方运输中转产品。同时还要扩展第六航权，本地的航空公司承担其他国家的航空业务。比如说成都有川航，未来川航的飞机可以承担东南亚、南亚国家的航空运输职能，然后在成都中转，再飞到北京，或者飞到韩国、日本等国家。

第二，构筑洲际货运铁路枢纽。一方面发挥青白江铁路集装箱中心站的集散优势，逐步稳定开辟连接长三角、珠三角、海峡西岸、北部湾和京津冀城市群的沿海港群和中心城市的货运班列；另一方面，发挥成都向西与向南的跨境运输优势，全面提高"蓉欧＋"班列发车与返程频率，积极谋划成都—东南亚快铁，使成都成为亚欧大陆重要的洲际货运枢纽城市。

第三，谋划全球的科技创新中心。新时期的城市竞争更加注重知识经济、信息经济的竞争，尤其是全球城市体系中跃升最快的也是这类城市。当今的科技创新与成果转化更依赖城市与全球其他城市、高科技园区的交流合作，因此重要的国际门户对于推动城市的科技创新具有十分重要的作用。一方面,发挥国际空港、陆港作用,促使成都学校、科研机构与全球科技创新中心之间更加密切交流,推进基础创新工作;另一方面,也加快吸引更多高素质国际人才来成都创业与落户,并通过"蓉创+"模式建立更多元的产业技术合作平台,直接把国外的先进人才、技术请进来,加快科技成果转化落地。

第四,培育全球文化交往中心。综观位居全球城市,顶端的城市无不将城市文化的弘扬放在重要战略位置。一个具有开放包容文化认同的城市对于创业者、企业家具有长久的吸引力,因此建设全球影响力的文化交往中心也是国际门户的重要指标之一。成都拥有三千多年的建城史,其文化本身也是人类在历史迁徙中不断融合发展的。在门户建设进程中,将成都传统文化与国际文化交流、全球数字媒体制作、国际休闲娱乐等功能相结合,特别是将丝绸之路、茶马古道等文化元素融入城市发展建设,创造出中国内陆地区的国际文化名城典范。

3. 国际门户的空间谋划:双港、双城

内陆中心城市崛起的必要条件是构筑国际空港、国际陆港的"双港"系统,围绕空港、陆港构建自由贸易区等开放政策平台,以切实降低产业流通成本及交易成本。推动简阳机场与双流机场临空产业区的产业链条服务差异化,双流机场更直接服务于成都大都市区和川西地区,重点发展临空高新技术产业、国际快件中心;简阳机场通过高铁、城际轨道换乘,重点服务于成渝城镇群地区,重点发展高端国际休闲旅游与购物、国际绿色农产品集散和跨境电商物流。以青白江为核心加快建设国际陆港,立足洲际货运铁路枢纽建立跨境电商物流园区,综合保税区和先进制造业基地(出口产品),同时将国际陆港作为成渝城镇群的产业供应链的核心保障地区。

在加快推进"双港"建设的同时,推进"双港"与城市各项功能的紧密衔接。要以成都科学城为核心建设国际科技创新中心,并加快形成连通两大国际空港的快速交通系统,使得成都科学城成为便捷联动全球创新型城市,辐射成渝城镇群创新型产业集群的门户与枢纽。围绕科学城加快布局各类国际型产学研合作体(园区)、企业创新孵化器,积极谋划国家大科学实验基地,使成都科学城成为"田园城市+智慧城市"的典范。同时推动成都既有主城区城市有机更新,充分保护好三千多年历史文化遗址与非物质文化遗产,建设独具"蜀都"特色的文化精品空间,加快建立国际文化名城,以更加开放、包容的姿态吸引全球的创业者、入境旅游及商务休闲人士。

"一带一路"经济走廊分析报告[*]
——中国—中南半岛和孟中印缅专题

一、中国—中南半岛经济走廊

中国—中南半岛国际经济走廊,是《推动共建丝绸之路和21世纪海上丝绸之路的愿景与行动》中提出的中国与"一带一路"沿线国家规划建设的六大经济走廊之一。经济走廊以中国的广西南宁和云南昆明为起点,以新加坡的新加坡市为终点,纵贯中南半岛的越南、老挝、柬埔寨、泰国、缅甸、马来西亚等国家,是中国连接中南半岛的大陆桥,也是中国与东盟合作的跨国经济走廊。中南半岛与中国人文相亲、交往密切,是"一带一路"建设与中国—东盟自贸区升级版建设的重要支撑。比起其他的国家(或地区),中南半岛的互联互通的水平在整个"一带一路"中处于中上水平,合作潜力巨大。

(一)背景及概念

1. 中国—东盟自贸区

中南半岛包括越南、老挝、柬埔寨、缅甸、泰国及马来西亚西部,位于中国和南亚次大陆之间,西临孟加拉湾、安达曼海和马六甲海峡,东临太平洋的南海,是世界上国家最多的半岛,也是沟通太平洋与印度洋、连接东亚与南亚的桥梁,更是东南亚国家联盟(Association of Southeast Asian Nations, ASEAN)的最主要经济区域。

1967年8月,印度尼西亚、泰国、新加坡、菲律宾四国外长和马来西亚副总理在曼谷举行会议,发表了《曼谷宣言》,正式宣告东南亚国家联盟成立。1997年,在吉隆坡东盟国家领导人决定将东盟发展为一个繁荣、稳定、具有高度竞争力的经济区,保持区域内经济稳定发展,消除贫困和解决社会发展不平衡问题(《东盟2020年愿景》)。亚

---

[*] 作者郑继承,云南民族大学南亚东南亚辐射中心研究院特约研究员;段钢,云南民族大学副校长、教授;许传坤,云南民族大学南亚东南亚辐射中心研究院执行副院长;董美玉,专题研究组成员,云南民族大学南亚东南亚辐射中心研究院。

洲金融危机以后,东盟加快了区域一体化的步伐,积极调整区域发展战略,寻求区域化形式的升级版。2003年10月举行的第九届东盟首脑会议发表《东盟协调一致第二宣言》(亦称《第二巴厘宣言》),宣布将于2020年建成东盟共同体。2004年11月,第10届东盟首脑会议通过了《东盟安全共同体行动纲领》和《东盟社会文化共同体行动纲领》,并正式将制定《东盟宪章》列为东盟的一个目标,为东盟共同体建设寻求法律保障。2009年2月第14次东盟首脑会议正式签署了《东盟共同体路线图2009—2015》《东盟政治—安全共同体蓝图》《东盟社会——文化共同体蓝图》《东盟一体化工作计划第二份倡议》《关于东盟内部实现千年发展目标的共同宣言》。

1991年,中国与东盟开始正式对话。随着政治交往的不断加深,中国于1996年3月明确提出希望成为东盟全面对话国,这个倡议得到东盟各国的积极响应。1997年12月,时任中国国家主席江泽民出席首次中国—东盟领导人会议,中国与东盟领导人发表了《联合宣言》,确定了面向21世纪的睦邻互信伙伴关系。中国与东盟关系进入一个新阶段。2002年11月,在第六次中国—东盟领导人会议上,双方签署了《中国与东盟全面经济合作框架协议》,确定了2010年建成中国—东盟自由贸易区的目标。2004年,时任中国国务院总理温家宝出席第八次中国—东盟领导人会议,提出了加强双方合作的十点新倡议。会议期间,双方签署了《中国与东盟全面经济合作框架协议货物贸易协议》和《中国与东盟争端解决机制协议》,中国—东盟自由贸易区进入了实质性建设阶段。2005年7月,中国—东盟自由贸易区《货物贸易协议》开始实施,双方7 000余种商品开始全面降税,贸易额持续增长。2007年1月,中国与东盟在菲律宾宿务签署了中国—东盟自由贸易区《服务贸易协议》。2009年8月,中国与东盟共同签署中国—东盟自贸区《投资协议》。2010年1月1日,中国—东盟自由贸易区正式建成,中国对东盟平均关税从9.8%降到0.1%,东盟六个老成员国对中国的平均关税从12.8%降到0.6%。

在2013年9月第十届中国—东盟博览会上,中国与东盟国家领导人共同庆贺中国与东盟携手开创了合作的"黄金十年",签署了全面经济合作框架协议、货物贸易协定、服务贸易协定、投资协定,建成中国—东盟自由贸易区。中国连续多年成为东盟的最大贸易伙伴,而东盟则成为中国的第三大贸易伙伴。双方贸易额增长了5倍,相互投资扩大3倍。中国国务院总理李克强倡议打造中国—东盟自贸区升级版,力争到2020年双边贸易额达到1万亿美元。2013年10月,中国国务院总理李克强在文莱举行的第16次中国—东盟领导人会议上又提出指导中国—东盟关系未来发展的"2+7合作框架"。"2"指两点政治共识,即深化战略互信,拓展睦邻友好;聚焦经济发展,扩大互利共赢。"7"指政治、经贸、互联互通、金融、海上、安全、人文等七个重点合作领域。

中国—东盟自由贸易区的建立,一方面巩固和加强了中国与东盟之间的友好合作关系,促进了文化交流和人员交往,推动了中国与发展中国家、周边国家的团结合作,提高了东盟在国际事务上的地位和作用;另一方面,进一步促进了中国和东盟各自的经济发展,扩大了双方贸易和投资规模,促进区域内各国之间的物流、资金流和信息流,促进区域市场的发展,创造更多的财富,提高了本地区的整体竞争能力,为区域内各国人民谋求福利。中国—东盟自由贸易区的建立对沿线国家和地区共同发展产生了巨大的带动效应,对支持中国—中南半岛经济走廊建设发挥了积极作用。

2. 大湄公河次区域经济合作与中南半岛国家经济联系

大湄公河次区域是连接中国和东南亚、南亚地区的陆路桥梁,地理位置重要。大湄公河次区域经济合作(Great Mekong Subregion Cooperation,GMS)于1992年由亚洲开发银行发起,涉及流域内的六个国家有中国、缅甸、老挝、泰国、柬埔寨和越南,旨在平等、互信、互利的基础上,建立一个发展中国家互利合作、联合自强的机制,加强经济联系,促进次区域经济社会发展。

2002年11月,GMS首次领导人会议在柬埔寨首都金边举行。与会六国领导人总结了过去十年取得的成就和成功经验,确认了未来十年的合作前景及承诺,进一步加强了六国伙伴关系。时任中国国务院总理朱镕基出席会议并作了主旨发言,希望湄公河各国加强合作,发挥各自优势,加快经济增长步伐。会议批准了《次区域发展未来十年战略框架》。2005年7月,大湄公河次区域经济合作第二次领导人会议在云南昆明举行,会议主题为"加强伙伴关系,实现共同繁荣"。时任中国国务院总理温家宝在会议开幕式上发表了讲话。会议通过了《昆明宣言》。与会六国签署了便利客货运输、动物疫病防控、信息高速公路建设和电力贸易等多项合作文件,批准了GMS贸易投资便利化行动框架和生物多样性保护走廊建设等多项合作倡议。会议确立了以"相互尊重、平等协商、注重实效、循序渐进"为主要内容的合作指导原则,次区域合作由此迈上新台阶。2008年3月,大湄公河次区域经济合作第三次领导人会议在老挝万象举行,围绕"加强联系性、提升竞争力"的主题,就加强基础设施互联互通,贸易运输便利化,构建伙伴关系、促进经贸投资,开发人力资源、增强竞争力,可持续的环境管理,次区域合作与发展伙伴关系等六大方面的合作构想交换了意见。2014年12月,大湄公河次区域经济合作第五次领导人会议在泰国曼谷召开,主题为"致力于大湄公河次区域的包容性和可持续发展",各国愿进一步加强陆海交通基础设施和经济走廊建设、通关便利化、相互投资、能源、环保、防灾减灾等方面合作,促进包容性增长和可持续发展。中国国务院总理李克强出席并与泰国总理巴育共同见证了《中泰铁路合作谅解备忘录》的签署。

目前大湄公河次区域经济合作主要包括七个领域,即交通、能源、电信、环境、旅游、人力资源开发、贸易与投资。随着合作机制的逐步完善,2015年,中国同GMS其他五国贸易总额达1939亿美元,双边人员往来超过1500万人次。大湄公河次区域经济合作的深入推进为中国—中南半岛经济走廊建设奠定了坚实的经济基础。

3."一带一路"建设与中南半岛国家的合作与发展

2013年9月和10月,中国国家主席习近平在出访中亚和东南亚国家期间,先后提出共建"丝绸之路经济带"和"21世纪海上丝绸之路"(以下简称"一带一路")的重大倡议,得到国际社会高度关注。中国国务院总理李克强参加2013年中国—东盟博览会时强调,铺就面向东盟的海上丝绸之路,打造带动腹地发展的战略支点。

在此基础上,为推进实施"一带一路"重大倡议,让古丝绸之路焕发新的生机活力,以新的形式使亚欧非各国联系更加紧密,互利合作迈向新的历史高度,2015年3月,中国政府特制定并发布了《推动共建丝绸之路经济带和21世纪海上丝绸之路的愿景与行动》。"一带一路"贯穿亚欧非大陆,一头是活跃的东亚经济圈,一头是发达的欧洲经济圈,中间广大腹地国家经济发展潜力巨大。共建"一带一路"致力于亚欧非大陆及附近海洋的互联互通,建立和加强沿线各国互联互通伙伴关系,构建全方位、多层次、复合型的互联互通网络,实现沿线各国多元、自主、平衡、可持续的发展。中国政府倡议,秉持和平合作、开放包容、互学互鉴、互利共赢的理念,全方位推进务实合作,打造政治互信、经济融合、文化包容的利益共同体、命运共同体和责任共同体。根据"一带一路"走向,陆上依托国际大通道,以沿线中心城市为支撑,以重点经贸产业园区为合作平台,共同打造新亚欧大陆桥、中蒙俄、中国—中亚—西亚、中国—中南半岛等国际经济合作走廊;海上以重点港口为节点,共同建设通畅安全高效的运输大通道。

2016年,中国国家主席习近平进一步提出,"丝绸之路"是各国人民的共同财富。中国愿同沿线国家一道,构建"一带一路"互利合作网络、共创新型合作模式、开拓多元合作平台、推进重点领域项目,携手打造"绿色丝绸之路""健康丝绸之路""智力丝绸之路""和平丝绸之路",造福沿线国家和人民。

中国发扬"丝绸之路"精神,提出"一带一路"倡议,以共商、共建、共享为原则,推动政策沟通、设施联通、贸易畅通、资金融通、民心相通,得到了沿线国家的广泛认同。目前,已经有一百多个国家和国际组织参与其中,中国同三十多个沿线国家签署了共建"一带一路"合作协议,同20多个国家开展国际产能合作,联合国等国际组织也态度积极,以亚投行、丝路基金为代表的金融合作不断深入,一批有影响力的标志性项目逐步落地。"一带一路"建设从无到有、由点及面,进度和成果超出预期。中南半岛是中国"一带一路"倡议的周边重点合作区域,随着"一带一路"深入推进,将进一步促进中国与中南半岛国家在更大范围、更高水平、更深层次的合作和发展。

(二)定位及作用

1.中国—中南半岛经济走廊是中国—东盟自贸区和大湄公河次区域合作的升级版

经济全球化和国际产能合作,使中国同中南半岛上的国家通过中国—东盟自贸区、大湄公河次区域合作、泛北部湾经济合作等官方和民间的途径,建立起了紧密的双边、多边经贸合作和社会交往,有力地推动了相关合作国家的经济高速增长。作为中国对外合作的样板,1991年中国与东盟开始对话进程,二十多年来贸易额增长75倍;至2014年年底,中国和东盟累计双向投资额超过1 300亿美元。2015年,中国对东盟的双边贸易总值达到4 720亿美元(2.92万亿元人民币),双边投资额达到1 500亿美元。

当前,国际金融危机持续发酵,全球经济复苏乏力,亚洲也遇到经济下行压力,但中南半岛区域仍是全球具有增长活力的地区。这得益于本地区和平稳定的发展环境,得益于区域和次区域合作的持续推进。中国与中南半岛六国同属亚洲文化,有着共同的发展需求,进一步加强合作符合各国共同利益。"一带一路"构想提出的中国—中南半岛经济走廊,以中国的广西南宁和云南昆明为起点,以新加坡的新加坡市为终点,纵贯中南半岛的越南、老挝、柬埔寨、泰国、缅甸、马来西亚等国家,是中国连接中南半岛的大陆桥,也是中国与东盟合作的跨国经济走廊。以中国—中南半岛经济走廊构建为方向,在原有的经贸往来基础上,与越南的"两廊一圈"、柬埔寨的"四角"战略等有机融合,进一步打通中国同越南、老挝、柬埔寨、泰国、缅甸、马来西亚的陆路联系,着力解决政策沟通、设施联通、贸易畅通、资金融通、民心相通等重点领域的问题和瓶颈,促进交通运输便利化、投资贸易便利化,推动新兴产业合作和产业链分工布局优化,深化金融合作,广泛开展文化交流、学术往来、人才交流合作、媒体合作、青年和妇女交往、志愿者服务等,共同打造中国—东盟命运共同体,必将把中国—东盟自贸区、大湄公河次区域合作、泛北部湾经济合作推向更高的层次,结出更丰硕的成果、惠及更广泛的各国人民。

2. 中国—中南半岛经济走廊是构筑"一带一路"互联互通基础设施网络的关键一环

基础设施互联互通是"一带一路"建设的优先领域。中国倡议在尊重相关国家主权和安全关切的基础上,沿线国家加强基础设施建设规划、技术标准体系的对接,共同推进国际骨干通道建设,逐步形成连接亚洲各次区域以及亚欧非之间的基础设施网络。中国与中南半岛国家互为邻国,有着漫长的边境线,陆地边境线长5 080公里,其中中越陆地边境线2 373公里、中缅边境线1 997公里、中老边境线710公里。作为"一带一路"构想所提出的六大国际经济走廊之一,中国—中南半岛经济走廊地处"亚洲中心",是联系太平洋与印度洋、连接东亚与西亚乃至欧洲的大陆桥,沿线的中国、越南、老挝、柬埔寨、泰国、缅甸、马来西亚,经济社会发展阶段和发展层次各不相同,但这一区域的自然资源、矿产资源、人力资源丰富,经济发展的互补性很强。

早在中国的汉唐时代,中南半岛就是中国同印度贸易的重要辗转通道。19世纪中叶到20世纪中叶,英国和法国在越南、老挝、柬埔寨、缅甸、马来西亚修建了一些连接中南半岛国家以及这些国家与中国的铁路、公路等交通基础设施,包括著名的滇越铁路、滇缅公路等。20世纪60—80年代，随着亚洲"四小龙""四小虎"等新兴经济体的崛起，中南半岛的泰国、马来西亚经济高速发展，带动了这一区域基础设施条件的改善。随着20世纪90年代中国与越南关系改善和边贸繁荣，中越两国基础设施合作特别是口岸建设也得到了极大加强。但1998年的亚洲金融危机，极大地影响了东南亚国家的经济发展。此后数年，中南半岛区域的各国政府一直在回避基础设施的升级。随着私有部门消费对经济的拉动作用开始减弱，中南半岛各国正在借助公共部门的开支维持它们的经济扩张，掀起了一轮新的基础设施建设热潮。2007年11月第13次东盟首脑会议通过的《东盟经济共同体蓝图》明确：在东盟区内，一个高效、安全、一体化的运输网对于实现东盟自由贸易区，增强作为单一生产、旅游和投资目的地的吸引力，以及缩小发展差距都至关重要。东盟运输网对于连接东盟与东北亚、南亚邻国同样重要。通过实施《2005—2010东盟交通运输行动计划》的第48条行动措施，促进水路、陆路和空中交通运输发展和运输便利化，加强信息基础设施建设和能源合作。2010年10月第17届东盟首脑会议通过《东盟互联互通总体规划》，提出以基础设施互联互通、机制互联互通和民间互联互通三大支柱为支撑的东盟互联互通战略，涉及的建设计划和项目多达700多项。根据金融机构估计，每年亚太地区基础设施建设的资金需求大概有7 000亿美元，而其中超过一半的资金需求都来自东南亚地区。

目前，虽然中南半岛各国在推进互联互通方面做了积极努力，但遭受2008年以来的世界金融危机持续性深刻影响，中南半岛地区经济再次受到严重冲击，中南半岛区域各国之间的交通基础设施、信息基础设施、能源基础设施建设投资严重不足，特别是跨国家跨区域基础设施的顶层规划设计不够、技术标准体系不对接、交通骨干网络缺链缺环严重、项目建设滞后等突出问题，已成为制约东盟特别是中南半岛国家实现一体化、积极融入世界经济体系和支撑本国经济社会持续健康高速发展的重要障碍。例如，截至2015年12月，越南已建成通车的高速公路仅为800公里，在建的高速公路500公里，物流费用相当于越南GDP的20％。老挝全国公路里程虽然超过4.7万公里，但其中土路占48％、碎石路占37％，至今还没有高速公路，公路运输占全国运输总量的82％。而根据截至2013年年底的统计，缅甸的全国公路和主要道路总里程约9.37万公里，其中公路里程约3.42万公里，建成的高速公路不足500公里。柬埔寨的公路约1.5万公里，其中国道为4 165公里、省级路为3 335公里，尚无高速公路。

中国"一带一路"倡议提出的中国—中南半岛经济走廊，正是从进一步改善和提升中南半岛落后的基础设施现状着眼，遵循市场规律和国际通行规则，充分发挥市场在资源配置中的决定性作用和各类企业的主体作用，通过沿线国家共同加快以泛亚铁路、高等级公路、海上航运、航空线路、网络信息并举的骨干基础设施通道建设，优先推进关键节点项目建设，加强基础设施建设规划和技术标准体系的交流对接，为经济走廊沿线国家内部和国家间的货物贸易便利、产业链协作便利、人文交流便利和发展要素合理流动提供支撑,从而推动整个地区经济社会发展迈上新台阶。这种互联互通,既有传统的公路、铁路、航空、航运、管道等的连通,也有电力、电信、邮政、边防、海关和质监、规划等新领域的连通。基础设施网络的发展,将帮助连接本地区和国际市场。例如,打通老挝与泰国、缅甸的陆路通道,将使老挝从"陆锁国"变为"陆联国",将内陆国家的劣势转变为地理位置优势,让交通不便的老挝通过互联互通成为连接周边国家的枢纽,特别是成为中国与东盟地区互联互通的一个重要节点。打通中国云南到缅甸皎漂港的公路、铁路,将极大地促进中国、老挝和缅甸的工业制成品和农产品更加便捷高效地通过印度洋转运到南亚、西亚乃至欧洲和非洲,使缅甸从商业繁荣发展中获益。同时,随着中南半岛陆路、铁路和航空运输的通畅,将吸引更多的中国乃至欧美国家游客到越南、老挝、柬埔寨、泰国、缅甸、马来西亚观光旅游和度假休闲,并带动这些国家第三产业的快速发展,促进沿线国家人民的增收致富。

3. 中国—中南半岛经济走廊建设将使沿线国家在新一轮的国际产业分工格局调整、价值链再造和科技产业革命中获益

在经济全球化时代,各国发展环环相扣,一荣俱荣,一损俱损。没有哪一个国家可以独善其身,协调合作是必然选择。"一带一路"是在后金融危机时代,作为世界经济增长火车头的中国,将自身的产能优势、技术与资金优势、经验与模式优势转化为市场与合作优势,实行全方位开放的一大创新。通过"一带一路"建设共同分享中国改革发展红利、中国发展的经验和教训。中国将着力推动沿线国家间实现合作与对话,建立更加平等均衡的新型全球发展伙伴关系,夯实世界经济长期稳定发展的基础。

中国与中南半岛国家是一衣带水的友好邻邦,经济互补性强,市场容量、合作空间和发展潜力巨大。以"一带一路"建设为契机,开展跨国互联互通,提高贸易和投资合作水平,推动国际产能和装备制造合作,本质上是通过提高有效供给来催生新的需求,实现世界经济再平衡。特别是在当前世界经济持续低迷的情况下,使中国顺周期下形成的巨大产能和建设能力走出去,支持沿线国家推进工业化、现代化和提高基础设施水平的迫切需要,必将有利于稳定当前世界经济形势。

从中南半岛各国的资源禀赋、地理区位和经济发展水平看,按照世界银行的标准,马来西亚、泰国属于上中等收入国家,越南、老挝、缅甸、柬埔寨属于下中等收入国家,区域内各国的发展水平差异较大。在20世纪60年代,东盟国家采取替代与面向出口战略,进入参与全球网络的准备阶段。20世纪70—80年代,随着美国、日本对东亚产品供应商的依赖性加强,由东亚供应商提供的中间产品以及参与生产环节的范围也越来越广,亚洲"四小龙"迅速融入生产链条,并进一步把链条延伸到了马来西亚和泰国。20世纪90年代,东盟已经完全融入全球生产网络,由加工组装环节逐步向零部件生产环节过渡。进入21世纪,随着国际产业分工和区域生产网络格局的变迁,国际投资和跨国公司大量涌入,亚太区域产业分工格局出现了一系列新的变化,传统的垂直型

分工向混合型分工转变,与传统的产业间和产业内分工不同的以"产品内分工"为主的生产网络迅速形成,东盟成为以跨国公司为主导的区域生产网络的重要节点。但东盟仍然处于亚太地区全球价值链的中低端,各国的中间产品贸易比重趋于上升,中间产品贸易额占总贸易额的比重将近60%,零部件和半成品是主要进口商品,进口中间品加工再出口的生产模式仍然延续。2008年全球金融危机之后,随着各国经济转型和产业升级,亚太地区生产网络正处于调整和重构中。去全球化思潮抬头,美国积极推进制造业回流,德国积极推动工业4.0,日本持续日元贬值使得日本制造业回流迹象初显,中国促进制造业的技术升级和新兴产业培育,亚太地区正在面临新一轮产业链分工布局重构和价值链的重新分配。聚焦中南半岛,泰国、马来西亚等迫切需要借助此轮全球产业分工布局调整的时机,消除货物和服务流通障碍,促进贸易和投资便利,实现基础设施和机制互联互通,调整在区域供应链中的位置,加速本国的产业升级;而越南、老挝、柬埔寨、缅甸等后起国家,则需要切实加大基础设施投资和加快建设进度,充分利用自然资源、人力资源和特殊区位的比较优势,吸引跨国公司在当地投资设厂,承接部分劳动密集型产业转移,成为跨国公司的区域零部件供应商和组装厂。在此过程中,中国—中南半岛经济走廊建设,一方面将极大地促进中南半岛的基础设施条件提升和产业发展要素供给状况改善;另一方面将吸引中国的企业、资本将更多的资金、技术和工业制造环节布局到这一区域,打造跨国跨区域供应链体系,促进国际产能合作,弥补中南半岛的后起国家在发展上的短板,通过经济、文化的纽带,与中国真正建立成为政治互信、经济融合、文化包容的利益共同体、命运共同体和责任共同体,使经济走廊沿线国家能够在新一轮的国际产业分工格局调整、价值链再造和第四次科技产业革命中不被"边缘化"而是从中获益。

(三)发展成效

中南半岛是中国周边地区中与中国在"五通"合作方面走在前沿的地区,在互联互通基础设施及网络化建设、次区域合作、金融合作、粮食安全合作、能力建设和社会文化交流、非传统安全合作等诸多方面都取得了重大成就。中国—中南半岛经济走廊提出以来,在沿线各国的积极响应和共同努力下,以沿线中心城市为依托,以铁路、公路为载体,以人流、物流、资金流、信息流为基础,正朝着建设优势互补、区域分工、联动开发、共同发展的区域经济体的方向努力。

1. 合作机制不断完善

中国与"一带一路"沿线国家和地区政府、民间的全方位多领域的交流合作机制逐步完善,国际、部际等工作机制进一步完善。正在形成国家倡导、政府统筹、社会参与、市场运作的整体发展机制和跨国别、跨地区、跨部门、跨行业的合作协调发展态势。目前,已经有100多个国家和国际组织参与其中,中国同30多个沿线国家签署了共建"一带一路"合作协议、同20多个国家开展国际产能合作,联合国等国际组织也态度积极。同时,中国继续巩固和深化了中国—东盟"10+1"、亚太经合组织(APEC)、亚洲合作对话(ACD)、亚信会议(CICA)、大湄公河次区域(GMS)经济合作等现有多边合作机制作用,相关国家加强沟通,让更多国家和地区了解并参与了"一带一路"特别是中国—中南半岛经济走廊建设。

中国提出的共建"一带一路"倡议,目前已经得到东盟绝大多数国家的赞同与支持,东盟所有成员都已成为中国倡议的亚洲基础设施投资银行(亚投行,AIIB)的创始会员国。目前,"升级版中国—东盟自贸区"建设业已启动,2014年9月进行了首轮中国—东盟自贸区升级版谈判。大湄公河次区域经济合作也进入了一个新阶段。2014年12月20日,每三年一次的大湄公河次区域经济合作领导人会议在泰国曼谷召开,此次主题为"致力于大湄公河次区域的包容性和可持续发展",六国领导人达成了一系列合作共识。

2016年9月,中国国务院总理李克强与老挝总理通伦举行会谈,共同见证了《中华人民共和国和老挝人民民主共和国关于编制共同推进"一带一路"建设合作规划纲要的谅解备忘录》签署。该备忘录是中国与中国—中南半岛经济走廊沿线国家签署的首个政府间共建"一带一路"合作文件,具有标志性意义,将推动中老两国政治关系更加友好、经济纽带更加牢固、人文交流更加紧密,并树立中国—中南半岛国家双边合作的典范。同时,两国相关部门还签署了《关于确认并共同推动产能与投资合作重点项目的协议》《共同编制老挝电力、中老铁路沿线综合开发、旅游等重点领域经济发展专项规划合作框架协议》,使中老两国在产业、能源、交通、能源等领域的合作驶入了快车道。

2016年10月,中国国家主席习近平访问柬埔寨,中柬两国签署了《关于编制共同推进"一带一路"建设合作规划纲要的谅解备忘录》,以及《对所得避免双重征税和防止逃避税的协定》《关于确认并共同推动产能与投资合作重点项目的协议》《关于实施中柬友谊医院大楼项目的立项换文》《关于联合开展水利项目合作谅解备忘录》等31项重要文件或合作协议,确立了2017年双边贸易规模达50亿美元的切实目标。中柬双方同意进一步扩大农业、海洋、科技、教育、文化、卫生、旅游、民间交往等领域交流与合作。两国将发挥经济互补优势,深挖潜力,促进基础设施建设、农业水利、能源资源、信息通信等领域合作规模不断扩大、水平不断提高,使一系列合作项目能够早期收获。中国将积极支持有实力、信誉好的中国企业在基础设施、能源、通信、农业、工业、旅游等重点领域与柬埔寨加强合作,继续实施好西哈努克港经济特区等合作项目。

2. 合作平台逐步构建

依托博鳌亚洲论坛、泛北部湾经济合作论坛、中国—东盟博览会、中国国际投资贸易洽谈会以及中国—南亚博览会、中国西部国际博览会、前海合作论坛、大湄公河次区域经济走廊论坛、中国国际高新技术成果交易会"一带一路"国际合作高峰论坛等平台,中国—中南半岛经济走廊建设得到了充分沟通和研讨,一批互联互通重大基础设施建设项目、跨境合作园区、重大经贸项目达成合作协议。通过联合举办专项投资、贸易、文化交流活动,办好中国与东盟"10+1"文化部长会议、丝绸之路国际文化博览会、丝绸之路国际电影节和图书展,与沿线国家互办国家年、文化年、交流年、旅游年,举办博览会、艺术节、图书影视节,组织丝路作家看中国、中国作家看丝路写作交流计划,积极开展沿线国家智库、媒体交流对话,广泛开展了文化、学术、人才、媒体、减贫、青年和妇女等多领域交流合作,沿线国家地方、民间"一带一路"历史文化遗产得到充分挖掘,中国—中南半岛国际经济合作走廊的民意基础得到夯实。

其中,经贸合作层面,2016年5月26日,第九届泛北部湾经济合作论坛暨中国—中南半岛经济走廊发展论坛在中国广西南宁举行,中国—中南半岛跨境电商结算平台、中国—东盟(钦州)华为云计算及大数据中心、龙邦茶岭跨境经济合作区试点建设项目、南海国际邮轮母港及航线建设工程、缅甸中国(金山都)农业示范区等9个项目签约,总投资额达784亿元。

金融合作层面,作为"一带一路"重要的投融资平台,中国政府主导成立了金砖国家开发银行、上海合作组织开发银行和亚洲基础设施投资银行,并出资400亿美元成立丝路基金,为"一带一路"沿线国家基础设施项目提供投融资支持。其中,2013年10月,中国国家主席习近平提出筹建亚洲基础设施投资银行倡议,2014年10月24日,包括中国、印度、新加坡、越南、老挝、柬埔寨、泰国、缅甸、马来西亚等在内21个首批意向创始成员国的财长和授权代表在北京签约,共同决定成立亚洲基础设施投资银行。2015年4月15日,亚投行意向创始成员国确定为57个,其中域内国家37个、域外国家20个。2015年6月29日,《亚洲基础设施投资银行协定》签署仪式在北京举行,亚投行57个意向创始成员国财长或授权代表出席了签署仪式。2015年12月25日,亚洲基础设施投资银行正式成立,全球迎来首个由中国倡议设立的多边金融机构。2016年1月16—18日,亚投行开业仪式暨理事会和董事会成立大会在北京举行。目前,亚投行成员已增至80个以上国家,超过拥有来自67个国家和地区成员的亚洲开发银行。作为由中国提出创建的区域性金融机构,亚洲基础设施投资银行主要业务是援助亚太地区国家的基础设施建设。在全面投入运营后,亚洲基础设施投资银行将运用一系列支持方式为亚洲各国的基础设施项目提供融资支持,包括贷款、股权投资以及提供担保等,以振兴包括交通、能源、电信、农业和城市发展在内的各个行业投资。此外,作为中国最大的政策性银行,中国国家开发银行发起成立了多个针对"一带一路"建设的基金,包括中国—阿联酋共同投资基金、中法基金、中国拉美产能合作基金、中非发展基金等。

文化交流层面,中国人民日报社先后于2014年、2015年、2016年举办了丝绸之路经济带媒体合作论坛和"一带一路"媒体合作论坛,高端政要、商界领袖、权威专家和全球两百多家主流媒体齐聚,发挥窗口、桥梁、纽带作用,促进不同国家和地区之间人民的理解和信任,推进相关各国加强政治、经贸、文化、媒体等领域的交流合作,以"一带一路"为绢帛、以创新合作为笔墨、以共谋发展为气韵,共绘合作共赢新画卷。

3. 合作项目稳步推进

由于有中国—东盟自贸区、大湄公河次区域经济合作等打下的良好基础,"一带一路"倡议提出后,中国与中南半岛经济走廊沿线国家合作已经取得初步成果,一大批合作项目正在稳步推进。

(1) 中越合作。2015年由中越两国领导人共同见证开工仪式的越南永新燃煤电厂一期,在短短一年时间里已完成项目进度逾30%。永新燃煤电厂一期项目建设规模为两台60万千瓦级超临界燃煤机组,采用的是中国最先进的发电技术,也是越南首座采用超临界"W"火焰锅炉技术的电厂,2019年建成后将有效地缓解越南中部电力紧张现状,并带动越南电力产业升级。同时,由中铁六局担任总承包商负责建设的越南第一条轻轨——吉灵—河东线城铁正在如火如荼地建设中。近期项目最后一联现浇梁浇筑完成,标志着轻轨桥梁主体施工全部完成,工程将进入护栏、桥面铺装阶段,预计在2017年年底正式通车,通车后将极大地便利河内市民出行。

(2) 中老合作。老挝已在经济走廊的框架下推出一些项目,作为泛亚铁路中线重要一段的中国老挝铁路项目落地。2015年9月,湖南建工集团等4家湘企联合与中国进出口银行湖南省分行等8家金融机构组成的"银团"签订战略合作协议,欲在老挝投建预计总投资130亿美元的高速公路项目,该项目是贯穿老挝南北全境的新高速公路的南部段,从老挝首都万象至占巴塞省巴色市,全长约800公里。2016年12月25日,中老铁路项目全线开工仪式在老挝琅勃拉邦举行,老挝总理通伦和中国驻老挝使馆大使关华兵等出席。中老铁路全长417公里,建设期5年,总投资约374亿元人民币。中老铁路将贯穿老挝,把老挝首都万象和北部的中老边境与南部的泰国相连接,同时还将连接中南半岛其他国家铁路网,从而让老挝的丰富自然资源走向世界,让老挝与世界相连。随着中老铁路的开工建设,一条互联互通、利国惠民的经济动脉将就此打通。中老合作的另一重大项目——万象赛色塔综合开发区,计划分三期建设,建成后有望吸引约150家企业,每年产值可达60亿美元,为当地创造3万多个就业机会,每年向万象市和老挝政府提供3亿美元的财政收入。目前一期建设已经完成。园区内路网发达,水、电、通信和网络等基础配套设备也已完备,已有30多家企业入驻。已经正式营业的8家企业不仅为当地带来了700多个就业机会,还为老挝带来了先进的企业和开发区运营管理理念。

(3) 中柬合作。中国与柬埔寨在经贸投资、互联互通、能源资源等领域务实合作不断拓展,机场、港口、公路等一批基建项目陆续推进。作为中柬共建"一带一路"的样板工程,柬埔寨西哈努克港经济特区备受两国领导人关注。中国国家主席习近平特别指出,中柬要在"一带一路"框架内加强互联互通合作,运营好西哈努克港经济特区。柬埔寨首相洪森对这个该国最大经济特区寄予厚望,希望它成为"柬埔寨的深圳"。截至2016年6月,累计进入西哈努克港经济特区的企业达100家,投资额2.8亿美元,解决了超过1.3万柬埔寨民众就业问题。

(4) 中泰合作。泰国也非常期待共同促进区域互联互通和经济合作。泰国方面正在探索走符合国情的发展道路,希望同中方交流互鉴,深化合作,特别是借助丝绸之路经济带和21世纪海上丝绸之路建设,推进农业、铁路合作,促进地区互联互通,扩大泰国农产品对华出口,欢迎中国企业到泰国投资,促进民间交往,加强人才培训。泰国将进一步促进基础设施的建设,包括道路和水运方面。泰国政府已为今后十年制定总金额达到2万亿泰铢的基础设施发展计划。其中,中泰铁路是中泰双方近期合作的重点之一。中泰铁路向北连接老挝万象、直达昆明,向南则通向马来西亚和新加坡,或将构成泛亚铁路规划的重要一环。中泰铁路合作谈判从2015年1月开始启动至今,已经召开了十六次会议,中泰双方就可行性研究、详细设计、工程总承包和融资方案等有关问题进行了充分磋商。2014年12月,中泰两国签署了《中泰铁路合作谅解备忘录》和《中泰农产品贸易合作谅解备忘录》,推动区域互联互通建设。2015年7月,中泰双方代表就曼谷—廊开铁路线第一期坎桂—曼谷133公里铁路达成共识,最早有望在2015年10月开工,将在2017年年底投入运营。2016年,泰国方面再次表示,中泰铁路曼谷—呵叻段计划于2017年年初开工建设,大约3年内完工,而整条线路即曼谷—廊开线将在未来5年内实施建设。此外,位于泰国东部海岸的中泰罗勇工业园头两期4平方公里已全部开发完成,第三期8平方公里正火热建设中。目前已有60多家中资企业入园,总投资额超过12亿美元。

(5) 中缅合作。2013年9月30日,始于缅甸皎漂港的中缅天然气管道全线贯通,开始输气。2015年1月30日,中缅石油管道全线贯通,开始输油。中国云南瑞丽到缅甸曼德勒、内比都、仰光之间的铁路,云南段昆明至大理段已建成并正在进行扩能改造,大理至瑞丽段2015年12月全面开工建设,瑞丽至缅甸仰光段和瑞丽至缅甸皎漂段也有望在2017年重新启动。2015年8月,缅甸因洪涝灾害造成部分地区电力设施损毁严重,中国积极响应,2016年向缅甸援助了总价值约为3 600万元的电力物资;2016年3月,中国云南能源投资集团所属全资子公司云南能投对外能源开发有限公司与缅甸电力部签署协议,将投资逾7亿美元开发建设缅甸诺昌卡河水电项目中的古浪、同心桥两个项目,总装机1 200兆瓦,电力电量将全部在缅甸市场消纳。

(6) 中马合作。中国与马来西亚的合作项目也取得新突破。2016年11月1日,在中国总理李克强和马来西亚总理纳吉布的见证下,中国交建与马来西亚铁路衔接公司在京签署了马来西亚东部沿海铁路项目合同,合同金额约745亿元人民币。这一全长 600 公里的铁路工程将连接从巴生港至吉兰丹道北等 8 个重要城市,预计 5—6 年完工。新建的铁路线将降低马来西部和东部海岸之间运输成本,降低商品价格并缩短旅行时间,这也将给马来西亚人特别是生活在农村的人,创造更多的就业和商业机会。

4. 分领域合作成效显现

第一,基础设施互联互通。

中国与东南亚的基础设施合作成效显著。公路方面,广西、云南两省份积极推进连接大湄公河区域(GMS)各国的公路网络建设,国际公路在中国境内段已经全部实现高等级化。铁路方面,中国积极参与泛亚铁路合作。泛亚铁路东、中、西三个方案中国境内段的建设都已纳入中国《中长期铁路网规划》,且建设情况良好。中国也致力于支持泛亚铁路东、中、西三个方案境外段的建设,根据柬埔寨、老挝、缅甸、泰国等中南半岛国家的愿望,采取多种方式为泛亚铁路境外段的建设提供协助。航运方面,澜沧江—湄公河跨国航运已全面建成澜沧江五级航道体系,通航时间由过去的半年提升到基本可实现全年通航。自 2011 年"10·5"事件后,中、老、缅、泰四国已实现湄公河联合巡逻执法。航空方面,2008 年以来,广西开通了南宁至胡志明、万象、仰光、金边、曼谷等航线,实现了南宁机场与 GMS 国家的全部通航;云南昆明新国际机场于 2011 年年底启用后,增强了与中南半岛各国的航空运输能力。2016 年 5 月,北京大学《"一带一路"沿线国家五通指数研究报告》发布,按照综合反映"一带一路"沿线国家在"政策沟通、设施联通、贸易畅通、资金融通、民心相通"五个方面发展水平的评估指标体系,中南半岛经济走廊五通指数在中国与周边国家的六大经济走廊中名列前茅。

中国广西境内通往中南半岛的国际公路通道接点共 12 个,获批国际道路运输线路 28 条,已开通客货运输线路共 11 条。目前,中越北仑河二桥即将合拢,中越峒中(横模)大桥等项目积极推进。目前,大湄公河流域国家正在建设贯通东西、连接南北的 9 条跨境公路,其中部分已经完工。从中国昆明出发连通新加坡的南北道路已经畅通,贯通缅甸、泰国、越南的东西道路正在加快修建。昆明通往越南、老挝、缅甸等周边国家的高速公路省内段已建成;新滇越铁路已建成通车;中老铁路、中缅铁路云南境内段已全线开工建设。中缅天然气管道建成通气,中缅原油管道 1 300 万吨配套石油炼化项目预计 2017 年上半年试运投产。

自 2014 年 9 月越南首条连接中越边境的河内至老街高速公路贯通后,越南开始加快修建连接中越边境的公路和铁路网。截至目前,从越南北方的北江省到与中国广西毗邻的谅山省高速公路已正式动工。越南同时还在研究论证连接北部城市河内、老街、海防的高速铁路项目和云屯—芒街高速公路项目。

柬埔寨将对本国南方及北方铁路进行修缮和升级,进一步加强与老挝、新加坡、中国南宁的铁路连接。

2015年9月,中国在南宁正式挂牌设立中国—东盟信息港。

第二,经贸合作。

随着"一带一路"倡议得到广泛认同,一大批互联互通项目积极推进,中国与中南半岛各国的经贸往来越发密切。中国持续成为东盟第一大贸易伙伴,东盟是中国第四大出口市场和第二大进口来源地。根据中国海关统计,2016年中国货物贸易进出口总值为24.33万亿元(3.68万亿美元),其中与东盟的进出口总值为2.98万亿元(同比增长1.9%),仅次于中国与欧盟的3.61万亿元(同比增长3.0%)、与美国的3.43万亿元(同比减少0.8%)的规模。从贸易结构看,2016年中国向东盟出口1.687万亿元(同比减少2.0%),从东盟进口1.298万亿元(同比增长7.4%),中国和东盟的贸易顺差显著缩小。

2016年中越贸易额继续不断攀升。中国连续12年成为越南最大贸易伙伴。中越贸易结构在不断优化,技术型、资本密集型产业已逐渐代替农副产品、初级工业制成品、矿产原料,成为双边贸易的主力产品,双方合作的广度和深度不断拓展。2016年中国对越南的进出口贸易总值为6493亿元,同比增长8.9%。其中,中国对越南出口4033.9亿元(同比减少1.6%),从越南进口2459亿元(同比增加32.1%)。

同时,中国已经成为老挝第一大外资来源国、第一大援助国和第二大贸易伙伴。2015年,中老双边贸易额为27.8亿美元。2016年1—11月,中老双边贸易额为20.22亿美元,其中老挝向中国出口11.59亿美元,从中国进口8.63亿美元。

2015年,中国和柬埔寨的双边贸易额44.3亿美元,增长18%,其中,柬埔寨向中国出口6.7亿美元,增长38.1%。2016年1—11月,中柬双边贸易额达42.87亿美元,其中柬埔寨向中国出口7.45亿美元,从中国进口35.42亿美元。

2016年1—11月,中国与缅甸的双边贸易额达108.84亿美元,其中缅甸向中国出口34.8亿美元,从中国进口74.04亿美元。

2016年在中泰双边贸易总值为5004.8亿元,同比增长6.8%。其中,中国对泰国出口2445.9亿元(同比增加2.8%),从泰国进口2558.8亿元(同比增加10.9%)。

此外,根据世界银行的预测,2016年,中国、越南、老挝、柬埔寨、泰国、缅甸的GDP增长分别为6.7%、6.0%、7.0%、7.0%、3.1%和6.5%,远高于发达经济体美国的1.6%、欧盟的1.6%、日本的1.0%的GDP增长率水平,中国和东盟为世界经济发展做出了积极贡献。

第三,国际产能合作。

按照构建绿色丝绸之路、智力丝绸之路的导向,在做好环境和生态保护工作的前提下,中国有序推进钢铁、装备制造、汽车、电子、纺织等十多个重点领域国际产能合作,同20多个国家开展了国际产能合作,已在"一带一路"沿线国家设立了56个境外合作区。在与相关国家开展双边重点产能合作过程中,不仅注重"输血"转移产业,同时也注重帮助其培育形成"造血"功能,发展有竞争力的产业集群,从而为该国经济发展和产业结构升级提供重要助力。2017年9月,在老挝万象举行的第19次中国—东盟领导人会议暨中国—东盟建立对话关系25周年纪念峰会上,中国和东盟国家领导人发表《中国—东盟产能合作联合声明》,一致认为中国与东盟经济交往取得迅速、全面、显著的发展,双方已成为重要经济合作伙伴,为开展产能合作奠定了坚实基础;注意到中国和东盟在基础设施发展和工业化加速等方面至关重要的需求,双方可通过产能合作进一步加强中国—东盟经贸关系,提振双方业界的信心和积极性;认识到中国和东盟在实现经济社会可持续发展方面均面临挑战,双方具有互补性比较优势,扩大交流合作的潜力巨大。双方将继续完善和提升各自国家和区域工业产能。

基于合作的现实需要和良好基础,目前,中国与中南半岛国家共同推动建设的产业园区有泰中罗勇工业园,中国广西的东兴凭祥和云南的勐腊(磨憨)、瑞丽重点开发开放试验区,中马钦州产业园,马中关丹产业园,柬埔寨西哈努克港经济特区,泰国宋卡府边境经济特区等。

2006年开工建设的泰中罗勇工业园,是首家在泰国的中国工业园区。园区位于泰国东部海岸、靠近泰国首都曼谷和廉差邦深水港,总体规划面积12平方公里,包括一般工业区、保税区、物流仓储区和商业生活区,主要吸引汽配、机械、家电等中国企业入园设厂。园区已被中国政府认定为首批"境外经济贸易合作区"——中国传统优势产业在泰国的产业集群中心与制造出口基地,最终形成集制造、会展、物流和商业生活区于一体的现代化综合园区。目前,已经吸引了40多家中国企业成功入住。

2016年11月,在李克强总理和老挝通伦总理的见证下,商务部部长高虎城与老挝计划投资部部长苏潘分别代表两国政府签署了《中国老挝磨憨—磨丁经济合作区共同发展总体规划(纲要)》。根据中老合作区发展基础,依托交通条件,将以昆曼公路、中老铁路沿线区域为经济带,以磨憨、磨丁国际商贸金融区为两个核心,形成综合服务、保税物流、商贸金融、旅游等产业聚焦区域。中方磨憨区域重点发展总部经济,老方磨丁区域重点发展加工制造业,同时在商贸、现代物流、旅游等方面加强合作,形成高度融合、错位互补的产业联动发展格局。

第四,金融领域合作。

以亚投行为代表的金融合作不断深入,丝路基金服务"一带一路"建设的力度正不断加大,人民币跨境交易规模也在不断扩大。2016年1月16日,亚投行迎来了开业一周年。在此期间,亚投行建立和完善了组织架构,为7个亚洲发展中国家的9个项目提供了17.27亿美元贷款,撬动公共和私营部门资金125亿美元,未来更多基建项目落地可期。亚投行现有57个创始成员国,其中亚洲域内国家占比达到75%。目前亚投行已收到书面申请加入材料的国家有20多个,预计2017年成员国将接近90个。这些项目的投资建设,对改善借款国的城市设施、交通、能源供给能力和使用效率,帮助其提升产业承载能力,加快工业化和城镇化进程,推进国际产能合作,促进区域互联互通具有积极意义。亚投行以合作共赢的姿态,积极与其他多边开发银行开展务实合作。亚投行先后与世界银行、亚洲开发银行、欧洲复兴开发银行、欧洲投资银行等签署了合作协议。2016年,9个贷款项目中的6个是与其他多边开发银行联合融资的。在这一系列合作中,亚投行体现了规范高效的专业精神,展现了共谋发展的务实行动,树立起了诚信合作伙伴的良好形象,壮大了多边开发银行的整体力量。

2016年前三个季度,中国对越投资协议金额达10.1亿美元,同比增长304%。其中新项目208个,协议金额6.7亿美元。截至目前,中国在越直接投资项目数量1 492个,协议投资110亿美元,中国成为越南第九大外资来源地。同时,越南企业也开始将中国作为目的地前往投资,2016年前9个月越南在华项目数达到20个,同比增长900%。

中国是柬埔寨最大的外资来源国。2015年,柬埔寨全国投资总额达到46.44亿美元,同比增长18%,其中中国以8.65亿美元对柬投资额高居其外资来源国首位,占投资总额的18.62%,比其他所有国家对柬投资额总和多6.5%。2015年,中国对柬非金融类直接投资3.9亿美元,累计直接投资约36.1亿美元;新签承包工程合同额14.2亿美元,增长0.5%,完成营业额12.1亿美元,累计合同额121.1亿美元,完成营业额76.6亿美元。截至2016年6月,中国对柬直接投资累计已超过120亿美元。中国对柬投资产业主要分布在水电站、电网、通信、服务业、纺织业、农业、医药、能源等领域,中国华电集团、中国水电建设集团、中国大唐、江苏红豆、中国免税集团、巴戎航空等公司已在柬开展投资活动。这些投资直接促进了柬埔寨国民经济的快速发展。

第五,科教文化领域合作。

在文化交流方面,中泰两国关系走在其他东盟国家的前列。2015年,在泰国学习汉语的人数已达85万之多。泰国迄今为止已经成立了14所孔子学院和18家孔子课堂。目前,泰国也成为中国留学生在亚洲的热门留学目的地。目前中国大约有3万人在泰国留学,分布在泰国的44所高校。

在旅游方面,中国赴东盟的游客人数持续增长。其中,2015年赴泰游人数已跃升至790万人次以上,与2010年的112万人次相比,五年间增长了603%,与2014年相比,增幅也高达71.6%。2015年中国游客占曼谷游客总量的30%以上,而在2009年仅占7%。2016年前10个月中国内地赴越南旅游人数达到了222.8万人次,同比增长55.2%,位列赴越旅游国家人数首位。2016年1—10月,柬埔寨接待中国游客人数达65.3万人次,中国游客赴柬旅游人数仅次于越南,成为柬埔寨的第二大游客来源国。

四、前景与展望

"一带一路"既是中国的事业,也是广泛的国际共同事业。从倡议提出到愿景规划再到具体建设,"一带一路"始终立足于中国经济转型和世界经济复苏的巨大交集,以战略眼光探寻中国发展与世界发展共进之道,推动各国经济赢得更加美好的未来。"一带一路",一条经济大动脉。在世界经济复苏乏力之际,它提供了中国方案,也带来了中国机遇。

中南半岛六国是中国在东盟近邻中的近邻。作为互联互通基础最好的合作区域,中国—中南半岛经济走廊最有可能先期收获合作项目、最有希望结出丰硕成果,必将成为"一带一路"六大经济走廊的典范。中国将坚定不移地继续走和平发展道路,坚定不移地维护地区和平稳定,始终把东盟作为中国外交的优先方向,坚定发展同东盟的友好合作,坚定支持东盟共同体建设,支持东盟在区域合作中的中心作用,支持东盟在国际地区事务中发挥更大作用。中国愿继续秉承亲诚惠容理念,坚持与邻为善、以邻为伴的周边外交方针,同中南半岛六国一道弘扬睦邻友好传统,以中国—中南半岛经济走廊为平台,进一步加强陆海交通基础设施和经济走廊建设、通关便利化、相互投资、能源、环保、防灾减灾等方面合作,促进区域经济发展和民生改善,深化各领域互利合作,促进包容性增长和可持续发展,为实现本地区长期繁荣稳定发展做出不懈努力。

一是深化基础设施领域合作。在交通体系建设方面,加强规划衔接,科学遴选线路方案,将环境影响纳入港口、场站布局的考虑,积极发展海铁联运、内河运输等能耗较少、环境友好的运输方式,共同加快以泛亚铁路、高等级公路、海上航运、航空线路、网络信息并举的骨干基础设施通道建设,优先推进关键节点项目建设,加强基础设施建设规划和技术标准体系的交流对接,逐步形成畅通便捷、快速高效、绿色协调的中国—中南半岛国际大通道,促进资源要素的自由流动和高效配置,推动经济走廊沿线国家对内对外开放相互促进。以建立区域铁路联盟为契机,推动次区域综合运输体系建设,加快通关便利化,提升软件联通水平。在能源基础设施建设方面,加大各国在跨国油气管线、发电站建设和跨境电网互联的合作力度,注重推进光伏、风能等绿色能源基建合作。中国始终坚持开发与保护并举原则合理利用水资源,愿与有关国家分享水文信息,加强防灾合作。在通信网络建设方面,优化核心网供电制冷系统和基站供配电系统的能耗,积极开发利用新能源,对通信网络进行全方位绿色变革,打造绿色丝绸之路的信息桥梁。与此同时,还要推动便利化,扩大投资贸易往来。共同推动投资贸易和人员往来便利化,推进"两国一检"等海关合作,以及检验检疫、认证认可、标准计量、统计信息等方面的双多边合作,促进要素资源充分有序流动。充分利用互联互通这张网,进一步扩大贸易投资规模,提升经贸合作层次和水平。

二是创新产业合作模式。按照《中国—东盟产能合作联合声明》，鼓励以商业原则为主导的产能合作，通过产业升级推动经济发展，使各方产业的生产和需求相匹配，实现可持续发展和共同繁荣。重点推动在中南半岛具有比较优势的行业领域开展符合各自优先发展方向和发展水平的合作，推动形成具有跨国要素基础能力、市场辐射能力的区域产业发展新格局。中国愿积极参与在中南半岛沿线六国特别是在中泰即将合作建设的铁路沿线设立工业、技术和产业园区，愿带着先进产能在当地建厂生产，直接帮助邻国增加就业。中国主张建立次区域跨境电子商务合作平台，愿意主办年度经济走廊论坛。依托中国境外经贸合作区，以及沿线国家自建的各类产业园区，建设海关特殊监管区域，加快国际产能和装备制造合作，与沿线国家海关特殊监管区域开展信息互换、监管互认、执法互助方面的合作。在农业领域，建立合作绿色农产品生产加工基地，发展绿色农产品电子商务，引进优良种质资源与人才技术，形成绿色农产品深加工产业链。在工业领域，把绿色工业园区作为中国与经济走廊其他沿线国家开展绿色工业合作的主要模式。以绿色基础设施建设为重点，开展对可再生水、地源热泵等绿色技术的利用，尽量降低生产的物耗和能耗。按照共商、共建、共享原则的原则，有序推进国际产能合作。中国注重与中南半岛各国发展战略对接和产业互补衔接，尊重和照顾各方切身利益诉求。对于越南、柬埔寨、老挝、缅甸等劳动力资源丰富、生产成本低、有市场需求但生产能力不足的发展中国家，中国以投资方式为主，结合设计、工程建设、设备供应等多种方式，合作建设水泥、平板玻璃、建筑卫生陶瓷、新型建材、新型房屋等生产线，建设棉纺、化纤、家电、食品加工等轻纺行业项目，提高所在国工业生产能力和国际市场参与能力，增加当地市场供应。对于泰国、马来西亚等有较好工业基础和海运条件的经济走廊沿线国家，中国将重点支持其发展汽车及配件、电气电子及通信设备、石化及环境友好型化工、农产品加工、纺织服装等重点产业，努力形成跨国跨区域上下游配套、集群式发展的格局。鼓励发挥智库、学术伙伴等研究机构的积极作用，共同开展产能合作研究并提供符合各方国家利益的政策建议。

三是加强对贸易投资合作的金融支持。中国将与湄公河流域国家开展跨境贸易本币结算试点，扩大本币直接兑换规模，支持双方扩大经贸合作；按市场化、可持续原则，支持次区域互联互通及产业合作重点项目。继续用好中国—东盟基础设施专项贷款，同时探索公私合营等各种有利于当地大项目合作的投融资方式。依托中国广西、云南沿边金融综合改革试验区建设，稳步推进跨境金融合作，促进投资便利化。通过股票、债券、贷款、私募投资、保险等金融工具严格控制污染性投资，并配套政策性出口信用保险和银行之间的银保合作机制，将社会资金引导到节能环保、清洁能源等绿色产业，从而实现环境可持续发展的投融资模式，助力建设绿色丝绸之路、绿色经济走廊。针对产业项目的绿色风险建立一套完整的评价体系和技术指标，建立第三方绿色项目评估市场。加强国际合作，建立区域绿色基金，强化亚投行等专业国际组织对绿色金融的支持；2017年，亚投行支持的项目对象将逐步扩大到各类基础设施行业和其他生产性领域；项目的国别分布不仅扩大到亚洲各个区域，还将考虑扩大到有利于与亚洲互联互通的域外发展中成员；在继续主要集中于主权担保项目的同时，也将努力培育非主权担保项目；投入方式除了贷款，还将研究启动股权投资、担保以及其他更加符合发展中国家需求的创新型金融工具；除继续与其他多边开发机构开展联合融资外，还将探索启动与相关国家开发机构和商业性金融机构的联合融资或者平行融资。同时，进一步扩大亚投行自主开发和单独运营的贷款投资规模，提升自我开发、储备和管理投资项目的能力。切实履行二十国集团领导人杭州峰会核准启动的"全球基础设施互联互通联盟倡议"和联合国2030年可持续发展议程，遵循《巴黎协定》的绿色原则，坚持数量与质量并重，不断增强项目开发、储备、审核和执行能力，与其他多边开发机构共同促进基础设施投资。

四是推进人文交流与社会事业发展。进一步密切人文交流，落实《海外中国文化中心发展规划（2012—2020年）》，优先在缅甸、马来西亚、越南等中南半岛经济走廊沿线国家设立中国文化中心，广泛开展多领域合作，与沿线国家和地区在考古研究、文物修复、文物展览、人员培训、博物馆交流、世界遗产申报与管理等方面开展国际合作，与沿线国家和地区的艺术人才和文化机构联合创作，积极利用"一带一路"文化交流合作平台推介文化创意产品，推进互联网与文化产业融合发展，打造民意基础坚实的中国—中南半岛国际经济合作走廊。

五是提高地区发展的开放联动水平。倡导中南半岛各国加大投入，欢迎域外各方积极参与，继续发挥好亚行等国际机构作用。加强自身发展与次区域规划的对接，保持与东盟共同体、"10＋1"、"10＋3"等地区合作机制的沟通协调，提升中南半岛国家在全球供应链、产业链、价值链中的竞争力，协商制定推进区域合作的规划和措施，分步骤分阶段推进各项务实合作，共同打造一个高效率的一体化经济区，最终实现各自经济效益的最大化。保护好生态环境，建立跨界生态廊道和保护区，就联合主体、监督实体、紧急情况下的互助等宏观内容签订框架协议，为自然生态和环境的保护确立更广阔的邻接面积、更深入的联合防控，实现对中国—中南半岛经济走廊沿线的全面生态保护，促进中国—中南半岛经济走廊经济持续健康发展。

二、孟中印缅经济走廊

孟中印缅经济走廊是《推动共建丝绸之路和21世纪海上丝绸之路的愿景与行动》中提出的中国与"一带一路"沿线国家规划建设的六大经济走廊之一。孟中印缅经济走廊是以昆明、曼德勒、达卡、加尔各答等沿线重要城市为依托，以铁路、公路、航空、水运、电力、通信、油气管道等国际大通道为纽带，以人流、物流、资金流、信息流为基础，通过共同打造优势产业集群、特色城镇体系、产业园区、口岸体系、边境经济合作区等，形成优势互补、分工协作、联动开发、共同发展的经济带,构建昆明—曼德勒—达卡—加尔各答的经济走廊。建设孟中印缅经济走廊的重要目的是充分发挥各自的比较优势,加强区域内交通联系,减少区域运输成本和贸易成本,促进沿线国家的资源互补和生产要素的流动使用,推动各种资源和生产要素自由流动,力求建设出一条资源互补、区域分工、双赢合作、共同发展的跨国经济通道。

(一)合作背景及合作基础

孟中印缅经济走廊作为一种合作机制的概念和行为,是由云南学者在20世纪90年代提出,随后,印度、孟加拉国、缅甸等国的学术界表示愿意参与这一机制的讨论。在20世纪90年代初期,有学者提出开展中国、印度、缅甸等国家区域合作。这一阶段学者对中国西南和南亚、东亚地区的经济合作较为关注,此阶段还未提出孟中印缅经济走廊概念。云南省是孟中印缅经济合作的积极倡导者,在西部大开发的背景下,云南提出利用区位优势,抓住发展机遇,推动孟中印缅经济合作。1999年8月孟中印缅次区域合作国际研讨会在昆明举行,此次会议期间,学者就孟中印缅地区经济合作问题展开了讨论,孟中印缅地区经济合作构想被正式提出。随后,对推动该区域经济合作的讨论就未停止。直到2006年,学术界普遍认可的说法是孟中印缅经济区域合作。2013年5月李克强总理访问印度期间,在签署的《中华人民共和国和印度共和国联合声明》中指出,鉴于孟中印缅汽车拉力赛的成功举行,双方同意与其他各国协商,成立联合工作组,研究加强该地区互联互通,促进经贸合作和人文交流,倡议建设孟中印缅经济走廊。

1. 合作背景

(1)走廊由来:12届孟中印缅地区经济合作论坛持续召开。

尽管历史上孟中印缅地区的联系十分紧密,但在新中国成立后的很长时期孟中印缅地区都没有合作机制来推动本地区的经济合作。1999年8月15日孟中印缅四国学者共同发起在昆明举行了第一次会议,四国代表签署了《昆明倡议》,以促进经济合作和学术交流。这开创了当代孟中印缅地区经济合作的先河。2000年,四国在印度首都新德里召开了第二次孟中印缅地区经济合作与发展会议。2002年,在孟加拉国首都达卡召开了第三次会议,通过了《达卡声明》,四方正式把该会议更名为孟中印缅地区经济合作论坛。2003年,第四次会议在缅甸首都仰光召开,发表了《仰光声明》。2004年,第五次会议在昆明举行,会议签署了《昆明合作声明》等框架性文件,确立了论坛的宗旨、原则、发展方向及合作机制等。四国不仅提出要继续推动在交通、贸易、旅游、文化等重要领域开展务实合作,而且提出要在科技、教育、环境保护、人力资源开发、友好城市缔结、非传统安全问题(如毒品走私、非法移民)等其他领域进行有效合作。由此,该论坛形成了每年轮流在四国召开的多边会议。孟中印缅地区经济合作论坛从首次共同签署具有里程碑意义的《昆明倡议》开始,到2016年已先后在中国昆明、印度新德里(或加尔各答)、孟加拉国达卡、缅甸仰光(或内比都)召开了12次会议,在多个领域达成了共识,先后通过了《达卡声明》《昆明合作声明》《德里声明》《加尔各答声明》《仰光声明》《内比都声明》等一系列促进合作的"倡议"或"声明",这既反映了各方增强合作交流的强烈愿望,也为四国推动经济走廊建设提供了内在动力(见表1)。

表1 孟中印缅地区合作论坛历次会议情况

会议次数	论坛时间	论坛地点	签署协议
第1次	1999年8月15—17日	中国昆明	《昆明倡议》
第2次	2000年12月	印度新德里	—
第3次	2002年2月	孟加拉国达卡	《达卡声明》
第4次	2003年3月	缅甸仰光	《仰光声明》
第5次	2004年12月21—22日	中国昆明	《昆明合作声明》
第6次	2006年3月30—31日	印度新德里	《德里声明》
第7次	2007年3月31日—4月1日	孟加拉国达卡	《2007达卡声明》
第8次	2009年7月23—24日	缅甸内比都	《内比都声明》
第9次	2011年1月18—19日	中国昆明	《关于推进孟中印缅经济合作的谅解备忘录》
第10次	2012年2月18—19日	印度加尔各答	《加尔各答声明》
第11次	2013年2月23—24日	孟加拉国达卡	《达卡联合声明》
第12次	2015年2月10—11日	缅甸仰光	《仰光联合声明》

资料来源:根据各地的官方网站、报刊对历次孟中印缅地区合作论坛会议报道整理得到。

(2)走廊深化:2次孟中印缅经济走廊联合工作组会议成功召开。

2013年5月李克强总理访印成为孟中印缅经济走廊建设的重要转折点。在签署的《中华人民共和国和印度共和国联合声明》中指出,鉴于孟中印缅汽车拉力赛的成功举行,双方同意与其他各国协商,成立联合工作组,研究加强该地区互联互通,促进经贸合作和人文交流,倡议建设孟中印缅经济走廊。孟中印缅经济走廊建设的依据是把中国的西部开放与印度的东向政策结合起来,将极大地促进两国在能源、信息、资源、科技、农业、基础设施等方面的广泛合作,推动两国市场的紧密连接,培育亚洲合作的新亮点。2013年10月印度总理访华指出,双方已就孟中印缅经济走廊倡议分别成立工作组,与孟加拉国和缅甸保持沟通协商,并在12月召开联合工作组首次会议,研究孟中印缅经济走廊建设的具体规划。

2013年12月18—19日,在昆明举行了经济走廊联合工作组第一次会议。来自孟中印缅四国的政府部门官员、专家学者、国际组织和云南省代表出席了会议。会议梳理了地区合作论坛达成的共识,借鉴了国际机制经验,在经济走廊发展前景、优先合作领域和机制建设等方面进行了友好深入的交流,在交通基础设施建设、投资和商贸流通、人文交流等方面达成了多方面的共识。会议的召开确立了孟中印缅经济走廊合作的政府机制,同意了经济走廊东起昆明,经曼德勒、达卡,西到印度加尔各答,还使各国在交通基础设施、商贸和投资、人文交流等领域达成了多方面的共识。会议签署了会议纪要和孟中印缅经济走廊联合研究计划。

2014年12月17—18日,孟中印缅经济走廊联合工作组第二次会议在孟加拉国科克斯巳扎尔召开。会议讨论了四国提交的孟中印缅经济走廊国别报告,深入探讨了在互联互通、能源、投融资、货物与服务贸易及贸易便利化、可持续发展与扶贫及人力资源、人文交流等重点领域开展合作的设想和推进机制建设。会议肯定了四国在孟中印缅经济走廊建设上做出的努力及取得的积极进展,再次强调了加强走廊互联互通的重要性,并承诺本着互相信任、互相尊重、公平互利、务实高效、协商一致、多方共赢的原则,加快推进孟中印缅经济走廊建设,为维护地区和平稳定和促进经济发展作出贡献,使四国人民得到实惠。会议就下一步工作安排达成了共识,签署了联合工作组第二次会议纪要(见表2)。

表2 孟中印缅经济走廊联合工作组历次会议情况

会议次数	论坛时间	论坛地点	会议成效
第1次	2013年12月18—19日	中国昆明	梳理了地区合作论坛达成的共识; 确立了孟中印缅经济走廊合作的政府机制; 签署了会议纪要和孟中印缅经济走廊联合研究计划
第2次	2014年12月17—18日	孟加拉国科克斯巳扎尔	讨论了四国提交的孟中印缅经济走廊国别报告; 探讨了重点领域开展合作的设想和推进机制建设; 就下一步工作安排达成了共识; 签署了联合工作组第二次会议纪要

资料来源:根据各地的官方网站、报刊对历次孟中印缅经济走廊联合工作组会议报道整理得到。

(3)走廊发展:沿线四国领导人高度重视。

2016年,中国国家主席习近平进一步提出,丝绸之路是各国人民的共同财富。中国愿同沿线国家一道,构建"一带一路"互利合作网络、共创新型合作模式、开拓多元合作平台、推进重点领域项目,携手打造"绿色丝绸之路""健康丝绸之路""智力丝绸之路""和平丝绸之路",造福沿线国家和人民。2016年10月,习近平主席对孟加拉国进行国事访问期间,中国与孟加拉国签署了《中华人民共和国政府与孟加拉人民共和国政府关于开展"一带一路"倡议下合作的谅解备忘录》。该备忘录是我与南亚地区国家签署的首个政府间共建"一带一路"合作文件，具有标志性意义，其签署不仅将推动中孟在"一带一路"框架下的互利合作，也将对孟中印缅经济走廊建设发挥积极促进作用。孟加拉国总理谢赫·哈西娜表示，孟方赞同中方提出的"一带一路"重要倡议，孟加拉国愿积极参与"一带一路"、孟中印缅经济走廊建设，促进区域合作，助推自身发展。建设孟中印缅经济走廊，可以通过道路乃至铁路联通本地区，例如贯通从昆明到缅甸至印度再到孟加拉国的公路，对于活跃地区经济意义重大。同时，在另外一侧，我们也在努力连通不丹、尼泊尔、印度和孟加拉国。实现互联互通将进一步推动商业的发展。

2013年10月，印度总理辛格访华。访问期间，两国企业家代表共签订了九项合作协议。印度总理辛格在中央党校发表《新时代的中国和印度》的主题演讲，在演讲中强调"印度欢迎中国的崛起，而中国也欢迎印度的崛起，亚洲和世界有足够的空间容纳中印两国的发展和繁荣"。

2015年4月22日，国家主席习近平在雅加达会见缅甸总统吴登盛。习近平指出，去年吴登盛总统两次访华期间，就推进中缅全面战略合作伙伴关系达成广泛共识，希望双方继续努力不断打造两国合作新亮点。吴登盛表示，新形势下缅方致力于密切两国各层级友好交往，提升两国各领域合作，缅方支持并愿积极参与中方的"一带一路"和亚洲基础设施投资银行倡议，希望中方通过丝路基金等参与缅甸基础设施建设。

2. 基础条件

(1) 四国达成共识为孟中印缅经济走廊建设提供了基本前提。

早在20世纪90年代，孟中印缅四国学者就在亚洲区域合作方兴未艾的背景下意识到了孟加拉国、中国、缅甸和印度依托地缘相邻的条件开展合作的重要性。1999年，四国学者发起召开了第一次经济合作大会，并签署了《昆明倡议》。此后，越来越多的四国官方人员参与其中。"孟中印缅地区合作论坛"逐渐从一个"二轨"对话机制向"一轨半"对话机制转变，并在中印提出共建孟中印缅经济走廊后上升到"一轨"合作。孟中印缅四国都处在发展经济、消除贫穷和改善民生的关键阶段，面临加快经济转型升级的紧迫任务。在国际区域经济一体化和经济全球化共同发展的大趋势下，孟中印缅面对国际金融危机的冲击以及新一轮全球产业竞争，都需要挖掘自身潜力，实现优势互补、共同发展，都有强烈的参与经济走廊建设的愿望。2013年5月，中印共同提出建设孟中印缅经济走廊。该倡议得到了孟缅政府的积极响应，两国领导人均在重要场合公开表示支持孟中印缅经济走廊建设。建设孟中印缅经济走廊已经从最初的学者倡导上升为四国政府的共同意愿。

2014年6月，孟加拉国总理哈西娜在访华演讲中称，孟中印缅经济走廊建设将有助于提升地区内的互联互通,孟加拉国将会积极推动和落实孟中印缅经济走廊。①2014年11月,缅甸时任总统吴登盛在会晤到访的李克强总理时表示,缅甸支持并将积极参与孟中印缅经济走廊。②孟中印缅四国都处于发展经济、消除贫穷和改善民生的关键阶段,面临加快经济转型升级的紧迫任务。孟中印缅四国高层均已意识到,通过发挥地缘优势、共建经济走廊,可以进一步增强各国间的政治互信、深化投资贸易、促进互联互通和加强人文交流,将给本国和本地区发展带来新的机遇。

(2) 合作机制初步形成为孟中印缅经济走廊建设提供了制度支撑

2013年10月,印度时任总理辛格访华,两国在《中印战略合作伙伴关系未来发展愿景的联合声明》中决定,在协商的基础上成立联合工作组,研究加强次区域内的互联互通,促进经贸合作和人文交流,推动孟中印缅经济走廊的建设。联合工作组的成立标志着四国政府推进孟中印缅合作的合作机制初步形成。截至2015年年底,联合工作组已在中国和孟加拉国召开了两次会议,并就重点合作领域达成了广泛共识。

孟中印缅联合工作组的成立,尤其是两次工作组会议的顺利召开,既是四国政府支持共建孟中印缅经济走廊的具体表现,又进一步增进了四国的共识以及对彼此意愿和诉求的了解。虽然目前孟中印缅经济走廊的合作机制还需进一步完善,但联合工作组的成立标志着四国合作机制确立的开始,为形成更成熟的合作机制打下了基础,也为开展孟中印缅经济走廊建设深度合作提供了必要的制度保障。

(3) 双边关系改善为孟中印缅经济走廊建设提供了政治保障。

孟中印缅四国地理邻近,交流合作源远流长,随着经济全球化和区域一体化步伐的加快,四国的合作日益向纵深发展,政治关系不断改善,为孟中印缅经济走廊建设创造了更好的政治氛围。

2013年中印两国总理实现了自1954年以来首次年内互访,开启了中印战略伙伴关系的新征程。2014年6月,中国与孟加拉国签署了《中孟关于深化更加紧密的全面合作伙伴关系的联合声明》,2015年两国共同举办了形式多样的建交40周年纪念活动。2011年,中缅两国建立了全面战略合作伙伴关系。在"东进政策"的促进下,印度与孟加拉国和缅甸的关系不断改善。2012年7月,时任印度总理辛格访问缅甸,成为25年来首位访问缅甸的印度总理,有力地推动了两国关系的发展和深化。缅甸和孟加拉国通过国际海洋法法庭裁决的方式圆满解决了2008年引发的海域争端,为两国关系的顺利发展扫除了障碍。自2009年1月人民联盟执政以来,孟加拉国与印度的

---

① 孟加拉国总理哈西娜:积极推进和落实孟中印缅经济走廊建设[DB/OL]. 人民网. http://world.people.com.cn/n/2014/0610/c1002-25125403.html.

② 李克强同缅甸总统吴登盛举行会谈时强调全面提升中缅战略合作水平 两国永做好邻居、好朋友、好伙伴[DB/OL]. 新华网. http://news.xinhuanet.com/world/2014-11/14/c_1113257535.htm.

关系已明显好转,两国在反恐、边境纠纷、水资源、运输和能源等各领域都进行了协商与合作。

(4) 经济互补性为孟中印缅经济走廊建设带来巨大潜力。

随着改革开放以来经济的快速发展和对区域经济合作的积极参与,中国与缅孟印三国的经贸合作领域不断拓宽,合作规模不断扩大,而且合作内容日益丰富,合作形式日益多样化。作为全球最大经济体和当之无愧的贸易大国,中国已经成为印度最大的贸易伙伴、缅甸最大的贸易伙伴和最大外资来源国。位列"金砖四国"之一的印度也是缅甸和孟加拉国的重要合作伙伴。发展程度和速度的差异性及对外合作的需求性,使孟中印缅四国具备了良好的经济互补性,给四国合作带来很大发展空间。

在孟中印缅经济走廊四国中,中国拥有广大的消费市场,对外投资能力不断增强,积累了丰富的基础设施建设和人力资源开发经验,对孟、印、缅三国的矿产资源、能源、农产品等有巨大需求。印度对中国的光学仪器、汽车及零部件、家具等产品需求旺盛。中国已经进入了工业化中期阶段,而印度、孟加拉国、缅甸工业化仍然处于起步阶段。中国制造业强大,已成为世界新的制造业中心,被称为"世界工厂"。与此同时,印度经济呈现出以高新产业为主导、以服务业为龙头的格局,以服务外包和IT产业为主的现代服务业发展成就举世瞩目,已形成了明显的比较优势,被称为"世界办公室"。除服务业外,农业是印度的经济基础,制造业基础相对薄弱。缅甸有丰富的林木、矿产、石油、天然气、水力资源尚待开发,孟加拉国有大量的天然气资源,孟加拉国工业以原材料和初级产品生产为主,重工业薄弱,制造业欠发达,是世界上主要纺织品出口国。但缅甸和孟加拉国两国的资金、技术短板亟须通过国际合作来弥补,同时两国的基础设施对整个社会和经济的发展构成了严重的制约。中、印同为发展中大国,有着巨大的能源需求,可从孟加拉国和缅甸获得一定的外部能源供给。孟、缅由于工业化水平低,制造业对GDP的贡献率不高,只要引入外部资金和技术,经济增长潜力巨大。综合商品、市场、资金和技术等各方面,孟中印缅四国具有很强的经济互补性。

(5) 四国开放务实的政策为孟中印缅经济走廊建设创造了良好的氛围。

2013年年底,中国提出了推进丝绸之路经济带和海上丝绸之路建设的"一带一路"战略新构想。这是中国领导人统筹国内国际两个大局,立足当下,谋划长远做出的重大战略部署,为孟中印缅经济走廊建设带来了重大利好。孟中印缅经济走廊是"一带一路"题中之意和重要组成部分。《推动共建丝绸之路经济带和21实际海上丝绸之路的愿景与行动》明确指出,"中巴、孟中印缅两个经济走廊与推进'一带一路'建设关联紧密,要进一步推动合作,取得更大进展"[①]。21世纪海上丝绸之路重点方向是从中

---

① 推动共建丝绸之路经济带和21实际海上丝绸之路的愿景与行动[DB/OL]. 新华网. http://news.xinhuanet.com/finance/2015-03/28/c_1114793986.htm.

国沿海港口过南海到印度洋,延伸至欧洲。孟中印缅经济走廊正好处在丝绸之路经济带拟重点畅通的西南路线上。

与此同时,印度深入实施"东向"政策,积极拓展与东盟国家的合作,缅甸与孟加拉国也加大了对外开放的力度,尤其重视加强与周边国家的经济合作。孟中印缅四国的高层互访日益频繁,并签署了一系列推进经贸合作的文件、协议、备忘录。四国开放务实的发展战略,为孟中印缅经济走廊建设带来了战略机遇期。

(6)丝路基金和亚投行的运行为孟中印缅经济走廊建设拓宽了融资渠道。

2014年11月8日,中国国家主席习近平宣布,中国将出资400亿美元成立丝路基金,为"一带一路"沿线国基础设施建设、资源开发、产业合作等有关项目提供投融资支持。2014年年底,丝路基金正式投入运营。2013年10月,中国国家领导人在东亚系列峰会上提出要成立亚洲基础设施建设投资银行(简称"亚投行")。经过两年多的筹备,在包括孟中印缅四国在内的57个成员国共同见证下,亚投行于2016年1月16日正式起航。亚投行致力于推动亚洲地区的基础设施建设,特弥补亚洲国家在基础实施投资领域存在的资金缺口。2016年年底,亚投行公布了该行参与投资建设的六个项目,项目贷款总额为8.29亿元,涉及孟加拉国、印度尼西亚、巴基斯坦、塔吉克斯坦和缅甸五个国家,涵盖了能源、交通和城市发展等领域,其中孟加拉国的电力输送升级和扩容项目为亚投行独立提供贷款的项目,其余项目为与世界银行、亚洲开发银行、欧洲复兴开发银行等其他多边开发银行以及商业银行进行联合融资。

孟中印缅经济走廊不仅是"一带一路"的重要组成部分,其发展也将为"一带一路"注入活力。孟中印缅经济走廊域内的基础设施通联现状亟待改善。加强交通连通性是孟中印缅经济走廊建设和"一带一路"建设的共同要求,丝路基金和亚投行的成立和运行可以为孟中印缅经济走廊的基础设施建设项目提供启动资金和融资支持。进一步拓宽的融资渠道,将在一定程度上减轻孟中印缅四国在经济走廊建设上面临的资金压力,从而加速经济走廊的建设进程。

(二)定位及作用

推进孟中印缅经济走廊建设具有深远的战略意义和现实意义。一方面,既有利于加快交通、通信等基础设施建设,促进走廊沿线各国经济发展,增强各国经济实力,也有利于吸引外来投资,优化资源配置,形成合理的国际分工,加快经济结构调整升级;另一方面,既有利于促进"南南合作",创造和平与发展的地区国际环境,也有利于拓展发展空间,增强经济发展动力,改善区域人民生活条件,实现共同发展。同时,还有利于改善本地区经济发展环境,解决这一地区存在的各种非传统安全问题,维护边疆稳定。因此,孟中印缅经济走廊建设,符合区域内各国的根本利益,对于地区经济发展和稳定具有积极意义。

1. 功能定位

（1）促进中国与东南亚、南亚各国互联互通的枢纽。以跨境通道和口岸建设为重点，加快铁路、公路、航空、水运、管道交通基础设施建设，有利于形成外接孟印缅三国、辐射东南亚、南亚地区，内联中国国内腹地的国际大通道。

（2）深化中国与东南亚、南亚各国产业合作的基地。发挥区域比较优势，提高科技进步和自主创新能力，加强国际国内产业分工与合作，做大做强优势特色产业，建设中国面向东南亚、南亚和印度洋沿岸国家的外向型产业基地。

（3）扩大中国与东南亚、南亚各国沟通交流的平台。加快建立完善与周边各国的交流沟通机制，升级搭建各类国际论坛、展览展会等对外交流合作平台，与走廊沿线区域建立更加紧密的沟通联系。

（4）加强中国与东南亚、南亚各国人文往来的窗口。以扩大对外交往、加强文化交流、推进教育合作、加强宣传互动等为重点，推进和深化同周边东南亚、南亚各国更高层次、更宽领域、更多形式的人文交流合作。

（5）创新中国与东南亚、南亚各国开放模式的试验区。在探索合作建设跨（边）境经济合作区、多样化拓展国际合作领域、加快区域通关便利化、健全对外贸易投资促进机制等方面先行先试，为中国扩大与东南亚、南亚各国的陆路开放提供经验和示范。

2. 核心作用

（1）共同打造优良发展环境。当前，和平、发展、合作、共赢成为时代潮流。孟中印缅四国均属发展中国家，加快发展成为各国"头等大事"，而加快发展需要和平稳定的国际环境和外部条件，其中保持良好的地区环境和周边环境最为重要。当前，孟中印缅地区加快发展的最大机遇在周边，最有潜力的在周边，最大的挑战也在周边，最容易出问题的还是在周边。建设孟中印缅经济走廊是当前四国加强合作、密切各方经济关系、促进共同发展的有效途径，也是进一步沟通相互往来、加深相互理解、增强互信的重要渠道。孟加拉国、中国、印度、缅甸四国通过经济走廊建设深入开展地区经济合作，不仅促使本地区较快地融入世界经济发展大潮、增强各国的经济实力、改变本区域封闭落后的面貌、创造有利于区域发展的和平稳定环境，还将进一步促进"南南合作"、提高本区域国家的国际地位、促进与发达国家公平对话，进而改善四国发展的国际环境。

（2）共同促进区域互联互通。建设孟中印缅经济走廊，必须加快国际大通道建设，加快实现互联互通，以增强本地区经济发展的带动力。国际大通道的建设不仅有利于充分发挥本地区的区位优势，沟通"三亚"（东亚、东南亚、南亚）、"两洋"（太平洋和印度洋），优化配置各国的各种资源，带动沿线国家经济社会发展，而且有利于印、缅、孟以及其他国家与中国加强经济合作，搭乘中国经济快车，促进经济发展。

(3) 共同深化国际经贸合作。建设孟中印缅经济走廊是促进这一地区产业发展和经济繁荣的有效途径,是四国推进区域经济合作的重要举措。一方面,有利于促进四国建立相互开放的经济体制,把四国市场有效连接起来,推动四国经济的沟通与融合,创造出巨大的投资和消费需求,提高区域合作水平,促进共同发展。另一方面,有利于改善孟中印缅地区的基础条件,促进生产要素在区域内的合理流动和优化组合,深化经济走廊沿线资金的互动、资源的互补和产业的融合。由此可见,孟中印缅经济走廊是四国推进经贸合作、造福沿线各国人民的重要载体,对于孟加拉国、中国、印度、缅甸参与国际竞争的能力具有积极的促进作用。

(4) 共同维护边疆和谐稳定。建设孟中印缅经济走廊不仅有利于四国加快开放步伐,加强经济合作,促进经济发展,促进区域统一市场的建立,而且也使中国西南、缅甸北部、印度东北部、孟加拉国东部等边疆地区有了与国内中心城市连接、与国外大市场连接的机会,而这有利于打破边疆地区封闭落后、观念保守的状态,吸引外来资金、技术、人才振兴边疆地区的经济,带动人民增收致富,从而促进本国边疆稳定、民族团结、社会和谐。

(三) 成效及特点

1. 合作机制逐步完善

孟中印缅地区经济合作,经过多年的发展,合作范围越来越广泛,合作层次越来越深入,合作机制越来越完善。从发展历程来看,由最初的"国际研讨会"发展为今天的"孟中印缅合作论坛",从最初的四国学者倡议举办的"国际研讨会"发展为"孟中印缅地区经济合作论坛",再到今天的"孟中印缅合作论坛",次次递进,层层深入;从合作领域来看,从最初的孟中印缅地区合作论坛关注的交通、贸易、旅游、合作机制四大问题发展到今天的"全方位、宽领域"的合作,覆盖了贸易、投资、通信、农业、教育、科技、文化、基础建设、交通发展、产业协作等各个领域;从合作载体来看,由 1993 年开始的中国昆明进出口商品交易会发展到 2016 年的中国—南亚博览会,经过 20 多年的合作与发展,四国相继推动了中国—南亚商务论坛、中国—南亚智库论坛、昆明与加尔各答合作论坛、中国(云南)与缅甸合作论坛、中孟合作论坛等重要合作平台。这使得本地区的合作机制日益健全和完善,合作内容、合作形式更加丰富,合作成效更大。

2016 年 10 月,中国和孟加拉国发表《关于建立战略合作伙伴关系的联合声明》,双方同意扩大和深化贸易和投资合作,将基础设施、产能合作、能源电力、交通运输、信息通信、农业作为中孟务实合作的重点领域加以推进,鼓励两国企业加强合作。同月,中国国家主席习近平对孟加拉国进行国事访问期间,中孟双方签署了共建"一带一路"以及产能、能源、信息通信、投资、海洋、防灾减灾、人文等领域合作文件。

2. 连通水平显著提高

随着孟中印缅四国的深入推进,中国与印度、孟加拉国、缅甸在交通网络的互联互通上也取得了显著的成效。按照地理位置和区划空间,中国通往印度、孟加拉国、缅甸的交通网络建设主要集中到中国云南省。

(1) 航空网络建。2000年12月4日云南省首开昆明至印度新德里的商务包机,结束了中印之间长期以来不通航的历史;2002年4月1日中国东方航空公司云南公司开通昆明—曼德勒航线;2002年10月27日起中国东方航空司将每周一北京至印度新德里的航班经停昆明;印度航空公司于2003年12月正式开通由孟买经新德里、曼谷至上海的定期航班;2005年5月中国东方航空正式开通北京—昆明—达卡国际航线。之后,昆明—加尔各答、昆明—仰光航线的相继开通使得孟中印缅四国都有航线开通。

(2) 公路网络建设。2007年连接云南腾冲与铜甸密支那的腾密公路开通,2008年中印公路印度段改造升级,中国与缅甸共同推出的畹町—腊戍、瑞丽—八莫、瑞丽—曼德勒、勐海—勐拉—景栋等边境旅游线路也在陆续开通,这一系列孟中印缅陆路联通工程为构想中的"亚洲公路网"提供了线路条件。孟中印缅汽车拉力赛是孟中印缅经济合作论坛取得的较为突出的成果,2013年2月22日,汽车赛在加尔各答正式开始,历经12天到达昆明,拉力赛的成功举办表现出中印两国对推进公路互通的热情,这也离不开汽车赛需穿越的孟加拉国与缅甸两国的支持与合作,为孟中印缅经济走廊的道路连通起到了很好的示范作用。

(3) 铁路网络建设。2011年5月中缅双方签署了中细皎漂—昆明铁路建设备忘录;2014年8月中国与孟加拉国政府签署了关于新建达卡—吉大港高速双轨铁路的政府间合作备忘录,2014年12月29日,孟加拉国外相提议修建连接吉大港和昆明的铁路及公路通道,得到了中国外交部的积极响应;2014年11月中印双方就印度德里—钦奈高铁走廊(1 754公里)的建设签署协议。

3. 经贸合作更加宽泛

在孟中印缅四国政府及中国—南亚博览会、孟中印缅地区经济合作论坛等机制的推动下,四国经贸合作规模不断扩大,合作成果日益显著。十多年来,中国与印度、孟加拉国、缅甸的贸易均呈现出快速增长。

从经贸交易来看,1999年中国与印孟缅三国的贸易额为32.11亿美元,到2015年达1 016.07亿美元,15年间增长了31.64倍,年均增长280%。

从国别合作来看,中国与印度的贸易额从1999年的19.88美元增加到2015年的716.23亿美元(增长36.02倍),中国与缅甸的贸易额从1999年的5.08亿美元增加到2015年的152.82亿美元(增长30.08倍),中国与孟加拉国的贸易额从1999年的7.15亿美元增加到2015年的147.07亿美元(增长20.57倍)。中国已成为印度、缅甸第一大贸易伙伴,印度成为中国在南亚地区的最大贸易伙伴和中国第七大出口市场(见表3和图1)。

表3　2000—2015 中国与孟印缅三国贸易发展情况　　　　　　　　单位:亿美元

年份	中国与孟加拉国			中国与印度			中国与缅甸		
	出口	进口	总额	出口	进口	总额	出口	进口	总额
2000	9.00	0.18	9.18	15.61	29.14	44.75	4.96	1.25	6.21
2001	9.55	0.17	9.72	18.96	17.00	35.96	4.97	1.34	6.31
2002	10.66	0.33	10.99	26.71	22.74	49.45	7.25	1.37	8.62
2003	13.35	0.33	13.68	33.44	42.51	75.95	9.07	1.70	10.77
2004	19.06	0.57	19.63	59.36	76.78	136.14	9.39	2.06	11.45
2005	24.03	0.79	24.82	89.34	97.66	187.00	9.35	2.74	12.09
2006	30.90	0.99	31.89	145.81	102.77	248.58	12.07	2.53	14.60
2007	33.26	1.14	34.40	240.11	146.17	386.28	17.00	3.78	20.78
2008	45.48	1.32	46.80	315.85	202.59	518.44	19.78	6.47	26.25
2009	4.40	1.40	45.82	296.56	137.27	433.83	22.54	6.46	29.00
2010	67.90	2.70	70.60	409.15	208.46	617.61	34.76	9.66	44.42
2011	78.07	4.49	82.56	505.37	233.71	739.08	48.20	16.80	65.00
2012	79.71	4.80	84.51	476.78	187.96	664.74	56.70	13.00	69.70
2013	80.90	6.54	87.44	484.32	169.71	654.03	74.16	27.34	101.50
2014	82.10	7.91	90.01	542.25	163.78	706.03	93.76	155.81	249.57
2015	139.01	8.06	147.07	582.40	133.83	716.23	96.56	56.25	152.82

资料来源:中华人民共和国商务部网站。

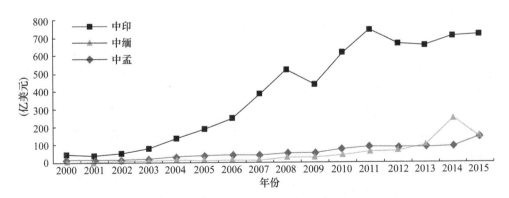

图1　中国与孟加拉国、印度、缅甸贸易总额(2000—2015 年)

(1)中国与孟加拉国贸易往来。

1975 年,中孟正式建立外交关系,开始正常的双边贸易,当年贸易额为306 万美元。1996 年9 月12 日,中孟两国领导在北京签署了《关于对所得避免双重征税和防止偷税漏税的协定》和《中华人民共和国政府和孟加拉国人民共和国政府关于鼓励和相互保护投资协定》，另外，中国和孟加拉国还签署了多个政府间经济技术合作协定。两国合作协定的签订为经贸合作的开展提供了政策上的优惠与保障，有效地促进了两国的贸易合作。

中孟两国同为亚洲发展中国家，近年来，双方的经贸合作日益加深，双边贸易取得重大突破。目前，中国已成为孟加拉国的重要贸易伙伴和外商投资来源地。

2015年，中孟双边贸易额147.07亿美元，同比增长17.2%，其中对孟出口139.01亿美元，同比增长18.0%，自孟进口8.06亿美元，同比增长5.8%；2015年，中国企业累计在孟新签工程承包合同额188.86亿美元，累计完成营业额131.72亿美元；截至2015年年底，中国对孟累计直接投资1.87亿美元，孟对华累计实际投资4 114万美元（见图2）。

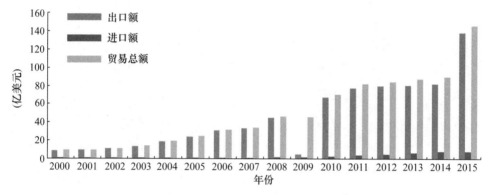

图2 中国与孟加拉国贸易情况（2000—2015）

目前，已有两百余家中国企业到孟加拉国进行投资，投资领域涉及纺织业、建筑业、水产业、养殖业、医疗卫生等领域，投资企业包括中国海外工程总公司、中国路桥（集团）总公司、中国港湾建设（集团）总公司、中国成套设备进出口总公司、中国技术进出口总公司、中国机械进出口总公司、中国工程农机进出口总公司、东方电气集团公司、中国水利水电工程总公司、中国化学工程总公司、中国电线电缆进出口公司、中国寰球化学工程公司、中国电工设备总公司、中国地质工程总公司、福建省火电工程晨报公司、中煤建设集团公司、深圳中兴通讯股份有限公司、华为技术有限公司、江苏永夜纯净水厂、广州国际经济技术合作公司、大庆石油技术进出口公司、南宁国际经济技术合作公司、黑龙江国际经济技术合作公司大桥组中国海运（集团）总公司、中国纺织工业对外经济技术合作公司、山西陶瓷厂、中孟医院等。其中，在孟加拉国最大的中资民营企业利得成服饰集团拥有工人7 000多人。

在中孟友好关系长期发展的基础上，一些大的工程项目也在启动。如2016年3

月29日,孟加拉国孟中电力有限公司与中国企业联合体在孟加拉国首都达卡签署1320兆瓦燃煤电站建设合同,合同总金额为15.6亿美元。燃煤电站项目位于孟加拉国南部的博杜阿卡利县,占地397公顷,为超临界燃煤电站项目,计划2019年12月全部投入使用,新电站项目是孟加拉国能源发展计划的重要组成部分。① 2016年8月8日,中国中铁股份有限公司与孟加拉国铁路局签署了帕德玛大桥铁路连接线项目合同,该桥是迄今中国企业承建的最大海外桥梁工程,合同金额约为15.5亿美元。项目建成后,将极大地改善孟加拉国西部和西南部地区的交通状况。2016年6月,中国节能环保集团下属中国节能绿色建筑产业有限公司与中国建筑材料联合会作为牵头方,承包孟加拉国砖瓦产业升级及园区建设项目,项目预计总投资21亿美元,计划在孟加拉国建设300条日产30万块烧结砖生产线。

(2) 中国与印度贸易往来。

中国和印度是世界上最古老的两大文明古国,双方友好交往的历史源远流长。1950年4月1日,中国与印度正式建立外交关系。但由于两国政治关系一直不太稳定,致使两国商贸往来一直处于较低水平。中国和印度分别从1978年和1991年开始改革开放,从计划经济转型到市场经济,并致力于同世界发展经济联系,这使得双边经贸合作不断发展。1984年中印签订贸易协定,相互给予最惠国地位。1989年中印双边贸易额仅为2.71亿美元,约占当年中国对外贸易额的0.24%,占当年印度对外贸易总额的0.69%。直到进入20世纪90年代以后,随着两国经济的发展和双边政治关系的改善,中印经贸关系才获得迅速发展。1990—2002年间,两国贸易总额的年平均增长率高达27.18%,中国对印度贸易多数年份保持顺差。②

2015年,中国对印度进出口贸易总额716.23亿美元,同比增长1.4%,其中对印度出口总额582.4亿美元,同比增长7.4%,进口总额133.83亿美元,同比下降18.35%;外贸数据显示,印度为我国第十一大贸易伙伴、第十大出口市场。2015年,中国对印度非金融类直接投资总流量为1.43亿美元,同比下降41.2%;截至2015年12月底中国对印度非金融类直接投资存量为35.50亿美元。2015年,中国对印度工程承包新签合同总额为18.11亿美元,同比增加15.6%;中国对印度工程承包完成营业总额为26.75亿美元,同比上升5.5%;截至2015年12月底中国对印度工程承包累计合同总金额为657.78亿美元,累计完成营业总额为440.11亿美元(见图3)。

目前,中国是印度最大的贸易伙伴,印度是中国在南亚地区最大的贸易伙伴。从贸易产品的结构上来看,近三年来,中国出口印度的产品主要集中在技术密集的电力

---

① 中企获孟加拉国15.6亿美元燃煤电站建设合同[DB/OL]. 新华网, http://news.xinhuanet.com/2016-03/30/c_1118488122.htm, 2016-03-30.

② 谭晶荣. 中印两国商品贸易比较研究[J]. 南亚研究季刊, 2004(3):6—12.

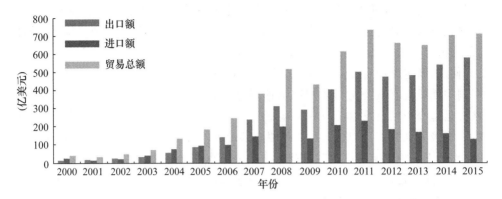

图3 中国与印度贸易情况(2000—2015)

机械、精密仪器以及化学产品上,而从印度进口的主要产品为矿产品和原材料。近三年中国出口印度的产品排在前列的包括电机、电气、音像设备及其零附件,核反应堆、锅炉、机械器具及零件,有机化学品、钢铁、肥料等;中国自印度进口的产品排在前列的主要有矿砂、矿渣及矿灰,棉花,铜及其制品,珠宝、贵金属及制品,仿首饰,硬币等。2015年中国对印出口分布较为集中,工业制品占到97%左右。其中,劳动密集型产品的出口超过对印出口总额的一半,化学产品及机械用品的出口分别占42%和22%,资本密集型产品占33%,初级产品占比不到3%。中国从印度进口产品结构分布较为均匀,资本密集型产品占49%,劳动密集型产品占20%,初级产品的进口比重为30%左右。由于中印许多产品在技术含量方面差异较大,促成了中印产业和贸易高速发展。

(3) 中国与缅甸贸易往来。

缅甸自1988年对外开放以来,中国一直是其最大的投资来源国,中、缅经贸合作多年来发展良好。2015年以来,缅甸内政外交发生较大改变,这对中缅经贸合作有一定影响。随着缅甸新一届政府顺利接手执政,中、缅两国关系未来将面临更多的挑战和机遇。政治关系可以在一定程度上参照经贸关系,中国是缅甸第二大出口市场、第一大贸易伙伴和进口来源地。中、缅两国是全面战略合作伙伴,涉及政经、人文、安全、地区和国际事务等诸多领域。中缅经贸有深厚的合作基础,在国际环境和地区形势改变以及美、印、日等大国调整对缅政策的情况下,两国经贸合作在扩展的同时也面临着一些新问题。中、缅两国经贸合作互补性强,两国在基础设施和能源方面取得不俗的合作成果。在"一带一路"倡议、孟中印缅经济走廊、GMS和CAFTA的区域合作框架下,中、缅经贸合作还有强劲的增长力。

2015年,中缅贸易额为152.8亿美元,下降38.8%。其中,出口96.6亿美元,进口56.3亿美元,分别增长3.1%和下降63.9%;2015年,中国企业在缅共签订承包工程合同额为19.8亿美元,完成营业额18.9亿美元;截至2015年年底,中国对缅非金融类直接投资2亿美元,增长16.3%。2016年上半年增加投资1.7亿美元,同比增长56%。2015年,中缅贸易额占中国与东盟贸易额的3%,缅甸对华贸易依赖较强,中国是缅甸第一大贸易伙伴,中缅贸易总量变化对缅甸的影响比较大。缅甸对中国出口主要是大宗商品,大宗商品价格下跌,导致对缅甸进口大幅下降。贵金属和珠宝类以及矿产类产品占中缅贸易总量的70%。国际大宗商品尤其是石油和天然气价格下滑,导致大宗商品价格下跌,中缅贸易额自然也出现大幅度下降(见图4)。

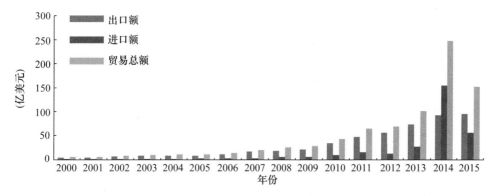

图4 中国与缅甸贸易情况(2000—2015)

中缅贸易的快速发展也得益于经济的较强互补性。由于种种原因,缅甸经济发展水平还比较低,工业生产落后,而中国在工业生产技术以及资金等方面有比较优势。目前,中国出口到缅甸的产品主要有核反应堆、锅炉、机械器具及零件,车辆及其零附件(铁道车辆除外),电机、电气、音像设备及其零附件,钢铁及钢铁制品等。而缅甸有丰富的自然资源,人均占有量又很高,尤其是天然气、钨、锡、铅、金、铬、宝石等矿产,还有大米、小麦、玉米、棉花、甘蔗、花生等农产品,这迎合了中国对这些资源的需求,所以中国从缅甸进口的主要商品有矿产品、农产品、水产品、木材、珠宝等原料产品。[①] 20世纪80年代末,云南省机械进出口有限公司和缅甸国家电力公司携手共同修建了缅甸邦朗水电站。邦朗水电站是中国企业承建缅甸大型项目的样板工程,邦朗水电站大大缓解了缅甸电力紧张,对推动缅甸社会发展做出了贡献。邦朗水电站招标之际,正值西方对缅制裁严峻时期,美日欧跨国公司都持观望态度。但中缅双方领导人牵头,精诚合作,将政治风险降到最低,顺利完成工程。

---

① 中缅贸易发展的制约因素与对策分析[IDB/OL]. http://www.1think.com.cn/economic/201307/2013073123677.html,2013-07-31。

4. 产业协作有序开展

(1) 中国与孟加拉国产业合作。

2013年以来,中国对孟加拉国直接投资流量连年攀升,来自中国的FDI存量也逐渐增加。到2016年,中国国土资源部组织举办"丝绸之路经济带矿产资源国际合作论坛",与孟加拉国等国在地学研究、矿产勘查与开发方面签署了多项谅解备忘录和合作协议,有效地促进与孟加拉国在矿产领域的务实合作。此外,两国在防务安全、教育文化等领域合作也取得了长足进展。

在交通、电力、能源、通信等领域,都有中国企业同孟加拉国广大建设者一道同甘共苦、勤勉开拓的身影。中国企业为孟加拉国建设了最先进的现代化大型化肥厂——沙迦拉化肥厂,最大的国际会展中心——邦戈班杜国际会议中心,正在承建孟加拉国人民的"梦想之桥"——帕德玛大桥。中方发起的亚洲基础设施投资银行首批贷款项目就包括孟加拉国配电系统升级改造项目,孟加拉国上千万农村人口将因此受益。孟加拉国的黄麻产品在中国市场越来越受欢迎。

中国在孟加拉国重点投资企业包括中孟陶瓷公司、运城制版孟加拉国公司、利兹服装公司等。随着BCIM经济走廊建设步伐的加快,中资企业赴孟加拉国投资将更趋活跃。中方发起的亚洲基础设施投资银行首批贷款项目就包括孟加拉国配电系统升级改造项目,孟加拉国上千万农村人口将因此受益。孟加拉国的黄麻产品在中国市场越来越受欢迎。

(2) 中国与印度产业合作。

中印经贸往来源远流长,自古就有"蜀身毒道"支承两国商品贸易和民间交流,近代以来两国官方产经合作历经挫折。21世纪以来,两国将加强经济交流作为两国战略合作伙伴关系的重要内容,多年来两国政府致力于进一步扩大双边贸易和产业投资合作。与中印两国贸易快速增长比较,中国企业对印度的直接投资(FDI)形势却相形见绌。据统计,2000—2015年共15年时间里,中国对印度的直接投资总额只有12亿美元。这既与印度的经济基础设施建设滞后有关,也与中国对印市场开发不足、两国企业对接不畅、印度政策保障不够有很大关系。随着两国高层互动的加强,中印企业间的深化合作也将进入新时期,预计2015—2018年中国对印度的投资将达50亿—100亿美元,加快对印度投资步伐已成为BCIM经济走廊建设的重大亮点。

为了促进中印企业间在包括印度产业园区发展等领域开展合作,搭建两国企业集群式发展的平台,由习近平主席倡议,《中印两国联合声明》宣布建设"印度中国工业园"。2016年5月,随着印度中国工业园首批土地完成过户,园区规划、基础设施建设、入园企业招商全面展开,作为"一带一路"重点项目,首个印度中国工业园正式落户古吉拉特邦艾哈迈达巴德市;2016年6月20日,在京举行了国家"一带一路"重点项目——印度中国工业园启动仪式,标志着中印两国"经济发展伙伴关系"初结硕果。

近年来,三一集团在印度市场取得快速发展。自2002年首次进入印度市场以来,三一集团已经累计向印度提供了超过一万台工程机械设备;另外,三一集团的风机组装线正在印度组建,计划建设成中国以外的全球风电制造中心。经过15年的精耕细作,三一集团印度日渐成为三一集团覆盖整个南亚乃至亚洲地区、辐射中东和整个非洲大陆的制造中心。2016年1月22日,中国最大的不动产开发企业万达集团与印度北部的卢迪阿纳政府签署备忘录,双方同意在卢迪阿纳面积达13平方公里的土地上建设工业园区和游乐园等项目。另据相关报告,中国最大的汽车制造厂家上海汽车集团已经向美国GM表示,有意兼并其在印度已经处于经营不景气的工厂;中国的小米科技集团计划在印度南部的阿拉哈巴德投资设立企业,生产、组装其名牌智能手机,并在印度当地市场销售。

(3) 中国与缅甸产业合作。

缅甸位于南亚次大陆东部边缘,兼具南亚及东南亚国家身份,中缅之间的互联互通从广义上也隶属于中国与南亚联通计划。从1988年缅甸首次批准外国投资以来,2015年,缅甸投资委员会共批准1 033家企业的共591.53亿美元外国投资。截至2014年年底,中国累计对缅协议投资金额146.7亿美元,占缅甸累计利用外资(协议)总额的27.7%,居外国对缅投资第一位;中国对缅投资主体是国有企业,与缅甸投资合作对象集中在官方或军方企业;对缅投资以资源开发为主,水利、油气、矿产几乎占中国对缅投资全部。

缅甸利用外资结构中,中国企业集中投资的油气资源行业虽然占40%以上的主导份额,但30%的电信业市场却鲜有中企的身影;另外,制造业比重接近15%、房地产建筑业接近5%,说明缅甸的工业化和城镇化开始起步并将逐步加速,中国企业进入的时机窗口已然打开(见表4)。

表4　2015年缅甸利用中方直接投资行业结构

投资行业领域	外资企业数量(家)	投资额(亿美元)	占总投资比重(%)
油气业	10	20	40.8
电信业	8	15	30.6
制造业	108	7.2	14.7
房地产和建筑业	3	2.39	4.9
其他行业	10	4.41	9.0

围绕"一带一路"构想,中国已援助支持缅甸实施一批公路、铁路、港口项目,中缅油气管道建成通气。① 2013年中资企业在缅甸新签承包工程合同77份,合同额为9.

---

① 按照2009年6月中缅政府间协议,2013年6月初中缅油气管道缅甸段工程经过4年建设已全面竣工。

19亿美元,完成营业额12.61亿美元;中方承担了2014年在缅甸举办的第27届东南亚运动会开闭幕式技术合作项目;截至2015年云南连接缅甸光缆传输系统已建成,与缅甸电力联网、电力贸易和电源建设积极推进。中缅油气管道克服各种不利因素如期完工,不仅是两国结成休戚与共的"命运共同体"的重要指标,也是两国联手推动地区合作网络成型的重大战略性举措,对该地区未来发展与繁荣意义重大,符合东亚、南亚两大市场优势互补、相互衔接的必然趋势。

5. 人文交流日趋活跃

随着孟中印缅四国基础设施建设协同推进的步伐加快,国际航线已基本畅通,公路、铁路已基本连通,大大促进了四国的人员交流。政府高级官员互访频繁,民间交流日趋活跃,商贸、学术、教育、文化、科技、医疗卫生等合作交流不断增多。

(1) 中孟文化交流。

随着1979年中国和孟加拉国政府签订文化合作协定,两国在文化、体育和教育领域的双边交流日趋频繁。为庆祝两国建交30周年,双方将2005年定为友好年,并举办了一系列的文艺活动,昆明与吉大港还建立了友好城市关系。2006年,中国在孟加拉国开办了南亚首所孔子学院,如今报名学汉语的学生多达2 600名。2012年,为了推动更多的孟加拉国青年到中国留学,中国政府提供的政府奖学金名额提高到160名。2015年中孟两国建交40周年,两国在文化交流领域进一步拓展,中国研究中心在达卡大学成立,同时孟加拉国百人青年团访问中国。

(2) 中印文化交流。

中印交流肇始于秦代,到两汉时逐渐频繁,在隋唐时趋于高潮,宋元时更加深入。在这两千多年的交往史中,文化交流是柱石。印度佛教、音乐、舞蹈、天文历算、文学语言、建筑和制糖等传入中国,其影响正如鲁迅所言,"印度则交通自古,贻我大祥,思想信仰道德艺文,无不蒙贶,虽兄弟眷属,何以加之"。同样,中国的造纸、蚕丝、瓷器、茶叶、音乐传入印度,也极大地丰富了印度文化,而中国《二十四史》和高僧大德的游记更成为印度构建古代历史的基础。两个大国,地理上相邻,交往历史如此漫长,却鲜有战争和冲突,有的只是文化上的交流和学习、友谊的传播和加深,这在世界历史上实属罕见。

20世纪50年代以来,两国文化交往再度繁荣。由于文化交流是巩固友谊的基础,两国政府都非常重视文化的作用。伴随着两国关系的每次重大突破,两国文化合作方面也都有大动作。1988年,印总理拉吉夫·甘地访华时,两国签署了文化合作协定。2003年,瓦杰帕伊总理访华时签订了《中印政府文化合作协定2003年至2005年执行计划》。2006年,中印双方签署《2006年至2008年中印文化交流执行计划》。2010年中印两国热烈庆祝两国建交60周年,为鼓励两国之间更加友好深入地交流,两国将2012年定为"友好合作年",为纪念和平共处五项原则发表60周年,两国将

2014年定为"友好交流年"。

(3) 中缅文化交流。

中华人民共和国成立后,中缅两国的友好关系不断发展,文化交流日益频繁。1960年中国国庆期间,吴努总理率领由文化、艺术、电影代表团组成的400多人友好代表团访华,并在北京举办了"缅甸文化周"。1961年1月缅甸独立节期间,周恩来总理率领由文化、艺术、电影代表团组成的530多人代表团回访缅甸,并在仰光举办了"中国电影周"。两国领导人率如此庞大的友好代表团互访,充分体现了中缅两国之间的"胞波"情谊,成为两国文化交流史上的佳话。20世纪80年代以来,文化交流高层互访不断,部长级文化代表团互访达13起。1996年1月两国在北京签署了《中华人民共和国文化部和缅甸联邦文化部文化合作议定书》。

随着中缅关系的不断深入,两国在艺术、文学、电影、新闻、教育、宗教、考古、图书等领域内的合作与交流日趋紧密。据不完全统计,两国建交以来,互访团组达600余起。其中中国国宝级文物佛牙舍利曾于1955年、1994年、1996年和2011年四次应邀来缅巡礼,受到缅政府和社会各界的热烈欢迎。1998年起,缅甸艺术团连续参加历届亚洲艺术节演出活动。2004年,中缅签署了《教育合作谅解备忘录》。2005年6月,"中国文化月"系列活动在仰光成功举办。2008年9月,缅文化部长钦昂敏少将率团正式访华,并参加亚洲艺术节。2009年8月,钦昂敏部长赴华参加在内蒙古鄂尔多斯举办的亚洲文化部长圆桌会议,并组派12人的艺术团参加第十一届亚洲艺术节演出活动。2011年10月,缅文化部长吴觉山应邀率团出席第十二届亚洲艺术节。2012年5月中国民间组织国际交流促进会、中国和平发展基金会共同举办首届中缅"胞波情深"睦邻友好系列活动,旨在巩固中缅民间友好,深化务实合作,推动中缅传统友好关系发展。活动包括大型文艺演出、白内障患者复明手术、共建医疗中心签约、向缅中小学校捐赠电脑及中小企业家对话会等。2010年在纪念中缅建交60周年时,两国艺术代表团进行了互访演出,并联合发行了纪念邮票。中缅两国政府部门在2004年和2011年分别签署了在教育和体育领域合作的协议,促进了两国在教育体育界的交流与合作。2015年中缅建交65周年,两国共同签署了《中缅两国互设文化中心协定》,中缅建交图片、中国援缅图片在缅甸展出,随后缅甸政府部门的100多名优秀青年与120多名留学生来中国进行参观访问。

(四) 愿景与展望

1. 未来发展的愿景

共建孟中印缅经济走廊是中国的倡议,也是中国与孟加拉国、缅甸、印度四国的共同愿望。站在新的起点上,中国将与孟加拉国、缅甸、印度一道,以共建孟中印缅经济走廊为契机,平等协商,兼顾各方利益,反映各方诉求,携手推动更大范围、更高水平、更深层次的大开放、大交流、大融合。

共建孟中印缅经济走廊的途径是以目标协调、政策沟通为主,不刻意追求一致性,可高度灵活,富有弹性,是多元开放的合作进程。中国将与孟加拉国、缅甸、印度一道,不断充实完善孟中印缅经济走廊的合作内容和方式,共同制定时间表、路线图,积极对接沿线国家发展和区域合作规划。

中国将与孟中印缅经济走廊一道,稳步推进示范项目建设,共同确定一批能够照顾双多边利益的项目,对各方认可、条件成熟的项目抓紧启动实施,争取早日开花结果。

孟中印缅经济走廊是一条互尊互信走廊,一条合作共赢走廊,一条文明互鉴走廊。只要沿线四国和衷共济、相向而行,就一定能够谱写建设丝绸之路经济带和21世纪海上丝绸之路的新篇章,让沿线各国人民共享孟中印缅经济走廊共建成果。

2. 走廊建设的展望

(1) 孟中印缅经济走廊应以互联互通为先导。

设施连通在经济走廊建设和发展中有先导作用,是经济走廊建设取得实效的重要前提。设施联通既包括交通通道等基础设施的"硬联通",同时也包括建设规划、技术标准、合作机制等的"软联通"。以互联互通为先导的基础设施建设直接关系到经济走廊的建设成本和经济走廊内人员、货物等经济要素的流动成本,是经济走廊建设的关键环节。

目前,交通等基础设施建设滞后、建设规划与技术标准等"软联通"缺乏有效对接是孟中印缅经济走廊建设面临的突出问题。首先,孟中印缅四国之间缺乏便捷通达的交通条件,现有的交通基础设施在短期内仅能勉强满足孟中印缅经济走廊过境交通运输需求。要形成互联互通、便捷的地区性交通网络需要新建和改造不少路段,所需资金巨大[①],交通基础设施的建设面临较大的融资困难。其次,孟中印缅四国的公路、铁路网自成体系,道路、桥梁施工标准不一,仍存在缺失路段和边界管理设施落后等问题。最后,孟中印缅四国目前实行的双边过境运输协议对经济走廊地区过境车辆、货物和人员的限制太多,不利于提升次区域贸易。四国对国际陆地交通运输便利化公约重视不足,认识不够,尚未签署《过境运输框架协议》。

在此背景下,孟中印缅四国要想使经济走廊成为深化彼此间互利合作的利益纽带,加快走廊内经济要素的自由流动,就必须进一步加快推进陆运、水运、航运等基础设施建设,加强设施联通,深化经济走廊沿线的互联互通合作。一是借助亚洲基础设施投资银行、金砖国家新开发银行(New Development Bank, NDB)、丝路基金等融资平台,加强孟中印缅经济走廊关键通道、关键节点和重点工程的交通基础设施建设资

---

① 王伟光,秦光荣.第三亚欧大陆桥西南通道建设构想[M].北京:社会科学文献出版社,2009年,第134页。

金支持力度,优先打通缺失路段,畅通瓶颈路段,配套完善道路安全防护设施和交通管理设施设备,提升道路通达水平。① 二是采取共同协商、先易后难的方式,统筹推进孟中印缅经济走廊沿线边境口岸、能源通道、信息通信等基础设施的互联互通建设。三是加强孟中印缅经济走廊建设规划、技术标准、合作机制等"软联通"建设,尽快推动出台《孟中印缅经济走廊建设总体规划》,研究制定《孟中印缅跨境客货运输便利化协定》。

(2) 孟中印缅经济走廊合作应以利益共享为核心要素。

经济走廊是建立在共同的利益基础之上的。没有共同的目标和利益诉求,就无法形成强烈的合作意愿。利益的创造、交织和合理分配,是经济走廊建设的重要原则。其中,密切经济合作、做大"利益蛋糕"是经济走廊建设的外在表现;利益的合理分配与共享是经济走廊建设的核心要素,同时也是经济走廊建设能否顺利推进,并最终取得实效的关键。

当前,孟中印缅经济走廊已进入实质性建设阶段。四国应充分利用经济走廊沿线地区丰富的资源、广阔的市场,通过密切产业合作、创新合作模式,充分发挥孟中印缅地区的经济增长潜力,做大经济走廊建设的利益蛋糕。同时,孟中印缅四国还应在经济走廊的建设过程中,更加明确各自在经济走廊建设过程中的利益诉求,以更加开放包容的心态加强政策沟通,既努力维护自身在参与经济走廊建设过程中的利益,同时也充分照顾他国在参与经济走廊建设中的利益关切。一方面,四国应从经济走廊沿线人民的利益出发,建立多层次合作对话协商机制,科学合理制定经济走廊的线路和走向、先建后建路段等建设规划。另一方面,四国应进一步拓展经济走廊建设的互利互惠空间,深化各领域互利合作,加强利益融合,建立利益均衡机制和争端解决机制,逐渐形成孟中印缅经济走廊建设的利益共同体。孟中印缅四国只有在追求本国利益的同时兼顾他国的合理关切,在谋求本国发展的过程中促进各国共同发展②,积极构建相互舒适的战略伙伴关系,共同打造地区利益共同体和命运共同体,才能使经济走廊建设取得更多的实质性进展。

(3) 孟中印缅经济走廊应立足于产业优势的互补与发挥。

经济走廊建设的本质是开展次区域经济合作,经济合作的核心是产业合作。③ 产业合作不仅是经济走廊建设的重要支撑,同时也是经济走廊建设的重要内容。只有依托本地区的地缘经济优势,密切产业合作,才能充分实现走廊沿线的经济发展潜力。

---

① 推动共建丝绸之路经济带和 21 世纪海上丝绸之路的愿景与行动[M].北京:人民出版社,2015 年,第 8 页.

② 中国的发展非我赢你输决不称霸搞扩张[DB/OL].中国新闻网,http://www.chinanews.com/gn/2012/12-05/4385579.shtml.

③ 陈利君.建设孟中印缅经济走廊的前景与对策[J].云南社会科学,2014(1).

孟中印缅经济走廊建设应立足于本地区产业优势的互补与发挥,以优势产业合作为核心,以项目合作为平台,借助亚投行、金砖国家新开发银行、丝路基金等融资支持,不断夯实经济走廊建设的产业支撑。一是开展能源合作。孟中印缅四国应根据本地区能源资源丰富、电力能源紧缺、设备及输送网络等基础设施落后的特点,积极推进经济走廊沿线水电、太阳能、风能、油气、生物质能等能源资源的合作开发利用,大力发展区域能源贸易,完善能源输送体系,提高能源利用效率。二是开展农业合作。孟中印缅四国都是农业大国,应进一步加强农业生产技术合作,在经济走廊沿线建设一批具有引领作用的农业示范区、畜牧业跨境合作区和农产品加工基地。三是开展旅游合作。孟中印缅地区拥有独特的地域文化、历史遗产及自然、人文旅游资源,加强旅游合作有着良好基础和广阔前景。四国应组织本国旅游部门及旅游企业,对经济走廊沿线黄金旅游线路进行联合考察,研究设计凸显孟中印缅区域特色的旅游产品和线路,共同开发客源市场,合作宣传促销,组建跨国经营的旅游企业。四是开展国际产能和装备制造合作。当前,中国已进入工业化中后期,成为全球制造业大国,被称为"世界工厂"。印度虽然工业化进展缓慢,但在服务业特别是IT产业、制药、生物技术等高技术产品上成就举世瞩目。缅甸和孟加拉国工业化进程仍处于起步阶段,工业化程度较低,但矿产资源丰富,发展潜力巨大。孟中印缅四国应发挥和明确各自在产能和装备制造方面的优势与需求,在轨道交通、通信设备、纺织工业、工程机械、生物制药、软件设计等领域加强国际产能和装备制造合作。

(4) 孟中印缅经济走廊可尝试建立"4-X"的合作机制。

经济走廊建设是一个长期的发展过程。部分国家和地区由于不能从经济走廊建设中快速获益,容易动摇和减轻参与经济走廊建设的信心和动力。挑选合作意愿相对强烈、合作基础相对稳固、合作条件相对优越的国家和地区优先开展局部、小范围经济走廊建设,形成经济走廊早期收获,对于相关国家消除分歧、凝聚共识、增进信心、密切合作有着重要的价值和意义。

由于孟中印缅经济走廊沿线地区经济基础薄弱、民族宗教背景复杂、部分国家政局动荡、政治互信缺乏、合作意愿不足等因素的影响和制约,全面推进经济走廊建设既不可行,也不现实。孟中印缅四国应尝试建立"4-X"的合作机制,根据合作意愿、合作基础等不同因素,在两个或三个国家之间优先形成双边、小多边的经济走廊合作模式。"4-X"的合作模式有利于相关国家和地区充分利用不同时期孟中印缅经济走廊建设的合作基础与合作条件,凝聚共识,灵活选择经济走廊的建设线路与合作领域。同时,该合作模式也可以作为促进孟中印缅经济走廊建设的突破口和试验田,通过充分发挥经济走廊内不同国家参与走廊建设的积极性和主动性,为逐步推动全面建设孟中印缅经济走廊创造有利条件。

(5) 孟中印缅经济走廊建设应高度重视诸多非经济因素的影响。

经济走廊建设是经济因素和非经济因素共同作用的结果。[①] 某些情况下,非经济因素会对经济走廊建设产生局部甚至是全局性影响,成为决定经济走廊建设能否顺利进行的重要变量。

孟中印缅经济走廊具有超越主权边界的特性,在建设过程中必须高度重视政治互信、次国家政府等非经济因素的影响与制约。一方面,孟中印缅四国应加强政策沟通,认真做好相关的预案和应对机制,尽量减少和避免非经济因素给经济走廊建设带来消极影响;努力将"地缘经济"与"地缘政治"适度分离,集中精力和财力优先发展经济走廊建设,加速形成早期收获并产生示范和拉动效应。另一方面,孟中印缅四国应对经济走廊建设存在的非经济因素影响持理性、乐观的认识,善于利用非经济因素的"积极面",服务经济走廊建设。一是积极利用中国云南、印度东北各邦等对参与孟中印缅经济走廊建设的迫切愿望,尝试构建"省长论坛"等平台机制,合理发挥走廊沿线国家地方政府在推动经济走廊建设过程中的自主权和能动作用,推动各国中央政府加大对孟中印缅经济走廊的战略投入。二是充分发挥地方政府在改善和重塑孟中印缅经济走廊地缘政治环境中的重要作用[②],合理利用地方政府与中央政府在经济走廊建设中的不同利益视角。通过引导地方政府积极帮助中央政府改善孟中印缅地区地缘政治环境等非经济层面合作,换取经济走廊沿线各国中央政府对其在经济走廊范围内开展经济合作的重视和支持。

(6) 孟中印缅经济走廊应加强与其他经济走廊的竞合发展。

经济走廊建设需要以丰富的资源和广阔的市场为基础,也需要借鉴其他经济走廊建设的成功经验和教训。这些内在需求决定了经济走廊必须具备开放包容的特征。参加经济走廊建设合作的国家和地区应通过积极参与不同经济走廊合作机制的竞合发展,充分发挥经济走廊建设的规模效应和集群效应,促进共同发展。

孟中印缅经济走廊沿线地区基础设施较为薄弱、经济发展水平相对滞后、走廊建设资金较为缺乏。同时,参与经济走廊建设的孟中印缅四国还分别参加了 GMS 经济走廊、中巴经济走廊、环孟加拉湾多领域经济技术合作组织[③]、南亚区域合作联盟等次区域经济合作机制。印度于 2013 年提出建设印度—湄公河区域经济走廊的合作构想。[④] 印

[①] 徐鹰.非经济因素对中国经济发展的影响及启示[J].青海社会科学,2007(5).
[②] 杨思灵,高会平.试论孟中印缅地区合作与中国的地缘政治环境塑造[J].印度洋经济体研究,2014(2).
[③] 原名为"孟印斯缅泰经济合作组织",1997 年 4 月在印度的主导下成立。2004 年 7 月,该组织更名为"环孟加拉湾多领域经济技术合作组织"。
[④] 印度谋划建设印度—湄公河区域经济走廊[DB/OL]. http://inmofcom.gov.cn/article/jmxw/201311/20131100394032.shtml.

度还与日本合作,提出共同推进"亚洲经济走廊"建设。[①] 孟中印缅区域面临多个经济走廊并存、合作机制相互重叠的发展境况。相关国家在推进不同经济走廊建设的过程中,不可避免地会在各自参与的经济走廊建设上面临选择和侧重,从而对这些国家参与经济走廊建设的积极性、建设力度等产生一定的消极影响。不同经济走廊建设之间也会面临资源重复、效率低下的不利情况。在此背景下,孟中印缅四国应加强战略沟通,形成合作共识,紧密对接不同经济走廊建设规划,合理分配各自在不同经济走廊中的资源投入,加强不同经济走廊建设线路之间的互联互通,相互借鉴不同经济走廊建设所取得的经验,加强与其他经济走廊之间的竞合发展。

[①] 日印拟共同推进"亚洲经济走廊"对抗中国[DB/OL]. 环球网. http://world.huanqiu.com/exclusive/2014-01/4771952.html.

提升物流体系服务能力,推进"一带一路"倡议[*]

自2013年习近平主席提出共建"丝绸之路经济带"和"21世纪海上丝绸之路"重大倡议以来,"一带一路"战略已经取得了一系列重大进展,上升为重要的国家战略之一。物流基础设施和服务既是"一带一路"建设的重要内容,也是战略推进的支撑保障,随着战略的务实推进,物流服务能力存在的滞后和障碍已经日益凸显,亟须通过加强沿线国家间磋商、制订分阶段物流设施规划、打通关键通道节点、建立市场化的利益共同体等举措,形成便捷通畅的跨境物流通道网络与优质高效的物流服务能力。

一、"一带一路"物流体系建设取得较大进展

(一)交通基础设施建设取得长足进步

交通基础设施薄弱是"一带一路"物流体系面临的首要问题。自"一带一路"倡议提出以来,我国与沿线各国在交通基础设施的规划、建设以及技术标准体系等方面的对接与合作得到迅速推进。

陆上交通基础设施合作主要以跨境公路、铁路建设为重点,围绕六大国际经济走廊,加快我国与"一带一路"沿线国家及地区实现联通。公路运输方面主要以打通关键缺失路段为主,加快推进国家高速公路与重要边境口岸的建设,打通与中亚、南亚、东南亚的陆上运输,逐步形成国际运输通道。铁路运输方面的重点是强化已有通道,加快推进国内段线路改造,加强口岸站的接发和换装能力。自2014年3月"苏满欧"正式开通以来,我国已有十余个城市开通中欧班列运行线,直达欧洲七个国家的十余个城市。一系列建设项目也相继启动,如中吉乌铁路、中巴铁路、中老铁路、中泰铁路以及莫斯科—喀山高铁等。

---

[*] 作者洪俊杰,对外经贸大学国际经济贸易学院院长、教授。

水上和航空基础设施主要以推动口岸基础设施建设、畅通陆水联运通道、推进港口合作建设、建设西部航空枢纽等措施为主。如福建正在加快建设通陆达海的重要战略通道,加强与东盟国家在港口码头、物流园区和配送中心等建设管理方面合作,支持境外港航企业与福建合作建设港口,鼓励福建企业到东南亚、南亚等地区开展港口航运等合作。

(二)国家部委和重点省份陆续出台配套实施方案

2015年5月,海关总署出台的服务"一带一路"战略的配套政策和实施方案中提出将着力发挥口岸作为物流通道互联互通的关键节点作用,在编制国家口岸发展规划和口岸开放年度审理计划时优先考虑"一带一路"沿线地区。2015年6月,交通运输部出台《落实"一带一路"战略规划实施方案》并提出将重点推进油气管道、港口海运、铁路、公路和跨海通道等互联互通交通基础设施建设。各地区也已基本完成"一带一路"实施方案与国家规划的衔接,新疆和福建作为"一带一路"的核心区有针对性地制订了详尽的对接发展规划,交通基础设施和物流服务项目都是其中的重要内容。

(三)中国企业积极参与物流体系建设项目

我国企业也在"一带一路"沿线国家积极投入物流体系建设。2015年与"一带一路"相关国家新签对外承包工程项目合同3 987份,合同额达926.4亿美元,占同期中国对外承包工程新签合同额的44.1%。公路、铁路、港口、机场等交通基础设施是我国企业在"一带一路"沿线国家投资的重点领域。中国交建、中国铁建和中国中铁等公司是我国参与"一带一路"交通基础设施建设的主力军,招商局则是在物流体系建设中对外投资的代表性企业,现已在"一带一路"沿线国家投资多个港口。

(四)贸易便利化水平显著提升

我国正在与"一带一路"沿线国家加强信息互换、监管互认、执法互助等方面的海关合作,改善边境口岸通关条件,降低通关成本,显著提升了贸易便利化水平。从2014年开始,我国京津冀地区、长江经济带、广东省内以及丝绸之路经济带和东北地区共5个片区进行了区域通关一体化改革,实现了5个区之间区区联动一体化。2015年10月,广东、广西、福建、海南四省份的7个检验检疫局签署"深入推进泛珠三角检验检疫通关一体化合作备忘录",共同推进检验检疫区域一体化,全面加强"泛珠三角区域"和"一带一路"检验检疫口岸机构之间的协作配合,取得了积极成效。

二、"一带一路"物流体系建设面临的主要障碍

"一带一路"需要物流产业提供便捷高效的大物流通道和服务作为支撑。虽然目前基础设施联通取得了较大进展,但是"一带一路"物流体系建设过程中仍面临诸多障碍,主要表现在政治、融资、基础设施以及营商环境等多个方面。

政治障碍主要体现为部分国家对"一带一路"倡议仍存疑虑或持观望态度。美国

为了维系全球霸权，在政治和军事上对中国采取围堵对抗的策略，俄、日等周边大国不愿看到中国加深与欧洲、非洲以及中东地区的经贸合作，对"一带一路"进行制衡和拆台，屡屡在东海、南海以及中东挑起事端，使得政治安全形势存在诸多不确定性，增加了"一带一路"物流体系布局的难度。部分上合组织国家也担心与我国过度捆绑和联通可能会损害国家安全和经济的独立性。

融资障碍主要表现为巨额的资金缺口如何弥补。"一带一路"范围内许多国家经济发展和基础设施落后，投资需求巨大并且投资风险较大。虽然我国已牵头组建了亚洲基础设施投资银行，并成立了丝路基金、金砖银行等金融机构提供资金支持，但仍远不能满足沿线国家巨大的基础设施投资需求。中国自身作为人口众多、资源相对不足的发展中国家，还无力承担巨大的利益外流，需多方筹措加以解决。

物流基础设施建设自身也面临技术障碍和市场需求不足两方面的困难。"一带一路"范围内地理环境复杂，开展大规模基础设施建设要克服一系列技术难题。目前全球分工体系仍以欧美为中心，"一带一路"沿线很多国家人口和经济活动聚集度不够、货源不足，在经济发展水平低的国家建设高水平物流通道虽然有利于拉动当地经济增长，但也可能因为沿线吸纳的物流量太小造成建设成本回收期过长。

营商环境障碍主要体现在跨国物流的管理和政策法规协调问题。沿线各国在本国主权范围内对物流活动实施管理和影响，难免造成关卡众多、多重收费、寻租腐败盛行等弊端。政策法规、各种设施设备和作业标准的不统一也增加了物流时间和成本。

三、提升"一带一路"物流服务能力的对策建议

"一带一路"倡议下物流体系建设所面临的障碍十分复杂，不仅需要宏观层面的国际政策协调和制度设计，也需要微观层面的科学规划和管理创新，更需要重点推进、打通关键，并加强市场主体与机制的培育。

(一) 探索合作机制，加强国家间物流领域的政策协调

应充分利用上海合作组织、金砖国家组织、亚太自贸区、亚洲基础设施投资银行等政治或经济组织，加强相关国家间的政策协调。在"丝绸之路经济带"区域，需加强中俄、中欧及与中亚国家的密切合作。全力疏通沿线各国铁路、公路、航空口岸及各类关卡，加强相关基础设施建设。如在中国东北地区，应与俄罗斯正在实施的"东望"战略相结合，加快推进东北地区与东北亚周边国家的互联互通工程。强化与欧盟的"地缘经济联盟"，充分利用高铁外交实现中国对于西欧基础设施建设的准入权，特别是充分发挥中欧班列的作用，实现中国与欧洲国家的互利共赢。

"21世纪海上丝绸之路"应倡导构建新的海洋秩序，通过推进合作机制，打通安全开放的海上运输通道，与海上相关国家共同打造沿海发展经济带。我国应与东盟、印度洋、海湾等海上丝绸之路国家通过建立合作机制保障海上运输通道的安全，通过建立双边或多边海洋合作战略对话与磋商机制，倡导和平利用海洋资源，化解海洋矛盾、

实现海洋合作,互惠互利、共同发展。

(二) 合理统筹规划,制定分阶段物流设施建设方案

"一带一路"物流设施投入巨大,应对"一带一路"范围内的远期、中期和近期物流需求进行科学评估,在评估基础上科学规划骨干性物流通道和枢纽型物流节点布局,并制订分阶段建设规划。

"一带"应以新亚欧大陆桥为纽带,推进沿线国家路网互联互通,形成紧密衔接的铁路、公路通道,打通最后一公里,事半功倍地提升运力,辅以重要的航空货运网络;"一路"要以海运和港口协作为重点,建设功能协调、布局合理、安全可靠的航运体系,并重点建设集装箱运输和国际多式联运系统。

(三) 建立"一带一路"国际物流合作先行区,打通关键通道和节点

发挥典型示范作用,选择一两个态度积极、乐于配合的国家开展重点投资和建设,如中国—哈萨克斯坦亚欧综合运输大通道,中国—巴基斯坦(中缅)两洋能源运输大通道,探索实施高标准物流网络一体化工程,建立与中国交通体系一体衔接、受中国支配的高速公路、高速铁路和航空、航海网络。以金融为工具,以人才为纽带,推动技术、管理与标准输出,带动先行区国家的经济繁荣,让这些国家能够真正从基础设施改善和合作中获益。

(四) 培育市场主体,形成风险共担、利益共享机制

考虑筹建跨国物流企业集团,引导和组织中国物流企业积极与相关国家的同类企业开展业务合作和战略联盟,积极推进物流标准化和贸易便利化,简化过境与通关程序,大力发展国际多式联运业务。引导我国制造业产能转移沿着物流要道和节点布局,培育沿线各国与中国建立紧密的产业关联配套关系,形成制造业和物流业相互支撑的发展格局。发挥互联网和快递领域优势,鼓励引导电商企业、快递企业以及第三方支付企业在相关国家建立平台,开展业务,实现商流与物流的更紧密结合。

加快推进亚投行、丝路基金、金砖银行等国际金融机构尽快投入实际运营。同时积极引入民间资本投入物流设施建设,采取国际通行的 PPP 等融资方式,组建跨国银团、跨国竞标施工联合体、跨国混合所有制企业,做到利益共享、风险共担。对于公益性、社会性和战略性比较强的基础设施项目,建议由相关国家政府和区域性金融开发机构给予必要的补贴,以保证商业主体的基本收益。

参 考 文 献

[1] 国家发展和改革委员会经济运行调节局,南开大学现代物流研究中心.中国现代物流发展报告(2016 年)[M].北京大学出版社,2016.

[2] 夏先良."一带一路"战略与新的世界经济体系[J].学术前沿,2016(9).

[3] 刘崇献."一带一路"物流建设障碍及其对策探讨[J].现代经济探讨,2016(1).

[4] 张锦,陈刚,李国旗,Nguyen Thiyen."一带一路"战略中交通物流关键问题与对策[J].物流技术,2015(11)(上).

"一带一路"背景下的交通物流发展：
以东北地区为例[*]

　　以高速交通运输通道或者升级现有低质量道路为基础的区域经济走廊建设是区域经济合作的重要组成部分(Srivastava,2011),交通物流成为塑造地区经济空间格局以及主导经济空间格局演化的重要力量之一。构建"一带一路"沿线各国的交通运输体系是"一带一路"倡议实施发展的先行条件和重要基础,互联互通建设极大地促进了相关国家的经贸往来,使双方从区内和区外都获得更多的经济效益(王诚志,2013)。在"一带一路"背景下,东北地区积极融入"一带一路"建设,加快区域对外开放的物流通道建设,发展先进运输组织模式,对改革开放度低、开放进程滞后的"短板",形成东北振兴的新动力具有十分重要的意义。

一、提升开放水平、融入"一带一路"建设是振兴东北老工业基地的必然选择

　　当前,东北地区处在振兴与转型发展的关键节点,国家发改委印发的《推进东北地区等老工业基地振兴三年滚动实施方案(2016—2018年)》使得东北振兴再次成为各界关注的焦点。国家历来高度重视东北地区等老工业基地的全面振兴,中共中央政治局多次专题研究该问题并出台有关政策文件(见表1)。

表1 涉及东北地区的部分国家规划一览表

文件名称	发布时间	发布部门
关于实施东北地区等老工业基地振兴战略的若干意见	2003年10月	中共中央、国务院

---

[*] 作者张洋、秦建国,交通运输部规划研究院物流研究所。

（续表）

文件名称	发布时间	发布部门
东北地区振兴规划	2007年8月	国家发改委及国务院振兴东北地区等老工业基地领导小组办公室
辽宁沿海经济带发展规划	2009年7月	国务院
关于进一步实施东北地区等老工业基地振兴战略的若干意见	2009年9月	国务院
中国图们江区域合作开发规划纲要——以长吉图为开发开放先导区	2009年11月	国务院
东北振兴"十二五"规划	2012年3月	国务院
关于近期支持东北振兴若干重大政策举措的意见	2014年8月	国务院
推动共建"丝绸之路经济带"和"21世纪海上丝绸之路"的愿景与行动	2015年3月	国家发改委、外交部、商务部
关于全面振兴东北地区等老工业基地的若干意见	2015年12月	中共中央、国务院
关于哈长城市群发展规划的批复	2016年2月	国务院
推进东北地区等老工业基地振兴三年滚动实施方案（2016—2018年）	2016年8月	国家发改委

资料来源：中华人民共和国中央人民政府网站。

但是，东北地区经济发展依旧面临一定困境，特别是2016上半年，全国31个省份（未包含港澳台等行政特区）GDP增速中，东北地区特别是辽宁省继续垫底（见表2），为－1.0%，远低于全国的6.7%。

表2　2015—2016年上半年全国及部分地区GDP增速统计表　　　单位：%

地区	2016年上半年	2015年上半年
辽宁	－1.0(31)	2.6(31)
吉林	6.7(26)	6.1(28)
黑龙江	5.7(29)	5.1(29)
内蒙古	7.1(23)	6.9(25)
重庆	10.6(1)	11.0(1)
西藏	10.6(1)	9.1(4)
全国	6.7	7

注：括号内数字为全国各省份的排名。

东北地区经济发展面临的困境表面上是经济结构问题,深层次是产业竞争力不足问题,根源在于东北地区经济结构性矛盾较为突出、创新水平不高且动力不足、经济结构优化升级所需要的体制与机制不完善。产业竞争力不足的一个重要体现就是东北地区对外贸易依存度低于全国平均水平(见表3),开放度低、开放进程滞后是东北振兴需要突破的"短板"之一。推进"一带一路"建设有助于扩大和深化东北地区对外开放,对于形成东北地区对外开放新格局,推动东北地区经济结构转型升级具有重要意义。因此,加快提升东北地区开放水平,积极融入"一带一路"建设,是全面振兴东北地区等老工业基地的必然选择。

表3 2000—2015年全国及东北地区对外贸易依存度统计表　　　　　单位:%

地区	2000年	2005年	2010年	2015年
辽宁	33.74	41.53	29.88	20.73
吉林	10.90	11.88	13.30	8.24
黑龙江	7.84	14.22	16.87	6.35
内蒙古	12.83	11.13	6.78	4.38
全国	39.58	63.22	47.39	36.31

二、加快物流大通道建设、提高物流服务效率是振兴东北老工业基地的重要举措

2009年国务院印发的《物流业调整和振兴规划》指出,物流业在促进产业结构调整、转变经济发展方式和增强国民经济竞争力等方面发挥着重要作用。国际经验表明,经济增速放缓时期,物流业"第三利润源"的基础性、战略性地位将得到凸显。近日国家发改委印发的《推进东北地区等老工业基地振兴三年滚动实施方案(2016—2018年)》中就涉及铁路、高速公路、机场等多个交通物流领域。在加快提升东北地区开放水平、积极融入"一带一路"发展战略的前提下,东北地区应加快打通物流大通道、提高物流服务效率、降低物流成本,提升东北地区产业竞争力。

(一)辽宁省物流大通道建设情况

辽宁省加快"辽满欧"等综合交通运输大通道建设,制定了辽宁省融入国家"一带一路"发展战略、构筑"辽满欧"综合交通运输大通道建设实施意见。

1."辽满欧"综合运输通道

"辽满欧"综合交通运输大通道是以大连港和营口港为起点,途经俄罗斯,再到欧洲的快速便捷的国际贸易大通道。主要包括三条通道:一是大连—满洲里—俄罗斯—欧洲通道,全长约10868公里。该通道依托大连港,通过烟大轮渡、环渤海支线网络及外贸中转,重点发展经满洲里、俄罗斯,再至欧洲的过境班列,开展国际海铁联运业

务。二是营口—满洲里—俄罗斯—欧洲通道,全长约 10 681 公里。该通道是以营口港为依托,以辽鲁陆海货滚甩挂运输大通道为海运物流干线,以哈大铁路为主轴、高速公路与普通公路为集疏运通道的陆路物流干线的综合交通运输网络。三是大连—营口(或营口—大连)—满洲里—俄罗斯—欧洲通道,全长 10 968 公里。该通道重点集聚以上两条通道货运功能,实现货物在不同节点间的快速转运。

2. "辽蒙欧"综合运输通道

"辽蒙欧"综合运输通道包括分别以锦州港(或葫芦岛港)、丹东港为起点,途径辽宁省至蒙古国乔巴山铁路出海通道,再到达欧洲各地区的两个通道。主要包括两条通道:一是西部通道,该通道以锦州港(或葫芦岛港)为起点,经锦赤线、赤大白线、巴新线、巴珠线等铁路,再经我国内蒙古锡林郭勒盟珠恩嘎达布其口岸至蒙古国毕其格图口岸,达到蒙古国乔巴山,全长约 1 240 公里,再经乔巴山至俄罗斯铁路到达欧洲各地区。二是东部通道,该通道以丹东港为起点,经沈丹线、京哈线、平齐线、白阿线等铁路,再经我国内蒙古兴安盟阿尔山口岸至蒙古国松贝尔口岸,达到蒙古国乔巴山,全长约 1 730 公里,再经乔巴山至俄罗斯铁路,到达欧洲各地区。

3. "辽海欧"海运物流通道

2015 年 7 月,大连—北冰洋—欧洲的海运物流通道(也称北极东北航道)开通,该通道以大连港为起点,至白令海峡向西,到达挪威北角附近,再前往欧洲各港口,使亚欧远洋航线的行驶里程由 1.3 万海里减少到 8 000 海里,航程缩短约 35%,运输成本降低约 30%,为东北乃至全国开辟了一条通往欧洲的便捷、经济、高效的海上运输通道。与传统航线相比,该航线缩短航行时间约 9 天。北极东北航道的开发建设,有利于缩短中国与西欧及北美贸易航程和时间,其经济利益和商机十分可观,对中国工业中心重新布局也将产生重大影响。

(二)吉林省物流大通道建设情况

吉林省加快建设"五纵四射三横"高速公路网、完善"一主多辅"机场群,借助朝鲜罗津港、俄罗斯扎鲁比诺港打通出海口,全力推进长吉一体化,建设长春—吉林—珲春的物流大通道,打造中国东北第二条出海物流大通道,旨在全面改善大图们江地区国际经贸合作赖以推进的交通运输条件,由此推动中俄朝路港区一体化进程。

吉林省重点打造长春—珲春—罗津(朝)、长春—珲春—扎鲁比诺(俄)出海通道,并积极推动开辟珲春—罗津(朝)津釜山国际港(韩)航线、珲春—扎鲁比诺(俄)鲁新泻(日)航线。首先,以发展贸易带动物流为基础,借助珲春和朝鲜罗津现有的公路、港口设施条件,打通罗津港至韩国、日本和欧美等国的出海通道;其次,投资建设珲春圈河口岸至朝鲜罗津港二级公路,实现中国东北内陆地区与沿海地区内贸货物南北对流和面向韩国、日本、欧美等国出海通道顺畅便利的局面;再次,在朝鲜罗津港区域投资建设"中国工业园区",推动两国边境地区经济提速。

(三) 黑龙江物流大通道建设情况

黑龙江省提出黑龙江陆海丝绸之路经济带建设规划,被纳入国家"一带一路"战略规划中的"中蒙俄经济走廊"。依托黑龙江陆海丝绸之路经济带建设规划,黑龙江省以哈尔滨为中心,以大(连)哈(尔滨)佳(木斯)同(江)、绥(芬河)满(洲里)、哈(尔滨)黑(河)、沿边铁路四条干线为主骨架,与俄罗斯横跨欧亚的西伯利亚、贝阿铁路相连,以周边公路、水运、航空、管道、电网、光缆为辅助,以相关车站、港口、机场为节点,建设以陆海联运通道、铁路通道、水运通道、航空通道等为主体,连接亚欧的国际货物运输大通道。中俄首个跨境铁路桥——同江铁路大桥正在加紧施工,另一条连通中俄的跨境通道——黑河公路大桥也已进入前期准备阶段。

1. 陆海联运通道

陆海联运通道以我国广州、宁波、上海,韩国釜山,日本新潟等港口为起点,经海运至俄罗斯远东海参崴、纳霍德卡、东方港等港口,经铁路至绥芬河,再经绥满铁路至哈尔滨、满洲里,从满洲里出境后至外贝加尔,与俄罗斯西伯利亚大铁路相连,向西抵达波罗的海沿岸和汉堡、鹿特丹港。

2. 铁路通道

绥满铁路过境通道大致呈东西走向,东起俄罗斯远东海参崴等港口,途经绥满铁路,经绥芬河、哈尔滨,至满洲里出境后可达外贝加尔,与俄罗斯西伯利亚大铁路相连,向西抵达波罗的海沿岸和汉堡、鹿特丹港。东北港口至同江铁路大桥过境通道大致呈南北走向,南起大连港等港口,途经哈大铁路至哈尔滨,再经哈佳铁路至同江,从同江铁路大桥出境至比罗比詹,与俄罗斯西伯利亚大铁路、贝阿铁路相连。哈尔滨至黑河铁路过境通道大致呈南北走向,南起哈尔滨,途经滨北线、北黑线至黑河,从黑河大桥出境至布拉戈维申斯克,与俄罗斯西伯利亚大铁路、贝阿铁路相连。沿边铁路过境通道大致呈东南—西北走向,南起老黑山,北止于洛古河,途经黑龙江省沿边铁路,经东宁、绥芬河、虎林、饶河、抚远、同江、名山、逊克、黑河、漠河等边境口岸,并在这些口岸出境,与俄罗斯西伯利亚大铁路、贝阿铁路相连。

3. 水运通道

水运通道是以哈尔滨港和佳木斯港为枢纽,以黑河、抚远等口岸港口为节点,建设黑龙江、松花江和乌苏里江航道等重要水路运输通道及江海联运通道。

4. 航空通道

航空通道是以哈尔滨太平国际机场为枢纽,齐齐哈尔、牡丹江、佳木斯、黑河、漠河、抚远等支线机场为节点的中俄、中欧、亚洲等航线。

三、发展多式联运先进运输组织方式,提升通道利用效率,降低物流成本

多式联运是以各种运输方式独立发展相对成熟为前提,是运输服务发展的高级形态,是全球物流创新发展的一个重要方向,是提高物流服务效率、降低社会物流成本的重要抓手。多式联运是我国物流业发展的战略性问题,是我国综合运输体系建设的目的所在,同时,多式联运也是交通运输当前和今后一个时期供给侧结构性改革的重要内容。

(一)发展现状

目前,以大连港和营口港为出海口的陆海联运一直是东北地区与周边东北亚国家最主要的多式联运组织方式。大连港和营口港 2015 年分别完成集装箱吞吐量 930.1 万 TEU 和 592.2 万 TEU,分别位于全国港口的第八名和第十名(见表 4)。

表 4   2014—2015 年中国十大集装箱港口吞吐量排名   单位:万 TEU

序号	港口	2014 年	2015 年
1	上海	3 529.0	3 653.7
2	深圳	2 403.0	2 421.0
3	宁波舟山	1 870.0	2 062.6
4	香港	2 223.0	2 011.4
5	广州	1 616.0	1 757.0
6	青岛	1 662.0	1 734.0
7	天津	1 405.0	1 411.0
8	大连	1 013.0	930.1
9	厦门	857.0	918.0
10	营口	577.0	592.2

资料来源:招商局国际年报。

2015 年,"营满欧"通道完成海铁联运量 2.52 万 TEU,年均增长率超过 50%,每周 6 列稳步运营,占东北陆桥总运量的 90%,中国经满洲里口岸出境的所有中欧班列集装箱量营口港占 51%,居全国沿海港口首位,成为亚欧大陆桥东线名副其实的主干道(见图 1)。

(二)发展趋势

随着东北地区产业结构调整和产品结构优化,运输需求结构也将发生深刻变化,货运总量增速虽有放缓,但货品货类变化衍生的运输需求,为推进多式联运等先进组织模式发展带来了重要契机。适箱货物占运输的比重不断上升,进一步扩大了对集装箱运输的需求,促进了集装箱运输以及海铁联运等多式联运的迅速发展。

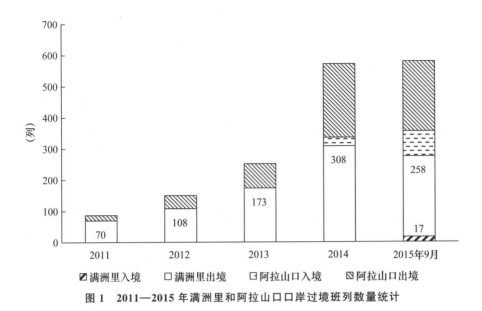

图 1　2011—2015 年满洲里和阿拉山口口岸过境班列数量统计

具体而言，东北地区振兴将加快农产品加工业、特色轻纺工业与冶金、石化、汽车和装备制造业的转型升级以及向上下游产业链延伸发展，还有相关产业半成品和产成品等适箱货运输的快速增长。根据 2015 年国家发改委出台的《中德(沈阳)高端装备制造产业园建设方案》(简称"中德装备园")，与德国合作建设的高端装备制造产业园，将成为推动沈阳经济转型升级发展的新引擎，中德装备园将重点发展智能制造、高端装备、汽车制造、工业服务和战略性新兴产业，逐步成为"中国制造 2025"与"德国工业 4.0"战略合作试验区、开放型经济新体制探索区、国际先进装备制造业发展示范区。以机器人及智能装备、增材制造、智能硬件、智能信息技术、智能工厂技术等为主的智能制造；以数控机床、轨道交通装备、新能源及节能环保装备、特种用途机械、关键基础零部件、基础电子元器件及器材等为主的高端装备；以及以整车、发动机及配套零部件等为主的汽车产业的快速发展，将带来大量的适箱货源。跨境电商以及高端消费品进口需求的稳步增长将持续推动外贸进口集装箱的加快发展。

以华东、华南沿海五省一市化工产品、日化产品等也产生大量的适箱货源运往东北地区以及通过东北地区物流通道运往蒙俄以及欧洲各国。出口到俄罗斯和蒙古国对各省(直辖市、自治区)GDP 增长的贡献程度较大的省份主要集中在黑龙江省及东部沿海地区，其中浙江达到 1.29 %(邹嘉龄等，2015)。华东、华南沿海五省一市的电子、轻工和机电、纺织等为主的产业与北欧存在较为紧密的互补关系，与北欧的净出口贸易近年也呈现出较快增长趋势(见图 2)。综上，东北至华东、华南沿海五省一市的货源具有对称性，且多式联运具有的成本、时间、服务特点有效地支撑了其业务发展。

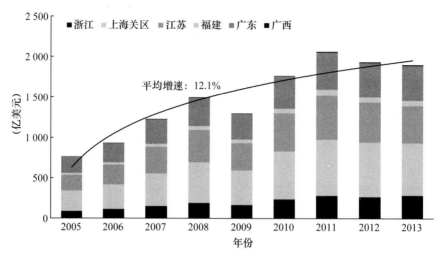

图2　2005—2013年东南沿海五省一市对北欧进出口总额情况

在"一带一路"倡议下,东北地区与广大亚非拉地区的贸易规模将呈现快速增长趋势。东北地区作为我国重要的原材料和基础制造业基地,广大亚、非、拉地区仍处于工业化发展的中前期,相互之间存在大量的贸易往来需求,这为多式联运的发展奠定了坚实的基础。

(三)推进路径

第一,依托通道建设,建设综合立体多式联运走廊。东北地区公铁、铁水、公水,以及陆空等联运的发展,需要支持集装箱多式联运体系、半挂车多式联运体系和大宗物资联运体系等多式联运体系的快速建设。通道综合运输服务能力的提升,需要重点提升哈尔滨—长春—沈阳—大连(营口)等主轴物流通道的通行能力,拓展主轴通道的辐射范围,增强主轴通道与沿海港口和边境口岸的联系。建议加快东北地区疏港铁路、公路建设,规划铁路直接进港,同时积极建设港区周边集疏道路,提升进出港区道路等级,提高海铁、海陆联运能力,实现港口与腹地高效联动。建议加强东北地区海陆通道物流基地建设,推进商贸业、制造业与物流业联动发展的物流中心建设,建设面向蒙俄、东北亚及欧洲、连接南北的现代物流基地。东北地区应建设完善的枢纽节点服务体系,完善辽宁、吉林、黑龙江、内蒙古三省一区大通道沿线枢纽节点布局,促进物流园区、公路港、铁路干港、航空港的统一规划、整合提升和互联互通,提升物流园区服务能力,提升物流整体功能和便利化水平(见图3)。

第二,加强部门合作,创新联运协调发展体制机制。依托物流大通道发展多式联运,需要辽宁、吉林、黑龙江、内蒙古三省一区加强顶层设计,有效对接物流通道沿线产业布局规划,有效对接"新丝绸之路经济带""跨欧亚经济带"产业布局和发展重点,构

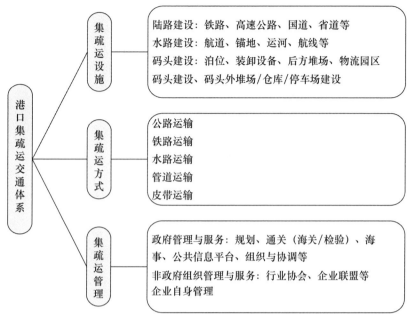

图 3　港口集疏运交通体系

建服务和带动产业发展的综合交通运输走廊。东北地区应推动沿线城市市场、资源、产业合作,开展多渠道、多领域对话与研讨,可促进各城市在产业分工、综合运输发展、交通网络布局、基础设施建设等方面的协调发展。高效便捷运输体系的建立,需要逐步消除区域运输服务标准差距、资费差距,建立公开透明的收费标准。直达运输的发展,可减少换装次数和中转环节,有利于收费标准的规范,物流成本的降低。建议管理部门定期开展收费执法大检查,营造公平的多式联运发展环境。通过建立健全社会信用体系和信用担保体系与运输企业信用保障制度,可使东北地区信誉考核体系的质量得到完善。管理部门应完善市场各方主体信用评定和考核办法,实施动态监管。

第三,提升装备水平,构建标准适用运输装备体系。东北地区应加快推进综合运输枢纽、货物运输监控装备现代化水平,推进道路货运车型标准化,普及标准化运载单元,推广现代化快速转运装卸设备,完善专业运输装备技术标准。为提高东北地区全社会标准托盘普及率,标准化、集装化、厢式化运载单元应得到普及,标准化托盘循环共用等模式应得到推广。以集装箱、半挂车为标准运载单元的多式联运加快发展,需要推进快速转运设施设备的技术改造。运输装备通用性和现代化水平的提升,需要货物状态监控、作业自动化等技术装备的积极发展,大型、高效、节能环保的装卸设备、快速转运设备的研发和使用应得到支持,高铁快递的装备协同落后的问题应得到积极改善。东北地区应积极推进物流台车、集装袋、物流箱等集装化单元装卸机具,大型转运吊装设备、非吊装式换装设备,以及运载单元拴固设备等设施、设备的应用。建议东北地区支持企业研发应用铁路驮背运输平车、半挂车滚装专用船舶、公铁两用挂车等多式联运专用载运装备和机具。

第四,推进双向开放,坚持走出去引进来同步发展。东北地区应积极参与"一带一路"建设,在更宽领域、更深程度、更高水平参与国际合作与竞争。西北方向应加强与欧亚大陆桥经济走廊、中蒙俄经济走廊的衔接,东南方向应加强与东北亚各国、海上丝绸之路的衔接。东北地区应加强与京津冀、东南沿海地区、珠三角地区、西南沿海地区港口群的物流联系。

第五,深化沿海大通关体制改革。国家已经批准在辽宁、吉林、黑龙江、内蒙古等四省份的大连、沈阳、长春、哈尔滨、呼和浩特和满洲里6个海关,启动东北地区海关区域通关一体化改革,这有利于依托"一带一路"战略开展国际多式联运。东北地区国际多式联运方面配合海关总署整合为多式联运监管模式,将自贸区政策、跨境电子商务等新兴业态与多式联运海关监管中心相结合提供了良好的试验场,进而形成可复制的行业或地方经验。

参 考 文 献

[1] Pradeep Srivastava. Regional Corridors Development in RegionalCooperation[R]. ADB Economics Working Paper Series. No.258,2011.

[2] 王诚志.中国——东盟互联互通的经济效应研究[D].北京:外交学院,2013.

[3] 张骥,陈志敏."一带一路"倡议的中欧对接:双层欧盟的视角[J].世界经济与政治,2015(11).

[4] 邹嘉龄,刘春腊,尹国庆,唐志鹏.中国与"一带一路"沿线国家贸易格局及其经济贡献[J].地理科学进展,2015(5).

[5] 韩永辉,罗晓斐,邹建华.中国与西亚地区贸易合作的竞争性和互补性研究:以"一带一路"战略为背景[J].世界经济研究,2015(3).

[6] 公丕萍,宋周莺,刘卫东.中国与"一带一路"沿线国家贸易的商品格局[J].地理科学进展,2015(5).

"一带一路"背景下的中国企业战略联盟信任机制设计[*]
——基于演化博弈论的视角

一、引言

国家级顶层战略"一带一路"通过积极发展与沿线国家的经济合作伙伴关系,共同打造政治互信、经济融合、文化包容的利益共同体、命运共同体和责任共同体。徐梁(2016)文献数据表明截至 2015 年年底,我国企业共对"一带一路"相关的 49 个国家进行了直接投资,投资额同比增长 18.2%。2015 年,我国承接"一带一路"相关国家服务外包合同金额 178.3 亿美元,执行金额 121.5 亿美元,同比分别增长 42.6% 和 23.45%。在"一带一路"战略引导下,国内有实力的企业面临着必须走出去进行全球化经营的挑战,如何更加安全、有效地实施跨国经营战略是每一个计划在海外进行投资的企业所必须解决的课题。科学技术发展导致社会分工越来越细,单个国内企业在竞争激烈的国际市场将面临众多挑战。为应对复杂的国际市场,国内企业通过组建战略联盟,在优势互补、利益共享的前提下共同开拓国际市场,这种战略联盟已经成为国内企业对外投资战略的一种常见模式(杨震宁等,2016)。对于战略联盟的定义,李钦(2004)指出战略联盟是由两个或两个以上有着相同实力或者互补优势的企业共同组建而成。通过建立战略联盟,联盟内部企业能够形成利益共同体,达到共同开拓国际市场、共担经营风险、降低企业成本、提升竞争实力的目的。然而不论企业采用何种形式的协议组建战略联盟,企业战略联盟仍然只是一个松散型合作竞争组织,并没有一个中央集权的管理机构去控制联盟内部成员的自私逐利行为,一旦联盟内部大部分企

---

[*] 作者潘水洋、黄昊,北京大学经济学院博士研究生。

业采取短期投机行为互相欺骗,战略联盟就会瓦解。因此联盟内部成员相互信任是战略联盟存在的基础。

当联盟内部企业存在投机行为导致彼此不信任时,最终会导致联盟瓦解。内部企业的不信任导致联盟存在的寿命非常短暂。何静、刘关东(2002)调查研究表明,联盟的寿命周期平均值为7年左右。如何设计合理的激励制度,使得联盟内部企业能够建立长久的信任关系,进而提高联盟的生存周期,成为战略联盟机制设计这一领域的研究重点,有不少学者对此进行了系统的研究。范琳琳、金鑫(2016)和王丹(2003)等提出对合作伙伴的信誉、风险偏好、行为进行评级,选择评级较高的企业作为合作对象;马永远、江旭(2014)和昊海滨等(2004)指出联盟应当建立一套约束机制,防止欺骗和机会主义行为产生;魏光兴(2003)和江旭、姜飞飞(2014)提出可以通过构建企业缓冲池,当约束机制无法制裁投机行为时,强制投机企业退出联盟,从企业缓冲池中选择新的企业加入,这样便降低了企业退出对联盟造成的损失成本。本文从演化博弈论的视角出发,通过对战略联盟中各个企业的行为特征进行建模,采用孙建、叶民强(2003)和杨敏、熊则见(2013)文献涉及的主体仿真建模软件Swarm来研究企业战略联盟内在结构的动态演化过程。研究结果表明:采用合理的惩罚机制,战略联盟中采取投机策略行为的企业数目将维持较低比例,战略联盟主要成员将会采取合作策略实现共赢,有利于维持战略联盟的稳定与持久。研究结果对如何通过合理的惩罚机制设计保持战略联盟的长久性提供了一个新的思考角度。

二、演化博弈模型构建

战略联盟是由相互作用、相互影响的多个个体企业所组成的进化系统。在战略联盟中不存在集中控制,企业成员仅仅关注自身的利益;企业成员个体行为是有限理性的;企业成员之间、企业成员与联盟制度环境之间存在相互作用、相互影响的非线性关系;为了适应环境,企业成员个体能够通过实践学习并实时调整自己的行为,使得自己的利益最大化。因此战略联盟内在结构的动态演化过程是微观个体相互作用的结果。在本部分,我们采用演化博弈论对此过程进行建模分析。

(一)战略联盟内部企业策略行为描述

假设在一个企业战略联盟中,存在4种类型成员企业,这4类企业具有如下行为特征:(1)采取TFT策略的企业。采取TFT策略的企业具有以下特征:如果该企业观测到联盟其他企业在上一期采取合作,遵从联盟规则,则该企业在本期也采取合作,遵守联盟规则。如果该企业观测到联盟其他企业在上一期采取不合作,则该企业在本期也采取不合作,不再遵守联盟规则。

(2)采取ATFT策略的企业。采取ATFT策略的企业具有以下特征:如果该企业观测到联盟其他企业在上一期采取合作,则该企业在本期采取不合作;如果联盟其他企业在上一期采取不合作,则该企业在本期采取合作。

(3) 采取 ALL_C 策略的企业。采取 ALL_C 策略的企业具有以下特征:不管其他联盟成员是否合作,该企业均采取完全合作策略,始终遵从联盟规则。

(4) 采取 ALL_D 策略的企业。采取 ALL_D 策略的企业具有以下特征:不管其他联盟成员是否合作,均采取完全不合作策略,始终不遵守联盟规则。

上述 4 个策略保存着博弈的一步记忆。由于联盟中没有集权的中央管理机构,所有的参与企业不可能都选择 ALL_C 策略。任何联盟规范的实施都依赖于联盟成员的自觉参与,联盟内部的每一个企业都基于自身利益以一定的概率选择这 4 个策略的某一个作为初始策略。

两个企业之间的博弈收益矩阵如表 1 所示。如果两个企业都采取合作策略(用 C 表示合作),则每个企业都可获得 3 单位的收益;如果一个企业采取合作策略,另一个企业采取不合作策略(用 D 表示不合作),则采取合作策略企业得到 0 单位收益,采取不合作策略企业得到 5 单位收益;如果双方都采取不合作策略,则每个企业各获得 1 单位收益。

表 1 博弈矩阵

	合作(C)	不合作(D)
合作(C)	3,3	0,5
不合作(D)	5,0	1,1

(二) 企业进化学习行为描述

表 1 只展示了两个企业相互之间的一次博弈关系,显然完全信息条件下表 1 的均衡是(不合作,不合作)。若对表 1 的博弈结构进行多次重复博弈,并且每次博弈结束后,企业通过比较自己与博弈对手的收益,动态更新策略,实现收益最大化。企业策略动态更新过程如下:初始阶段,企业 i 在 4 类策略 TFT、ATFT、ALL_C、ALL_D 中随机选取一个策略开始博弈。企业 i 与其他企业博弈结束后,该企业会从所有的博弈对手中,找出获得最高盈利的企业 j。如果企业 j 的盈利大于企业 i 的盈利,那么企业 i 会将企业 j 的策略作为自己的新策略,实现策略更新。这个假设也是合理的,因为现实中的企业都是活生生的实体,它能够不断地学习和积累经验最大化自己的利益,与现实生活中的决策机制是一致的。

(三) 博弈过程中的惩罚机制

模型中,联盟的信息足够完全,以至于联盟成员能够顺利监督另一个成员。这个假设是合理的。一旦某个企业采取不合作策略,则与该企业博弈时,采取合作策略的对手将会产生损失,对手马上会把不合作的企业报告给联盟。联盟既可能惩罚不合作者,也可能不采取惩罚措施(采取惩罚措施,联盟自己也会产生损失)。本模型中,惩罚采用"驱逐机制",一旦联盟决定惩罚不合作企业,不合作企业将会被驱逐出联盟,并且在相当长一段时间内联盟将不再接受该成员企业。

三、模型仿真

为了研究企业战略联盟内在结构的动态演化过程,我们采用 Swarm 主体仿真建模软件对本文所描述的企业战略联盟进行仿真。建模过程如下:

步骤1:定义环境,即设定企业的位置。本模型在 40×40 的方格上产生 1 600 个联盟企业成员。

步骤2:博弈进行前,每个联盟成员按照一定的概率预先在设定的 4 种策略中随机选择一个策略。然后该企业与处于自己东南西北四个毗邻位置的企业分别进行三阶段重复博弈。

步骤3:每个企业与所有的毗邻企业博弈结束后,找出获得最高盈利的邻居,如果该邻居的盈利大于自己原有策略获得的收益,该企业便将邻居的策略作为自己的新策略,实现策略更新。

步骤4:不断重复步骤3,直到联盟中 4 类策略企业数量保持稳定。

(一)不采取惩罚机制下的企业战略联盟结构演化

不采取惩罚机制条件下,无论企业是否合作,都不会受到联盟惩罚。博弈开始前,每个联盟成员按照相等的概率预先在设定的 4 种策略中随机选择一个策略。随着重复博弈次数的增加,采取 ALL_C、ATFT、TFT 策略的企业将会发现它们在博弈中收益不如采取 ALL_D 策略的企业收益,于是它们要动态更新自己策略,选取 ALL_D 策略最大化自己收益。当重复博弈进行到第 4 轮时,采取 ALL_D 策略的企业数目达到最大,紧接着随着博弈的继续进行,采取 ALL_D 策略的企业逐渐减少,采取 TFT 策略的企业逐渐增多,博弈进行到第 15 轮时,产生均衡,全部企业采取 TFT 策略,此时战略联盟瓦解,因为采取 ALL_C 策略的企业数为 0,每个企业将根据对手的策略进行决策,如果对手合作,则企业采取合作,对手不合作,企业也采取不合作策略,战略联盟协议约束无效,联盟瓦解。以上是初始阶段采取 4 类策略的企业比例相等(采取每个策略的企业数目相等)时的结果,模型仿真结果如图 1 所示。如果改变初始阶段采取 4 类策略的企业比例,如选择 ALL_C、TFT、ATFT、ALL_D 策略的企业占比分别为 30%、10%、30%、30%时,博弈最终也将在 TFT 策略获得均衡。但达到均衡将花费更多的时间和进行更多次的重复博弈。这表明:即使初始阶段采取 TFT 策略的企业比例(10%)远低于选择其他策略的企业比例,重复博弈次数的增加也能促使 TFT 策略成为最终的博弈均衡策略,模型仿真结果如图 2 所示。

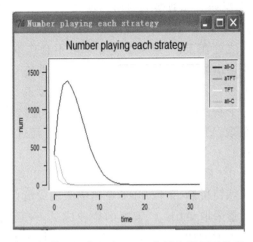

图 1　初始选择策略概率均为 0.25,在博弈进行到约第 15 轮时
TFT 策略成为最终的博弈均衡策略

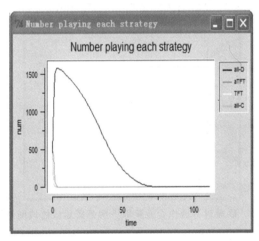

图 2　初始选择 TFT 策略概率降为 0.1 时,在博弈进行到约第 70 轮时
TFT 策略成为最终的博弈均衡策略

　　TFT 策略之所以会成为最终均衡的结果,可能的原因如下:当对手采取合作时,这时采取 TFT 策略的人也会选择合作,这样采取 TFT 策略的联盟成员伪装成了合作者;当对手采取不合作时,这时采取 TFT 策略的人也会选择不合作,由于彼此之间均采取不合作策略,他们会保持一种默契,都不会向联盟报告对方不遵守联盟契约的行为,这样联盟被这种采取 TFT 策略并伪装成合作者的企业控制,联盟实际上已经瓦解。

(二) 采取惩罚机制下的企业战略联盟结构演化

与上一节类似,初始时每个联盟成员按照相等的概率预先在设定的 4 种策略中随机选择一个策略。不同之处在于:一旦某个企业采取不合作策略,则在下一轮的博弈中不合作企业将会被驱逐出联盟。联盟对不合作企业采取终身禁入准则,联盟其他成员不会与这个企业采取任何贸易往来,这种大的惩罚力度有可能导致不合作企业破产。此后联盟会引入一个新的企业加入,以维持联盟的企业数量不变。惩罚的威慑力将导致新进入的企业采取 ALL_C 策略。仿真结果表明经过 5 轮博弈,最终达到均衡,均衡结果为采取 ALL_C 策略的企业数为 1590,采取 TFT 策略的企业数为 10,采取其他策略的企业数为 0。最终的均衡仍然存在采取 TFT 策略的投机者,可能的原因是由于采取了严厉的惩罚机制,采取 TFT 策略的联盟成员在接受其他企业监督后,意识到联盟内部存在大量采取 ALL_C 策略的企业成员,一旦其采取不合作策略,其投机行为被发现的概率大大增加,于是采取 TFT 策略的投机者伪装成了合作者,模型仿真结果如图 3 所示。

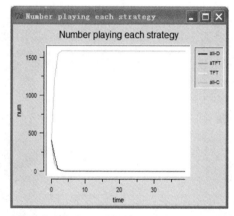

图 3　联盟对不合作企业采取严厉处罚后最终均衡结果

四、结论与政策建议

本文通过对战略联盟中各个企业的行为进行建模,采用重复博弈理论研究在不同的惩罚机制约束下,企业战略联盟结构是如何动态演化的,为"一带一路"战略下我国企业战略联盟的机制设计提供了有意义的参考:(1) 当不采取惩罚机制时,企业战略联盟最终会演化成采取 TFT 策略的投机企业控制的联盟,原因在于采取 TFT 策略的联盟成员伪装成了合作者;当 TFT 策略投机者与对手均采取不合作策略时,他们会保持一种默契,都不会向联盟报告对方不遵守联盟契约的行为,这样联盟被这种采取 TFT 策略并伪装成合作者的企业控制。(2) 当联盟对不合作企业采取终身禁入准则,实行严厉的惩罚,使不合作企业产生破产预期时,企业战略联盟最终会演化成大部分企业采取 ALL_C 策略,剩下小部分企业采取 TFT 策略,由于不存在其他策略,大量采用 ALL_C 策略的企业将迫使采取 TFT 投机策略的小部分企业永远伪装成合作者,联盟将持续较长时间。(3)"一带一路"战略背景下,国内企业形成战略联盟共同开拓国际市场时,应当设计合理的惩罚机制来约束联盟内部企业短期投机行为,防止联盟名存实亡。如果惩罚过于严厉,将短期投机行为企业终生剔除联盟,也会导致联盟自身损失;如果惩罚过轻,将加大联盟瓦解的概率。一个可行的办法是构建企业缓冲池,强制短期投机行为企业退出联盟,从企业缓冲池中选择新的企业加入,这样便降低了企业退出对联盟造成的损失成本。

参 考 文 献

[1] 徐梁.基于中国与"一带一路"国家比较优势的动态分析[J].管理世界,2016(2):170—173.

[2] 马永远,江旭.战略联盟伙伴间特征与联盟管理实践转移[J].管理科学,2014(5):1—11.

[3] 杨震宁,李东红,曾丽华.跨国技术战略联盟合作、动机与联盟稳定:跨案例研究[J].经济管理,2016(7):48—59.

[4] 李钦.战略联盟的形成及其演变[J].现代管理科学,2004(2):62—64.

[5] 江旭,姜飞飞.企业家导向与战略联盟形成决策:联盟经验的调节效应研究[J].管理科学学报,2014(7):22—34.

[6] 何静,刘兴东.战略联盟内部信任机制研究[J].企业经济,2002(7):12—16.

[7] 范琳琳,金鑫.企业战略联盟风险及防范措施[J].对外经贸,2016(4):24—29.

[8] 魏光兴.战略联盟的风险及其对策分析[J].企业经济,2003(12):45—48.

[9] 王丹.战略联盟、外包战略的演变形成机理[J].数量经济技术经济研究,2003(6):85—88.

[10] 吴海滨,李垣,谢恩.基于博弈观点的促进联盟合作机制设置[J].系统工程理论方法应用,2004(1):15—18.

[11] 孙建,叶民强.SWARM 在博弈论中的仿真分析研究[J].计算机工程与应用,2003(6):23—26.

[12] 杨敏,熊则见.模型验证——基于主体建模的方法论问题[J].系统工程理论与实践,2013(10):19—23.

沿边城商行在"一带一路"倡议中的地缘化发展路径*

一、沿边城商行在"一带一路"倡议中的差异化发展机遇

当前,全国城市商业银行均都存在着战略雷同的问题,沿边城商行位于中国经济发展的末梢区域,更在竞争中处于不利之隅,但国家"一带一路"倡议实施为其转型发展提供重大机遇。

我国沿边省份共有九个,包括黑龙江、吉林、辽宁、内蒙古、新疆、西藏、甘肃、广西、云南,国境线长达2.2万公里,与15个国家和地区接壤。长期以来,我国沿边开放严重滞后于沿海开放,2015年年末,九个沿边省份在全国GDP、本外币存款余额、货物进出口总额和实际利用外商直接投资额四个主要开发开放指标中的比重仍然很低,依次为18.06%、13.72%、6.40%和17.09%,如图1所示。

在实施"一带一路"国家倡议大背景下,沿边开放态势凸显出地缘战略价值。具体地,一是东北三省和内蒙古依托"中蒙俄经济走廊",加强与蒙古和俄罗斯跨境互联互通,充分发挥二连浩特、满洲里等口岸的枢纽作用,抓住俄罗斯大规模投资开发远东地区计划,拓展对俄金融合作,开展跨境经济合作,加强产业对接;二是西北地区的新疆、甘肃,分别致力于建设丝绸之路的核心区和黄金段,依托"中巴"经济走廊、"中国—中亚—西亚"经济走廊以及"新亚欧大陆桥",打通连接中亚、西亚的贸易融资大通道,发挥新疆霍尔果斯口岸以及喀什经济开发区贸易金融功能;三是西南地区的云南、广西、西藏,依托"孟中印缅"经济走廊以及大湄公河次区域经济合作、"两廊一圈"等合作机制,加强与东南亚、南亚国家合作机制对接,带动此三大经济板块联动发展。其中,云南更是地缘战略价值显要,它同时位居于"一带一路"西南沿线国家四大多边合作机制

---

* 本章作者夏蜀,富滇银行董事长,中国金融四十人论坛理事。本文发表于2017年1月的《银行家》。

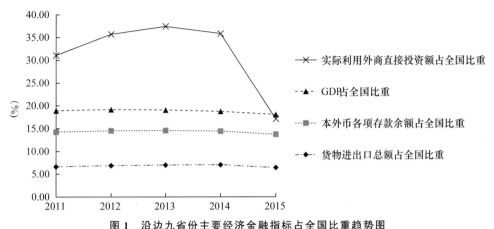

图1 沿边九省份主要经济金融指标占全国比重趋势图
资料来源：WIND资讯和各省区2015年国民经济和社会发展统计公报

(中国—东盟10＋1组织、大湄公河次区域经济合作、孟中印缅经济走廊和"两廊一圈")之中。

"一带一路"倡议中，以政策沟通、设施联通、贸易畅通、资金融通和民心相通为主要内容，其中，资金融通是"一带一路"建设的重要支撑，要改善与沿线国家存在的"连而不通、通而不畅"现状，势必引发大量投融资需求，在基础设施建设、贸易投资、跨境人民币结算、区域金融合作等方面，都离不开金融业的大力支持，也将会催生多元化、多层次的金融服务需求，为金融机构发展带来广阔前景。

"一带一路"倡议的实施对沿边省份的开发开放是一大历史性战略机遇，对于沿边城商行的发展也是一大历史性战略机遇。2015年年末，沿边城商行总资产规模、各项存款、各项贷款占全国城商行的比重已分别达到21.93%、22.16%、21.39%。在"一带一路"建设中，沿边城商行应发挥地缘优势，扬长避短地把握战略机遇，依托国家倡议中的规划通道及相应合作机制，因地制宜地发展沿边金融、跨境金融，在当前中国商业银行严重的同质化发展、白热化竞争中，实施差异化发展，寻求自身的战略转型之路。从管理学原理来讲，商业银行差异化战略实质上是对商业模式的选择，这种选择一方面要剔除自身不利因素、减少运营成本；另一方面要增加竞争优势、创造和提升买方价值。如图2所示。

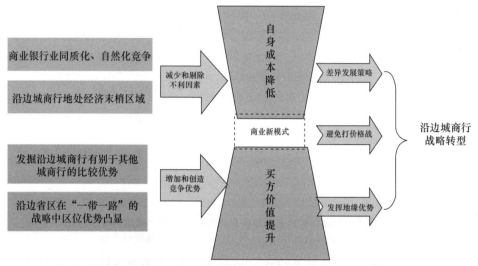

图 2　沿边城商行在"一带一路"倡议中的差异化发展机遇

二、沿边城商行在"一带一路"倡议中的独特优势：以富滇银行为例

在 2016 年 9 月在杭州召开的 G20 峰会期间，中央电视台热播的大型纪录片《一带一路》，关注报道了富滇银行在践行国家"一带一路"倡议中的有益实践。沿边金融和跨境金融是富滇银行特色差异化发展的重要抓手，在融入国家"一带一路"倡议中一些进行了创新性的探索。

一是以倡议为先导，通过跨境金融带动差异化发展。作为云南的省级地方法人银行，早在 2008 年恢复成立之初，就明确提出了"立足云南，辐射西南，面向全国，走向泛亚"的泛区域发展战略，在总体战略规划中专门制定了国际业务子战略，将跨境业务作为国际业务的核心内容，确立了"构造地缘金融网络、搭建跨境金融平台，为跨境泛区域客户提供多币种的广泛金融支持"的跨境金融经营定位，把跨境金融、沿边金融作为富滇银行有别于其他商业银行的特色化经营、差异化发展的战略举措。

二是富滇银行在沿边口岸和周边国家战略布局经营机构。尽管是商业银行，富滇银行并不完全以商业利益为驱动，而是站在国家战略的角度，基于国家利益而非商业价值的原则设立营业机构。在境内，以推动人民币在东南亚周边化，以有利于拓展跨境人民币业务便利化为己任，优先在边境口岸而非经济发达区域设立分支机构。目前，富滇银行已完成了云南毗邻的老挝、越南、缅甸三国的边境口岸建立了营业机构，在蒙自、河口、景洪、磨憨、勐腊、瑞丽、姐告、孟连、腾冲和普洱等设立分支行。在境外，富滇银行以中国与周边国家经济金融交流，有利于促进云南经济金融扩大开放，实现"安邻、睦邻、富邻"为己任，率先在经济金融落后、但政治稳定，并且是进入中南半岛主要节点的老挝设立营业机构。在2010年成立的富滇银行老挝代表处的基础上，2014年1月与老挝大众外贸银行合资设立富滇控股的老中银行。老中银行成立一年多运营良好，得到老挝央行及当地社会各界的肯定与好评。

三是积极推进与周边国家的金融互联互通。富滇银行率先开展人民币对周边国家货币直接定价，实现中老、中泰、中越三国本币实时跨境结算服务，全方位为客户提供人民币、老挝基普、泰国泰铢和越南盾的跨境结算服务。2013年8月富滇银行经国家外汇管理局核准，获得办理调运外币现钞进出境业务资格，成为全国第一家获得外币现钞跨境调运资格的城市商业银行，也是西南地区唯一具有外币现钞跨境调运资质的法人银行。富滇银行还与多国金融机构建立业务联动，并达成同业授信。先后与老挝、柬埔寨、越南、泰国、马来西亚、新加坡等东南亚国家的金融机构建立业务联动；代理行和账户行关系网络广泛，注重全球广泛覆盖。

四是不断推出跨境人民币业务品种与模式。主要是构建多渠道的跨境人民币结算平台，省内首家提供人民币跨境融资方案，省内首家获准办理远期结售汇业务，推出本外币金融组合产品创新等，拓展跨境人民币业务，推动人民币在东南亚国家周边化。

五是突出业务特色，以边贸模式参与和深化沿边金融改革。以口岸分支行为重要支点，打造形成了"瑞丽边贸结算模式""红河河口边贸业务清算模式""版纳边贸结算模式"。这些具有富滇银行特色的边贸模式，大大提高了贸易项下人民币结算、边民往来结算，拓展跨境人民币信用证结算业务量的增长。同时，以沿边六州市分行为依托，挖掘边境贸易和边境合作区政策，实行"一行一策"，对沿边金融综合改革试点州市地区分支行，从资源配置方面保证对跨境经济合作区和跨境经营企业的信贷支持，以业务模式创新带动沿边金融的业务突破与发展。

从区域角度看，"一带一路"具有较强的地理依赖路径，金融地理学相关理论强调地理环境因素对于金融现象的影响，在赋予地理环境前提下，金融机构以及金融产品都有着特殊的地理及历史条件。此外，跨时空的金融机构交叉核算以及贸易和流动，都成为影响金融流动的重要因素。基于此理论，区域化地缘化的金融发展路径不仅对"一带一路"倡议的金融支持有重要影响，也是发挥地缘优势构建地缘金融网络的必然趋势，沿边城商行由于其"沿边"的地理特性而从地缘化角度形成"一带一路"金融倡议实施的重要力量。政策性银行、国有大型银行等"国家队"在建设"一带一路"当中也有短板，也有力所不逮之处，处于沿边地域的城商行及其"走出去"的附属机构，却在这些"国家队"难有作为、难以覆盖之处有着独特优势，可大有作为。

人文环境的相通性。 "一带一路"的《愿景与行动》，绝非政治和经济两个目标，更提出了"民心相通"的理念，其明确提出了增进与沿线国家人民人文交流与文明互鉴的愿景。地处沿边的城商行较其他金融机构在"民心相通"具有天然的人文相通性。如云南高原与东南亚的半岛和岛屿，乃是连成一片的亲缘山地，云南省与缅甸、老挝、越南相互毗邻边境结合部具有山水相连、通道众多、民族相同、语言相通、边民往来密切等特点,作为本土银行在推进跨境金融时,沟通交流成本低、切入融合程度快。

沿边金融的便利性。沿边省份必然产生繁荣的边民互市贸易、活跃的边境小额贸易以及跨境经济合作区,而这些边境贸易正是推动人民币区域化、国际化的主要动力。地处沿边的城商行以其所处的地缘优势、拥有的本地中小企业与居民客户的优势以及与地方政府的血缘关系,在开展沿边金融方面较其他商业银行具有更大的便利性。

国家色彩的隐蔽性。沿边城商行作为中小型、地方性的商业银行,国家色彩弱、国际关注度低,"走出去"时不易引起东道国政治上的战略猜忌;加之城商行所居地与这些周边国家的地缘关系和历史渊源,不易引起东道国民族主义的疑虑,在实施"一带一路"金融倡议中,起到"润物细无声"的效果。

服务层次的多样性。"一带一路"建设的"投资主导型"和"工程承包型"项目投资规模大、周期长,无疑将主要依靠政策性金融体系和大型国有银行担纲融资服务。而许许多多的"经贸合作型"项目和"走出去"的中小客户的金融需求,则需要类似沿边城商行这样的中小型银行参与,开展"沉下去""融进去"的贴身服务,形成"一带一路"建设中多层次、多样化的金融服务体系。且现有的多边金融机构如亚洲基础设施投资银行、丝路基金等,无论因设立时间较短,还是由于运营组织架构的限制,都需要既有中资背景又有东道国股份的中小合资银行更好地开展资金转贷、项目融资配套等多层次服务。

机构合作的对称性。"一带一路"倡议秉持的是"共商、共建、共享"的共同发展理念,金融机构与金融业务"走出去"必然要面临与沿线国家的金融机构合作的问题。沿边城商行的规模体量、管理层级,与东道国的金融机构合作起来往往是"门当户对",在"共商、共建、共享"方面,较大型银行更具对称性。如老中银行,其老方的大众外贸银行是老挝最大国有商业银行,但其规模体量仍不及富滇银行,老方选择富滇银行作为合作伙伴,除了富滇区域毗邻之外,一个重要的原因是与中国的城商行合作,不至于有"客大欺店"之虞。

三、对参与"一带一路"倡议的城商行给予差别化监管政策

监管部门一直推动中国银行业全力支持和服务"一带一路"建设。中国银监会截至 2016 年 3 月已与 28 个"一带一路"国家和地区的监管当局,签署了双边监管谅解备忘录(MOU);发布了包括优化中资银行海外布局,适当加快在"一带一路"沿线国家开设分支机构等五方面意见在内的《中国银行业服务"一带一路"倡议书》。这些支持政策极大地促进了包括城商行在内的中国银行业金融机构,融入和服务于国家"一带一路"倡议之中。具体分析现行的监管支持政策,一是机构的侧重点主要是面向国有大型银行和国家政策性银行,二是业务的侧重点主要是面向基础建设的长期项目跨境融

资,三是监管的侧重点主要是加快推动与沿线尚未建立监管合作机制的国家签署双边监管合作谅解备忘录。针对沿边城商行的差别化监管政策目前尚未出台。

如果将"一带一路"倡议中的金融合作机制与运作框架划分成11个关键环节的话,则在四个方面沿边城商行能大有作为之处;三个方面沿边城商行可以间接发挥一定作用;而在其他四方面则属于沿边城商行参与性不大的环节,如图3所示。基于沿边城商行在泛区域金融合作机制中的功能发挥,以及在"一带一路"倡议实施中的独特优势,应当适时出台差别化的监管政策,支持其在金融"安邻、睦邻、富邻"方面"接地气"地发挥作用。

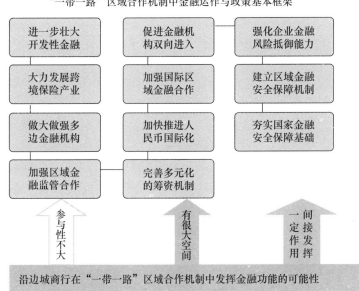

图3 沿边城商行在"一带一路"区域合作机制中的作用

准许有条件的沿边城商行在毗邻周边国家投资入股东道国的银行业金融机构,或以与当地(金融)机构以合资方式发起成立商业银行,是对参与"一带一路"倡议的城商行给予差别化监管的一项关键性政策。

监管部门在构建以中国主导的监管协调框架,建立区域金融风险预警系统,形成应对跨境风险与危机处置的合作交流机制,并充分评估这些周边国家国别风险的基础上,对所在省级政府有意愿有支持、自身管理能力有条件的沿边城商行,给予准出政策支持,支持其以子行的方式设立境外合资法人机构。

事实上,周边毗邻国家的经济体量一般偏小,沿边城商行以开展跨境人民币业务为核心的"走出去",与前几年在国内的跨省经营性质完全不同。前者则是参与国家战略,履行社会责任;后者则是出于商业行为,利益驱动。以老挝为例,2015年其GDP

约为 128 亿美元,大体只相当于地处西南边陲云南省一个中等经济发展水平地级市的经济总量,富滇银行在老设立机构,其经济效益尚不及省内分行水平高。同时,这些国家因其本身金融总量小、银行机构的风险波及面有限,新进入银行机构的风险一般都在可控范围之内。

沿边城商行要"走出去"设立机构,所在省级政府应给予充分的政策支持,要利用与周边国家和地区业已建立的区域合作平台,针对合资银行设立和运营方面的问题,建立常态化的双边会晤与多边协商机制,加强沟通交流,推动区域金融经贸合作向纵深化、多元化方向发展;要推动本省份"走出去"企业与设立的合资银行开展紧密合作,促进合资银行围着本省份在东道国的投资项目做好金融落地服务,促进金融资本与产业资本紧密结合。

"走出去"的沿边城商行要"打铁自身硬",一是加强人才队伍建设。要建立完善的跨境金融人才培养体系,培养一批具有国家战略视野、国际金融机构经验,并善于与当地民众友好相处的人才梯队。二是加强风控能力建设。熟练运用多种风险管理工具与手段,强化合规管理与反洗钱工作,与东道国监管当局保持良好的沟通协调能力,建立应急处置机制,提高应对国别风险突发事件能力。"走出去"的沿边城商行对其控股的合资银行,还应设计与建立流动性救助机制。三是加强 IT 系统建设。毗邻周边国家的银行业管理水平相对落后,东道国通常期望外来合资方能在 IT 系统建设方面给予援助支持。因此,具备较强的科技管理实力,既是合资银行良好运营的基础条件,也是在合资银行发起设立时,"走出去"沿边城商行与东道国机构进行合作谈判的筹码。

与此同时,一方面践行共享发展理念,搭建共享平台,可考虑亚洲基础设施投资银行、丝路基金等机构对这类合资银行进行适度投资入股,这既给合资银行引入了先进管理方法、技术、信息、资本和客户资源,又使亚投行、丝路基金这些"高大上"机构有了"贴己"的落地执行者。另一方面,践行开放发展理念,审慎积极地引进具有跨境金融领先经验的国际金融机构作为战略投资者,投资参股沿边城商行,以学习管理经验、实现知识互补、拓展海外网络,提升沿边城商行参与"一带一路"建设的能力。

理论历史篇

一举明纲张万目
两阵清风阅千年

　　理论框架是政策得以构建的认识论基础。历史脉络则是政策得以推行的实践性案例。本篇分别从理论和历史两个层面探讨"一带一路"战略及其相关的背景环境,让读者一方面对于"一带一路"战略的基本理论框架、模型基础有较高层次的认识,另一方面对于历史文化的持久性、深入性、普适性影响有更为深刻的体悟。

Chapter of Theories and History

Theoretical framework is the epistemological basis for policy construction; the historical context is the cases of practices of policy improvement. In this chapter, it discuss "The Belt and Road" Initiative from two aspects on theory and history, and relevant environment background. It is leading a higher-level understanding of the basic theory framework, model base of "The Belt and Road" Initiative. Meantime, there is a profound insight of the effects of history and culture.

"一带一路"建设、全球结构重建与世界经济增长新引擎[*]

自从2008年美国金融危机及其后发生的欧债危机将全球经济拖入危机与萧条以来,世界经济已经连续多年增长乏力、在谷底徘徊。其间虽然个别国家经济增长率较高,也有某些国家间断性地出现过增长回升,但就全球主要经济体总体情况和8年间绝大多数时间来看,世界经济增长持续低迷、国际贸易和国际投资显著下降,是最近八九年世界经济的主基调。[①] 这一点恐怕没有争议。正如习近平总书记所指出:尽管世界经济逐渐走出国际金融危机阴影,"但国际范围内保护主义严重,国际经贸规则制定出现政治化、碎片化苗头,不少新兴市场国家和发展中国家经济持续低迷,世界经济还没有找到全面复苏的新引擎"[②]。现在的问题是,为什么在经济全球化高度发展、经济调控手段日益发达的21世纪会出现如此剧烈的经济金融危机?未来世界经济走势如何?走出危机进入新的稳定与繁荣轨道的新引擎在哪里?这些问题具有重大的现实意义,下文分而述之。

一、世界经济长期低迷的深层原因是传统结构失灵

2008年金融危机以来,世界经济长期萧条。这种局面不仅是第二次世界大战后七十多年来绝无仅有的,在近代以来的世界经济发展史上也仅有1929—1933年的"大萧条"可以与之相提并论。表1和表2是2007—2015年以及2016年第一季度主要发

---

[*] 作者王跃生,北京大学经济学院国际经济与贸易系主任、教授。
[①] 马相东.全球贸易新常态与中国外贸发展新策略[J].中共中央党校学报,2015(6).
[②] 习近平.在省部级主要领导干部学习贯彻党的十八届五中全会精神专题研讨班上的讲话[N].人民日报,2016-5-10.

达经济体(美国、日本、欧元区、英国)和主要发展中经济体("金砖五国"即中国、印度、俄罗斯、巴西、南非)经济增长情况,以及全球国际贸易、国际直接投资的情况。从这些数据可见,近十年来的全球经济的确陷入长期持续性萧条之中,经济增长、贸易及投资增速都呈低增长甚至负增长状态。

表1 全球及主要经济近年来的经济增长率 单位:%

年份	全球	美国	欧元区	日本	英国	中国	俄罗斯	印度	巴西	南非
2007	9.6	1.8	3.0	2.2	2.5	11.9	8.5	9.8	6.0	5.4
2008	5.6	−0.3	0.5	−1.0	−0.3	9.0	5.2	3.9	5.0	3.2
2009	−5.0	−2.8	−4.5	−5.5	−4.3	10.3	−7.8	8.5	−0.2	−1.5
2010	8.0	2.5	2.0	4.7	1.9	10.2	4.5	10.3	7.6	3.0
2011	7.4	1.6	1.6	−0.5	1.6	9.2	4.3	6.6	3.9	3.2
2012	0.1	2.3	−0.8	1.8	0.6	7.7	3.4	5.1	1.8	2.2
2013	1.4	2.2	−0.5	1.6	1.9	7.6	1.3	6.9	2.7	2.2
2014	0.9	2.4	0.9	−0.1	2.8	7.4	0.6	7.2	0.1	1.5
2015	2.4	2.0	1.8	0.8	2.2	6.9	−3.7	7.5	−3.8	1.3
2016*	—	0.8	1.5	0.5	2.1	6.5	−1.8	7.5	−3.8	1.4

注:* 为第一季度数据。
资料来源:中国国家统计局及世界银行网站。

表2 近年来全球国际贸易与国际直接投资增长情况 单位:%

年份	全球贸易增长率	全球FDI流入增长率
2007	12.1	30.6
2008	11.3	−23.3
2009	−22.4	−20.1
2010	19.7	10.1
2011	16.0	14.2
2012	−1.0	−12.2
2013	0.6	3.1
2014	−0.9	−17.3
2015	−12.8	35.0

资料来源:联合国贸发会议数据库。

那么,为什么第二次世界大战后七十多年来大大小小多次经济金融危机经过两三年最多三四年就能走出低谷重拾升势,而此次危机却延宕近十年不见起色,并且仍旷日持久、遥遥无期?为什么过去的经济与金融危机多发生于世界经济外围国家或者个别国家,而此次危机首先发生于核心国家且主要经济体无一幸免?

我们先来看看原来的世界经济增长是依靠什么因素来支撑的。

众所周知,第二次世界大战后逐步形成的世界经济结构是一个典型的"中心—外围结构",以美国为中心呈涟漪式展开。第二次世界大战前,世界经济中心主要在英国为主的西欧地区,战后凭借政治经济军事实力中心转移到美国,西欧国家和日本则紧紧围绕美国,共同构成世界经济的中心圈。处于中心的美、欧、日发达经济体依靠产业、技术、资金、制度、规则等方面的优势,通过直接投资和产业转移,以及与此相应的制度与规则,将全球各主要经济体紧密联结为一体,形成了一个按经济发达程度、在全球产业价值链中的地位以及与中心国家联系紧密程度而划分层级的全球经济循环圈,即"中心—外围结构"。① 这一结构的中心是美国,紧靠美国的是西欧和日本、加拿大等发达经济体,外圈是亚洲"四小龙"、拉美新兴工业国等承接发达国家直接投资和产业转移、与发达国家贸易投资关系密切的中等发达国家和地区,再外圈是其他东南亚国家、中国内地等发展中经济体,最外圈则是工业化程度更低的发展中国家。此外还有一些国家,如经济落后的大部分撒哈拉以南非洲国家、某些南亚国家,由于经济发展尚处工业化之前,根本没能进入到这一循环中,成为被遗忘的大陆。为了维持"中心—外围结构"的有序运行,美欧等发达经济体构建了第二次世界大战后国际货币金融体系、全球贸易投资规则以及全球经济治理结构,包括以美元为中心的国际货币体系即布雷顿森林体系、关税与贸易总协定和WTO、贸易投资自由化与区域一体化安排,以及以G7、IMF、世界银行为中心的国际经济治理体系。

应当承认,第二次世界大战后形成的世界经济"中心—外围结构"及其配套制度安排在很大程度上保障了全球经济稳定,为世界经济经济增长创造了条件。布雷顿森林体系避免了汇率的过度波动,美元的特殊地位则保证了美国可以通过货币发行和国际举债维持进口能力,并带动出口国的经济增长。关贸总协定与WTO则在消除贸易壁垒、促进贸易自由化方面发挥了重要作用,带动了第二次世界大战后国际贸易的大发展。至于国际直接投资和产业转移,对于带动不发达国家的工业化和经济发展也具有重要作用。第二次世界大战后世界经济经历的黄金增长时代,一些新兴经济体特别是亚洲"四小龙"和拉美某些国家在20世纪七八十年代的经济起飞、20世纪80年代以后中国经济的崛起,都在某种程度上得益于这一结构所带来的全球化红利。

第二次世界大战后形成的"中心—外围结构"也是全球经济增长的基本动力。在世界经济的中心—外围分工与循环中,不同环节具有不同地位和增值能力,使得拥有不同比较优势的国家可以充分利用自身的比较优势。发达国家主要从事研发、设计、销售、管理、服务等高增值环节,并通过国际投资、产业转移等将低增值环节转移到发展中国家。发展中国家则依靠从发达国家转移来的技术和资金从事中低端加工制造

---

① 王跃生.论世界经济的结构变革[J].中国高校社会科学,2013(4).

与出口,为全球生产产品,以此带动本身的就业和经济增长。[①] 从事这种加工制造的国家,先是日本、德国等,后是亚洲"四小龙"和一些拉美国家,再后来就是中国等新兴经济体。中心国家和外围国家之间的分工与交易,包括直接投资、产业转移、国际技术扩散、大规模进出口、间接资本流动等活动,就是第二次世界大战后世界经济增长的主要驱动力。这一机制的理论模式可以表达为中心国家对外围国家投资—制造业等基础产业转移—外围国家工业化和制造业发展—对中心国家出口—贸易顺差以间接投资形式回流中心国家—中心国家对外围国家持续投资……

然而,这一全球分工与增长结构存在着固有的内在矛盾:一方面,将中低端实体产业转出的发达国家,如果不能形成大量的新兴高端制造业或者服务业,就会出现产业空心化现象,并最终危及经济稳定与增长。现实中,许多发达国家都出现了这种产业空心化的情况,并成为最终发生经济金融危机的基础。另一方面,大量进口基本制成品的中心国家,如果没有相应的出口就会形成贸易与国际收支失衡。如果这个国家依靠国际国内债务维持这种局面,迟早会发生由债务危机引发的金融与经济危机(如几年前欧债危机中的希腊、西班牙、葡萄牙等国);如果这个国家刚好是国际储备货币的发行国,可以通过发行货币维持进口能力,则不过是把债务累积和爆发危机的阈值提得更高,在相当长时间内维持债台高筑的局面,但最终仍会导致严重的经济失衡,酿成危机。这就是20世纪90年代以来美国与日本、中国等国家为代表的全球经济失衡,以及最终爆发美国次贷危机的基础。美欧国家的债务危机后,全球国际投资、国际贸易大幅度下降,发达国家试图以再工业化和产业回流弥补空心化结构,这就进而殃及了外围国家,以中心—外围分工支撑的世界经济增长失去动力,世界经济进入长期萧条状态。

二、全球经济稳定增长需要新的世界经济结构

始自美国次贷危机的全球金融危机已过去8年多。在这期间,各国政府针对危机发生的原因与基础采取了很多应对之策,并大力进行结构调整,如美国的私人部门去杠杆、制造业回流和再工业化,欧元区对希腊等国债务危机的救助和大力发展新兴产业、工业4.0计划等。如今,引发金融危机的一些具体问题,或者得到很大缓解,如美国的私人部门高负债;或者得到控制,如欧元区的公共债务;欧美国家的再工业化也取得了一定进展;整体全球经济失衡得到缓和,世界经济基本稳定下来。然而,由于美欧国家依靠财务杠杆大规模进口的现象不复存在,并且还通过再工业化增强自身的出口能力,以带动就业和增长,于是,传统上外围国家依靠向中心国家出口实现经济增长的

[①] 马述忠,吴国杰.全球价值链发展新趋势与中国创新驱动发展新策略——基于默会知识学习的视角[J].新视野,2016(2).

机制便不复存在。加之去杠杆造成的国际投资直接规模大幅度下降,发达国家的产业回流和再工业化导致资金流出新兴经济体,更完全打破了原有世界经济"中心—外围结构"和内外互补的运行机制,世界经济失去了增长的基本动力,贸易和投资规模双双下滑,世界经济陷入慢性危机、长期萧条就是顺理成章的了。

那么,世界经济如何才能有效复苏、进入新的增长轨道呢?未来的世界经济结构是否会重新回到第二次世界大战后的"中心—外围结构"并以此带动全球经济增长呢?在我们看来,世界经济很难再回到旧有结构,并借以作为全球经济复苏的支撑。个中原因就在于全球的经济环境相对于第二次世界大战后初期乃至20世纪八九十年代已经发生了根本变化,已经不存在维持"中心—外围结构"的基础和条件。

众所周知,第二次世界大战后世界经济"中心—外围结构"的形成是以美国经济一家独大为前提的。第二次世界大战后初期美国在经济规模、产业基础、资金、技术、制度环境、治理能力等诸方面都处于绝对领先地位,依靠实力自然形成了以美国为中心的经济体系。这从布雷顿森林体系中美元对英镑地位的替代就可见一斑。即使到了20世纪八九十年代,虽然美国的经济实力已大不如前,美元体系从法律地位上也已经解体,但在全球范围内仍然没有能与美国抗衡的单一经济体,美国的中心地位得以维持。更为重要的是,其时这一结构体系的活力尚在,在美国的货币超发与债务泡沫破灭之前,美国仍能维持巨额进口,并成为外围出口国的市场,带动世界经济增长。新旧世纪之交中国这个规模庞大的国家加入WTO和全面对外开放使这一体系的效能发挥到极致,也使全球经济失衡走到极致,危机不可避免。随着美国次贷危机的爆发,美国的债务泡沫终于破灭。其后美国所要做的主要是去杠杆和再工业化,以增强竞争力和出口能力。美国再也无力维持从外围国家进口的增长。至于欧盟,由于产业空心化、竞争力下降和高福利带来的欧债危机,经济大幅度衰退萎缩,致使保护主义趋势日益明显,更难有进口的大规模增长。同时,来自美国和欧洲对外围国家的大规模直接投资和产业转移也进入停滞期,"中心—外围结构"的基本框架不复存在。以上趋势并非短期现象,而是将在相当长时间内存在甚至进一步强化。这就是"中心—外围结构"带动全球经济增长机制失灵并且难以恢复的基本原因。显然,指望危机尽快过去,全球经济回到既往的轨道内恢复强劲增长是不现实的。在新的、能够驱动全球经济增长的结构和机制形成之前,世界经济还会维持这种低增长的慢性不景气局面。

不仅如此,从更基本的全球经济力量对比来看,中国等东亚新兴经济体的崛起已经大大改变了世界经济的版图。美欧力量相对衰弱,中国等新兴国家的实力大幅度提升。虽然目前从绝对规模上美国仍然是第一大经济体,在技术、创新、管理等方面仍具有优势。但是从经济增量、贸易规模来看,中国都超越美国,成为世界第一。根据世界银行统计数据计算,过去三十多年中,中国经济增量占全球增量的比重持续上升:1980—1990年和1990—2000年期间,这一指标分别为3.8%和9.2%;2000—2010年期间迅速上升到20.9%;在2010—2012年期间则进一步上升到25.2%。[①] 中国国家统计局数据则显示,金融危机以来,中国对世界经济增长的贡献一直超过30%,均居世界第一。中国是世界第二大经济体和第一大贸易体,是大多数国家最大的贸易伙伴,中国的对外直接投资规模也在迅速上升,中国的市场和中国资金是许多国家经济增长的主要依靠,它们不再依靠美国投资而是依靠中国投资,不再依靠美国市场而是转向中国市场。此时,指望回到美国一家独大的单中心结构显然不切实际,这一结构带动增长的作用也便不复存在。表3是对中美两国主要经济指标的对比,从中可以看出中美两国经济实力差距不断缩小的情况。

表3 中国与美国主要经济指标的比较

年份	GDP增速(%)		GDP全球占比(%)		外贸额全球占比(%)		FDI流入全球占比(%)		FDI流出全球占比(%)		全球500强企业数(家)	
	中	美	中	美	中	美	中	美	中	美	中	美
2007	11.9	1.8	6.1	25.2	7.7	11.2	4.5	11.5	1.3	18.5	22	162
2008	9.0	−0.3	7.2	23.3	7.8	10.6	7.3	20.6	3.3	18.2	26	153
2009	10.3	−2.8	8.5	24.1	8.7	10.5	8.0	12.1	5.1	26.1	37	140
2010	10.2	2.5	9.2	22.8	9.9	10.6	8.6	15.0	5.0	20.3	—	—
2011	9.2	1.6	10.3	21.4	9.9	10.6	7.9	14.7	4.7	24.9	69	132
2012	7.7	2.3	11.4	21.8	10.4	10.5	8.6	12.1	6.8	24.2	79	132
2013	7.6	2.2	12.4	21.9	11.0	10.3	8.5	15.7	7.7	25.1	95	132
2014	7.4	2.4	13.3	22.3	11.3	10.6	10.5	7.5	8.6	24.8	100	128

资料来源:联合国贸发会议数据库。

世界经济要整体恢复较为明显的增长,甚至进入一个较快增长的时代,需要很多条件。从近代以来世界经济发展史看,任何一次经济增长高潮必然伴随着一次科技革命,科技创新和新产业的大规模涌现,是新一波世界经济高增长的基础。其道理和机制都不复杂,新技术、新产业的出现带来巨大消费需求和企业超额利润,并带动大规模跟随性投资潮,进而带动相关产业和整个经济的增长。问题是,科技创新有其自身规律。创新和研发投入的增长,以及政府的扶持,可以加快科技创新的步伐,但不可能超越科技创新与发展的规律,指望马上出现又一个科技创新与新产业的高潮是过于乐观的。

不过,在科技创新步伐大致稳定、不能预期新的科技创新与产业创新高潮必然到来的情况下,对于驱动全球经济增长也并不是无所作为的。此次全球经济危机和萧条,本身并非科技进步因素造成,而是全球经济结构因素使然。因此,仅就全球经济结

[①] 赵晋平.中国发展对世界经济的影响[J].管理世界,2014(10).

构视角而言,如何超越业已过时的"中心—外围结构",构建一个能够替代或补充原有单中心结构的新结构,就是世界经济重入增长轨道的关键所在。这个新结构要能够充分发挥世界上大多数国家的积极性和潜在优势,特别是广大发展中国家的潜在优势,带动发展中国家的工业化和经济发展;要能够促进世界经济治理更加均衡、公平和民主化,有利于建立符合大多数国家需要的全球经济与贸易投资规则;要能够更好地促进科技创新,促进新知识、新技术的推广与普及,以此推进全球经济增长,特别是发展中国家经济的转型升级和结构调整。要建立有助于实现上述目标的新结构,使新结构得以有效运行,还必须调整和改革既有的国际货币金融体系、国际贸易体系等。

三、"一带一路"建设是世界经济恢复增长的新引擎

然而,建立上述新的世界经济结构的过程,必然涉及全球经济权力与利益的重新分配,必然影响到一些国家在全球经济体系中的地位和既得利益。世界上不同国家之间,特别是发达国家与发展中国家之间、成熟经济体与新兴经济体之间的经济发展阶段不同,在全球经济结构中所处的地位不同,利益诉求不一致,对于世界经济结构与国际经济规则改革的认识不一致,矛盾和分歧广泛存在。诸如美国等一些国家强势提出TPP、TTIP、TiSA等高标准、排他性的国际经贸框架与规则,就引发了各国在国际经贸规则方面主导权的竞争。目前,世界经济就处在这样一个结构重组与规则重构的博弈过程中。要在全球达成普遍共识,建立一个覆盖全球、平等互利、促进共同发展的新结构,路途漫漫。

当然,即使不同国家与国家集团之间对未来世界经济结构和全球经济规则存在分歧,很难建立起一个统一的全球通则,在世界经济结构改革与重建上也并非完全无所作为。从促进全球经济恢复增长的迫切需要看,从广大亚非拉国家迫切需要提高工业化水平和经济发展水平摆脱贫困的需要看,从新兴经济体经济结构转型升级与可持续发展的需要看,中国作为世界第二大经济体和全球最大的新兴经济体,作为对世界经济具有举足轻重影响同时本身也面临转型升级艰巨任务的大国,应当也能够提出建设性的思路,发挥重要作用。实际上,中国许多研究者一直就此进行深入研究,包括笔者在内的一些研究者提出的"世界经济双循环结构"就是这方面的有益探索。[①] 这些研究的思想火花最终体现在中国政府提出的具有全球战略性意义的"一带一路"重大倡议当中。也就是说,在我们看来,"一带一路"重大倡议的大规模付诸实施,沿线国家之间的紧密经济联系与合作平台的建立,将在很大程度上形成一个发展中国家之间的新经济循环,这一循环与传统世界经济"中心—外围结构"循环并存,构成世界经济的"双

[①] 王跃生.全球经济"双循环"与"新南南合作"[J].国际经济评论,2014(2);王跃生.世界经济"双循环"、"新南南合作"与"一带一路"建设[J].新视野,2015(6).

循环"格局,这将是建立世界经济新结构的重要阶段,也是世界经济增长的重要推动力。

世界经济"双循环"结构是一个可以容纳不同类型国家共同发展的包容性结构。在"双循环"结构的第一循环(也是世界经济的主要循环)中,将形成一个以产业内和产品内分工为基础的全球产业价值链。主要发达国家和发展中国家中的新兴经济体(特别是东亚、东南亚经济体)将参与到这个循环中,依据自身比较优势获得在全球价值链分工中的地位,通过垂直型国际直接投资、产业内贸易和产品内贸易,形成一个紧密的经济循环圈。在这一循环中实行的将是体现了未来全球经济规则发展方向的高水平的国际贸易投资规则。美国所提出的 TPP、TTIP 等经贸规则基本体现了这些规则的思想,也将会成为这一循环的制度基础。中国特别是中国沿海经济发达地区的企业与行业(如自贸试验区),应积极参与这一全球价值链分工,通过双向贸易与双向投资融入这一循环,率先适应这些高水平的规则,跟上全球经济发展潮流,并以此促进中国经济升级和竞争力提升。

在积极参与第一循环的同时,中国应积极发挥对世界经济的主导和引领作用,构建一个由中国引领、由周边发展中国家以及广大亚非拉国家参与的新经济循环,即全球经济的第二个循环。在第二个循环中,中国和其他制造业比较发达的新兴经济体将成为国际投资与产业转移的主体,通过对外直接投资将成熟的制造业生产能力转移到制造业不太发达、尚处于工业化起步阶段甚至工业化前期的亚非拉国家,带动这些国家的经济发展,实现这些国家的工业化和经济起飞。这些国家进入工业化以后,将有更大的制成品出口能力,改善其贸易条件和国际收支,进入良性循环。这条道路,实际上就是中国三十多年前走过的道路。由此带动的国际投资、产业转移、国际贸易和经济发展将成为世界经济增长的新的、源源不绝的动力,为世界经济增长注入新活力。

当然,不难发现,这一思路并不是什么新的思想,不过是东南亚以及中国等许多后发国家走过的道路,也符合经典发展经济学理论的基本逻辑。问题的关键在于,现行的世界经济结构和全球经贸规则已经容纳不了发展中国家走这条发展道路。因为主要发达国家日益空心化和非制造业化的结构,已经无法承担对最不发达国家的制造业投资和产业转移功能,它们所主张的严苛的贸易与投资规则也远远超出了发展中国家的现实条件。而中国等新兴制造业大国,恰恰具有这方面的能力和需要,与广大发展中国家具有天然的互补性与合作基础。

显然,这也就意味着,在中国所引领的国际经济合作与经济循环中,将在更大程度上践行国际经济关系公平、民主、开放、共赢、差别对待、循序渐进、互相尊重、不干涉内政等原则。应根据发展中国家国情复杂、国家众多、经济发展水平差异巨大、历史文化与社会经济制度多种多样等情况,建立开放包容、机制灵活的国际经济合作平台,让不同发展水平与不同经济条件的国家都能在这一合作中受益。

中国所提出的"一带一路"重大倡议和其他国际经济合作机制如区域经济一体化、自贸区、密切经济合作区、双边和多边贸易投资协定等,就是上述理念和思维的具体体现。在"一带一路"框架下提出的各种国际经济合作构想与安排,充分体现了上述开放包容、差别对待、循序渐进、互利共赢等原则。不仅如此,中国还通过亚投行、丝路基金等金融机制大力帮助发展中国家兴建基础设施,为未来的产业发展和产业转移创造基本条件。所有这些,将为未来中国与亚非拉发展中国家之间的经济循环奠定基础。可以预期,随着"一带一路"战略构想逐步落实,随着新兴经济体与广大发展中国家之间的贸易、投资关系不断加强,新经济循环逐渐形成,世界经济将会获得新的、源源不竭的增长动力,世界经济新的增长时代也是水到渠成的。

经济发展中的流动性——"一带一路"背景下的讨论*

"一带一路"涉及所有沿线国家的金融部门和金融市场,未来应该如何发展?金融政策应该如何精准发力?笔者试图从发展中国家的流动性理论角度,对这些重大的规划政策问题加以讨论。笔者认为,经济发展需要处理好克服实体经济发展瓶颈与货币、信贷的关系,后者就是经济发展中的流动性。

一、新货币主义与流动性政策的理论基础

长期以来,货币理论和金融理论的传统分析范式一直没有出现革命性改变,这种状况随着新货币主义理论的出现而发生变化。新货币主义理论是一种流动性理论。传统的金融理论关注资产定价,将金融资产仅看作"一棵会下果子的树",树的价值由果子的数量决定。新货币主义理论认为金融资产的价值部分来自"果子",部分来自其为促进交易所发挥的作用,后一部分的作用与前一部分的作用同样重要。新货币主义理论将货币理论与金融理论统一起来,从货币作为一种金融资产的角度将货币价值的来源归结于其对交易的促进作用,也就是来自其所发挥的流动性作用,同时将金融资产发挥流动性作用所带来的价值作为金融资产价值的组成部分。

新货币主义理论将流动性定义为金融资产在与商品交换中发挥的促进交易的作用。本文抽象了金融资产的盈利属性以及其他的属性,将金融资产与货币在提供流动性作用方面独立出来同等地加以分析。

货币政策所关心的通货膨胀是持有货币的成本,货币政策是一种流动性政策。流动性政策涉及流动性总量、流动性结构、提供流动性的机构、提供流动性的金融资产和

---

* 作者李连发,北京大学经济学院教授、博士生导师,研究领域为金融经济学、货币经济学。
本文受国家社科重大项目"改革开放以来我国经济增长理论与实践研究"(课题号 152DA007)和国家自然科学基金一般项目"国际资本流动、货币国际化与货币政策:基于中国的理论与经验研究"(课题号 71373011)资助。

提供流动性服务的成本等许多方面。流动性政策的目标与通胀目标制(inflation targeting)之间的关系需要加以分析。至少有两方面因素会影响持有货币的通胀成本：一是货币发行机构履行承诺的程度；二是老百姓的生产意愿(老百姓的生产意愿来自其希望获得更多财富的意愿)越强，通胀的可能性越低。

货币政策管理的对象从流通中现金、金融机构储备，扩展到金融机构信贷规模，再扩展到金融市场的金融产品(比如次级债)，这一扩展变化说明传统的货币供应量概念(即使从M0扩展到M3甚至M4)需要不断调整以便更全面地涵盖流动性。分析流动性政策需要有系统的流动性理论作为讨论的基础，新货币主义重要的发展方向是构建为流动性政策提供理论基础的流动性理论。

货币和信贷是提供流动性的两种机构性安排(货币的使用不涉及后续的偿还，信贷则有后续的偿还)，将货币和信贷这两种安排加以内生化分析是重要的基础理论课题。

二、关于内部货币本质的新思想

货币交易的出现降低了交易成本。货币交易是一次性(没有后续)的交易，交易双方匿名，不需要知道对方的交易历史；即使交易双方可以完全相互不了解，只要有可接受的货币，不论这种货币是以内部货币(insider money)方式还是以信贷方式得到的，都可以完成交易。以下讨论内部货币——由银行存款作为支付前提的支票、电子支票(借记卡)等支付方式。中央银行发行法定货币之前，流通中的货币由各家商业银行发行。内部货币是外部货币(outside money)的起源，内部货币具备了外部货币的流动性特征。

以往文献论述货币的角度是，特定物品的属性决定其是否适合作为交易媒介，这些属性包括方便携带、方便储存、可分性、防盗和容易辨别真伪等。与以往文献不同，新货币主义则强调货币发行人的动机，以及与其动机相关联的体制特征(比如，发行人被监管的程度)。

卖方接受货币的原因是，卖方知道当他使用这种货币时其他人愿意接受这种货币。在这种预期背后是老百姓对货币发行方履行承诺程度的认可。在以往文献中，对认可概念的内生分析是没有的。

本文首次用对货币发行方履行承诺程度的认可来内生地解释文献中到目前为止还是外生的认可概念。Lester et al.(2012)将金融资产被认可的核心特征归结为通过投资消除金融资产发行方和接受方之间的信息不对称问题，但是他们没有说明金融资产的质量究竟是哪种经济动机所决定的。他们认为，支付一定成本获得有关金融资产质量的信息是金融资产被认可性的关键。

另一组文献将某种金融资产成为交易媒介的原因归结为交易成本减小的规模效

应,越多人运用一种特定的金融资产,越是有规模经济,交易成本越低。本文恰恰回答了这组文献没有给出答案的问题:交易中使用的金融资产为何是特定的那一种?

根据现金流贴现理论,货币未来的现金流为零,完全可预测,其价值应该为零。内部货币因促进交易所带来的额外价值被称为流动性溢价——其价值高于未来现金流现值的部分。发行者履行承诺程度高的金融资产,对促进交易的作用更大,老百姓对这种金融资产更为追捧,该金融资产的价格越高,流动性价值越高。

Gu et al.(2013)和 Shi(1995)为分析内部货币提供了框架。在以往的研究中,货币被卖方接受本身是外生的假设;新货币主义理论将金融资产被认可性作为货币经济学的独立概念提出来。Gu et al.(2013)认为,内部货币发挥流动性的作用,原因是银行会履行承诺;但是他们没有讨论货币被认可性与发行者履行承诺程度之间的内在关系;实际上,他们讨论的银行及其流动性,可以拓展为所有流动性安排。所谓流动性安排包括内部货币、银行等具体形式,这些流动性安排被认可这一现象的实质是流动性的提供者履行承诺的程度高。金融资产的被认可性对理解外部货币、内部货币、国际货币、金融市场、金融机构、公开市场操作等均具有关键意义。尤其当不同国家、不同金融机构在发挥流动性方面相互竞争时,被认可性是货币或金融资产相互竞争的主要内容,而相互竞争的背后是金融资产发行者履行承诺的程度。

以下用模型加以说明。经济中有两个岛,岛1和岛2,岛1是不充分监管,岛2是完全监管。岛1上有一对交易主体,分别为1类人和2类人。双方只能消费对方生产的商品,1类人先消费,2类人在1类人生产后才能消费,1类人先生产,但是只能到2类人消费之后才能将生产的商品提供给2类人消费。时间是离散的,1期内包含2个子期。在第1子期,1类人先消费对方商品,同时为2类人生产商品,2类人先要为1类人生产商品。2类人的消费要到子期2才能实现。1类人和2类人的效用函数满足所有常规对效用函数的要求,消费带来正效用,生产带来负效用。

岛1上,1类人和2类人相互匿名、相互不了解对方交易历史、双方都不履行承诺。1类人可以在消费之前事先承诺,但在消费之后,1类人就没有动机履行为2类人提供商品的承诺,因1类人到子期2发觉不提供给2类人商品对自己更有利——1类人不履行承诺的效用现值大于其履行承诺的效用现值。

假设信息是对称的,交易双方一见面,双方的效用函数都是公开信息。2类人知道1类人在子期2没有履行承诺的意愿,2类人在子期1就不会为1类人生产商品,1类人在子期1无法消费,1类人也没有为2类人在子期1生产的意愿,结果就是没有交易。

以上分析假定1类人和2类人在同一个岛1上(虽然有2类人,但每类人仅有1人,岛上只有2人),岛上没有其他人可以提供流动性,1类人不履行承诺导致1类人提供的流动性不被认可,由于缺乏其他流动性的安排,双方无法达成交易。

发挥流动性作用的内部货币是对岛1上1类人履行承诺的替代。如果1类人不论在任何条件下均会履行承诺,内部货币就没有发挥流动性作用的必要。

正是由于1类人有可能不会履行承诺,内部货币发挥流动性的作用才变得不仅重要,而且是必不可少的(因为其他的提供流动性方式,比如以货币发放信贷,通常情况下也需要货币)。

假设岛1上仅有2位不同类型的居民是分散市场的简化代表,在分散市场上存在摩擦(1类人有可能不履行承诺),这种摩擦使得内部货币成为必不可少的。分散市场的好处是把内部货币在交易中所发挥的作用清晰地用模型表述出来,这有利于分析流动性与资产价格的关系。

岛1上1类人有可能不会履行承诺导致无法达成交易,这一问题仅在一个只有2位居民的岛1上是无解的,这2位岛1的居民无法自发生成一种被接受的内部货币发挥流动性作用,进而解决信任的问题。这里的小岛不是地理区域上的概念,而是交易上封闭的意思。

只要将封闭的交易系统(小岛)开放一点,岛1上1类人有可能不履行承诺的问题可以得以解决,在扩展后的交易系统内,引入会履行承诺的第3类人(居住在另一个岛2上)之后,第3类人出具的内部货币被岛1上1类人和2类人所接受,通过这种被接受的金融资产所提供的流动性,原来在岛1上无法达成的交易就达成了。

假定3类人出具的内部货币自身不附带任何现金流,未来现金流为零。虽然3类人出具的金融资产不直接进入1类人和2类人的效用函数,不能通过被消费而带来效用。但是,由于该金融资产能促进交易,因而间接地存在价值。3类人出具金融资产给其自身也会带来好处,换言之,3类人通过出具金融资产,他不用为人生产就可以获得别人的商品进行消费了。1类人出具的内部货币不会被2类人接受,但2类人会接受3类人出具的内部货币。

在扩展的交易系统内,岛1上1类人先旅行到另一岛2上与3类人见面,将1类人生产的商品提交给3类人,换回3类人出具的内部资产——3类人承诺在子期2见到持有此内部货币的任何人就提交商品。3类人履行承诺的程度不同,会影响他与1类人和2类人相遇时提交商品的数量。

有了这样的制度安排,不论岛1上居民在历史上做过什么事,只要遵守内部货币的交易规则,就能通过交易进行消费。

岛1上1类人通过3类人间接地与岛1上2类人交换了彼此生产的商品。在分散市场上,1类人与3类人在商品与内部货币之间的交换,持有内部货币的1类人与2类人在内部货币与商品之间的交换,构成了内部货币的一般价格水平(在瓦尔拉斯竞争市场上的价格水平)。

在没有外部货币的情况下,内部货币的一般价格是价格总水平的倒数,对内部货币一般价值的研究是对通货膨胀率的研究。运用这一分析框架,可以分析通货膨胀、资产价格和流动性之间的关系。当3类人履行承诺的动机下降时,3类人发行的内部货币其价值就下降,价格水平上升;换言之,通货膨胀意味着货币发行者履行承诺意愿的下降,同时,通货膨胀也意味着内部货币所发挥的流动性作用下降。

通货膨胀是内生决定的,而且通货膨胀与针对3类人的税收政策密切相关。对3类人征税,使得3类人履行承诺的动机下降,导致内部货币的流动性价值下降,一般价格水平上升,带来通货膨胀。但是,影响通货膨胀的另一方面是生产意愿,当生产意愿非常强烈时,一般价格水平会下降,甚至会导致通货紧缩。在研究通胀或通缩的分析框架中,如果没有一个内生的交易机制很难具有说服力。将一外生的交易机制作为货币理论的核心内容,比如现金优先模型或者无现金交易,这一简化模式(reduced-form)的做法非常值得商榷,因为交易机制本身的细节具有重要的政策含义。

新货币主义理论说明了交易系统的微小开放、3类人履行承诺动机的微小变化(比如对3类人征税)、3类人与其他人之间信息不对称程度的微小变化、生产意愿的微小改变均可能对内部货币价格、流动性、资产价格和通货膨胀带来显著影响。

内部货币的价值储存功能与其是否被认可相关。商品货币不易腐蚀而具有价值储存功能与内部货币因其发行人承诺而具有价值储存功能是两回事。前者是商品货币体系中,一种商品的物理属性所带来的价值不变性,如黄金;后者是纸币体系中,由内部货币发行人承诺所带来的价值不变性,如商业银行发行的内部货币。

内部货币被认可的另外两种含义,也是这一概念传统上的全部含义,包括内部货币的真伪程度可以被鉴别、老百姓对内部货币的自然接受程度会影响该内部货币的价值储存功能,但从本质上讲,内部货币的价值储存功能来自对该内部货币发行者履行承诺程度的认可。

Lester et al. (2012)指出:"在许多拉丁美洲经济体,比索更容易被认可但是美元能更好地储存价值。"这说明,在作者那里被认可与能够储存价值是两回事。与这些作者不同,笔者认为,比索被认可恰恰是来自其建立在比索发行人承诺基础上的价值不变性,一种货币被认可与这种货币具有储存价值几乎是一回事。

拉丁美洲案例完全可以用笔者的理论来解释。内部货币发行人履行承诺的程度越低,通货膨胀就越高。当比索通货膨胀适度时,拉丁美洲老百姓认可比索发行人的承诺,使用比索作为支付手段。当比索通货膨胀率增加时,拉丁美洲老百姓不认可比索发行人的承诺,转而认为美元发行人的承诺更加可信,在交易中转而用美元作为支付手段。这就是美元化。即使随后比索通货膨胀率下降了,由于拉丁美洲老百姓对比索发行人的承诺已经不再信任,所以他们继续使用美元作为交易媒介。

Wallace(1980)认为,没有收益的内部货币是对资产持有人的一种税。比如,以货币方式持有储蓄的人由于货币没有收益,等于被征税。笔者不认为这种税是一种纳税人向收税人的单向支付,因而用税来描述这种收益差异并不合适;这种收益差异是内部货币持有者使用了内部货币流动性便利的自愿付出。

三、经济发展中的流动性:"一带一路"政策建议

流动性理论分析的前提是,交换是消费的前提——从消费中获得效用的前提是通过交换获得商品,消费者无法自己生产自己消费的商品。

在这样一个有摩擦的市场上,交易双方首先能够相遇,之后交易双方希望持有或消费对方禀赋中的金融资产或商品。在一个交易双方历史完全公开、双方完全承诺的交易环境中,交易各方自己履行承诺,而且相信对方履行承诺。交易各方一旦相遇,对彼此以往交易历史中是否履行承诺的情况就有了充分了解,而且知道,如果当前某一方不履行承诺,未来也会毫无遗漏地被发现。在达成交易数量和价格的协议之后,可以不运用流动性工具(比如货币)就能实施所达成协议的交割。在完全承诺情况下,不需要发挥流动性功能的金融资产。现实是绝大部分人不能完全履行承诺,因此流动性工具(比如,内部货币)是必需的。

在交换中,双方一对一的交易是瓦尔拉斯市场及其价格的基础。

笼统地说,货币、金融机构、金融市场和金融产品均是金融体系为实体经济提供流动性的形式或是机制。通过金融体系所提供的流动性,剩余的资源向需要这些资源并能更好地利用这些资源的经济活动部门转移,资源配置得以优化。金融体系所提供的这一流动性功能比金融体系为客户带来的资产附带的收益本身更重要。内部货币如果是一棵树,这棵树是否产果实可供消费,并不是这棵树成为内部货币的根本原因;内部货币之所以成为内部货币,更本质地是因为它能促进交易,它能凭借其发行者履行承诺的信用提供流动性的作用。

在各种流动性概念的定义中,本文采用与货币主义理论相一致的定义。流动性在此被定义为一种金融安排所具有的促成资源转移和完成交易的性质或者功能。这种安排可以是一种卖方对某种货币的认可;可以是一种金融机构的安排,比如具有存贷款功能的商业银行;可以是对一种抵押资产的认可,比如中央银行在公开市场购买次级债券,使得该债券成为合格的抵押品。流动性安排的实质就是提供某种抵押。当交易双方其中一方先需要付出代价时,他需要获得一种抵押,确保随后对手也会为他提供对等的付出。

"一带一路"沿线国家需要提高金融服务实体经济效率。金融服务实体经济的主要方式是为实体经济提供流动性,使本来因缺乏信任无法达成的交易最终达成。提高金融部门效率的方法是将履行承诺程度低的金融机构、金融产品、金融市场和金融资产通过各种方式提高其履行承诺程度。金融部门效率最高时,老百姓对金融部门毫无条件地信任,金融部门对老百姓也毫无条件地负责任。

金融部门不同于生产部门，不能根据成本的高低来衡量其生产率。金融部门为实体经济提供的是一种担保、抵押和信用，是实体经济中缺乏承诺的一种替代。只要金融部门履行承诺，它可以不生产任何具体的商品而获得消费的权利。因此，金融部门的技术改进必须要和履行承诺的动机相结合，才能发挥作用。

西方金融部门的技术不能说不先进，但是，如果他们缺少了效率背后的"灵魂"——完全履行承诺，先进的技术就可能成为促使它们更快进入金融危机的加速器。金融改革的目标是将效率背后的"灵魂"——履行承诺——注入金融部门，这样才能使金融部门充满活力。这是金融部门供给侧改革的重要内容。

建议在"一带一路"沿线国家建立在流动性理论基础上的流动性统计。流动性统计并非新概念，2012年20国集团内部各国央行就曾经针对设计全球流动性统计指标体系进行了长期的内部讨论，但是由于缺乏理论基础，各国最终并未达成一致意见，该指标也没有能够得到具体落实。在现有的货币概览和社会融资总量基础上最终向更全面的流动性统计过渡，不仅对各个国家更有效地进行宏观调控有帮助，而且对各国之间进行宏观政策的协调、防止少数国家流动性泛滥的溢出效应也有较显著的参考意义。货币概览主要以外部货币为中心，对内部货币、其他非货币方式的流动性工具没有给予与其重要性相称的重视。社会融资总量主要反映全社会以间接融资或直接融资的方式运用杠杆的状况，是运用商业性金融机构和金融市场提供流动性的统计，这在理念上已经比较接近流动性统计的概念。但是，社会融资总量与货币概览的一致性、内在联系以及整合这两种指标的可能性，尚待进一步加以探讨。

为对流动性进行有效管理，一方面需要确立各种金融资产提供流动性的作用路径和方式，即作为交易媒介对实体经济交易发挥促进作用；另一方面，也需要确立金融资产结构（存量、流量、交易量和价格）既是实体经济状况的"晴雨表"，也是整个金融体系流动性提供状况的反映。不恰当的流动性扩张政策有可能会影响金融体系发挥流动性功能。这些标准的命题在以往的文献中并不缺乏，但是都没有在一个内生的流动性模型中加以分析。内生的流动性模型目前还处于一个发展的初级阶段，对金融机构和金融市场的细微差别、实践中各种微观指标之间的相互联系、流动性政策的目标以及实现路径还有待进行更系统、更精准的分析。新凯恩斯主义模型对货币政策的目标、工具和传导机制均有较为系统的论述，流动性理论的发展方向很可能是将内生的流动性工具替代新凯恩斯模型中外生的货币，在一个新的微观基础分析框架之上重新审视传统的所有货币政策和金融政策。

在"一带一路"沿线国家的金融发展过程中，流动性政策重要的不是增加资源和纳税人负担来加强监管，重要的是设计一种先进的制度，使得基于合法需求的所有交易能够得到流动性支持。

参 考 文 献

[1] Jevons, W. Money and the Mechanism of Exchange[M]. London: Appleton,1875.

[2] Menger, C. On the Origin of Money[J]. Economic Journal,1892, 2: 239—255.

[3] Lester, Benjamin, Andrew Postlewaite and Randall Wright. Information, Liquidity, Asset Prices, and Monetary Policy[J]. Review of Economic Studies, 2012,79: 1209—1238.

[4] Hunter, R. An Introduction to the Economics of Payment Card Networks[J]. Review of Network Economics, 2003,2: 80—96.

[5] Gu, Chao, Fabrizio Mattesini, Cyril Monnet and Randall Wright. Banking: A New Monetarist Approach[J]. Review of Economic Studies, 2013,80: 636—662.

[6] Shi, Shouyong. Money and Prices: A Model of Search and Bargaining[J]. Journal of Economic Theory, 1995,67: 467—496.

[7] Wallace, N. The Overlapping Generations Model of Fiat Money, in Kareken, J. and Wallace, N. (eds.) Models of Monetary Economics[C]. Minneapolis: Federal Reserve Bank of Minneapolis,1980.

中国货币国际化的历史经验[*]
——丝绸之路的启示

一、引言

几千年来,中国通过丝绸之路与外界进行着延续不断的贸易,货币的流入与流出是难以避免的。货币国际化的问题不仅存在,而且很有研究的必要。本文意在探寻中国古代货币在丝绸之路历史上的国际化程度及其背后的内在原因,从而能够给当下的人民币国际化提供一定的历史经验和借鉴。

前人的研究很少有专门分析古代货币的国际化问题,大多数古代货币相关的研究均是关于丝绸之路货币流通情况、宋朝的钱荒及宋钱的流通范围等方面。涉及中国货币国际化的研究则主要集中在近现代时期。本文较为系统完整地对古代货币在外的流通情况进行梳理并且判断其国际化程度。此外,对于货币国际化因素的分析中,大部分的研究都是关于信用货币的,而本文主要针对铜钱这样既有金属货币性质又兼具信用货币性质的货币,在因素分析中兼顾这两点从而得出相应的结论。

在理论框架方面,Cohen(1971)和 Hartmann(1998)对"国际货币"给出的定义是,当货币在国外可以发挥如在国内一样的职能时,它就成了国际货币。同时,Cohen(2004)提出的货币金字塔理论,分为从顶级货币到伪货币这七个层级。对于货币国际化的影响因素,刘锡良、王丽娅(2008)认为主要从货币特性、国家或超国家经济体的经济条件和国际政治因素这三个方面进行分析,经济条件包括经济实力和金融体系这两个因素,除此之外,交易成本、历史惯性等因素也会对货币竞争产生影响。宋晓玲(2010)在对国际货币竞争的决定因素进行归纳时做出了更加系统的分析:从综合实力角度来看,贸易规模、金融体系以及政治地位影响着货币的国际地位;从货币的特性来

---

[*] 作者张亚光,北京大学经济学院经济学系副主任、副教授。

看,交易的便利程度、货币的使用范围以及交易成本都会产生影响。两者作为综合评述的研究中,有许多具有重合的地方,在这些因素中,比较重要的有经济实力、金融体系、政治影响力、货币价值及交易成本等方面的特性。其中,经济实力方面,曼德尔(1962)认为人们在国际贸易中更偏向于接受劳动生产率高的国家的货币;Kenen(1995)强调了金融市场自由化的重要性,指出美元成为储备货币的一个重要原因就在于这一点;等等。

学者们已经尝试将一般的货币模型引入到货币国际化研究中,其中货币搜寻模型运用较为广泛。Matsuyama,Kiyotaki and Matsui(1993)通过货币搜寻模型,对国际货币各种存在的均衡进行了讨论并且给出了进化的路径。Pittaluga 和 Seghezza(2012)则在前人的基础上引入政府的参与,对政府征税行为及对本国的货币在他国使用时的信用保证进行分析。本文借鉴货币搜寻模型,对中国古代的货币国际化问题展开理论分析。

二、"金字塔体系"下的古代货币国际化程度

从历史变化来看,中国古代货币存在着两个特点:一是在纷杂的货币体系中,铜钱贯穿了整个中国古代货币史,在货币流通领域长期占据着举足轻重的地位,这正体现了张杰(2010)所谓的"恋铜情结";二是白银在货币中的地位不断上升,最终在明清时期确定其法定地位。因而铜钱和白银是我们主要关注的两种货币。

根据科恩的货币金字塔体系,本文将对各朝代的货币做出相应的划分。需要指出的是:首先,此次划分仅列出具有政权统一的朝代,因为分裂割据时期其本身的货币在疆域内就存在很大问题,比如在魏晋南北朝,由于社会动荡使得货币经济衰退到大量使用实物货币的状态;其次,由于古代实行的是混合货币的制度,因而在货币等级划分上存在着一定的困难,表1所列出的是根据已有资料做出的较为笼统的划分,能够基本体现中国古代货币的国际化程度和趋势。

表 1 中国历史货币等级划分

朝代	货币等级
秦	普通货币
汉	杰出货币
唐	高贵货币
宋	顶级货币
元	杰出货币
明	被渗透货币
清	被渗透货币

秦朝时，中国的确存在着对外贸易，但是这些交易属于偶然性的、民间性的，因而贸易主要还是采取以物换物的形式。因而其货币半两钱主要还是在国内流通，很少在国外流通，所以比较符合普通货币的特点。

汉代的五铢钱是中国历史上非常重要的钱币，甚至"在清末还有流通"（彭信威，1988）。丝绸之路开始逐步地发展起来，对外贸易也开始繁荣。虽然说海上丝绸之路已有活动，但是总体而言，贸易主要是集中在陆上丝绸之路。由此，汉朝的五铢钱流入西域，成为中外贸易的重要交换媒介。但是，当时西域除了五铢钱之外，西域各国自己也铸造钱币，主要是具有东西方货币文化特征的汉佉二体钱、月氏人所建立的中亚强国贵霜帝国的贵霜钱币以及于阗国的长方空铅钱。从中可以看出五铢钱仅是众多流通货币中的一种。再加上对外贸易量并没有达到非常高的水平，所以将其归类为比秦朝半两钱国际化水平更高一级的杰出货币。

唐朝时，由于强大的国力以及对于西域地区的有效控制，中外贸易的交通顺畅，使得陆上丝绸之路达到历史顶峰。开元通宝成为陆上丝绸之路上起着基础作用的交易媒介，"无论在我国新疆境内，或是在新疆境外的中亚各地以及西伯利亚南部地区乃至蒙古国的领域内，开元通宝等唐代铜钱当时都是广泛流通的国际货币"（王仲殊，1998）。开元通宝沿着陆上丝绸之路向西方产生的影响，使得中亚地区铸造了仿开元通宝的铜钱，李铁生曾这样评价："这是第一次'东币西行'，也是一次影响较大的（丝绸之路货币）中国化。"（俄军等，2015）开元通宝不仅在西域广为流通，而且"在高句丽、新罗、百济、日本以及东南亚各国都流通无阻，实际上已经成为当时的一种'国际货币'"（张忠山，1999）。比如当时受唐朝影响很大的日本，它所铸造的第一款法定货币"和同开珎"就是模仿开元通宝的样式，并且由于日本自铸的钱币质量较差，使得开元通宝仍能在日本流通。综上，唐朝货币在陆上丝绸之路的地位达到了顶峰，同时在东亚、东南亚也发挥着重要的流通作用，所以它的国际化水平比汉代的五铢钱显然又更进一步，为高贵货币。

宋钱，是公认的中国古代国际化程度最高的货币，而这主要得益于宋代海上丝绸之路的繁荣。"赵汝适《诸番志》记载：宋代东西方海上交通，东自朝鲜、日本，西至地中海东岸和非洲东部，连接这条东西方生活经验的丝绸之路的有远东、东南亚、西亚、埃及、东非以及地中海东岸的大约五十余个国家。"（张忠山，1999）随着贸易范围的扩大，宋钱的流通范围也随之大大地扩大，在这些地方均出土过宋钱。对宋钱尤为需要的是日本，当时日本处于渡来钱时代，这些外来货币中就以宋钱为主。[①]除此之外，宋钱流通最广的就是东南亚地区，宋代的商船在这里频繁贸易，并且当地缺乏铸造铜钱的能力因而对于宋钱的需求很大。"'蕃'史得中国钱，分库藏储，以为镇国之宝；故入

---

① 日本正德二年（公元 1712 年）水户正宗寺出土的一批古钱中，宋钱占 83% 以上。明治三十五年（公元 1920 年）冈部村全昌寺出土的一批古钱中，宋钱占 89.6% 以上（彭信威，1988）。

'蕃'者非铜钱不往,而'蕃'货非铜钱不售。"宋钱的外流程度甚至在一定程度上造成了"钱荒",使得政府下令严禁铜钱出口,然而,实际上由于强大需求的走私行为仍是无法阻止,因此,宋钱无论是在流通的广度还是深度上都远超历史上的任何一个朝代。就广度而言,远至非洲东海都有宋钱的出土;就深度而言,宋钱在日本以及东南亚的一些国家已经发生货币替代的现象,成为当地流通的主要货币。所以,将宋钱归为顶级货币是比较恰当的。

元朝主要通行的是纸币,由于当时的版图辽阔,货币流通的范围也很广。此时无论是陆上还是海上丝绸之路都是畅通的,而元朝的货币也随着对外贸易活动而在周边的国家流通。西北的汗国,东亚的高丽、日本,东南亚如安南等国家都有元朝货币输入,并且一些国家还与中统钞形成一定的价值比例,甚至仿造自己的纸币。但总的来说,元朝的纸币流通范围远不如宋代的铜钱。故将其归为杰出货币。

明朝铸造的铜钱少,流通中的多是前朝的旧币,而且还有一部分流出国外,比如说当时用中国钱的日本以及东南亚的一些国家。由于当时有很长的时间实行闭关锁国政策,即使有郑和下西洋的壮举,但中国在海上丝绸之路的势力显然不能和宋朝的相比。明中后期由于贸易顺差已有较大数量的外国白银、银币流入中国,如西班牙银元、美洲银元、日本的白银等。当时的货币比较复杂,一方面是明朝铜钱对外渗透,另一方面是外国银元的势力入侵,并且已经开始出现白银对于铜钱的替代现象。所以这种混乱的局面使得我们很难将明朝的货币归为哪一种,本文根据处于上升且已"在中国币制中是主要的因素"(彭信威,1988)的白银为对象,将其判定为被渗透货币,需要强调的是,这时候的被渗透程度在当时还不算太深。

清代的货币情况与明朝类似,但白银的地位大大地提升。当时存在很长时间的贸易顺差,由此外国银元大量注入,"自康熙二十年(公元一六八一年)到道光十三年(公元一八三三年)那一百五十三年中,输入中国的银元和银块纯额有七千多万两,合银元约一亿"(彭信威,1988)。同时,道光年间,外国银钱的势力也从东南沿海深入到内地。清末,中国甚至还自己铸造银币。因而清代的货币也可归为被渗透货币,而且被渗透的程度比明朝深得多。

综上,中国货币的国际化程度总体上是一个上升到下降的过程,自秦朝开始不断上升,在宋朝达到顶峰,之后下降,明中叶后及清朝时甚至出现被国际化的现象。而在这过程中,最明显的莫过于中国国内铜钱与白银的势力较量,国际化程度的加深在于中国铜钱的对外影响加大,而被国际化则是在于外国白银的渗透。

三、货币国际化的理论模型

本部分引入货币搜寻模型进行分析,而使得货币国际化的分析具有其微观基础。本文的理论框架是在 Matsuyama, Kiyotaki and Matsui(1993)和 Pittaluga and Seghezza(2012)研究的基础上所做的拓展。首先,对假设条件和模型内涵作了调整,为了更加符合古代货币的流通情况,本文将模型所描述的经济世界从一个完全交易的状态改为存在部分自给自足的状态;其次,在因素分析部分,增加了研究变量经济的自给自足度和国家影响力,丰富了变量的内涵,以更好地进行模型的分析。由于在国际货币研究中,已有多位学者对这一模型进行了应用与拓展,而且本文的重点主要是在模型的分析部分,因而对于模型部分的描述比较简练。

(一)模型描述

本模型所描述的经济世界中只有2个国家,即国家1和国家2,两国的人口比重分别为 $n \in (0,1)$ 和 $1-n$,它们各自发行法定货币[①],即货币1和货币2。生活在这2个国家中的个体可分为两种类型,一种是自给自足型,另一种是交易型,国家1和国家2中自给自足型个体的比例分别为 $d_1, d_2 \in (0,1)$。自给自足型个体不参与市场交易,而交易型个体无法生产自己所需要的商品,只能通过和别人的交换获得,其通过消费与自己类型相对应的商品来获得效用 U,并且无成本地生产1单位的商品。世界上存在 $K \geqslant 3$ 种产品,那么每个国家都对应着 K 类的个体,这一特点在自给自足型和交易型群体中是均质存在的。$R > 0$ 为折现率。

个体的存货始终为1单位,即有且仅有商品、货币1或货币2的三者之中的1单位。那么,国家1和国家2的个体的存货分布分别为:

$$X = (1 - m_1 - m_2, m_1, m_2), \quad X^* = (1 - m_1^* - m_2^*, m_1^*, m_2^*)$$

m、m^* 为国家1和国家2的交易型个体的人均货币持有量,m_1、m_2 分别为国家1交易型个体的货币1和货币2的持有量,m_1^*、m_2^* 为国家2交易型个体的货币1和货币2的持有量。

进一步,我们假设个体之间的交易是随机分配,大家只能通过一对一的随机匹配方式来实现交换,只有接受和拒绝这两种选择,设 P_{ab} 为将 a 转换成 b 的概率。设 V_g、V_1、V_2 分别为国家1的个体持有商品、货币1和货币2的贴现期望效用。

根据 Matsuyama, Kiyotaki and Matsui(1993)的结论,当均衡时,有:

$$V_1 \geqslant V_g, \quad \text{iff} \quad P_{1g}(r + P_{g2} + P_{2g} + P_{21}) + P_{12}P_{2g} \geqslant P_{g2}P_{2g}$$

$$V_2 \geqslant V_g, \quad \text{iff} \quad P_{2g}(r + P_{g1} + P_{1g} + P_{12}) + P_{21}P_{1g} \geqslant P_{g1}P_{1g}$$

反之亦然。以上不等式可用于下文推导。

(二)主要均衡状态的分析

1. 均衡 M

情况:无国际货币,各国货币仅在本国内得以接受,有:

[①] 货币的存在性问题,前人如 Kiyotaki et al.(1989)已有证明,此处则不赘述。

$$P_{g1} = \frac{nm(1-d_1)}{k}, \quad P_{1g} = \frac{n(1-m)(1-d_1)}{k}$$

$$P_{2g} = \frac{b(1-n)(1-m^*)(1-d_2)}{k}, \quad P_{g2} = P_{12} = P_{21} = 0$$

$$P_{g2}^* = \frac{m^*(1-n)(1-d_2)}{k}, \quad P_{2g}^* = \frac{(1-n)(1-m^*)(1-d_2)}{k}$$

$$P_{1g}^* = \frac{bn(1-m)(1-d_1)}{k}, \quad P_{g2}^* = P_{12}^* = P_{21}^* = 0$$

不等式恒成立:

$$u + V_g > V_1 > V_g \geqslant V_2, \quad u + V_g^* > V_2^* > V_g^* \geqslant V_1^*$$

则可推出,均衡成立的条件为 $V_g \geqslant V_2$ 且 $V_g^* \geqslant V_1^*$,则有:

$$b \leqslant M(n) = \frac{n^2(1-d_1)^2 m(1-m)}{[rk + n(1-d_1)](1-m^*)(1-n)(1-d_2)}$$

$$b \leqslant M^*(n) = \frac{(1-n)^2(1-d_2)^2 m^*(1-m^*)}{[rk + (1-d_2)(1-n)](1-m)n(1-d_1)}$$

(1) 当 d_2 减小时,$M(n)$ 就减小,此时国家 1 处于均衡 M 的状态的可行域就减小,那么打破这种均衡的动力增大。这是因为当国家 2 的自给自足程度降低后,有更多的人和商品参与到商品交换当中,则国家 1 的个体与国家 2 的个体交易成功的概率上升,那么国家 1 的个体增加了持有货币 2 的意愿。同理,对于国家 2 也一样,当 d_1 减小时,$M^*(n)$ 就减小。这就说明,当一个国家的自给自足程度降低了之后,人们更愿意持有它所发行的货币。

(2) 令 $r \to 0$,则易得 $M(n)$ 和 $M^*(n)$ 分别是 n 的增函数和减函数。对于国家 1 来说,n 越大,$M(n)$ 也越大,则国家 1 在均衡 M 中的可行域扩大,则其使用本国货币 1 的倾向增大;同理,$1-n$ 越大,$M^*(n)$ 也越大。这说明,当一个国家的经济规模越大,其使用本国货币的黏性越大,使用他国货币的意愿越低。

(3) 在其他条件不变的情况下,b 越大,则打破均衡 M 的驱动力越大。当 b 超过临界值则会产生国际货币,临界值为 $\max\{M(n), M^*(n)\}$。这说明跨国交易的便利度即经济一体化的程度越高,则产生国际货币的驱动力越大。

2. 均衡 T

情况:货币 2 为国际货币,在国内外均可流通,而货币 1 仅能在本国内流通。

由于本部分出现了国际货币,我们将引入一个新的变量,即国家 2 的影响力 $c_1 \in (0,1)$,在涉及国家 1 接触货币 2 的交易中,其都会发生作用,因而两国的转换概率为:

$$P_{g1} = \frac{nm(1-d_1)}{k} \quad P_{1g} = \frac{n(1-m)(1-m_2^*)(1-d_1)}{k},$$

$$P_{g2} = \frac{c_2 m_2^*}{k}[n(1-m)(1-d_1) + b(1-n)(1-d_2)]$$

$$P_{2g} = \frac{c_2(1-m_2^*)}{k}[n(1-m)(1-d_1) + b(1-n)(1-d_2)], \quad P_{12} = P_{21} = 0$$

$$P_{1g}^* = \frac{bn(1-m)(1-m_2^*)(1-d_1)}{k}$$

$$P_{g2}^* = \frac{m_2^*}{k}[bnc_2(1-m)(1-d_1) + (1-d_2)(1-n)]$$

$$P_{2g}^* = \frac{(1-m_2^*)}{k}[bnc_2(1-m)(1-d_1) + (1-d_2)(1-n)]$$

$$P_{g1}^* = P_{12}^* = P_{21}^* = 0$$

均衡条件为 $V_g < V_1$ 且 $V_g^* \geqslant V_1^*$,从而可以得出:

$$\begin{aligned} f(n,b) =& n(1-m)(1-m_2^*)(1-d_1)[kr + c_2 n(1-m)(1-d_1) \\ &+ c_2 b(1-n)(1-d_2)] - c_2^2 m_2^*(1-m_2^*) \\ &\cdot [n(1-m)(1-d_1) + b(1-n)(1-d_2)]^2 > 0 \end{aligned}$$

$$\begin{aligned} f^*(n,b) =& bn(1-m)(1-d_1)(1-m_2^*)[kr + c_2 bn(1-d_1)(1-m) \\ &+ (1-d_2)(1-n)] - m_2^*(1-m_2^*) \\ &\cdot [c_2 bn(1-d_1)(1-m) + (1-d_2)(1-n)]^2 \leqslant 0 \end{aligned}$$

令 $r \to 0$,则可变形为:

$$\frac{1}{m_2^*} - \frac{(1-d_2)(1-n)}{bn(1-m)(1-d_1)} \leqslant c_2 < \frac{n(1-m)(1-d_1)}{m_2^*[n(1-m)(1-d_1) + b(1-n)(1-d_2)]}$$

(1) 当 d_2 增大时,c_2 也需要增大才能保持均衡 T;也就是说,国际货币发行的自给自足程度增大时,必须具备更大的国家影响力才能保持自己国际货币的地位。同理,当 d_1 即国家 1 的自给自足能力增大时,则国家 2 所需要的国家影响力减小。这说明,当国家 2 与国家 1 的相对自给自足能力增大时,国家 2 所需要的国家影响力增大,反之亦然。

(2) 当 n 增大时,c_2 也需要增大才能保持均衡 T。这说明当国家 1 的经济规模上升时,国家 2 需要有更大的影响力才能维持货币 2 的国际货币地位。因为如均衡 M 中的结论 1 所言,当国家的经济规模上升,其国内的交易就有很大的市场,那么个体就会倾向于持有本国货币。

综合以上的均衡分析,我们可以得出:一个国家的经济规模越大,自给自足的程度越低,政府影响力越大,它所发行的货币的竞争力就越强,越能实现自身货币的国际化。而对外贸易的便利度则反映了两国经济的一体化程度,一体化程度越高,则越容易产生国际货币。

四、中国古代货币国际化的因素分析

(一)模型因素

1. 经济规模

表 2 的 GDP 及人口数据是由麦迪森估算而得,尽管其准确性存在着一些争议,但是可以给本节的分析提供大体上的参考。

表 2 中国古代 GDP 及人口

年份	朝代	GDP		人口	
		数值 (百万 1990 年美元)	占世界比重 (%)	数量 (千人)	占世界比重 (%)
1	汉	26 820	26.2	59 600	25.8
1000	宋	26 550	22.7	59 000	22.0
1500	明	61 800	25.0	103 000	23.5
1600		96 000	29.2	160 000	28.8
1700	清	82 800	22.3	138 000	22.9
1820		228 600	32.9	381 000	36.6
1870		189 740	17.2	358 000	28.2

资料来源:〔英〕安格斯·麦迪森. 世界经济千年史 [M]. 伍晓鹰等译. 北京:北京大学出版社,2003.

由表 2 可得,中国古代的 GDP 占世界的比重与人口的比重基本上是一致的,因为在古代的农业社会中能供养的人口数很大程度上就反映了当时的经济生产量,这也符合我们在模型中把一个国家的人口规模(n)看成经济规模的做法。

从横向来看,中国的经济规模在世界上算是非常大的,尤其是和周边的小国相比。从纵向来看,除了 1870 年,货币国际化程度最高的宋朝的 GDP 份额却是最低的,但是由于只有一个年份,所以其代表性是不够的,并且大多数学者均认为宋朝的经济实力在历朝历代中属于佼佼者;而货币被国际化的清朝的 GDP 前期上升而后期发生了下降。总体来看,除了清朝的 1820 年和 1870 年以外,中国的 GDP 占世界的比重都为 20%—30%,处于一种比较稳定的状态。

当然,中国古代处于自给自足的小农经济阶段,其经济规模很大程度上反映的是农业产出。然而,在研究货币经济的时候,更为重要的是商品交易的规模,总体的经济规模只是基础。

2. 商品经济的发展程度

由模型可知,经济体的自给自足程度越低,其所发行的货币的竞争力越强,越容易实现国际化。而换个角度,自给自足程度越低,则商品经济的发展程度越高,因此本部

分我们主要讨论中国古代的商品经济发展程度。

在重农抑商的中国古代,货币国际化程度高的唐宋两朝,商品经济得到了迅速的发展,尤其是宋代发生了商业革命。

唐代以前,商业活动实行的是坊市制度,导致商品交易在时间和空间上都受到很大的限制,而唐朝出现了夜市使得商业时间的自由度大大提高。由于隋朝京杭大运河的开凿,使得全国的交通网有了重大的发展,保证了当时依靠水运的商路的迅速发展。除此之外,唐朝商业的繁荣还体现在汇票"飞钱"和信用机构"柜坊"的出现。

宋代,是中国古代历史上鲜有的不抑商的时代,甚至十分重视商业,商人的地位大大提高,可以入仕为官,并且政府采取了鼓励商业的措施。与前朝相比最为突出的地方在于打破了坊市的界限,形成了街市。同时,夜市和草市也迅速发展,交易的商品种类大大增加,形成了清明上河图上的商业繁荣的盛景。当时宋朝政府很大一部分的税收来自工商业,远远超过农业。

明清时,虽然政府对于商业的重视和开发程度不及宋朝,但是这也不能抑制商业的发展。农产品及手工业品的商品化程度大大提高,尤其是江南棉纺织业的崛起在一定程度上打破了男耕女织的模式。当时由于大量商业的集散,形成了区域性商业中心,四大名镇汉口、朱仙、景德镇和佛山就是由于商业发展起来的,并且还出现了以地域为核心的商帮组织、会馆,以及由此带动起来的票号钱庄的发展。

纵向来看,自唐宋至明清,中国的商品经济不断地发展,明清时期由于商品经济的发展还产生了资本主义的萌芽。然而,由于研究的是货币国际化的问题,我们更需要关注的是国内的商品经济发展程度的相对变化。简而言之,只能是当外国的商业环境不变时,上文所言的发展都有直接的意义,因此还需要对比双方增量上的变化。唐宋时期,欧洲处于黑暗的中世纪,商业的发展受到束缚,虽然后期有所发展但没有突破性的进展;而宋代却发生了所谓的商业革命。到了明清时期,虽然商品经济相较于宋代是有进步的,然而当时西方随着新航路的开辟,发生了商业革命,资本主义市场经济迅速发展。因而,在商品经济发展的相对程度上,明清是不如唐宋的。

3. 对外贸易的便利度

对外贸易的便利度主要取决于主客观两个方面,主观上是政府对于对外贸易的政策,客观上主要是交通运输等条件。

就对外贸易政策而言,唐、宋、元三朝都保持着非常开放的态度,采取了一系列的措施来促进对外贸易的发展,如唐朝在陆上丝绸之路上设置驿馆、实行过所制度、对外商给予优惠,宋朝设置了九处市舶司,元朝以"重利诱商贾致谷帛用物"。而明清政府不但不鼓励,还实行海禁政策,如清朝的海禁持续了将近两百年,大大限制了中国对外贸易的发展。

就交通运输而言,海上贸易中造船航海业的不断发展为中外商人的往来贸易奠定了基础,尤其是宋代指南针在航海中的应用,如李约瑟所言,"把原始航海时代推到终点,预示计量航海时代的来临"(夏秀瑞等,2001);陆上贸易中,唐、元两朝对于西北的控制权较强使得贸易通畅程度高,其中元朝时最盛,其凭借强大的军事实力扫除了丝路通道中的障碍,而宋、明、清的陆路贸易则衰弱,尤其是在宋朝时,辽、西夏、金在北边的统治阻碍了宋朝北边的对外商路。

从主客观因素综合来看,唐、宋、元三朝的对外贸易的便利度相对于明清来说更高,这主要是因为前者的政府对于对外贸易的积极态度远胜于后者,在这种情况下对外贸易才是稳定的、有保障的。当然,从对外贸易的实际情况来看也是如此,唐朝时陆上丝绸之路达到顶峰,而宋朝时海上丝绸之路达到顶峰,可见两朝当时的对外贸易状况,并且一般都认为,宋朝是中国古代对外贸易最活跃的朝代。

4. 国家的影响力

在货币国际化的过程中,除了经济因素还有政治的因素。国家影响力可分为主动的和非主动的两方面。

主动的国家影响力,是国家为推动本国货币的国际化而向他国施加的政治影响力。在信用货币的年代,国家的这种主动推动力对于货币国际化是有一定作用的。然而,从中国古代的情况来看,政府并没有这种推动货币国际化的意愿,反而常常会限制本国货币的外流,这主要是因为中国古代除元朝以外使用的主要是金属货币,货币供给受到本身币材资源的限制,如宋朝发生的钱荒使得政府限制铜钱外流。因而,我们将主要集中在非主动的影响力方面。

非主动的国家影响力,主要是指国家对于所管辖区域及周边的控制力、渗透力。唐朝时国力强盛,具有先进的政治、经济、文化,而它所秉持的开放态度让它对周边各国具有极大的影响力,形成了万国来朝的盛世局面,有三百多个国家和地区与唐朝有交往。受唐朝影响最大当属朝鲜半岛(新罗)及日本,当时两国多次派出留学生到中国来,使得唐朝的影响力深深地渗透在当地文化当中。宋朝时尽管经济繁荣,而且海外贸易极其发达,但是其国家影响力是比较弱的,尤其是南宋的疆域已偏安一隅,北方又有辽、西夏、金等政权,而且当时日本不再派遣使团,朝鲜也改为向辽、金纳贡。元朝由于其辽阔的疆域和强大的军事实力,且不论影响的深度,至少可以说它的影响范围是极其广阔的,莫说亚洲地区,元朝的马蹄还曾踏过欧洲。明清时闭关锁国,并且受到中国影响的众多地区沦为欧洲人的殖民地,尽管明朝有郑和下西洋,但是这也无法阻挡中国国家影响力的降低,朝贡贸易也逐渐衰退。

由此可见,中国的国家影响力在唐、元两朝时最大,唐朝的影响力依靠的是其整体综合实力,而元朝更多的是依靠其强大的军事实力。

5. 小结

如前文所言,中国古代的货币国际化程度先提高后下降,以宋朝为转折点。首先,从秦汉到唐宋这一货币国际化不断推进的过程中,最突出的在于商品经济和对外贸易的发展,其中对外贸易的状况是经济一体化程度与经济规模这两者的综合反映。如模型中均衡 M 所示,自给自足程度降低即商品化程度的提高和经济规模的扩大会使得一个国家的货币竞争力增强,而经济一体化程度提高会促使竞争力更强的货币成为国际货币。据此,自秦至宋,中国商品经济的发展促进了货币经济的发展,使得货币在经济生活的地位不断地提高,而对外贸易的发展增大了与外国交易的机会,由此进一步开拓了本币的使用范围,推动本币的国际化。试想,若是国内的商品化程度低,势必造成本国货币使用极不活跃,那么持有本币的交易成本则上升,加上庞大的外贸量会使得本国人更愿意持有外币;反之,若是没有外贸,仅在国内交易也是无法实现货币的国际化的。因此,正是国内与国外这两个环境的交易状况的改善提高了中国货币的国际化水平。由于其他三个因素的大大增强,宋朝即使没有强大的国家影响力,仍然能够维持宋钱的国际货币的地位,诚如均衡 T 中的情况。明清时期,中国商品经济也得到了发展,但是这种发展相对于西方的资本主义发展是较为落后的,因此本币的竞争力下降;同时,当时的海上丝绸之路成为欧洲人的势力范围,中国尽管维持着巨大的贸易顺差,但是在外贸中的地位早已今非昔比;并且,如前文所分析的,中国的国家影响力也在下降,这些都使得当时中国与外国在货币竞争中处于劣势地位。

(二) 非模型因素

从对模型的理解中,可以看出模型中的因素都是信用货币在国际货币竞争中的影响因素。信用货币不具备内在价值,则必须依靠货币发行国的力量来支撑它为人们所接受。中国古代的货币并非完全的信用货币,所以本节将针对古代货币不同于信用货币的特点来进行模型外因素的讨论。

中国主要使用的是金属货币,而我们主要关注的是铜钱和白银,前者实现了货币国际化而后者属于被国际化。

1. 单位价值

从价值大小来看,铜钱和白银的内在价值相去甚远,铜钱单位价值小,适用于小额交换;而白银的价值大,适用于大额交易。对于国际贸易而言,使用笨重的铜钱进行交易显然会带来极大的运输成本,尤其是对于交通不便的古人而言。所以长期以来,古代的国际贸易中白银一直都是重要的交易媒介,承担着国际货币的职能。当然,由陆路贸易转向海上贸易可以在一定程度上减小这一运输上的差距,因为海运无论在运输能力还是运输成本上都是优于陆路的。同时,铜钱适用于小额交换的特点也并非全无益处。对于产业不够发达的农业社会来说,日常交换中显然更适用铜钱。比如说 10—13 世纪的东南亚,国际贸易发达,由于大宗交易的需要而实行金银本位制。但是当时东南亚国内的产业基础薄弱。以农业为主,这造成了大宗商品交换极其有限,而这些国家自身的铸币粗糙且币值大,中国的铜钱(宋钱)则极好地满足了其国内市场的需求。确切地说,"宋钱弥补了东南亚货币体系的不足,作为辅币行于各国国内市场"(黄纯艳等,1997)。

2. 价值稳定性

从价值的稳定性来看,铜钱虽然是金属货币,但是跟白银相比更加具有信用货币的性质。中国古代的铜钱,其本身的价值往往与法定的价值不相符合,而这使得统治者可以通过调节铜钱铸造成本来实施一定货币政策。统治者可以通过铜钱减重来聚敛社会财富,这给其在货币政策选择时提供了激励并且也是长期以来统治者坚持使用铜钱的原因。白银在中国主要还是作为称量金属货币,货币的价值基本上与其本身的价值一致,更具有金属货币保证价值的特点。

3. 综合分析

结合以上两类因素的分析,可以用"需求"来对古代货币国际化的影响因素进行概括。本国货币在国外流通最主要的两个需求,无非是国际贸易和他国国内流通需求。

从国际贸易需求的角度来看,尽管中国的铜钱与外国的银钱在货币性质上具有劣势,正如马克思所言的"货币天然是金银",然而在一定程度上依靠着政府信用的铜钱的国际化程度能够不断上升并且在宋朝达到顶峰,正在于非货币因素所带来的强化的作用。经济的发展、国内商业环境的改善、对外贸易规模的扩大以及政府影响力的扩大,都促进了本国货币的国际化。唐朝正是由于这四点实现了对以往朝代的超越。尽管宋朝的政府影响力不如唐朝,但是在其他三个方面是远胜于后者的,因而在货币国际化的程度上又更近一步。同时,唐、宋两朝是中国从陆上丝绸之路走向海上丝绸之路的转折阶段,而铜钱国际化水平的提高正是因为这一变化在一定程度上减少了铜钱相对于白银的劣势。在陆路贸易中,外国商人一般会将笨重的铜钱换成金银或丝绢带回国内,即使有铜钱被带回去,数量也是不多的。

从国内流通需求的角度来看,一个国家国内流通所需要的货币是与国内市场中商品交易的特点有关,它本质上是由国家的经济基础所决定的。因而国家所发行的货币必须要与本国的市场需求相适应,如东南亚对于宋钱的需求正是由于自身货币体系的这种不足。而我国明清时发生的货币"被国际化"现象,在一定程度上也是出于这个原因。铜钱适用于小农,而随着中国商品及货币经济的发展就产生了偏离这种低价值货币本位的冲动,走向贵金属货币。唐、宋之时发生的钱荒问题客观上表明了当时对于更多货币和更高价值贵金属的需求,北宋巨大的铸币量虽然对此现象做出了一定的反应,但并不能解决这一问题。而之后试图挽救这一局面的纸币也宣告失败(大明宝钞的失败),只能重新从金属货币中寻求力量,白银货币化的问题在宋朝逐渐显现而在明清迅速发展。在这过程中,国际市场的白银由于这种需求力的推动通过贸易流入中国,从而使得中国的货币体系被白银化、被国际化。

总而言之,国际贸易是一种外力,而国内需求是一种内力,在两者的相互作用下形成了货币的国际化或被国际化。而这两种力量最本质的还是经济基础,因为一个国家的经济基础影响着它在国际贸易中的竞争实力和国内需求所对应的货币特性,所以货币的状态正是反映了这样的经济基础。

五、结论:来自古代丝绸之路的启示

中国古代随着丝绸之路贸易的开展,其货币经历了从国际化到被国际化的过程,这反映了中国在经济规模、商品经济发展、经济一体化程度以及国家影响力等方面的力量变化。古代货币国际流通的条件与今天不尽相同,金属货币本身具有价值,这是与20世纪以来世界各国发行的信用货币制度最基本的区别。丝绸之路历史上中国货币的国际化程度如此之高,部分原因当然是在于丝绸和铜币的价值属性,然而基于经济总量的货币需求才是更加本质的因素。换言之,中国的丝绸、瓷器和茶叶长期垄断世界贸易市场,为货币的国际流通提供了坚实的经济基础,反观西方国家的英镑、美元等世界性货币的出现,也是建立在工业革命之后发达的实业基础之上的。中国目前的经济总量为世界第二,市场经济发展迅猛以及庞大的贸易量给予了人民币成长为国际货币的强大支撑,而"一带一路"可以加强中国与沿途国家的经济一体化程度从而进一步激发贸易的潜能,同时也能够提高中国在这些地区的国家影响力,这种影响力可以拉动境外使用人民币结算的比重。除了通过贸易等手段来增强人民币的结算功能之外,促进投资以提高人民币在国际计价中的比重也是非常重要的。

在讨论货币国际化的同时,也需要考虑到其可能对本国带来的压力和风险。货币被国际化,会使自己失去货币主权,受制于人,如明末白银进口的减少引发了严重的财政和经济危机。货币国际化除了可以享受其带来的好处之外,也会产生像宋朝"钱荒"时大量宋钱外流这样的不良影响。目前,人民币的国际化势必要求资本项目的开放,否则国际化的进程会大大地受限。然而资本项目的开放会带来风险,因此还需要逐步调整及完善国内的金融体系,以更加稳健的节奏逐步放开资本项目从而减小其带来的风险。

参 考 文 献

[1] Cohen, Benjamin J. The Future of Sterling as an International Currency[M]. Macmillan Press,1971.

[2] Hartmann, P. The International Role of Euro[J]. Journal of Policy Modeling,2002,24.

[3] Kenen. International Currency Competition & the Future Role of the Single European Currency[J]. Ecu Institute,1995.

[4] Kimiori Matsuyama, Nobuhiro Kiyotaki and Akihiki Matsui. Toward a Theory of International Currency[J]. The Review of Economic Studies,1993,60:283—307.

[5] Giovanni B. Pittaluga,Elena Seghezza. Euro vs Dollar:An Improbable Threat[J]. Open Economy Review,2012,23:89—108.

[6]〔美〕本杰明·J.科恩(BenjaminJ.Cohen).货币地理学[M].代先强译.西南财经大学出版社,2004.

[7] 刘锡良,王丽娅.国际货币竞争理论研究评述[J].经济学动态,2008(5).

[8] 宋晓玲.国际货币竞争的决定因素:理论评述[J].西南金融,2010(10).

[9] 曼德尔.资本主义发展的长期波动——马克思主义的解释[M].英国剑桥出版社,1962.

[10] 张杰."恋铜情结"、低水平货币均衡与人民币国际化的"本位困扰"[J].中国金融,2010(9).

[11] 彭信威.中国货币史[M].上海:上海人民出版社,1988.

[12] 王仲殊.论汉唐时代铜钱在边境及国外的流传——从开元通宝的出土看琉球与中国在历史上的关系[J].考古,1998(12).

[13] 俄军等.丝绸之路民族货币研究[M].甘肃:甘肃教育出版社,2015.

[14] 张忠山.中国丝绸之路货币[M].甘肃:兰州大学出版社,1999.

[15]〔英〕安格斯·麦迪森.世界经济千年史[M].伍晓鹰等译.北京大学出版社,2003.

[16] 夏秀瑞等.中国对外贸易史(第一册)[M].北京:对外经济贸易大学出版社,2001.

[17] 黄纯艳等.论10至13世纪的东南亚市场、贸易和货币[J].东南亚,1997(2).

抱着旧梦沉睡
——地理和历史视角下的英国脱欧*

北京时间2016年6月24日,英国"脱欧"公投结果揭晓,参与公投的英国公民中,共1 570万人同意脱欧,占参与投票人数的51.9%,而支持留欧的人数仅为1 458万人,占参与投票人数的48.1%。结果揭晓,舆论哗然,对于近一半支持留欧的人而言,脱欧的结果如同晴天霹雳,然而,卡梅伦政府终究是一个尊重民意和坚守信用的政府,即使后来有400多万人联名申请请求二次公投,也被政府拒绝,脱离谈判将在不久之后启动。自1973年1月坎坷地挤进欧共体到2016年6月在世人的一片唏嘘中脱离欧盟,英国与欧洲一体化组织的联姻维持了43年零5个月,甚至没有能够一起牵手走过"金婚"。

事实上,对于脱离欧盟,来自世界的惋惜声音远远高于英国本身。毕竟英国脱离欧盟的决策来自大部分的英国民众。纵使在脱欧结束之后,一批又一批的经济学家、国际关系学家、政治家不断地唱衰英国的未来,并对英国经济的未来感到万分惋惜,但英国内部似乎并没有形成一边倒的颓势,相当一部分的英国政治精英和国民偷偷地手舞足蹈,庆贺这来之不易的帝国的自由和荣耀。的确,如果没有生活在这样一个亚欧大陆西北边陲的孤岛上,如果没有经历过大宪章运动和光荣革命,如果没有感受到伊丽莎白和维多利亚的统治,如果没有亲手将拿破仑赶进大西洋,如果没有受到过万国来朝的全盛光环,如果没有在细雨蒙蒙的伦敦优雅地撑起过雨伞,那么无论多么精准的经济学模型和政治学理论,都不能够刻画此时此刻的大英帝国的心绪。

在英国身上的标签有千千万万,但最质朴、最本质的标签一定是"岛国"。岛国的地理特点和温带海洋性的气候对英国的国家气质有着微妙的刻画作用。提及英国人,

---

* 作者辛星,北京大学光华管理学院博士研究生。

我们的脑海中最先呈现出的是彬彬有礼的"Excuse me",笔挺的燕尾服和精致的领结,还有优雅的雨伞,一派正统和高贵。的确,作为第一个推广蒸汽机的国家,英国人身上洋溢着浓烈的工业化带来的认真和仔细,因此,这种对于正统的恪守和崇敬带来了英国的一个重要的标签:"保守"。这种保守性源于工业化带来的秩序感和优越感,即使其工业化的旗帜已经不能保证日不落帝国的强盛,这种熔铸在血脉中的保守和优越,依然在不列颠民族的心中奔腾。

一、英吉利海峡的征服者

英国是一个岛国,偏欧洲西北一隅,孤悬海外,天然屏障英吉利海峡把英国与欧洲大陆隔离开来。然而,威廉征服不列颠后,英国与欧洲大陆建立了千丝万缕的联系,历代君主都把维持和扩大在大陆的领地作为中心任务。亨利一世统治期间的重要政绩,就是征服诺曼底。在接下来的116年中,英国和法国围绕着欧洲大陆的领土进行了持续一个多世纪的"英法百年战争"。对于身处孤岛的英国而言,来自大陆的威胁从来就没有减少,与此同时,驰骋在英国的征服者也从来没有放弃过横渡海峡、驰骋大陆的梦想。此时的英国将自己视为欧洲大陆的重要组成部分,与其他的君主一样,是在欧洲大陆上角逐的重要一员。大英帝国不仅仅是欧洲事务的干涉者,其实还是直接的参与者,甚至是各种重大历史事件中当之无愧的主角。

在这种情况下,英吉利海峡对英国而言是个头疼的事情,在一代又一代的征服者眼中,这个海峡阻碍了他们将疆域和子民拓展到欧洲大陆。如果这个时候询问英国的征服者威廉,要不要脱离欧洲,他肯定会说,脱不脱离欧洲无所谓,反正整个欧洲都将是我的。

二、英国算不算欧洲?

英法为了欧洲大陆的领土斗争了一百年,百年战争中英国的耗费是空前的。战争服役使无数英国人的生活和劳动遭到严重破坏,大量财富用于战争,羊毛和酒的贸易受到阻碍。对于英国来说,隔着英吉利海峡来管辖一块"飞地"成本太高而且经常受到法国的侵略。因而在16世纪,女王伊丽莎白一世不再坚守追求欧洲大陆领地的外交传统,放弃了其在欧洲大陆的最后一块领地加莱,遵循实用主义的外交政策。也正是在此期间,英国开始将其重点放到了海洋上。自此英国很少直接参与欧洲大陆的争端,而经常扮演着旁观者或者调停人的角色。

在这种情况下,英国对于自己在欧洲的角色开始有了微妙的转变,18世纪初期,执政的托利党首相博林·布鲁克曾说:"我们的民族居住在一个海岛上,而且是欧洲主要民族之一,但要保持大国地位,我们就必须利用这种地理优势,这一点我们忽视了近半个世纪。我们必须记住,我们不是大陆的一部分,但也不能忘记,我们是他们的邻居。"(Gourvish and O'day,1988)"。这种思想有着极其强大的影响力和生命力,甚至到了20世纪,英国前首相丘吉尔曾经这样表达到:"英国位于欧洲,但不属于欧洲。"(丘吉尔,1995)这种"英国非欧洲"的思想从英国放弃加来港之后逐渐深化,一直沉淀并酝酿了4个多世纪。可以看到,四百多年后的今天,英国民众内心对欧洲淡漠的归属感,早在都铎王朝时代就已经埋下了种子。如果今天你在伦敦的大街上拦截住了一个伛偻前行的老妇人,你问她,尊敬的女士,请问这里是欧洲吗?你猜猜她会怎么回答呢?

三、"我支持谁,谁就取胜"

一直以来,对于英国而言,保证其不受侵犯的最好的办法就是让欧洲大陆永远都不要出现霸权国家。英国处于海外,与欧洲大陆较少联系,英国可以利用欧洲大陆诸国间的纷争和大陆局势的混乱,坐享渔翁之利,借机大力发展海上事业,拓展海外利益,逐渐确立起海上霸权。海权理论的创始人艾尔弗雷德·塞耶·马汉在《海上力量对历史的影响》一书中提到:"如果一个国家的地理位置,既无须在陆地上进行自卫,又不谋求通过陆地来扩张领土,这样的国家同有着陆地疆界的国家相比,由于其唯一的目标放在海上,而具有其优越性。"(基辛格,1998)而为了保证自己在推行海上战略之时没有后顾之忧,"光荣孤立"和"均势战略"就出现了。

当欧洲大陆的国家出现了纷争,英国往往会以超然的态度观察它们,当纷争的结果已经初见轮廓,欧洲大陆的霸主即将产生,这个时候英国往往会对弱势一方伸出援助之手,一定程度上维持欧洲大陆的力量均衡。长久以来,英国一直是欧洲均衡者的典范,据说亨利八世曾让人给他画了一幅肖像,右手提着一架保持平衡的天平,天平的一边装着法国,而另一边是奥地利;左手提着一块砝码,随时添加在天平的某一边,并且说过这样的格言:"我支持谁,谁就取胜。"(曹瑞臣、赵灵燕,2010)这种做法十分奏效,它让英国用最小的成本成为对欧洲大陆的重大事务有决定性影响力的国家。在两次世界大战之前,英国就通过均势战略时刻调整着欧洲大陆的国家关系,这种对时局的决定性控制的感受深深地镌刻在每一个英国人的自豪感之中。

四、上帝眼中的叛逆者

16世纪之前的西欧是天主教的天下,欧洲大陆和英伦群岛都信奉罗马教皇。而英国国王亨利八世显然对这种凌驾于世俗王权之上的神权表示不满。1543年,亨利八世推动的宗教改革彻底切断了英国教会与罗马天主教教皇之间的关系,并宣称自己是英格兰宗教领袖。从那之后至今,欧洲大陆的天主教廷再也没有能够踏上不列颠群岛。值得一提的是,此时以亨利八世为教主的英国国教无论在教义还是仪式上都与曾经的罗马教廷天主教没有任何差别,唯一的不同仅仅在于换了会说英语的"教皇"。

然而，真正使得英国远离欧洲大陆的宗教世界的人并不是亨利，而是清教徒。这些由新型资产阶级为主要力量促成的教徒们对于天主教和国教的奢靡、腐朽忍无可忍，他们崇尚勤俭、真诚、实用、禁欲，信奉上帝而非教主，崇尚虔诚而非仪式，从阶级的视角而言，这些人用自己的言行恪守着自己作为资产阶级的理想：控制成本和积累财富。"清教徒们通常穿着黑袍子，打扮朴素，与身穿华丽袍服的封建贵族及国教僧侣形成鲜明对比。他们不苟言笑，把跳舞、音乐以及嬉游看作恶魔的引诱和罪恶的根源。"（刘祚昌等，2004）在1688年"光荣革命"之前，清教徒已经成了英国重要的社会力量。这种清教徒带来的勤劳简朴的社会风气对英国有着深刻的影响，不少学者在分析英国工业革命的起因时往往会将清教徒精神作为重要的文化肇因，相比于同一时期的欧洲大陆，英国更早地与罗马教廷决裂，同时又在自己的土地上生长出了富有生机的清教，其直接的影响有两个，首先从文化根源上和宗教信仰上与欧洲大陆存在深刻的分歧，同时在社会风气上形成了更具英国特色的勤俭积累之风。而这让英国与欧洲大陆诸国相比有了截然不同的、独树一帜的风格。如果一定要将英国放诸西欧版图上评价的话，那么从文化信仰和社会风尚而言，英国确确实实是一位"特立独行的绅士"。

五、无实而享大名者

这种超然于欧洲的自我定位以及均势主义的思想使得英国无论是在欧洲事务还是在国际事务中都显得游刃有余。然而，这一切都建立在英国强大的经济、军事的领先优势上。两次世界大战对全球经济和政治力量进行了重新的整合，英国曾经的国际地位难以维持，外国殖民地纷纷独立，国内经济一片萧条，战后重建任重道远。然而，英国将国际影响力视为自己重要的坚守阵地，无论是在第一次世界大战之后的国际联盟中排挤美国，还是对于独立的殖民地通过各种隐形的手段进行控制（在宪法中加入英国希望的条款、在划分领土时故意留下争议空间等），强化英联邦的统一和团结等等，都能够看出其为保持国际影响所做出的努力。然而，此时的英国再也无法得心应手地控制欧洲大陆的法国和德国。英国对任何威胁到其对欧洲大陆控制的政策都没有好感，即便对于加入欧盟这件事而言。

1951年欧洲煤钢联盟成立，欧洲一体化进程在法国和德国的推动下正式开始，英国对这一计划一直持反对态度，因为维持欧洲的均势和保持相对的孤立主义一直是英国对外政策的基本原则和指导思想。英国不愿意接受欧洲大陆地区性联合的约束，更不愿意建立任何形式的超国家机构，英国政府主张建立一个具有政府间合作性质的大自由贸易区，然而并不为德、法接受。由于欧洲一体化在当时缓解了美国的防务压力，因此欧洲大陆一体化方案得到了美国的支持。为了不在欧洲被美国抛弃以及保护国内与欧洲的贸易市场，英国掉过头来赶紧表达了希望加入欧共体的要求，但是戴高乐领导下的法国坚决不同意，英国迟迟未能遂心加入欧共体，直到戴高乐下台，英国才加入欧共体,那已经是 1973 年的事情了。

然而,进入欧共体之后的英国依然有着大国梦想,每年维持着西欧最大的海外军事开支(4亿英镑),同时实施北极星导弹计划,等等。不仅如此,英国并没有彻底改变传统的国际关系思想,一方面并不情愿和其他国家一样屈从于欧共体的条规,在多个领域不愿意承担区域义务;另一方面将英美关系抬到极高的位置,以表明自己与欧洲其他国家的距离,彰显自身作为英语国家的优越感。正如撒切尔夫人所认为的,欧共体是独立主权国家之间的合作,而不是构建一个超主权的组织。因此她拒绝加入欧元区,反对欧洲防务一体化,同时在国际战略上坚决与美国站在一起。其后的布莱尔也提及:"只要英国和美国在国际事务上携手合作,没有做不成的事情。"(钱乘旦,2002)英国的外交政策一脉相承。

虽然这个时期的英国没有了当年的实力,但是却依然保有国力昌盛时的小脾气。诚然,在几十年之间承认自己由一个日不落帝国沦落为二流国家是一个很痛苦的历程,英国显然备受折磨,但是却没有能够成功地转换。一直以来,英国在欧盟中始终处于桀骜不驯和愤世嫉俗的状态,早在 1975 年,在英国加入欧共体两年之后,就曾经举行过一次脱欧公投。社会精英也许早已调整了心态,承认了英国国际影响力下降这一事实,但可惜的是,在公投中,再优秀的精英,也只有一票。41 年之后,英国脱欧成功了。中国晚清权臣曾国藩曾有这样一句话:"无实而享大名者,必有奇祸。"(曾国藩,2012)这句话放在此时的英国头上,也未尝不可。

五、又回到最初的起点

大英帝国从不列颠岛走向欧洲,从欧洲走向世界,而后来又从世界退回了英联邦,再退回到欧盟,最后茕茕孑立,形影相吊。无论之前的英国是迈向世界还是向后退缩,它的每一步走得都很坚实平稳,因此对于脱欧,贸然地从经济影响上进行分析难免草率,有很多内在的政治逻辑、文化逻辑、心态逻辑甚至国民性逻辑还需要进一步的分析和揣度。

对于中国人来说,大英帝国最早是以列强的身份出现在我们痛苦的民族记忆中的,从那时起,这位列强就从来没有倒下过,他的传统、沉稳、温文尔雅、渐进变革的特点让我们印象深刻。如今脱欧,终究是大多数英国百姓的选择,对于这个帝国的内核的理解、问题的体悟、未来的期盼,没有人能够比他们更加贴切和真挚的了。

拿破仑曾说过,了解了一个国家的地理,就懂得了这个国家的外交政策(Stewart and Pearce,1996)。既然上帝把不列颠放在了英吉利的西边,让大西洋的水环绕着这一片可爱的土地,让盛行西风将北温带的暖风不断地吹上西边的农场,让泰晤士河孜孜不倦地灌溉着雾气蒙蒙的伦敦古都,那我们就应该相信这片土地上孕育出的智慧,相信这片土地与生俱来的性格,相信这片土地上的人们对未来的召唤。

参 考 文 献

[1] Geofrey Stewart and Malcolm Pearce. British Political History,Democracy and Decline[M]. London:Routledge,1996.

[2] T. R. Gourvish and Alan O'day. Later Victorian Britain [M]. New York:St. Martin's Press,1988.

[3] 温斯顿·S.丘吉尔.第二次世界大战回忆录:卷一[M].长春:时代文艺出版社,1995.

[4] 亨利·基辛格.大外交[M].海口:海南出版社,1998.

[5] 曹瑞臣,赵灵燕.地缘战略透视:英国传统均势外交理念的成因与实践[J].大庆师范学院学报,2010.

[6] 刘祚昌等主编.世界通史(近代卷)[M].北京:人民出版社,2004.

[7] 钱乘旦.英国通史[M].上海:上海社会科学院出版社,2002.

[8] 曾国藩.曾国藩家书[M].北京:中国画报出版社,2012.

对于贫困国家的灾难的回应
——当前反思和未来展望*

本文主要讨论在与贫困国家进行国际合作中某方面的问题：人道主义援助，也就是在一些极端灾害如地震、洪水、干旱、流行病等中我们给予的帮助。最近几年我们从全世界其他国家学习了很多与人道主义援助相关的经验，而人道主义援助也是我们共同的责任。去年，我们看到中国的医护人员在塞拉利昂帮助阻止埃博拉病毒，我们也看到近期中国在尼泊尔地震的援助中起到了很大的作用。我的问题是：我们能从我们应对灾害的方式中学到什么？国家怎样才能更好地应对灾害？国际组织可以做些什么？

一、全世界的抗贫动力

在试图回答上面这三个问题之前，我想要把对答案的讨论放在发展的大背景下，更具体地来说，是在对抗极端贫困的进展这一背景下。当我们讨论极端贫困的人时，我们觉得他们是缺少最基本的食物、身体不好并且缺少教育机会的人群。我们都知道，全世界有非常多的人处于极端贫困当中，但是总的来说，我们看到了这一人数的下降。这里简单地分享一下世界银行数据库中的相关数据和分析。世界银行采用了一种简单但是覆盖广泛的比较方法分析全球贫困水平。具体来说，我们把每天生活费用小于1.9美元的人归为贫困人群，并且在全球范围内依据每个国家的购买力水平对贫困标准进行修正。现在，他们预估全国有9亿人在贫困线下，这一数量还是非常大的。但是，虽然全世界人口在不断增长，但是贫困人口数从1990年以来还是在不断下降，

---

* 作者斯特凡·德康（Stefan Dercon），牛津大学布拉瓦尼克政治学院经济政策教授、非洲经济研究中心主任，同时也是英国国际发展部首席经济学家。译者张辉。

1990年大约有20亿人在相同的贫困线下。大多数人都知道,贫困人口数量的下降很大一部分可以归因于中国和其他东亚国家在对抗贫困上的进步。在南亚,贫困人数也在减少但是速度相对慢一些——虽然在最近几年,贫困人口数量的下降速度也有所提升。在非洲,仍然有40%的人口可以归为极度贫困人群,并且近年来贫困人口数量几乎没有下降——有超过3亿人处于贫困线以下。

通过对该现象成因进行的众多分析,我们发现了减少贫困的国家的共同特征:第一,这些国家设法从包含穷人的经济增长着手,创造就业机会并提高国民收入,关键之处是国家强势地介入经济活动和投资中的私人部门。第二,这些国家具有发达的公关部门,例如医疗健康、教育和基本福利系统,这些系统不仅对国民本身有利,而且可以使穷人利用经济增长和新机会摆脱贫困。最终,当灾难状况恶化时,这些国家的社会性保卫系统——也可以称为安全网,可以避免人们遭遇恶性循环,并且能够通过最小限度的保护措施渡过灾难期间。后面将会讨论到,在巨大灾害的冲击中,这些社会性保卫系统已经被证明是保障社会和政府能够应对灾害的重要措施。

二、政治和国家的角色

需要强调的是,前面提及的成功减少贫困的三个共同特征(例如包容性增长的私人部门、公共部门和社会安全网),并不能解释它们是如何成功地实现减少贫困的目的。因为没有一个起作用的单一因素,这将会成为经济学家和历史学家未来争论的焦点。必须承认的是,即使学者一直试图找到能够促使进步和停止进步的单一因素,但是已有经验具有很大的差异性。我们清楚地认识到存在着广泛的差异性,例如根据已有成功的政治制度,具有自由公开的选举体系的国家和不具有这种体系的国家都能够促进增长和减少贫困。

总的来说,简单的诸如"选举"和"国家领导力"或者更普遍的"国家对抗自由市场"或"自由选举对抗独裁制度等说法",并不能够充分地解释经济增长和贫困减少。这不意味着政治及其制度基础没有发挥作用。一些学者如道格拉斯·诺斯或者最近的达龙·阿西莫格鲁和詹姆斯·罗宾逊强调了因为规范和价值观念是政治和经济发展的推动力,所以经济增长和制度发展都是重要的。在发展中国家的环境下,我倾向于思考主流的规范、价值观念和它们的潜在承诺究竟是否能够领导一个不断发展的社会。换言之,经济增长和减少贫困的进程与执政政党为发展做出的基本承诺是紧密相连的。我们发现尽管有些政党对发展做出了有力的承诺,但并不是全世界的政治家都做出这样的承诺。可以肯定的是,政治精英做出的基本承诺以及合法性的发展是东亚国家在现今发展中的一个普遍特征。

仅仅由政治阶层发展的一个承诺不同于他们有能力提供这个承诺。我们很容易就会认为国家需要提供这种承诺。但并不是每个国家都拥有这些能力,如果国家期望发展得飞快,就未免有些天真了。在中国,国家能力的强大已经有很长的历史,因此过去 35 年领导人承诺过的关键性的进步和发展是可以实现的。在其他国家,这种国家能力并不存在。这不意味着国家不能取得发展进步。孟加拉国就是一个有趣的例子。实际上,孟加拉国的状况很糟糕,政治动荡,几乎没有有效交易。然而,他们在减贫方面取得了实质性的进展,包括在这个穆斯林占大多数人口的国家中,对女孩的教育和健康方面进行了巨大的改进。事实上,尽管孟加拉国的状况如此糟糕,但是它也通过经济增长和农村贫困的有效减少而获得了发展。从某种意义上说,孟加拉国是一个实行"自由放任"政策的成功案例,即国家允许私人部门至少在一个行业(服装和纺织)取得成功,这不仅是经济增长的关键因素,而且也创造了就业机会,同时国家允许当地非政府部门(如 BRAC,世界上最大的非政府组织)向农村地区提供服务,部分服务是由国外援助的,这也取得了成功。

三、政治承诺与灾害应对

那么,政治承诺与思考灾难应对又有什么联系呢?首先,在许多国家处于大灾难时,如果说政治阶层对大灾难的准备缺乏承诺,甚至有时试图利用这些灾害获取政治利益,是导致干旱洪水等此类灾害期间人们遭受极大痛苦的主要驱动因素,这听起来一点也不为过。如果没有这种政治承诺,我们将不会进步。其次,如果我们能获取这种政治承诺,我们就可以学习更广泛的发展进步的经验,以确保我们在国内和国际上都有更好的准备。尤其是,我们可以确保反应系统加强到足以保护他们的财务。

地震、洪水、旱灾、流行病无疑将持续地在世界各地的许多国家中造成巨大的压力。特别是在最贫穷的国家,灾害将会对穷人和弱势群体造成严重的后果。随着气候变化的临近,极端天气现象将变得更加频繁,进一步地造成压力。

在 20 世纪,大多食物、营养的危机已经蔓延到政治和冲突,和极端事件一样多,即使天气或其他事件也可能引起危机。很多例子说明大规模灾难很大程度上是由战争冲突引起的。比如,1944 年的荷兰饥荒发生在第二次世界大战的后期。其次,有时候饥荒甚至被当作一种武器运用在战争中。1984—1985 年发生于埃塞俄比亚的饥荒主要是由于埃塞俄比亚政府对抗叛军而引发的,后者在一次当地的干旱中被封锁进入人工密度高的区域,此事件导致了 40 万—100 万人遇难。再者,缺乏政治认同危机也造成很多痛苦。英国殖民政府的行为直接地导致了 1943 年在印度孟加拉湾的饥荒,当时数以百万计的人死于这个极端事件的结果,而且这种状况被政府操纵和选择性忽视。中国在 1942 年的河南饥荒期间,由于政策决定的缺位,不良信息传播导致弱反应,致使数百万人死去。同样的情况也发生在了近代历史上最严重的饥荒期间,即 1958—1961 年的"大跃进"时期。较弱的政府力量与政治同样导致了海地地震大约 16

万人的死亡。①

四、政治、信息和灾难

不仅仅是政治因素导致了不良反应,但这确实是一个重要的因素。要更好地应对极端事件和灾难的发生,一个关键因素是信息自由流动和快速反应。举个例子,在干旱和洪水灾害中挽救生命非常重要的一点就是提供有效信息,而且要尽快地响应。在较弱的灾难反应中存在一个普遍的特征就是信息要么没有传递,要么应急反应延迟。第一种情况在政治的封闭社会可以遇到。1984—1985 年期间,埃塞俄比亚政府试图否认干旱的存在,以及在北方地区存在危机。观察者们时不时地质疑朝鲜压制有关危机的信息来展示特定的国际形象,直到为时已晚。在 1942 年河南大饥荒期间,关于受难者数量的信息也没有传达到领导人那里。直到现在,政府也不愿意去承认问题,所以信息流动没有应有的自由迅速,也就影响到了反应结果。诺贝尔奖获得者阿马蒂亚·森长期主张,自由的新闻报道是避免灾难和饥荒广泛传播的关键方式。由于这有助于推动信息迅速地到达公众领域,可以对政府的早期反应行为施加压力。

信息对决策很重要,但仅掌握信息是不够的。面临灾难时,我们不仅需要预警,更需要提前采取行动,而由政府控制的信息并不能实现这一点。令人惊讶的是,即使人们可以获取信息,也并不会及时采取行动,埃博拉疫情便是典型的例子。2014 年 2 月,很多人已经知道埃博拉病毒已在西非肆虐。倘若政府或世界卫生组织当时就采取了强有力的行动,疫情的传播就可以被抑制,从而减少埃博拉病毒带来的病痛和死亡。然而直至 2014 年 7 月,国际上才发出公共健康预警,大规模国际援助随之而来。随后的研究表明,若应对措施提早一个月实施,因疫情死亡人数将会减半。这意味着,一个好的反应系统能够很好地激励人们在掌握信息时无延迟地做出反应。

五、社会保障体系和灾难应对

我们如何能够避免极端事件进一步转化为灾难?政治承诺的履行和适当的决策激励机制是关键。同时,我们也需要更好的反应机制。需要注意的是,一个已经投资于日常社会保障体系的国家在危机中的应急反应往往比其他国家做得更好。印度马哈拉施特拉邦政府已经投资于一项公共工程项目,允许农村贫困居民抵制极低的工资。在 1971 年的严重旱灾中,这一机制有效地保护了人民的生命和财产安全,并被阿

---

① 这并不意味着在灾难中没有冲突或政治因素就不会导致大量的死亡。然而尽管存在这个因素,埃博拉疫情的死亡率仍然大大低于这些数字——尽管 13 300 人的死亡大部分是本可以通过早期反应得以避免的。在尼泊尔地震中,超过 8000 人死亡——同样,大多数死亡是可以避免的,但却没有避免。最近的例子是印度洋海啸中大规模的死亡人数。

玛蒂亚·森记载。当旱灾来袭,基本的工作福利系统有效运转,并且能够快速地扩大救济规模。近年来,同一原理也被应用于非洲的社会福利系统。例如在肯尼亚,政府和一些发展合作伙伴开展了饥荒安全保障项目,为最贫穷的人们提供少量的救济。然而,一旦旱灾来袭,会有更多的人预先登记接受救济。为了使这一系统清晰透明地运转,触发机制被建立在一个基于降水量的指标之上。包括英国国际发展部在内的发展合作伙伴提供的保险政策确保了资金在需要时可以及时到位。

这类体系使为最贫困的弱势群体提供日常基本需求保障的扶贫政策与危机时更大规模的反应系统更清晰地结合在一起。在埃塞俄比亚,生产力保障系统是非洲最大的社会保障体系,为约 800 万人提供救济,帮助他们购置资产、维持生计,以使他们摆脱贫困。而在危机时期,如 2015—2016 年的旱灾时期,这一系统成功地为最贫困的人口提供了充足的帮助。与之形成对比的是,在埃博拉疫情肆虐的塞拉利昂和受到地震影响的尼泊尔并没有建立起类似的系统,因此应急反应更加困难,并且难以覆盖最贫困的人群。建立这种系统并非易事,国际合作在这一领域大有可为之地。证据表明,这样的系统不仅对减贫意义重大,也为极端事件发生后的有效应对打下良好基础。

六、应灾基金

在近几十年里,跨国公司开始广泛地使用金融工具来促进贫困国家的发展。基金、补贴贷款、商业贷款、股票和担保被许多国家用于支持那些长期性的经济、社会发展项目。专业的多边和双边发展以及政策性银行提供的金融产品反映出金融市场的日趋复杂化。

我们现在应对干旱、洪水、地震等极端灾害时所采取的人道主义援助形式,放在当时是着实令人惊奇的。每逢国际人道主义危机事件,人们都倾向于通过"四处呼吁"的方式来融资。政府们通过联合国来发出呼吁求援,非政府组织通过媒体为灾民请愿。所有的这些都发生在危机之后。

尽管联合国于事上与此相关,但并没有任何条款规定联合国于理上要对此负责:所有的帮助都是义举。综观全世界,通过联合国发出的援助申请额仅半数得到了落实。这不仅给危机应对善款留下了巨大的缺口,也使得在危机的处理过程中筹款问题侵占了优先权。

此外也有充足的证据表明,这种融资方式不仅影响国际合作,也容易夸大问题的影响。在如今的 21 世纪,这种融资方式越发地古老和令人惊奇;这就像是拿着饭碗在乞讨,被动地依赖着外国的援助,面临着时间、效率等的种种不确定性。此种"乞讨式"融资方式才是主要的错误之源。在危机降临时才开始筹款,这与急用钱时找银行或远亲借款的行为并无二致:首先势必会有高额的利息,其次也会在筹款问题上耗时较多,在合理安排开支事宜上投入较少,而且最终筹集的资金也不一定足额。还有,如果在事发之前并不知道自己手中握有哪些资源,又如何能做出一个合理的预案?

这种对资源的争夺行为本可避免。与其在事后筹钱,受制于他国援助所带来的不确定性,不如向金融市场百年来的发展历程学习。干旱、洪水、地震皆会发生,我们只是不知道会在何时。然而自中世纪开始,金融市场就在不断发展:几乎所有的灾难都有相应的保险。

保险公司、世界银行以及包括非洲联盟在内的公私合作组织提供了一系列多样化的保险产品,使政府或其他组织可以将风险转移给市场。私募市场有更多的补充措施。举例来说,其中最简单的保险措施承诺,当达到某个显而易见并且可证实的条件时,相应机构会给国家、当地政府、非政府组织或者直接给家庭支付一笔钱。譬如说,当强暴风雨袭击成员国时,加勒比灾难风险保险设施(CCRIF)就会对政府给予捐助。或者当降雨明显低于当地下限时,非洲风险能力(ARC)保险有限公司会销售赔付保单。

为什么金融预案如此重要?因为政府和人道组织能够切合实际地提前规划:他们预先知道在不同的情况下能够拥有的资源,并能据此快速计划应对措施。他们也可以提前与他们的公民清楚地交流可以保障哪些风险,从而降低风险,并且鼓励那些无法避免风险或需要更多保障的人获取代替性的措施,其中不乏来自私人保险公司的保障。

即使在非常贫穷的地方,也兴起了一些好对策。我们之前在肯尼亚的饥饿安全网计划提到过,在干旱情况下会增加社会转移计划,并且辅助以一篮子的保险措施。当旱情发生时,那些稍好一些的地区不享有这项保险措施,需要更多保障的地区也将有偿地享有私人保险措施。这些都意味着气候风险的巨大不确定性滋生了保险措施的明确性和必然性。农民得以专注于提升效益而不必倾其所有应对灾难。

更发达的国家甚至国际性的非政府组织在其他方面也有帮助。除了在事件发生后提供援助,他们可以预先投资,他们可以确保那些国家知悉自己面临的风险及其后果。他们可以致力于灾难应对筹划。他们可以赞助中肯的融资建议,以确保保险和其他金融产品适用于环境并且畅销。他们甚至可以考虑降低保险成本——以预先投入代替事后补救。实际上,这意味着当捐助有可能被政治或其他因素利用时,他们用清晰透明的方式预先承诺而非事后为灾难提供资助。退一步说,联合国如何帮助持支持态度的国家制定这样的预先承诺值得探讨,而不是一味地帮助组织求援。

七、结论——应对灾难需要进行更好的国际合作

我们可以从近期贫困国家应对灾难的经历中学到很重要的三点。首先,对于诸如干旱、洪水或者地震等不可避免的重大自然灾难,避免出现最糟糕后果的关键是国际社会上主权国家给予政治上的支持。确保信息反馈及时,以此来制定决策也是非常必

要的。其次,有效的灾难应对需要对灾后地区进行投资,这同样是灾难应对系统的一部分,这包括在需要时扩大安全保障的覆盖面。最后,为了确保灾难应对充分有效,要预先安排筹措资金,而不是临时呼吁国际社会援助。虽然在国际合作中越来越多的、更为复杂的金融工具得到使用,并且有更好的金融产品可供选择,人道主义援助在应对灾难时仍然是相对落后的。帮助灾难发生国进行财政规划将会成为国际社会协助应对灾难的一种很好的举措,就如保险公司所做的:明确判断风险,以及如何应对。灾难发生国应该获得援助,以构建合适的金融产品,这样当干旱或地震发生时,它们就不必恳求国际援助,它们自己就拥有足够的财政资源来应对自然灾难。

"一带一路":开启包容性全球化新时代*

2016年或许注定将成为历史的转折点。英国脱欧、美国特朗普胜选、意大利公投失败以及其他一系列民粹主义和保护主义事件,都预示着新自由主义全球化即将走入终点。这些"黑天鹅"事件看似偶然,超出人们的想象,实际上却是长周期变化的结果,有其必然性。我们需要认识到,过去三十多年,新自由主义全球化导致的严峻社会矛盾,特别是发达国家基层民众利益受损、贫富差距持续扩大和青年人失业率不断上升,是上述变革的根本动力。而这种变革也在一定程度上反映着市场—政府关系的长周期变化。从凯恩斯主义到新自由主义,世界已经历了两个四十多年。现在是否是一个新四十年的开始呢?三年前,当中国提出并开始"一带一路"建设之时,没有人能够预见到全球化形势会如此急转直下。当时,中国政府只是想通过"一带一路"建设为全球经济治理"添砖加瓦"。现在,如果某些国家真的要为全球化开倒车,那么历史将把"一带一路"建设推向一个新高度。"一带一路"将成为世界各国推动经济全球化深入发展和机制改革的一个平台,将开启"包容性"全球化新时代!

"一带一路"建设源自习近平总书记2013年9月和10月出访中亚和东南亚国家的两个倡议。2013年9月7日在哈萨克斯坦纳扎尔巴耶夫大学演讲时,习总书记提出与中亚国家共建"丝绸之路经济带"的倡议;同年10月3日在印度尼西亚国会演讲时,又提出与东盟国家共建"21世纪海上丝绸之路"的倡议。2013年11月,十八届三中全会通过的《中共中央关于全面深化改革若干重大问题的决定》中提出:"推进丝绸之路经济带、海上丝绸之路建设,形成全方位开放新格局。"在当年12月召开的中央经济工作会上,"一带一路"成为一个专有名词,特指"丝绸之路经济带"和"21世纪海上丝绸之路"。此后,"一带一路"成为统筹我国全方位对外开放的长远、重大国家战略,

---

* 作者刘卫东,中国科学院地理科学与资源研究所所长助理、研究员。本文部分观点发表于《人民日报》国际版,2016年12月27日。

是我国开放发展的旗帜和主要载体。2015年3月,经过国务院授权,国家发改委、外交部和商务部共同发布了《推动共建丝绸之路经济带和21世纪海上丝绸之路的愿景与行动》。这是唯一一份阐述"一带一路"建设理念、原则、愿景和重点工作的官方文件。2016年8月17日,中央召开了推进"一带一路"建设工作座谈会,习近平总书记发表了重要讲话,提出"八个推进"①,并强调以"钉钉子"的精神把"一带一路"建设工作一步一步推向前进。

截至目前,已经有一百多个国家和国际组织表示支持"一带一路"倡议,其中40多个国家和国际组织与我国签署了共建"一带一路"合作备忘录。同时,我国已经在沿线17个国家建立了46个境外产业园区,企业累计投入超过140亿美元。另外,重点经济走廊建设正在逐步推进。2015年4月,中、巴签署了总价超过450亿美元的项目合作协议或备忘录,标志着中巴经济走廊进入全面实施阶段;2016年6月,中、蒙、俄三国元首签署了《中蒙俄经济走廊规划纲要》,"一带一路"建设过程中的第一个新的多边合作框架得到落实;2016年12月中(国)—老(挝)铁路全面动工,中(国)—泰(国)铁路即将动工,标志着中国—中南半岛经济走廊启动建设。此外,还实施了一批重大海外合作建设项目,包括印尼的雅(加达)万(隆)高铁、俄罗斯的莫斯科—喀山高铁、中东欧的匈(牙利)塞(尔维亚)铁路等。我国还专门成立了"丝路基金",支持"一带一路"建设;并倡议发起成立了与"一带一路"建设可以相互配合的"亚洲基础设施投资银行"(以下简称"亚投行")。可以说,"一带一路"建设已经实现了良好的开局。

但是,我们也要看到,"一带一路"是一个长远、系统的工程,是百年大计,不可能一蹴而就。目前虽然取得了比较突出的成绩,但也存在了不少问题:一是理论研究滞后,正规的学术话语体系没有建立,各种解读层出不穷,其中不乏误解;二是泛化的现象,大量无关紧要的工作都被戴上了"一带一路"的帽子,而对于一些需要跨部门合作的工作重视力度还不够;三是对沿线国家了解不够,缺少相关人才;四是政府热、民间冷,沿线很多国家民间对"一带一路"的了解不够,很多人认为"一带一路"是中国的政府工程,其实它是中国为世界资本流动提供的公共服务平台;五是利益契合点寻找欠缺,个别项目急功近利;六是风险防范意识不足;七是"走出去"经验不足,我国企业真正"走出去"是从2000年左右开始的,经验积累不足,例如缺少与当地社会和非政府组织打交道的经验。这些都是深入推进"一带一路"建设工作需要解决的问题。值得高兴的是,中央层面已经认识到这些问题。如果能够在建设工作中真正落实习近平总书记在"8·17"讲话中提出的"八个推进",这些问题将逐步得到解决。

"一带一路"的提出有着深刻而复杂的宏观背景。第一,全球经济格局过去三十年发生了重大变化,其根本驱动力是经济全球化机制,而经济全球化导致的社会矛盾又

---

① 具体内容见《人民日报》,2016年08月18日。

催生了世界对这套机制的反思;第二,我国经济转型发展的需要,进入新常态后我国经济进一步发展需要转型升级,而为了完成转型升级,需要在更广泛的空间范围开展合作和配置资源;第三,"中国梦"的实现需要和平的国际环境,需要以"和而不同"的理念处理好"邻里关系";第四,深化改革和全面对外开放的需要。

"丝绸之路"的概念最早是由德国地理学家李希霍芬提出的。他曾在中国考察四年,设想了一条从中国西安到德国的铁路。为了这条铁路的选线,他研究了古代中国与西方的贸易路线,提出了"丝绸之路"这个概念。其实,在古罗马时期中国的商品就到了古罗马,凯撒大帝曾经穿着中国丝绸制作的衣服向他的臣民展示。但罗马人仅知道在东方有一个"赛里斯国",不知道它具体在哪里。当时的贸易并非如我们今天所想象的那样,从中国的长安出发直接卖到罗马,而是一段一段地进行贸易。例如,从西安出发可能到敦煌就把商品卖了,敦煌的商人再卖到下一站,最后才到古罗马。所以,当时罗马人不知道"赛里斯国"在哪里。明朝,利玛窦到中国的时候曾经说,我毫不怀疑,这就是被称为丝绸之国的国度。

虽然李希霍芬在出版的《中国:我的亲身旅行及其研究成果》第一卷里面首次提出了"丝绸之路"的概念,但是他的学生斯文·赫定出版的《丝绸之路》一书,才让这个名词随着他的文献翻译成英、法、日等各国语言得到流行。虽然李希霍芬充分认识到海上贸易的重要性,但为了提出的铁路,他的"丝绸之路"特指陆上贸易路线。后来法国汉学家沙畹在《西突厥史料》里面将这个名词拓展到包含海上丝绸之路。因此,丝绸之路是历史上陆续形成的,遍及欧亚大陆,甚至包括北非和东非在内的长途商业贸易和文化交流线路的总称,不局限于丝绸交易。历史上,中国向西方输出的产品名录很长,但标志性的贸易产品有丝绸、陶瓷和茶叶。中世纪时中国大量的瓷器到了欧洲,这也是为什么中国在英文中被翻译为"China"。

关于"丝绸之路"起源于何时,史学家们仍有争论。但是,从官方参与跨国贸易来看,"丝绸之路"应始自西汉张骞出使西域。张骞在大月氏国发现了来自中国出产的蜀锦等产品,这让汉武帝决定征召低微商人去西域开展贸易活动。"丝绸之路"贸易发展于魏晋南北朝,至唐代达到鼎盛,元朝后衰落。自元朝开始,海上贸易得到了巨大发展,直至明朝闭关锁国。因此,丝绸之路的具体线路不断发生变化,影响因素包括社会、经济、政治和技术等。我们今天使用"丝绸之路"这个概念,并非指某些特定的古代贸易路线,而是将其当作一个历史符号或历史文化遗产来使用。也就是说,"丝绸之路"既是一个历史现象,也是一个隐喻。另外,"丝绸之路"看似有关中国的故事,但它不仅仅是关于中国自己的事情,更不是中国扩张的事情,而是沿线国家之间经济、社会、文化、宗教交流的历史记载。它是沿线国家的共有文化遗产,代表了和平、友谊、交往和繁荣。"一带一路"利用"丝绸之路"这个历史文化遗产,为沿线国家的当代经贸合作提供了历史渊源,以及可以借鉴的合作精神和模式。近几年,习近平总书记一直倡导以"丝路精神"推动我国与沿线国家的经贸合作,这代表着新的合作理念、新的合作模式和新的合作精神。

"一带一路"建设需要放到经济全球化进程中去审视和理解。在某种程度上,"一带一路"的提出是过去三十多年经济全球化发展的结果。经济全球化既有其客观动力,也是一套制度机制。马克思指出,资本积累会导致过度积累,而过度积累就会带来经济危机,但技术进步与空间转移可以帮助缓解资本过度积累的压力。20世纪70年代,美国著名地理学家大卫·哈维(David Harvey)根据马克思的思想总结了资本积累的地理机制,提出了空间修复(spatial fix)的理论概念。他认为,资本积累离开无休止的空间扩张和空间重组无法维系。同时,过去三四十年信息和交通技术的飞速进步大大促进了资本的空间扩张。从20世纪70年代后期开始,西方主要发达国家为了解决"滞涨"问题采取了新自由主义政策,为资本跨越国家的"空间出路"打开了大门。从这个角度看,过去三四十年的经济全球化是资本积累"空间出路"与新自由主义思潮完美结合的产物。

伴随着经济全球化的发展,全球经济组织方式和经济格局发生了重大变化。第一,世界贸易增长速度快于生产增速,主要原因是生产活动越来越集中以及"外包"普及导致的供应链贸易大幅度增长。过去40年来,全球范围内生产方式发生了重要变化,由福特主义转向后福特主义,其突出特点是零部件生产"外包"日趋流行以及由此形成的全球生产网络。现在,东亚地区内部贸易70%是中间产品贸易,即供应链贸易。以苹果手机生产为例,富士康需要从日本、韩国和中国台湾进口大量高端零部件进行组装。第二,全球对外直接投资增长迅速,总体趋势快于贸易增长,表现为发达国家之间以及发达国家与发展中国家相互之间的投资都有大幅度增长。第三,伴随跨国投资的增长,跨国公司数量呈现爆发式增长。在互联网技术的支撑下,很多公司从一出生就是全球性的公司了。现在全球大概有七八万家跨国公司,直接和间接地控制了全球经济总量的3/4以上,包括对供应链的控制。所以,离开对跨国公司的认识很难理解今天的世界经济是怎么运转的。第四,一体化与碎片化同时存在,"一体化"指世界贸易组织框架,"碎片化"指各种全球小多边及双边的贸易协定。当前,全球正在谈判和已经谈成的"碎片化"贸易协定超过1 000个。

新自由主义全球化对于促进世界经济增长曾有积极作用,但是也带来了严重的社会极化问题。这与其内在矛盾是分不开的,那就是资本可以跨越国界自由流动,而劳动力却不能,因此全球化必然导致"几家欢乐几家愁"。根据扶贫慈善机构乐施会的研究,2016年占全球总人数1%的富人群体所拥有的财富将超过其余99%全球人口财富的总和。近年来,西方主要国家收入差距不断扩大,如美国、德国和日本的贫困人口比例都已达到15%左右。在美国,目前中产阶层占人口的比例已经下降到1/2以下,多数州青年人失业率超过30%。可以说,在新自由主义全球化过程中,资本是最大的赢家,而社会付出了巨大的代价。如何在推进全球化深入发展的同时避免贫富差距继续扩大,是全球实现可持续发展面临的一个突出问题。因此,经济全球化走到了十字路口,各种保护主义和民粹主义不断抬头。若要推动经济全球化继续发展,世界需要新的发展思维和新的合作理念。

中国提出的"一带一路"恰恰是想解决这样的问题。我们需要认识到,中国经济的腾飞既是自身努力奋斗的结果,也得益于经济全球化。作为世界第二大经济体、第一大制造业国家、第一大商品进出口国和第二大对外投资国,中国需要为维护经济全球化的成果、推动全球化机制改革做出努力,使全球化惠及更多的地区和人民。在这方面,"丝路精神"恰好提供了新的合作理念和合作模式。

"一带一路"也是中国自身发展方式转变的结果。过去三十多年,中国经济增长很快,年均增速达到9.6%,但是代价是要素高投入、出口导向、资源环境代价大。进入"新常态",应倡导多元化发展模式,找到经济增长的新动能,这要求中国在全球谋划资源配置。根据吸引外资、出口和对外投资三项指标分析,中国经济全球化过程分三个阶段。2000年之前是依赖性全球化阶段,以吸引外资为主,年增速超过30%,到20世纪末中国已经成为全球最大的吸引外资的发展中国家。到2000年之后,吸引外资的速度降下来了,但是出口呈现25%—30%的增长速度,使中国在十几年的时间内便成为世界上最大的商品出口国。这个阶段可以称作贸易全球化阶段,2008年之后可以视为资本全球化阶段。如果说当年发达经济体的对外直接投资大幅增长催生了彼得·迪肯(Peter Dicken)称之为"全球产业转移"现象的话,那么我国对外投资的增长趋势有可能意味着第二轮全球产业转移的到来。此轮全球产业转移不再发生于"二元"结构的世界中,而是"三元"结构。

那么,在全球发展的大背景下"一带一路"应该怎么从学术角度去理解呢?我们认为,"一带一路"的精髓是包容性的全球化,即"丝路精神"和全球化的融合。以"和平、发展、合作、共赢"为宗旨的"一带一路"建设,必将为全球化的深入发展带来新的哲学思维,推动全球化进入包容性新时代。所谓包容性主要在于以下几点:第一,"一带一路"建设强调沿线国家发展战略的对接,寻找利益契合点,并非仅仅满足资本"信马由缰"式的空间扩张需要,将让更多地区受益;第二,通过国家战略对接,沿线国家可以学习中国在推动经济发展和消除贫困方面的经验,进而可以更好地推动自身摆脱贫困和实现现代化;第三,"一带一路"建设坚持"开放包容"和"平等互利"的理念,秉持开放的态度,欢迎愿意参与的国家或地区平等地参与;第四,"一带一路"建设特别强调了"共商、共建、共享"的原则,把寻找发展的最大公约数放在首位,突出共同发展、共同繁荣;第五,"一带一路"建设遵循"和而不同"的观念,在维护文化多元性的基础上共谋发展、共求繁荣、共享和平;第六,"一带一路"建设将把更多的欠发达地区带入现代化的基础设施网络之中,并为它们带来更多的经济发展机遇。

参 考 文 献

[1] 刘卫东."一带一路"战略的科学内涵与科学问题[J].地理科学进展,2015,35(5):538—544.

[2] 刘卫东等."一带一路战略研究"[M].北京:商务印书馆,2017.

[3] Dicken P. Global Shift (the sixth edition)[M]. London, UK:Sage, 2010.

[4] Richthofen, F. v. China, Ergebnisseeigner Reisen und daraufgegründeter Studien (China:The results of My Travels and the Studies Based Thereon). 1877—1912. 5 vols.

[5] Harvey, D. The Spatial Fix:Hegel, Von Thunen and Marx. Antipode, 1981, 13:1—12.